Franz Kurowski

HERRSCHER DER MEERE

Die Geschichte der portugiesischen Welteroberung

FRANZ KUROWSKI

HERRSCHER DER MEERE

Die Geschichte der portugiesischen Welteroberung

TÜRMER VERLAG
BERG · STARNBERGER SEE 3

Schutzumschlag: H. O. Pollähne, Braunschweig

ISBN 3 921 87829 1302

1990

Satz: Fotosatz Geiß, Puchheim

Druck + Buchbinderei:
Ebner Ulm

Inhaltsverzeichnis

*

EIN STAAT WIRD GEBOREN

Aus der Frühzeit in die Geschichte

Im 5. Jahrhundert nach Christus entstand um Braga im Westen der Pyrenäenhalbinsel, im heutigen portugiesischen Distrikt Braga, das suebische Reich Portu-Cale. Die Sueben hatten dieses Gebiet der alten römischen Callaeci Bracarii, deren Hauptstadt ebenfalls Bracara (= Braga) war, in Besitz genommen.

Die westgotische Invasion der Halbinsel nahm um 485 von dem Reich Portu-Cale Besitz und behielt es auch, bis die arabische Invasion, die 711 begann, fast die gesamte iberische Halbinsel annektiert hatte.

Das spätere Portugal sollte bis zur endgültigen Befreiung auch der letzten Landesteile im Jahre 1260 in maurischer Hand bleiben, wenn auch bereits bedeutend früher Teile dieses Landes den Mauren entrissen werden konnten.

Der im Jahre 1016 geborene Ferdinand I., später auch der Große genannt, ein Sohn Sanchos III. von Navarra, der vor ihm den Titel „der Große" getragen hatte, wurde 1035 zum Grafen von Kastilien gewählt. Zwei Jahre darauf erwarb er das Königreich León käuflich von dessen Herrscher Bermudo III. Dadurch erstarkt, legte er sich mit Navarra an, eroberte einen seiner Teile und entriß auch einen Teil von Portugal den Händen der Mauren.

Als neuer Oberherr des christlichen Restes von Spanien, das nach wie vor von den Maurenreichen bedroht wurde, nannte sich Ferdinand König von Spanien.

Nach dem Tode Ferdinands I. am 27. Dezember 1065 in León übernahm sein 1040 geborener Sohn Alfons VI. als König von León die Führung. Er wurde 1072 zum König von Kastilien ernannt. Bereits 1064 — 1065 war den Mauren das Gebiet um Portus Cale entrissen worden. Teilweise mußten sich diese Eindringlinge, die das Land seit Jahrhunderten beherrschten, bis zum Mondegofluß zurückziehen.

Nachdem Alfons VI. den Mauren 1085 Toledo entrissen hatte, nannte er sich Kaiser. Einer seiner getreuesten Kämpfer im Ringen der Reconquista war der burgundische Graf Heinrich, der als Kreuzritter derart erfolgreich war, daß Alfons VI. ihm im Jahre 1095 seine Tochter Teresa zur Frau gab.

Als Mitgift erhielt Graf Heinrich ein Lehen, zu dem auch die Grafschaft Portugal gehörte. Diese am Meer gelegene Grafschaft hatte den alten römischen Hafen Portus Cale — das heutige Porto — zum Mittelpunkt.

Graf Heinrich arbeitete von nun an darauf hin, die Grafschaft Portugal und seinen übrigen Besitz zu einem selbständigen Staat zu machen, um von Kastilien unabhängig zu sein. Dabei wurde er tatkräftig von seiner Gemahlin Teresa unterstützt.

Im Jahre 1109 (andere Quellen nennen das Jahr 1110) wurde dem Paar ein Sohn geboren, der den Namen Afonso Henriques erhielt.

Als Graf Heinrich 1112 starb, regierte seine Frau Teresa für den unmündigen Afonso Henriques. Sie setzte ihre gemeinsamen Bestrebungen der Unabhängigkeit fort. Da sie wußte, daß ein solches Beginnen nicht ohne Anfeindungen und Kampf, möglicherweise sogar mit einer Besetzung ihres Lehens und seiner Ablösungen enden konnte, wenn sie nicht stark genug war, forderte sie ihre Edlen ebenso wie alle Vasallen des Landes dazu auf, sich in der Kunst der Kriegführung und im Waffenhandwerk zu üben.

In der Zwischenzeit war Gräfin Teresa nicht nur Kunstliebhaberin, die Maler und Dichter an ihren Hof nach Guimaraes zog; vielmehr widmete sie sich diesen Künstlern in ganz besonderer Weise, indem sie sich aus der Schar ihrer erlauchten Gäste ihre Liebhaber aussuchte. (Siehe Sterlin, M. B.: The Story of Parsival, New York 1911).

Im Kampf um die Unabhängigkeit gegen Kastilien erlitt sie 1127 eine vernichtende Niederlage. Sie mußte sich unterwerfen, geriet für kurze Zeit in Gefangenschaft, ehe sie ihre Freiheit wiedererlangte und nach Guimaraes zurückkehrte, wo ihr Sohn, inzwischen zum Manne gereift, sich an ihre Seite stellte und zusammen mit seiner Mutter regierte.

Abermals gab Gräfin Teresa ein Vermögen für ihre Liebschaften aus. Das führte dazu, daß Afonso Henriques allein die Macht übernahm. Er revoltierte gegen Kastilien und dessen Lehensherrschaft, kämpfte das Land frei und regierte es, zunächst wieder mit seiner Mutter. Als deren Eskapaden schließlich alles Maß überstiegen, schickte Afonso Henriques seine Mutter nach Kastilien in die Verbannung und setzte ihr eine gute Witwenrente aus. Gräfin Teresa starb 1130 im Exil.

Graf Afonso Henriques trat in bezug auf die Freiheitsbestrebungen ganz in die Fußstapfen seines Vaters und seiner Mutter, nur daß er sich nicht direkt gegen Kastilien wandte, sondern *für* Kastilien im Auftrag König Alfons VII. einen Kriegszug gegen die Mauren unternahm. Ziel dieser Aktion war es, den Mauren das gesamte Gebiet südlich des Douroflusses zu entreißen, das noch von ihnen gehalten wurde.

Falls dies gelinge, sollte er laut der Zusicherung von König Alfons VII. mit dem gesamten eroberten Gebiet belehnt werden.

Mauren, Araber, Mohren

Ein kurzes Wort zu den *Mauren*! Sie waren mit ihrem Kern seit uralten Zeiten, mindestens schon seit der Jungsteinzeit, wenn nicht bereits viel länger, die „Ur“bewohner des westlichen Nordafrika, vom heutigen Tunesien bis zum

Atlantik. In dem raschen Vorstoß, der dem Islam im Maghreb,also in Nordwestafrika gelang, wurden die Mauren nicht nur Moslems, sondern erhielten auch eine arabische Oberschicht, die sich nach der Eroberung der iberischen Halbinsel durch die Mauren vor allem im Kalifat von Córdoba ausdrückte.

Unter Arabern und Berbern — diese waren weniger auf Hochkultur als auf starke militärische Durchsetzung aus — gab es schon relativ bald nach der muslimischen Eroberung Spaniens und Portugals Streit und offene Kämpfe, wobei die Berber sich im wesentlichen durchsetzten, ohne doch, so zum Beispiel in Granada, die hochkultivierte Herrschaft von Arabern beenden zu können.

Wir hatten im Mittelalter und noch lange danach den Trend, alle *Araber*, zu denen Europa Kontakt besaß, als Mauren zu benennen. Das ist falsch, denn die Mauren saßen und ihre Nachkommen sitzen *nur* in Marokko, Algerien und Tunesien sowie in der Sahara. Sie sprechen — anders als die Araber, in deren Sprache die heiligen Schriften des Islam geschrieben sind — eine alte hamitische Sprache, wie es sie einst ähnlich zum Teil auch im alten Ägypten, heute noch zum Teil in Äthiopien und bis in den Osten des heutigen Äquatorialafrika gibt. Die hamitischen Berber haben sich in Afrika stets den Negern überlegen gefühlt. Das kommt auch heute noch an der Haltung der berberischen Tuareg im Süden der Sahara oder bei den mehr oder minder christlichen Amharen in Äthiopien sowie bei den Massai in Ostafrika zum Ausdruck.

Wir dürfen also das Berbervolk, das heute besonders in Marokko noch deutlich hervortritt, nicht mit dem Arabertum verwechseln. Aber das Arabertum mit seiner Kultur und Sprache hat sich in den berberischen Ländern weithin durchgesetzt. Die Berber wohnen nun vor allem in den Bergen, heißen aber nicht mehr „Mauren", während die Araber die Küsten und die größeren Städte auch des Maghreb (des nordafrikanischen Westens) bevölkern.

Im Mittelalter und danach haben wir Europäer die Araber und Berber in einen Topf geworfen und sie gemeinsam „Mauren" genannt. Um diese Vereinfachung kommen wir nur dann mit Recht herum, wenn wir an Nordafrika und an den muslimischen Westen der afrikanischen Atlantikküste bis etwa zum Senegal nach Süden denken.

Aus berberischen Mauren Nordwestafrikas haben wir weithin im Deutschen „Mohren" gemacht. Der „Mohr" — das Wort stammt ja von „Maure" — galt bei uns aber immer als der Schwarze, obwohl es bei den Berbern und Mauren nur den einen oder anderen dunklen Einschlag gab. Ihr Kern bestand *und* besteht aus im rassischen Sinne Europiden, zwar dunkelfarbig in Haar und Augen, aber nach ihrer Hautfarbe und allen anderen Körpermerkmalen von Negern viel mehr unterschieden als von den Europäern der nördlichen Mittelmeerbereiche.

Kurzum: Die berberischen Mauren waren nur sehr zum Teil mit der Zeit zu Arabern geworden; eine Mischung, die es nur in Nordafrika gibt. Die fälschlich so bezeichneten „Mohren“ aber haben mit den Negern nicht unmittelbar zu tun. Erst mit dem Übergreifen der islamischen Mission von Nordafrika zu den negerischen Staaten des Sahel und weiter südlich entsteht eine neue Lage, in der Schwarze und Mauren mehr und mehr zusammenwachsen.

Bei Ourique griffen die Truppen Afonso Henriques die versammelten maurischen Truppen an und schlugen sie vernichtend. So wurde das Jahr dieses Ereignisses — 1139 — zum Gründungsjahr des portugiesischen Königreiches, denn Afonso Henrique ließ sich von seinen Edlen zum König von Portugal ausrufen.

Daß Kastilien dagegen war, ein so stark gewordenes Königreich neben sich auf der iberischen Halbinsel zu wissen, verstand sich. Nach längeren Wortscharmützeln unterwarfen sich beide Herrscher einem Schiedsspruch von Papst Innozenz II. Dieser entschied, daß Kastilien nach wie vor den Besitzanspruch auf das Gebiet der Grafschaft Portugal ebenso wie auf die zurückeroberten Gebiete habe.

Afonso Henriques unterwarf sich diesem Schiedspruch nicht; er widerrief sein Einverständnis und erklärte sich selbständig zum König von Portugal. Um den Papst zu einem Sinneswandel zu bekehren und auf seine Seite zu ziehen, bot er dem Heiligen Stuhl 1143 die Lehenshohheit über Portugal an.

Die Sinneswandel des Heiligen Stuhles, die Legion waren, wurden um einen weiteren vermehrt, denn der inzwischen ans Ruder gelangte Papst Alexander III. gab seine Zustimmung und anerkannte Afonso Henriques als freien König eines selbständigen Landes. Von diesem Zeitpunkt des Jahres 1143 an existierte das Königreich Portugal; Afonso Henriques trat an die Spitze des Staates und nannte sich Alfons I. (siehe Milman, H.: History of Latin Christianity, New York 1860, 8 Bd.).

Noch im selben Jahr gab sich Portugal auf dem Cortes von Lamego seine innere Organisation.

Alfons I., der bereits 1139 Urrica, die Erbin Kastiliens, geheiratet hatte, versuchte nun beide Länder unter seiner Führung zu vereinigen, um so rasch wie möglich mit den Mauren auf der gesamten Iberischen Halbinsel aufzuräumen. Doch an dieser großen Aufgabe scheiterte er.

Dennoch ruhte Alfons I. nicht auf den errungenen Lorbeeren aus, sondern ging daran, in einer Reihe gnadenlos geführter Kämpfe das noch immer feindbesetzte Südwestportugal zu befreien.

Zunächst eroberte er Santarém zurück, jene Stadt, die bereits als Scalabis in römischer Zeit ein strategisch wichtiger Punkt über dem Tejotal gewesen war.

Von hier aus ließ er den Befreiungskampf in Richtung auf das stark befestigte Lissabon fortsetzen.

Diese Stadt, die auf die alte phönizische Festung Alis Ubbo zurückgeht, welche die Römer 205 vor Christus als Osilipo von den Phöniziern übernahmen und zum Minicipium Felicitas Julia ausbauten, hatte bereits eine bewegte Geschichte hinter sich gebracht. Alanen und Goten hatten sie in Besitz genommen, und 715 waren die Mauren gekommen, hatten die Stadt erobert und den Hafen ausgebaut. Dieser diente in den folgenden vier Jahrhunderten der Versorgung der Mauren in ganz Portugal. Die Mauren nannten diesen Platz Lischbuna.

Um gegen die massierte maurische Abwehr genügend Kräfte zu mobilisieren, wandte sich Alfons I. an Papst Eugen III. und bat diesen, den Kampf gegen die heidnischen Besatzer zum Kreuzzug zu erklären. Der Papst kam dieser Bitte nach, und aus Frankreich und England, aber auch aus Deutschland und anderen Ländern Europas stießen die Kreuzritter zum Heer der Portugiesen.

In einem Kampf, wie ihn die ganze Iberische Halbinsel noch nicht gesehen hatte, wurden die Mauren vernichtend geschlagen. Wer sich nicht ergab, der wurde in Stücke gehauen. Jene aber, die die Waffen streckten, wurden als Sklaven auf die Galeeren geschmiedet.

Lissabon war wieder frei. 1147, dieses Jahr der Befreiung, sollte zum endgültigen Gründungsjahr des portugiesischen Reiches werden. Es galt nur noch einen Teil des Südens von den Mauren zurückzugewinnen, um der Reconquista zum endgültigen Sieg in Portugal zu verhelfen.

König Alfons I., der auch die Ritterorden der Ala und Aviz gründete, war zum „Schlachtenkämpfer“ geworden. Als er am 6. Dezember 1185 in der damaligen Hauptstadt des Landes, Coimbra, starb, war Portugals Weiterbestehen gesichert. E schien nur noch eine Frage der Zeit, wann das gesamte Land von den Mauren befreit sein würde.

Sancho I., der seinem Vater auf dem Thron folgte, setzte dessen Arbeit fort und herrschte bis zum Jahre 1211, als sein Nachfolger Alfons II. den Thron bestieg und das Land von 1211 bis 1223 regierte. Unter seiner Herrschaft kam es gleich im Jahre 1212 zu schweren Auseinandersetzungen der Krone mit dem Klerus. Alfons II. bemühte sich, Kirche und Klerus seiner königlichen Gewalt zu unterwerfen. Das Eigentum der Kirchen sollte verstaatlicht, ihre Privilegien eingezogen werden. Gleichzeitig damit wollte er aber auch dem Adel des Landes Zügel anlegen. Damit hatte er es mit beiden großen Mächten verdorben.

Die Cortes von Coimbra suchte 1212 diese Streitigkeiten, die zum öffentlichen Konflikt zu eskalieren drohten, beizulegen. Doch ein anders Ereignis schaffte 1212 dies besser als „eine Versammlung redewütiger Männer“, wie die Cortes im Volksmunde hieß.

Es war Alfons VIII. von Kastilien, der 1212 zum Feldzug gegen die Mauren in Spanien aufrief, wo diese noch beinahe unangefochten herrschten. Alfons II. Lage änderte sich damit schlagartig. Er ließ sofort einen großen Truppenverband zusammenstellen. Dessen Führung übernahm der bekannte Kriegsherr Navas de Tolosa. Dieser warf sich mit seinen Männern in die Schlacht und war maßgeblich am spanischen Sieg von Alcácer di Sal beteiligt. Sowohl Navas de Tolosa als auch König Alfons II. wurden mit Ehrungen überhäuft.

Die Kurie gab jedoch immer noch nicht klein bei, sondern ließ den Streit erneut aufleben. Alfons II. mußte der Kirche beträchtliche Zugeständnisse machen, um Hände und Rücken freizubekommen und den Kampf gegen die Mauren fortsetzen zu können.

Als Sancho II. im Jahre 1223 nach dem Tode seines Vaters als Zwölfjähriger den Thron Portugals bestieg, waren diese Differenzen immer noch nicht beigelegt. Auch er mußte weitere Zugeständnisse machen, denn der Kampf gegen die Mauren war noch nicht entschieden. Er verlief sehr verlustreich und verlangte Portugal große Opfer an Geld und Menschen ab.

Seine 1240 geschlossene Verwandtenehe führte zu einem neuerlichen Streit mit dem Klerus, der in offene Feindseligkeit ausartete. Nicht zuletzt wurde diese Feindseligkeit durch Sanchos Bruder Alfons geschürt, der am französischen Hof lebte und sich berechtigte Hoffnungen auf den portugiesischen Thron machte. Alfons erreichte bei Papst Innozenz IV. die Absetzung seines Bruders und ergriff im Jahre 1245 als Alfons III. selber das Ruder des Staatsschiffes.

Um sich an der Macht halten zu können, machte er sowohl dem Klerus als auch der Bürgerschaft Zugeständnisse. Damit wollte er ein Gegengewicht zum Adel schaffen, der sich noch nicht von Alfons II. und Sancho I. gelöst hatte. Durch weitere Zugeständnisse gelang es Alfons III., sich der Hilfe des Ritterordens von Santiago zu versichern. Damit und mit einer zwar kleinen, aber schlagkräftigen Truppe begann er den Feldzug gegen die Mauren, die noch immer in der Algarve standen und die günstigen Häfen nach Afrika nicht aufgeben wollten.

Dieser Ritterorden, der mit seinem genauen Namen in Spanien „Orden de Santiago de la Espada“ hieß, wurde von den Portugiesen „Ordem militar de Sant'Iago de Espada“ genannt. Er war zum Schutz der Wallfahrer 1173 vom Papst bestätigt worden. Sein Schutzheiliger war Jacobus, der Helfer im Kampf gegen die Mauren.

Mit Hilfe dieses kampferprobten Ordens gelang es, die Mauren auch aus der Algarve zu vertreiben. Damit war ganz Portugal bereits im Jahre 1260 befreit, während in Spanien dieser Befreiungskampf noch bis ins 15. Jahrhundert hinein andauerte.

Die mit Kastilien entstandenen Differenzen wollte Alfons III. im Jahre 1245 durch die Scheidung von seiner ersten Frau — die Ehe mit ihr war kinderlos geblieben — und der Eheschließung mit Beatrix von Kastilien aus der Welt schaffen. Doch Rom erkannte die Begründung dieser Scheidung nicht an. Erst als Alfons' III. erste Frau 1262 starb, ließ sich diese politisch so wichtige Ehe schließen. Immerhin sicherte sie Portugals Grenze nach Kastilien hin ab.

Alfons III., einem schlauen Kopf und ebenso guten Geschäftsmann, gelang es, die politischen, aber vor allem die geschäftlichen Beziehungen zu England, Frankreich und Flandern besser und bestens zu gestalten. Die kirchliche Steuerfreiheit suchte er einzuschränken, was ihm abermals eine Kirchenstrafe aus Rom einbrachte. Daß er nicht exekutiert wurde, verdankte Alfons III., seiner im Jahre 1270 gegebenen Zusicherung an den Heiligen Stuhl, am nächsten Kreuzzug teilzunehmen.

Nach seinem Tode im Jahre 1279 wurde Dinis, der am 9. Oktober 1261 geborene Sohn des Verstorbenen, zum König gewählt. Mit ihm, den man „Ackerbauer" nannte, saß der am meisten geliebte Herrscher auf dem Thron dieses jungen Staates. Die Regierungsform, Sprache und Kultur des Landes wurden unter seiner Herrschaft weiter zusammengeführt. Dinis oder Dionysos war ein Reformer, der seine Reformen ohne Gewalt und Hetze durchsetzte. Er wurde zum Erzieher der Portugiesen, die er im wahrsten Sinne des Wortes als seine Kinder betrachtete. Er schätzte die Literatur und — die Liebe.

Die Übermacht der Kirche, die in Portugal immer noch herrschte, wurde von ihm zurückgestutzt, der kirchliche Grundbesitz verkleinert, um ihn den Bauern zur Bearbeitung zu überlassen und eine funktionierende Landwirtschaft zu fördern, die geschaffen werden mußte, um das Land zu ernähren. Auch den Bergbau aktivierte Dinis.

Geschickte Handelsabkommen und ein Handelsvertrag mit England, der 1308 unterzeichnet wurde, sicherten den Bestand des jungen Staates und festigten seine Grundlagen.

Dinis war einer der wenigen Könige, die auch dem Schönen zugeneigt waren, nicht nur in Gestalt reizender Frauen. Er war ein Dichter, dessen Werke z. T. großen Ruf erlangten. H. R. Lang hat eine Reihe Dichtungen des portugiesischen Königs in seinem 1894 erschienenen Werk „Liederbuch des Königs Denis von Portugal" festgehalten. Rui de Pina schrieb die Geschichte dieses Königs, der Portugals Schicksal die entscheidende Wende gab, unter dem Titel „Crónica de El Rei Dom Diniz" nieder, deren erster Band 1907 in Lissabon erschien, während der zweite Band erst 1945 in Porto herauskam.

Der italienische Schriftsteller S. Pellegrini wiederum hat „Don Dinis" ebenfalls ein Buch gewidmet und auch in seinem kunstgeschichtlichen Werk „Studi su trove e trovatori della prima lirica ispano-portoghese", das 1959 in Bari erschien, das künstlerische Schaffen des königlichen Dichters gewürdigt.

König Dinis selber hat sein Itinerário von 1279 bis zum Jahre 1325 geschrieben. Es wurde 1962 in Lissabon einer breiten Öffentlichkeit vorgestellt. Er stiftete 1290 die erste Universität Lissabons, nachdem sein Vater Alfons III. diese den Mauren entrissene Stadt mit ihrer großen, über ein Jahrtausend alten Tradition 1260 wieder zur Residenz erhoben hatte.

Um den Frieden Portugals mit der katholischen Kirche wiederherzustellen, ging König Dinis ein neues Kirchenkonkordat mit Rom ein. Die dem Klerus abgenommenen Ländereien aber — die größtenteils brachgelegen hatten — gab er nicht zurück, denn diese hatte er bereits in Erbpachthöfe eingeteilt und an seine Bauern vergeben.

König Dinis sah in seinem Land mit seiner langen Küste einen hervorragenden Handels- und Umschlagplatz. Deshalb ließ er den Schiffsbau verstärken. Damit konnte er den ebenfalls in Gang gebrachten Außenhandel überhaupt erst möglich machen und rasch steigern.

Sein Handelsvertrag mit England war gleichzeitig auch der erste portugiesische Freundschaftsvertrag mit einem anderen europäischen Land. Ein für Portugals spätere Entwicklung bezeichnender Vorgang.

Beim Papst setzte sich der König mehrfach für die Auflösung des Templerordens ein. Dieser Orden, einer der drei großen geistlichen Ritterorden, der 1119 von Hugo von Payens in der Champagne zum Schutze der Jerusalempilger gegründet worden war, hatte sich dem Kampf gegen die Ungläubigen verschworen. Der Hospitaldienst kam erst später hinzu. Nachdem er seine eigentliche Aufgabe nach dem Fall von Akka 1291 verloren hatte, wurde er 1305 von Philipp IV. von Frankreich der Ketzerei angeklagt. Papst Clemens mußte, nachdem auch Dinis dessen Auflösung erbeten hatte, weil er sich auch in Portugal mißliebig gemacht hatte, auf dem Vienner Konzil 1312 diesen Orden auflösen.

Das Vermögen des Templer-Ordens in Portugal verfiel bei dessen offizieller Auflösung im Jahre 1317 nicht dem Staat, sondern wurde dem von König Dinis neu ins Leben gerufenen Christusritterorden übergeben. Die den Templern gehörenden Güter wurden ebenfalls auf die Christusritter übertragen. 1319 bestätigte der Heilige Vater Johannes XXII., diesen Orden als einzigem mit nur einer Klasse, der als Banner das Templerkreuz, mit einem weißen Kreuz belegt, übernahm.

Erster Gouverneur und Administrator dieses Ordens wurde Prinz Heinrich, der später der „Seefahrer“ genannt wurde. In der Geschichte der Entdeckung und Erforschung der Meere sollte er eine große Rolle spielen.

Am 7. Januar 1325 starb König Dinis in Santarém. Über ein volles Menschenalter lang hatte er das portugiesische Staatsschiff durch die große und stürmische Entwicklung gesteuert und stets geraden Kurs gehalten.

Alfons IV. und die marokkanische Invasion

Mit Beginn der Regierungszeit von Alfons IV. kam es sehr bald zu Zerwürfnissen mit Spanien, das nach wie vor darauf hinarbeitete, sich Portugal einverleiben zu können.

Die ersten Differenzen, denen sich Alfons IV. gegenübersah, bestanden mit Spanien. Diese boten dem Sultan von Marokko die Chance, das vermeintlich geschwächte Portugal anzugreifen und ihm nicht nur einige schwere Schläge zu versetzen, sondern es zu vernichten, sich auch in den Häfen der langen portugiesischen Küste festzusetzen und gewissermaßen die Eroberung dieses Landes erneut anzugehen.

Marokko war durch die berberischen Almoraviden und die ihnen als Inhaber der Macht folgenden ebenso berberischen Almohaden zum Kernland jenes selbständigen Reiches geworden, das auch den Südteil der iberischen Halbinsel umfaßte. Die berberische Dynastie der Meriniden beherrschte dieses Land. Sie wollten die zum Teil verlorengegangene iberische Halbinsel zurückgewinnen.

Die marokkanischen Invasionstruppen wurden 1340 bei Salado gestellt und vernichtend geschlagen. Von nun an kehrten die Mauren nicht mehr zurück, und Portugal war diese große Sorge los. Es vergaß jedoch nicht, daß die maurische Bedrohung weiterhin bestand, und es sollte nur 75 Jahre dauern, bis sich Portugal — erstarkt und mächtig genug — dazu entschloß, den Mauren an allen Stellen ihres Herrschaftsbereiches den Garaus zu machen. Doch zurück zu Alfons IV.

Der König setzte die Arbeit seines Vaters in bezug auf den Handel mit England fort. Um sich auch Kastilien gewogen zu halten, zwang er seinen Sohn und Thronfolger Pedro dazu, die Ehe mit Doña Constanza Manuel einzugehen. Allerdings hatte sich Pedro bereits unsterblich in die schöne Ines de Castro verliebt, die ebenfalls aus dem Königshaus Kastilien stammte.

Die Geschichte dieser Liebe war bereits zu ihrer Zeit Gegenstand vieler Lieder und Balladen. Auch während seiner Ehe mit Doña Constanza traf sich Pedro mit seiner Ines. Als Doña Constanza 1339 in Lissabon eintraf, war Ines de Castro gerade 19 Jahre alt. Ihre Liebe zu Pedro und seine zu ihr sprengte alle Grenzen des Zumutbaren. König Alfons IV. verwies Ines des Landes.

Constanza gebar dem Thronfolger den ersten Sohn, Fernando. Kurz nach der Geburt dieses Kindes starb sie. Damit schien für Pedro der Weg zu seiner Geliebten frei. Er holte sie nach Portugal zurück. Auf ihrem Landsitz bei Coimbra lebten sie von nun an wie Mann und Frau zusammen. Ines de Castro gebar Pedro kurz nacheinander vier Kinder. Die Brüder von Ines wurden an den Hof geholt; Pedro bedachte sie sämtlich mit verschiedenen Privilegien und zog sie anderen Edlen des Landes vor. Der portugiesische Hochadel rebellierte gegen Pedro. Er steckte sich hinter den Kronrat. Neben der Tatsache, daß er den Adel brüskierte, war die Annahne, daß er mit Ines in wilder Ehe lebte, für viele der Anlaß, an den

Kronrat heranzutreten und diesen mit ihren Einflüsterungen gegen Pedro einzunehmen. Diese gingen von falschen Voraussetzungen aus, denn 1354 hatte sich Pedro heimlich mit Ines de Castro vermählt.

Der Kronrat trat 1355, auf dem Höhepunkt der Verleumdungskampagne, gegen Pedro und Ines zusammen. Er kam nach einer Beratung von 24 Stunden zu der einhelligen Auffassung, daß die Clique der Castros und durch sie der Einfluß Kastiliens auf Portugal die Unabhängigkeit des Landes auf das höchste gefährde.

Das Ergebnis dieser Mammutsitzung war die Verurteilung von Ines de Castro zum Tode. Dem König wurde das Urteil vorgelegt. Alfons IV. unterzeichnete es nicht nur, sondern wollte auch tätig an dessen Vollstreckung teilnehmen.

Mit vier Zeugen und einem Trupp Bewaffneter ritt König Alfons — in seiner Begleitung der Henker — zum Landsitz des Thronfolgers und seiner Gattin bei Coimbra. Man hatte durch Spione ausgekundschaftet, daß Dom Pedro in dieser Nacht nicht zu Hause weilen würde, und hoffte so leichteres Spiel zu haben.

Ines de Castro, die Gattin Dom Pedros, bat den König, nachdem dieser ihr Todesurteil hatte verlesen lassen, um ihrer Kinder willen um Gnade. Sie wies nach, daß sie mit Dom Pedro verheiratet war. Dies hätte sie lieber nicht tun sollen, denn die Pläne Alfons IV. mit Pedro waren ganz anderer Art. Nun *mußte* Ines sterben.

Doña Ines wurde vom Henker mit den Zeugen in den Garten geführt und dort enthauptet. Die Fama weiß zu berichten, daß sich Alfons IV. bei dem Schwertstreich, der den schönen Kopf seiner Schwiegertochter vom Rumpf trennte, abgewendet haben sollte.

Das Exekutionskommando unter Anführung des Königs ließ die Tote im Park des Schlosses liegen und ritt nach Coimbra zurück.

Als Pedro, von seiner Besprechung heimkehrend, Ines ermordet im Park vorfand, schwor er fürchterliche Rache. Der Garten, in dem er seine Frau fand, hieß seit diesem Tage Jardim das Lágrimas — Garten der Tränen.

Mit einer Handvoll Bewaffneter stürmte Dom Pedro gegen die Burg von Coimbra an, in der sich sein Vater verschanzt hatte. Viele Männer schlossen sich ihm an. Aber Alfons IV. verfügte dennoch über die stärkeren Streitkräfte und hatte den längeren Atem. Wenn Dom Pedro seine Rache wirklich ausführen wollte, mußte er sich scheinbar der Übermacht seines Vaters ergeben und darauf hoffen, daß er einmal König werden würde, um dann an allen jenen Rache zu üben, die mit dem Tode seiner Frau zu tun hatten.

Pedro ergab sich auf Gnade und Ungnade seinem Vater. Er mußte diesem versprechen, nie wieder die Hand gegen ihn zu erheben. Auch mußte er schriftlich erklären, daß er kein Mitglied des Kronrates, der dieses Todesurteil gefällt hatte, bekriegen oder töten würde. Er durfte keinen der daran Beteiligten, in welcher Weise auch immer, zur Verantwortung ziehen.

Dom Pedro unterschrieb und versprach alles. Aber in seinem Innern war er sich dessen gewiß, daß die Mörder seiner geliebten Frau ein viel schrecklicheres Ende als diese finden mußten.

Zwei Jahre später, im Jahre 1357, starb Alfons IV. Sein Sohn Pedro übernahm als Pedro I. die Regierungsgewalt. Jene Männer, die den Tod seiner zweiten Frau veranlaßt und herbeigeführt hatten, waren gewarnt worden. Sie flohen außer Landes. Aber es schien zunächst so, als hätte Pedro seine Racheschwüre längst vergessen.

Eine neue Geliebte, die er an den Hof zog, gebar ihm einen Sohn, der später als Joao I. das Königshaus der Avis begründen sollte.

Pedro I. schloß sogar mit Kastilien einen Bündnisvertrag. Als dieser Vertrag unterzeichnet wurde, ahnte noch niemand auf kastilischer Seite, daß er von Pedro I. nur zu einem Zweck geschlossen worden war. Eine der wenigen wichtigen Klauseln dieses Vertrages, von der niemand ahnte, daß sie so weitreichende Folgen haben würde, hatte ein gegenseitiges Auslieferungsabkommen zum Gegenstand. *Dieses* war der einzige Grund, den Pedro I. hatte, einen solchen Vertrag abzuschließen. Er schickte vier spanische Edelleute, die aus Kastilien geflohen waren, dorthin zurück und forderte im Gegenzuge die Auslieferung von drei Männern, die sich im Kronrat führend an der Ermordung seiner zweiten Frau beteiligt hatten.

Einer dieser drei Männer erhielt rechtzeitig eine Warnung und konnte in abenteuerlicher Flucht vor den kastilischen Häschern nach Frankreich entkommen. Die beiden anderen aber wurden an Portugal ausgeliefert.

König Pedro I. ließ ihnen ihr Urteil sprechen und dann die öffentliche Hinrichtung ansetzen. Diese fand auf dem großen Platz vor dem Kastell in Santarém statt. Es war keine so einfache und rasche Hinrichtung, wie sie seine Frau erfahren hatte, nein!

Für diese Mörder hatte Pedro eine besondere Todesart ausgedacht. Sie wurden auf dem Platz angesichts einer Tausende zählenden Menschenmenge grausam zu Tode gequält. Zuletzt wurde ihnen bei lebendigem Leibe die Haut vom Körper gezogen. Dann mußte der Henker ihnen die Brust öffnen und ihre Herzen herausreißen. Es war ein grausiges, blutiges Rachefest für Pedro, der seit dieser Zeit den Beinamen der »Grausame« trug. Doch das war noch nicht alles.

Der Leichnam seiner Frau, der im Kloster der Klarissen in Coimbra beigesetzt worden war, wurde nach dem Vollzug der Rache exhumiert. In der Sé Velha — der alten Kathedrale der Altstadt — wurden zwei Thronsessel aufgestellt. Einer für König Pedro, der zweite für seine Gattin Ines, die als Tote einbalsamiert auf diesen Platz gesetzt wurde. Vorher war sie in prächtige Gewänder gekleidet worden.

Nun mußten alle Edlen des Landes an den beiden vorbeidefilieren und den Saum des Gewandes der Toten küssen.

Danach wurde Ines de Castro, die verstorbene Gattin von Pedro I., als Königin gekrönt und in einer feierlichen Prozession, an der jeder Würdenträger und Edle teilzunehmen hatte, in einer Sänfte durch das Land getragen. Bei Nacht war diese Prozession von einem riesigen Fackelzug begleitet.

In der Klosterkirche von Alcobaca nahe Nazaré wurde Ines de Castro, die nach ihrem Tode doch noch Königin geworden war, in einem prächtigen Sarg beigesetzt. Szenen aus dem Leben der Toten sind in den Marmor dieses Steines eingehauen. Dieser Schrein zählt zu den bedeutendsten Kunstwerken Portugals.

Hier, seiner geliebten Frau genau gegenüber, wollte auch Pedro I. beigesetzt werden. Dort fand er auch seine letzte Ruhestätte, als er am 22. März 1369 in Montiel starb.

Sein Sarg ist das Gegenstück zu jenem Sarg, in dem Ines ruht. Als Figuren, aus Stein gemeißelt, liegen sie dort mit den Füßen zueinander, damit sie sich nach der Auferstehung am Jüngsten Tage sogleich in die Augen sehen könnten.

Dieser unendlichen Liebe hat einer der bedeutendsten Dichter Portugals, Camões, in seinem Epos der Lusiaden einen Vers gewidmet, der umschreibt, wie das ganze portugiesische Volk dieses Liebespaar sah:

»So wie der Ines die Mörderhorde:
Im Marmorhalse versenken sie den Stahl
in grausem Morde.
Fällt, durch der Frevler grimme Wut entseelt,
die weiße Blüte. — — —
Sie denken nicht an Strafen ewger Dauer.«

Wie ein Echo dieser Tragödie, die den Lebensweg des jungen Thronfolgers begleitete, erscheint dem Leser der Geschichte das weitere Wirken dieses Königs, seine Strenge, ja Grausamkeit, mit der er das Land regierte.

F. Lopes hat in seiner »Crónica de Dom Pedro«, die 1932 in Barcelos von Damião Peres herausgegeben wurde, das Leben dieses Königs beschrieben, der den Handel des Landes gefördert, Musik und Tanz verbunden war, seine Frau Ines geliebt hatte und beim Volk das Ansehen eines gerechten Herrschers genoß.

A. Lopes Vieira wiederum brachte 1940 in Lissabon sein Werk »A paixão de Pedro o cru« heraus, das auch die Geschichte der unglücklichen Geliebten und geheimen Frau des Herrschers darbietet. In Lissabon erschien 1913 die Geschichte der beiden Liebenden in einer ausgezeichneten Darstellung von A. de Figueiredo: Dom Pedro e Doña Ines. Eine Reihe weiterer Autoren befaßte sich mit dieser Liebesgeschichte, die in einer Tragödie mit anschließendem Rachefeldzug endete.

Ferdinand I. und die kastilische Gefahr

Ferdinand I. wurde am 31. Oktober 1345 als Sohn Pedros I. geboren. Er war der letzte legitime Nachkomme aus der burgundischen Dynastie Portugals auf dem portugiesischen Thron.

Im Kampf gegen Kastilien, auf das er Thronansprüche anmeldete, mußte sich sein Land abermals enger an England anschließen, um einen starken Bundesgenossen zu gewinnen. Er schloß 1373 einen Vertrag mit England. Dieser führte im Laufe der weiteren Entwicklung der beiderseitigen Beziehungen zum entscheidenden Bündnis mit England, das im Windsorvertrag 1386 besiegelt wurde.

Ferdinand I. war beherzt genug, das frühe Verlöbnis mit einer kastilischen Prinzessin zu lösen, Doña Leonora zu heiraten und sie als Königin auf den Thron zu heben. Daran änderte auch die Tatsache nichts, daß diese bereits verheiratet war. Es gar darob wütende Proteste, die jedoch nichts fruchteten.

Dazwischen lag ein gerütteltes Maß staatsmännischer Arbeit für Ferdinand. Die Landwirtschaft galt es weiter auszubauen. Schiffbau und Handel mußten forciert werden, um den Aufschwung, der unter Pedro I. eingesetzt hatte, weiter voranzutreiben. Sein Hauptwerk aber war eine Heeresreform, die dem Land einen guten und tatkräftigen Schutz gab und es vor Übergriffen seiner Nachbarn sicherte. Ferdinand I. erhielt den Beinamen »O Formoso — der Vortreffliche«. Oftmals wurde er auch »O Constante — der Beständige« genannt.

Als Ferdinand I. am 22. Oktober 1383 in Lissabon verstarb, riß seine Gemahlin Leonora beherzt die Regierungsgewalt an sich und krönte ihre Tochter Beatrix zur Königin. Gleichzeitig damit verlobte sie Beatrix mit Johann I. von Kastilien. Damit wäre Portugal als großzügige Apanage an Kastilien gefallen, was die Cortes unter allen Umständen zu verhindern suchte.

In Coimbra traf sich die Versammlung der portugiesischen Stände und erklärte ihr Land zum Wahlkönigtum. Gleichzeitig proklamierte sie Dom João, einen Sohn des königlichen Liebespaares Dom Pedro und Doña Ines und Großmeister des Aviz-Ordens, zum König. Dieser trat als Johann I. 1385 sein Amt an.

Johann I. — Die Dynastie Aviz

Diese Wahl rief Kastilien auf den Plan, das versuchte, Beatrix mit Waffengewalt zum väterlichen Throne zu verhelfen.

Johann I., der von der Cortes gewählte König, erbat Hilfe von England. Der englische Herrscher und Freund sandte ihm 500 voll ausgebildete Bogenschützen. Mit diesen und einem eigenen Heer zog Johann I. gegen Kastilien zu Felde.

Am 14. August 1385 trafen beide Heere bei Aljubarrota aufeinander. Die Portugiesen erfochten einen glänzenden Sieg. Damit war die Selbständigkeit des Landes gewahrt und der Thron für Johann I., dem ersten König der nun ans Ruder des jungen Staatsschiffes gelangten Dynastie Aviz, gesichert.

Mit diesem Sieg wurde auch die zweihundertjährige Herrschaft des Hauses Aviz in Portugal eingeläutet.

Johann I. der unter diesen turbulenten Umständen den Thron Portugals bestiegen hatte, konnte also gleich zu Beginn seiner Regierungszeit den entscheidenden Schlag Kastiliens parieren, das sich bereits im Besitz Portugals gewähnt hatte. Nur die Cortes hatte Kastilien einen Strich durch diese Rechnung gemacht, als sie Johann I. an die Spitze des Reiches stellte.

Das portugiesische Königreich hatte nach einigen Wirren und Anfangsschwierigkeiten die Konsoliderungsphase hinter sich gebracht und sich auch gegen seine Widersacher auf der iberischen Halbinsel behauptet. In den nächsten Jahrzehnten sollte es sich zur führenden Macht auf den Meeren entwickeln und das Wissen um die Größe der bewohnbaren Erde um das Vierfache erweitern.

*

PORTUGAL WIRD SEEMACHT

Johann I. und das unabhängige Portugal

Nachdem Johann I. Portugals Unabhängigkeit dank der englischen Hilfe mit dem grandiosen Sieg über Kastilien bei Aljubarrota gesichert hatte, ging er daran, den Schiffbau zu fördern. Er arbeitete eindeutig auf seinen großen Wunsch hin, Portugal zu einer Seemacht zu machen und Lissabon zum bedeutendsten Handelszentrum der westlichen Welt auszubauen. Nur ein Staat mit einer großen Flotte konnte sich auch im Handel behaupten und seinen Anteil daran sicherstellen.

In diesem Beginnen stützte sich Johann I. mehr auf die Bürger seines Landes als auf den Adel. Dies hatte seinen Grund in der Tatsache, daß ihm der Adel zu stark erschien und er befürchten mußte, einmal bei passender Gelegenheit vom Thron gestürzt zu werden, wenn er ihm nicht die Flügel stutzte. Daß er sich damit auch das Wohlwollen der Bürger verdiente, nahm er als wertvollen »Beipack« mit in Kauf.

Mit Johann I. war ein Mann an die Macht gelangt, der den Weitblick besaß, über Europa hinwegzusehen. Zunächst fiel sein Blick auf Afrika und hier auf das große maurische Handelszentrum Ceuta. Johann I. wußte, daß sein kleines Land niemals zu der von ihm geplanten Größe aufsteigen konnte, wenn er ihm nicht neue Märkte erschloß und vor allem neue Rohstoffe sicherte, mit denen seine Kaufleute und Schiffer Handel treiben konnten.

Gab es nicht irgendwo auf dem Meer ferne Inseln und jenseits des Meeres neues Land, das es zu gewinnen galt? Hatte er nicht aus dem Munde so vieler Menschen Kunde davon erhalten? Dieser Herrscher sollte in seinen 48 Regierungsjahren genügend Zeit und Gelegenheit erhalten, jene Fragen zu erkunden. Von seinen Kapitänen erhielt er Antworten, die Portugal zum Schrittmacher des Überseehandels und zur stärksten Handelsmacht vorantrieben.

Zunächst aber ging Johann I. daran, die Verwaltung seines Landes und die Rechtsprechung weiter zu verbessern. Er machte das Portugiesische zur offiziellen Landessprache, und das Latein der Gelehrten und der Kirchen rückte an die zweite Stelle.

Zwar blieb das Latein auch in Portugal bis ins 18. Jahrhundert die Sprache der Wissenschaftler. Aber bereits im Jahre 1400 schrieb Vasco da Lobeira — aus dem Königshaus unterstützt — sein Werk »Amadis da Gaula« in Portugiesisch. Es wurde in viele andere Sprachen übersetzt und steht damit praktisch am Anfang einer echten portugiesischen Literatur.

In Batalha ließ Johann I. im Gedenken an den Sieg von Aljubarotta die Dominikanerkirche Santa Maria Victoria erbauen. In ihr entfaltete sich erstmals die portugiesische Form der Gotik mit ihren Strebepfeilern und Türmen, wie man sie von der Notre Dame in Paris kannte. Dieser Kirche wurde im Jahre 1436 eine kleine, anmutige Kapelle angebaut. In ihr sollten nach Johanns I. Willen seine Gebeine zur letzten Ruhe gebettet werden.

Das Streben nach höherem Gewinn und größerem Wohlstand für das Land und seine Bewohner setzte einfach voraus, die überseeische Welt zu erforschen und zu erschließen. In Portugal selber waren keine Reichtümer zu gewinnen.

Der einige gewinnträchtige Erwerb war nach dem Abschluß der Reconquista im Jahre 1260 verschlossen. Bis dahin war es dem Adel möglich gewesen, im Maurenkrieg nicht nur die Mauren aus ihrer Heimat zu vertreiben, sondern sich auch deren Vermögen als Beute anzueignen und ihre Ländereien zu übernehmen, da diese mit vielen Dingen bebaut waren, die es vorher im Lande nicht gegeben hatte.

Hinzu kam die in Europa in der Mitte des 14. Jahrhunderts losbrechende Depression. Der portugiesische Adel, der versucht hatte seine Einnahmen durch königliche Schenkungen aufzubessern, sah sich unter Johann I. nicht mehr so fürstlich bedacht wie vorher. Die Versuche, den Bauern weitere Abgaben abzupressen, blieben ebenfalls erfolglos, denn der Boden gab einfach nicht mehr her. Selbst die Bandenkämpfe, in die einige dieser Herren verwickelt waren und mit denen sie ihre Einkünfte aufzubessern verstanden, hörten sehr rasch auf.

So blieben zur Bereicherung zunächst nur die Überfälle auf Handelsschiffe der maurischen Reiche Granada und Fez. Wenn den Portugiesen gelegentlich ein voll beladenes christliches Kauffahrerschiff über den Kurs lief, sahen sie oftmals keinen Anlaß, dieses zu verschonen; sie machten daher die Besatzung nieder und eigneten sich die Güter an, wobei der Vorwand herhalten mußte, daß es die Mauren gewesen seien, die diese Greueltat vollbracht hätten.

So liefen die portugiesischen Kaperschiffe vor der nord- und der nordwestafrikanischen Küste auf und ab; sie segelten bis zu den Kanarischen Inseln, um Beute zu machen.

Aus dieser Entwicklung heraus verstanden es Johann I. und seine vier Söhne, das Steuer herumzuwerfen und sich mit goldenen Lettern in die Entdeckungsgeschichte einzuschreiben.

Das städtische Bürgertum gewann mit der Beschneidung des Adels mehr und mehr an Macht, und mit ihm wurden die portugiesische Kaufmannschaft und die Handelsschiffer groß.

Fernão Lopes bezeichnete dies als »Sieg des städtischen Bürgertums« und als »Beginn einer neuen Welt und einer neuen Generation von Menschen.«

Mit Hilfe der Städte und jener Juristen, die sich im römischen Recht auskannten, wurde der heimlich immer noch auf seiten Kastiliens stehende Hochadel, der die Unabhängigkeit Portugals in Frage stellte, entmachtet.

Johann I. heiratete Philippa, die Tochter des Herzogs von Lancaster. Aus dieser Ehe gingen die vier Söhne Duarte als Thronfolger sowie die Infanten Pedro, Heinrich und Ferdinand hervor.

Die beiden erstgenannten Söhne setzten das Werk des Vaters fort. Duarte sollte König werden, Heinrich wurde Chef des Christusritterordens, aber seine besondere Begabung lag auf ganz anderem Gebiet. Er sollte der »Seefahrer« werden, obgleich die See nicht sein Metier war. Er gab den Anstoß zur weltweiten Seefahrt, leitete die ersten Entwicklungen dazu ein, den Welthandel zu revolutionieren und die Karte der bekannten Welt umzugestalten. Zunächst aber sollte er sich als Ritter bewähren.

Lassen wir jene Zeit des Aufstieges Portugals zur See bis zu diesem Zeitpunkt der Entwicklung der portugiesischen Schiffahrt an uns vorüberziehen.

Die Handels- und Kriegsflotte Portugals

Die frühe portugiesische Schiffahrt richtete sich zunächst von den Häfen Lissabon und Oporto (Porto) nach dem Norden Europas und zu den Mittelmeerländern. Bereits zu Zeiten Alfons I. ging dieser Warenaustausch vor sich.

Im XII. Jahrhundert gründeten portugiesische Kaufleute in Brügge eine Faktorei. Ihre Schiffe liefen sehr oft auch Marseille an. Im XIII. Jahrhundert hatten sich portugiesische Händler bereits in fast allen französischen Häfen eingerichtet. England billigte ihnen seit dem Jahre 1226 über 100 Schutzbriefe zu. Die hauptsächlichen Handelsgüter, die von Portugal in die europäischen Partnerländer gingen, waren Häute, Felle, getrocknete Früchte, Öl, Kork und Wein.

Alfons I., als der »Eroberer« bekannt, verfügte nach der Überlieferung bereits über eine kleine Kriegsflotte. Seinem Kapitän Fuas Roupinho gelang es damit, bei Kap Espichel ein maurisches Geschwader zu stellen und es nach hartem Kampf zu kapern.

Eine Reihe anderer maurischer Galeeren wurde von Roupinho und seiner kleinen Flotte bei Ceuta gekapert.

In der Straße von Gibraltar unterlag er jedoch in einem Seegefecht gegen maurische Kriegsschiffe und mußte sich nach dem Verlust eines Teiles seiner Flotte zurückziehen. — Alfons I. starb am 6. Dezember 1185 in Coimbra.

Im Jahre 1189 stellte König Sancho I. für eine Kreuzfahrerflotte, die Südportugal von der Herrschaft der Mauren befreien sollte, 40 Galeeren und Galioten zur Verfügung.

Alfons III. ließ während seiner Regierungszeit ein Geschwader größerer Kriegsschiffe an der Blockade eines maurischen Hafens teilnehmen. Ein Teil dieser Schiffe wurde bereits auf Werften in Lissabon gebaut.

Urkunden aus dieser Zeit, die verschiedene Schiffstypen, Barken und Karavellen beschreiben, benutzten zum erstenmal die Bezeichnung *naves*, womit Schiffe mit großen Tonnage gemeint waren.

Unter König Dinis, dem bedeutendsten mittelalterlichen Herrscher Portugals, erfolgte eine rasante Entwicklung der Kriegs- und Handelsflotte dieses Landes. Barcas von 100 Tonnen Verdrängung und größere segelten nach Spanien, England, Frankreich und an die Küste der Normandie. Im Jahe 1293 ging König Dinis auf einen Vorschlag der Kaufleute ein, die sich erboten, »zum Dienste Gottes und zum Wohle des Landes« freiwillig eine Steuer auf alle Ausfuhrwaren zu zahlen.

Er befahl die Anpflanzung eines Fichtenwaldes bei Leiria, um die Felder damit vor dem von der Küste kommenden Flugsand zu schützen und darüber hinaus dem Holzmangel abzuhelfen. Den Schiffsbau selbst förderte er sehr. Er erhob die darin beschäftigten Offiziere ebenso wie die Handwerker in den Ritterstand. Damit trug er der kommenden Bedeutung der Schiffahrt für Portugal schon sehr früh Rechnung.

Zur Abwehr der Piraten soll er eine beträchtliche Kriegsflotte unterhalten haben. Er verlieh auch einem portugiesischen Kapitän zum ersten Male den Titel eines Admirals, ein Beweis dafür, welche Bedeutung die portugiesische Flotte erhielt.

Als dieser Admiral starb, dessen Name nicht mehr eruiert werden konnte, wandte sich König Dinis an Genua, die damals führende Seemacht, deren Seeleute auch in den Diensten Kastiliens und Frankreichs standen und die Flotten dieser Länder auf einen Beststand gebracht hatten. Er bat um Nennung einiger Seeleute, die er in Dienst stellen könne.

Genua schickte eine lange Liste befähigter Männer, und König Dinis wählte daraus den Kapitän Manúel Pezagno aus. Dieser hatte bereits einen großen Ruf erworben und verpflichtete sich vertraglich, als Kommandant der portugiesischen Kriegsgaleeren, die ja die Hauptkampfflotte bildeten, 20 »Sabedores do mar« (Kenner des Meeres) zu stellen, die als seine Unteroffiziere in der portugiesischen Flotte dienen sollten.

Das Amt des Admirals war erblich und brachte außer einer großen Landschenkung im Raume Lissabon noch ein Jahresgehalt von 480.000 Reis, was einer Summe von 37,5 Golddublonen entsprach.

Mit Admiral Pezagno und seinen Männern kamen Angehörige der führenden Familien Genuas nach Portugal. Gerade sie regten aller Wahrscheinlichkeit nach die folgenden Forschungs- und Erkundungsfahrten an, auch die erste portugiesische Ozeanfahrt, die im Jahre 1341 stattfand und deren Ziel die Kanarischen Inseln waren. Diese waren bereits im Altertum als »Glückliche Inseln« bekannt.

Die Kanarischen Inseln waren allerdings bereits 1270 von dem Genuesen Malocello entdeckt worden, der auf einer von ihnen ein Kastell errichten ließ.

Der Dichter Boccaccio berichtete über die portugiesische Expedition von 1341. Nach seinen Bekundungen verfügte diese über zwei von der Krone gestellte Schiffe und ein kleineres privates Fahrzeug. Die Gruppe brach am 1. Juli 1341 auf. Die Besatzungen dieser drei Schiffe setzten sich aus Genuesen, Florentinern und Kastilianern zusammen. Die Flotte führte Waffen, Pferde und Sturmgeräte mit. Sie segelte bei günstigem Wind und erreichte am fünften Seetag ein erstes einsames Eiland. Im Herankommen an das Ufer sahen sie Tausende von Ziegen in den felsigen Hängen herumklettern. Nach der Landung stießen sie auf nackte Männer und Frauen. Von diesen konnten sie eine beträchtliche Menge an Fellen erhandeln. Sie wagten sich aber nicht ins Innere der Insel vor.

Weitersegelnd erreichten sie eine größere Insel. Hier fanden sie unter den Vornehmeren auch Menschen, die Gewänder aus rot und gelb gefärbten Ziegenfellen trugen. Als diese Menschen durch Zeichensprache bekundeten, daß sie Tauschhandel treiben wollte, fuhr das kleinste der drei Schiffe dicht an den Strand heran. Vier Eingeborene schwammen zum Schiff hinüber. Sie wurden ergriffen und an Bord festgehalten.

Eine Rundfahrt um die Insel zeigte im Norden Häuser, die aus behauenen Steinen erbaut und mit großen Holzplatten gedeckt waren. Hier gingen sie an Land. Die Türen dieser Häuser, die verschlossen waren, wurden kurzerhand von den Seeleuten erbrochen. Die Eingeborenen beantworteten dieses widerrechtliche Eindringen mit einem Wutgeheul.

Alle Häuser waren sehr sauber und ordentlich. Kurz darauf entdeckten sie einen kleinen Tempel, in dem die steinerne Statue eines Mannes stand, der einen Schurz aus Palmblättern trug und eine Kugel in der rechten Hand hielt. Sie raubten diese Statue und nahmen sie mit an Bord.

Die Fahrt ging weiter, und in Abständen von 10 — 40 Meilen tauchten weitere Inseln auf. Die dritte von ihnen war mit hohen Bäumen bewachsen. Die nächste hatte eine Reihe Flüsse und gutes Trinkwasser, aber ausgerechnet sie schien unbewohnt zu sein.

Danach tauchte eine Insel mit Felsbergen auf. Die Spitzen der Berge lagen in einem Nebelschleier. Die Portugiesen besuchten aller Wahrscheinlichkeit nach die Inseln Fuerteventura, Gran Canaria, Ferro, Gomera und Teneriffa. Da die Chronisten dieser Reise aber insgesamt 18 Inseln erwähnten, wird angenommen, daß sie zu den Azoren weitergesegelt sind. Eine der Inseln hatte einen Berg, den sie auf 30.000 Fuß Höhe schätzten. Es war der Teide auf der Insel Teneriffa.

Die vier gefangenen Insulaner, deren Insel den Namen Canaria erhielt, waren intelligent und lernten schnell.

Im November erreichte die Expedition wieder ihren Heimathafen Lissabon. Die mitgebrachte Ausbeute war gering und deckte gerade die Unkosten. Sie hatten Ziegen- und Schaffelle, Talg, Fischöl, Sandelholz und Baumrinde zum Färben mitgebracht.

In dieser Zeit standen alle neuentdeckten und unbesetzten Länder dem Papst zu. Der zu dieser Zeit amtierende Clemens VI. nahm dieses Recht auch in Anspruch und überließ die Kanarischen Inseln 1344 dem Grafen Luis de la Cerda gegen eine jährliche Tributzahlung; daher war der Drang, neues Land zu entdecken, nur um es dann wieder abgeben zu müssen, nur gering.

Zwar machte der portugiesische König geltend, daß seine Untertanen diese Inseln entdeckt hätten und ihn nur der Krieg gegen die Mauren an deren Besetzung gehindert habe, doch mußte er sich zunächst der päpstlichen Entscheidung beugen.

So wurden aus dem XIV. Jahrhundert keine portugiesischen Expeditionen mehr gemeldet, auch wenn feststeht, daß solche stattgefunden haben mußten. Der Schiffbau zeigte dies an, während die Chronisten mehr über Kriege und Händel als über Entdeckungen und Meeresfahrten berichteten.

Nach dem Tode des ersten portugiesischen Admirals, Manuel Pezagno, tauchten in den Annalen gleich weitere vier portugiesische Admirale auf. Dies deutete an, daß die Schiffahrt einen rasanten Aufschwung genommen hatte und die portugiesische Kriegsflotte vergrößert worden war.

Portugiesische Schiffsverbände halfen mehrfach dem kastilischen Herrscher gegen seine Widersacher aus Aragonien. In dieser Zeit tauchten auch erstmals sog. »Naus« auf: große Segler, die mit Kanonen bestückt waren.

In der Schlacht bei Saltes 1381 bestand die portugiesische Kriegsflotte aus 21 Galeonen, einer Galiote und vier Naus.

Von der Cortes, jener ständisch zusammengesetzten Volksvertretung, wurden allerdings die Ausgaben König Ferdinands I. für Kriegsschiffe und Flottenarsenale scharf gerügt. Die Handelsflotte jedoch genoß das größte Wohlwollen der Cortes, denn sie schien viel Geld zu verheißen. Der Privilegbrief, den Ferdinand I. 1377 den Handelsschiffern seines Landes verlieh, trägt diesem besonderem Umstand ebenfalls Rechnung.

Dieses Dokument und der daraus entstehende Beschluß, eine Schiffahrtsgesellschaft ins Leben zu rufen, hat der portugiesischen Seefahrt entscheidende Impulse gegeben.

Lissabon war zu dieser Zeit Freihafen, und die Geschichte überlieferte, daß zu gewissen Zeiten zwischen 400 und 500 Schiffe vor der Stadt in der großen Lagune lagen. Allesamt waren es ausländische Fahrzeuge. Die portugiesischen Kaufleute mußten die dort liegenden herangeschafften Frachten teuer bezahlen und haderten wegen des dadurch entgangenen Gewinns. Dies war ebenfalls mit ein Ansporn, daß König Ferdinand I., der letzte Vertreter der burgundischen Dynastie, eine Vermehrung der eigenen Handelsflotte beschloß, die er auch im Kriegsfalle als Kriegsschiffe oder Kriegstransporter einsetzen konnte.

In seinem Dekret für die Schiffahrt verkündete er, daß jeder Reeder und Eigner, der ein Schiff von über 100 Tonnen Tragfähigkeit baute, das Holz für Planken und Masten kostenlos in den Staatsforsten schlagen dürfe. Ebenso sollte das aus dem Ausland eingeführte Baumaterial für Schiffe von einer Besteuerung, die normalerweise 10 % betrug, ausgenommen werden.

Der Ankauf fremder Schiffe, der ebenfalls mit einem Zehnten belegt war, wurde von dieser Steuer befreit. Darüber hinaus erließ Portugal den Schiffseignern für ihre erste Fahrt, mit der sie portugiesische Waren ins Ausland beförderten, jeden Zoll. Für zurückgebrachte Waren, etwa Tuche und Holz aus Flandern, Frankreich und anderen Ländern, erhielten sie die Hälfte des Zehnten vergütet.

Ein weiteres Dekret des Königs entband sie von der Verpflichtung, Pferde zu stellen oder Militärdienst zur See oder zu Lande zu leisten, es sei denn für den König selbst. Von allem Zins wurde der Kapitän oder Eigner befreit; mit einer Ausnahme: den Abgaben oder der Arbeit an den Wällen der eigenen Stadt. Einige weitere Vergünstigungen kamen hinzu, die eine wahrhaft titanenhafte Schiffbautätigkeit und Schiffahrt in Gang brachten.

Der Historiker Lopel berichtete, daß viele Portugiesen diese Privilegien nutzten; dank der dadurch steigenden Ein- und Ausfuhren floß viel Geld ins Land.

Der König beschloß außerdem, alle Reeder und Schiffseigner in einem Verband zusammenzufassen, damit dieser bei einem Schiffbruch dem davon betroffenen Reeder oder Eigner Hilfe leistete, so daß dessen Ruin vermieden werden konnte.

In die von diesem Verband aufgestellte Liste wurde jedes portugiesische Schiff mit über 50 Tonnen Tragfähigkeit eingetragen. Zwei Prozent des Gewinns, das jedes Schiff aus den Handelsfahrten zog, sollten in den Hilfsfond des Verbandes abgeführt werden.

Für die Schadensbehandlung und Abwicklung ließ Ferdinand I. genaue Bestimmungen ausarbeiten, welche die spätere maritime Gesetzgebung in allen Mittelmeerländern stark beeinflußten.

Durch die Kriege Ferdinands I. wurde jedoch die portugiesische Flotte derart dezimiert, daß sein Nachfolger, Johann I., die Flotte von Grund auf neu aufbauen mußte, was eine Reihe von Jahren beanspruchte. Dann aber hatte die portugiesische Flotte erneut ihren Höhepunkt erreicht.

Die Kriegsgaleeren wuchsen zu seiner Zeit auf solche Größen, daß 300 Ruderknechte zu ihrer Fortbewegung eingesetzt werden mußten. Segler von beträchtlicher Größe brachten portugiesischen Wein nach England und holten Getreide aus Italien.

Dennoch reichte die Zahl der portugiesischen Schiffe nicht aus, um die zu einem Feldzug gegen Ceuta erforderlichen Streitkräfte an die afrikanische Küste zu schaffen. König Johann I. sah sich genötigt, zu diesem Feldzug allein zum Transport der Truppen eine Reihe ausländischer Schiffe anzuheuern.

Der lateinisch abgefaßte Bericht über das Ceuta-Unternehmen spricht von einer Flotte, die sich aus 63 Seglern, 59 Galeeren und 120 kleineren Schiffen zusammensetzte. Die meisten dieser Fahrzeuge kamen aus England, Flandern und aus der Biskaya. Für sie wurde die Miete in Salz — einem der Haupterzeugnisse Portugals — entrichtet.

Daß das Hereinkommen so vieler fremder Seeleute nach Portugal auch für die portugiesischen Seefahrer neue Erkenntnisse brachte, ist sicher. Es herrscht kein Zweifel darüber, daß dieses Zusammentreffen mit Seeleuten anderer Länder die Portugiesen zu neuen Fahrten anspornte.

In dem Inventar der »St. Christovam«, eines von Ceuta heimkehrenden Schiffes, werden u. a. drei (!) Kompasse angeführt. Daraus ist zu entnehmen, daß jene Piloten, die Prinz Heinrich, der Führer der Flotte nach Ceuta, zur Erkundung des Ozeans hinausschickte, gut vorbereitet und dank der Kompasse in der Lage waren, auch außerhalb der Landsicht zu segeln.

Die Ceuta-Expedition

Als der Krieg gegen »seine christlichen Brüder in Kastilien« zu Ende ging, war König Johann I. von Portugal dazu bereit, die dadurch hervorgerufenen Vergehen, derer er beschuldigt werden konnte, zu sühnen und jene Beleidigung wieder gutzumachen, die er Gott damit zugefügt hatte.

In der Cronica de Ceuta berichtete der Historograph Zurara, daß der König fühlte, er könne am besten Buße leisten, wenn er »seine Hände im Blute der Ungläubigen wusch.«

Königin Philippa aus dem englischen Hause Lancaster, eine energische und gottesfürchtige Frau, die am portugiesischen Hof sehr auf Moral achtete, haßte den Islam, dessen Vertreter, die Mauren, den Süden der iberischen Halbinsel seit Jahrhunderten besetzt hielten, die angrenzenden Meere verunsicherten, Seeraub betrieben, die Küstenstädte heimsuchten und Frauen und Männer verschleppten.

Die Kreuzfahrergelüste dieses Herrscherpaares richteten sich also auf das überaus reiche Ceuta.

Duarte und Heinrich, die zwei Söhne von König und Königin, sollten anläßlich einer riesigen Feierlichkeit zu Rittern geschlagen werden. König Johann gedachte, dazu in einem Festjahr mit vielen Turnieren die Ritterschaft der gesamten Christenheit einzuladen. Doch sowohl Heinrich als auch Duarte erklärten, daß sie sich ihre Ritterschaft vorher durch eine besondere Waffentat verdienen wollten.

Der königliche Schatzmeister empfahl einen erfolgversprechenden Angriff gegen Ceuta, das nicht nur den Waffenruhm der beiden Königsöhne heben, sondern dem Land auch reichen Gewinn einbringen werde. Außerdem war Ceuta jenes Tor, durch das die Moslems im Jahre 711 nach Spanien eingedrungen waren.

König Johann zweifelte am Erfolg eines so großen Unternehmens. Für den Fall, daß es gelang, wie konnte man Ceuta auf Dauer halten? Außerdem könnte sich bei einem portugiesischen Sieg über Ceuta auch Kastilien — Portugals Erzrivale — stark genug fühlen, um mit dieser flankierenden portugiesischen Hilfe das maurische Königreich Granada zu erobern. Wenn sich nämlich Ceuta in portugiesischer Hand befinde, seien die Mauren in Spanien gezwungen, sich ihre Hilfstruppen aus Afrika zu holen. Sie würden aber durch die Portugiesen in Ceuta von diesen Truppen abgeschnitten sein. Außerdem bestand die Gefahr, daß Kastilien in dem Moment, da Portugals Truppen in Marokko kämpften, über das wehrlose, zumindest aber stark geschwächte Portugal herfiel.

König Johann I. versuchte zunächst sich genau über Ceuta zu unterrichten. Zu diesem Zweck mußte er einige Späher nach Ceuta schicken. Um dieses Unternehmen gut zu tarnen, schickte er »Brautwerber« für seinen Sohn Pedro (den späteren König) nach Sizilien, um dort um die Hand der Königin zu werben. Zwar war es klar, daß diese die Werbung abschlagen würde, aber die Reise der »Brautwerber« gab den Spähern die Chance, sowohl auf der Hinals auch auf der Rückreise in Ceuta Station zu machen, das Gelände zu erforschen und die Stärke der Befestigungen dieser Stadt zu erkunden.

Einer dieser Brautwerber war der Prior der Hospitaliter. Er führte seinen Auftrag geschickt und umsichtig aus. Als er nach seiner Rückkehr in Lissabon dem König Bericht erstattete, suchte man vergebens nach einer Karte, anhand derer er seine Erkundungen hätte aufzeigen können. Da der Prior zwar nicht Karten zeichnen konnte, jedoch ein kluger Kopf war, griff er zu einem Hilfsmittel. Er ließ sich einige Säcke Sand, sechs Liter Bohnen und einen großen Suppennapf bringen, mit deren Hilfe er die Stadt, ihre Wälle und Häuserzeilen, die Burg und die umliegenden Hügel naturgetreu aufbaute. Dieses Gebilde wurde von einem Kartographen gezeichnet.

König Johann war mit dem Ergebnis der Erkundung zufrieden. Er entschloß sich zu dem Kriegszug, als er die Schwachstellen von Ceuta erkannte.

Strengste Geheimhaltung wurde befohlen. Schwierigkeiten machte jedoch die finanzielle Seite des Unternehmens, da er sich entschlossen hatte, selbst die Cortes nicht einzuweihen, aber ohne deren Zustimmung keine neuen Steuern einführen konnte. Wenn er Geld verlangte, dann mußte er der Cortes über dessen Verwendungszweck Rechenschaft ablegen.

Dieser Schwierigkeit wurde er Herr, indem er alles vorhandene Kupfer und Silber beschlagnahmen, es einschmelzen und daraus Münzen schlagen ließ.

Der Friede mit Kastilien hatte manchen Söldner brotlos gemacht. Diese meldeten sich, als ihnen die straflose Chance neuer Räubereien und Plünderungen angeboten wurde. Um ihre Zahl zu erhöhen, sollten alle in den Gefängnissen einsitzenden Verbrecher die Begnadigung erhalten, falls sie sich zum Kriegszug gegen die ungläubigen Moslems von Ceuta verpflichteten.

Daß neben den angeführten Gründen der Bereicherung und der Inbesitznahme einer afrikanischen Welthandelsstadt auch das Piratenunwesen in der Straße von Gibraltar gehörte, war klar. Weil an der Beseitigung dieser Piraten auch alle anderen Staaten der Mittelmeeranrainer interessiert waren, sicherten sie König Johann I. ihre Hilfe zu.

Was den Portugiesen besonders in die Augen stach, war die Tatsache, daß Ceuta ein sehr wichtiger Handelsplatz und Endstation verschiedener Karawanenwege aus dem Innern Afrikas zur Küste war, von der die Wege vor allem in die Goldregion Afrikas führten. Diesen Handelsplatz wollte Portugal erobern.

Daß nach der Eroberung von Ceuta andere Städte die Funktion Ceutas mit übernahmen und der Handel weiterhin in den Händen moslemischer Herrscher blieb, war damals noch nicht zu erkennen.

Als die Vorbereitungen zu dieser Operation im Jahre 1414 bereits *sehr* weit gediehen waren, unterbreitete Johann I. seinen Räten den Angriffsplan und forderte sie auf, ihre Meinung darüber zu äußern. Keiner der Räte erhob Einwände. Gomes da Silva, ein »feuriger Hitzkopf«, sprang hingegen auf und rief in die Versammlung hinein:

»Ich kann nur dies eine sagen: Vorwärts, ihr grauen Rosse!« Dies war eine Anspielung auf das Alter des Königs und die Mehrzahl seiner grauhaarigen Berater.

Die Vorbereitungen zum Feldzug gegen Ceuta lösten sowohl in Kastilien als auch in Aragonien, ebenso auch unter den Mauren Beunruhigung aus, denn sie wurden im größten Stil betrieben. Um die Geheimhaltung bis zuletzt zu wahren und vor allem die Mauren in Sicherheit zu wiegen, drohte König Johann I. dem Grafen von Holland, ihn mit Krieg zu überziehen, weil dieser es zugelassen habe, daß seine Untertanen portugiesische Schiffe plünderten.

Zur gleichen Zeit, da er diese Drohungen lauthals hinausposaunte, war seine Gesandtschaft bereits in Holland, um dem Grafen über den wahren

Zweck der Expedition aufzuklären. Dieser machte das Versteckspiel mit und drohte ebenso lautstark zurück. Allen war jetzt klar, daß der Kriegszug nach Holland gehen würde.

Tag und Nacht wurde auf den Werften und in den Waffenschmieden gearbeitet. Dazu der Historiker Zurara, dessen Bericht der einzige erhaltene über die Schlacht um Ceuta ist:

»Ich weiß nicht, ob ich wie ein Heide spreche, aber sicherlich denke ich, daß die Gebeine der Toten sich wünschten, wieder mit Fleisch umhüllt zu sein, um ihre Söhne und Verwandten auf diesem Zug begleiten zu können.«

Zurara fuhr in seiner Chronik über die Vorbereitungen zum Feldzug fort: »Im rastlosen Eifer arbeiteten die Leute an nichts anderem; die einen reinigten Waffen, die anderen buken Zwieback, wieder andere stellten Schiffsbesatzungen zusammen, damit im rechten Augenblick alles klappe.

Vornehmlich spielte sich dieses Getriebe in Lissabon und Oporto ab, wo es kaum einen Menschen gab, der nicht mitschaffte.

Wenn Windstille herrschte, war der Lärm überall im Tale des Tejo zu hören. Wahrlich, das Herz schlug einem schneller bei dem schönen Bild: Da drängte sich längst des Flußufers Schiff an Schiff, auf denen zu jeder Stunde des Tages und der Nacht kalfatert und gezimmert wurde.

Unweit dieser großen und kleinen Fahrzeuge lagen viele geschlachtete Ochsen und Kühe, und tausende flinke Hände mühten sich, sie abzuhäuten, zu zerlegen und einzupökeln oder das bereits fertige Fleisch in Fässer zu packen und an Bord der Schiffe zu verladen.

Die Fischer salzten, von ihren Frauen unterstützt, vielerlei Arten von Fischen ein, und auf jedem freien Flecken Erde glitzerten silberne Schuppen.

Doch am geschäftigsten ging es in der Münze zu: Nur schreiend konnte man sich zwischen den Schmelzöfen verständlich machen, und die Hämmer der Präger wurden selbst während der Nacht nicht müde.

Auch die Handwerker plagten sich redlich. Fässer und immer wieder Fässer rollten aus den Werkstätten der Böttcher, um die riesigen Mengen an Wein, Fleisch und anderen Lebensmitteln zu bergen. Unaufhörlich klirrten die Scheren der Schneider, da die Vasallen des Königs Wamse und Hosen, je nach Geschmack bunt oder einfarbig, für ihr Gefolge bestellten.

Den Zimmerleuten oblag es, Bombarden zu verstauen und Kanonen zu rüsten. Die Seiler gingen stetig ihre Bahn, damit es den Schiffen nicht an Stricken und Tauen gebrach.«

Soviel als Schilderung des blühenden handwerklichen Lebens in den Häfen Oporto und Lissabon, aber auch in Lagos.

Alle rätselten, ob es nun doch nach Holland gehe. Einzig ein Diener der Königin Philippa, ein großer Sänger und Erzähler, deutete einmal an, wohin es gehen werde, er erklärte, daß er dies aus der von ihm betriebenen Astrologie wisse. Das Volk lachte ihn aus.

Als die Flotte im Sommer 1415 bereit war, erkrankte die Königin an einer Seuche. Ihr Zustand verschlimmerte sich rapide. Sie rief ihre Söhne zu sich, ermahnte sie im Glauben und erinnerte sie daran, sich stets ihrer hohen Stellung und der daraus erwachsenden Pflichten für das Land bewußt zu sein. Danach händigte sie jedem ein Schwert und ein Stückchen vom wahren Kreuz aus.

Das Ende der Königin wurde ebenfalls von Zurara in einem Kapitel des genannten Werkes dargestellt:

»Nachdem sie mit ihren Söhnen gesprochen hatte, erhob sich ein starker Wind, und als die Kranke fragte, was das für ein Wind sei, und ihr geantwortet wurde, daß dieser Wind von Norden komme, sagte sie:

'Das ist gut für eure Fahrt! Wie sehr ersehne ich den Tag eurer Abreise, damit ihr bald zu Rittern geschlagen werdet, und nun verzögert er sich um meinetwillen. Aber am Tage von St. Jakob werdet ihr segeln, während ich vom Himmel auf euch herunterschaue.«

Einige Tage später starb die Königin. Wie sie vorausgesagt hatte, hißte die Flotte von 200 Schiffen aller Größen mit etwa 20.000 Mann Beatzung am 25. Juli 1415 — dem Tage des Heiligen Jakob — die Segel.

Viele ausländische Edle, die auf Ruhm, Ehre und raschen Geldgewinn aus waren, hatten sich eingefunden. Unter ihnen auch der Tiroler Oswald von Wolkenstein.

Dieser spätmittelalterliche Dichter und Liederkomponist war auf Schloß Schöneck im Pustertal geboren und entstammte einem Tiroler Adelsgeschlecht. Als Zehnjähriger lief er von daheim fort und stand zeitweise im Dienste Kaiser Sigismunds. Er kämpfte später mit dem Tiroler Adel gegen Herzog Friedrich II. von Österreich »mit den leeren Taschen«.

Ein Rechtsstreit mit dem Ritter Martin Jäger brachte ihn 1421 bis 1422 und 1422 bis 1423 in Gefangenschaft. Er sang vor allem Marien- und Liebeslieder. Im Kampf verlor er das rechte Auge.

Der Kampf um Ceuta

Beim Passieren von Cap Sao Vicente wurden zu Ehren dieses Heiligen, dessen Leichnam dort gelegen hatte, die Segel gestrichen, und endlich, als die Flotte in der für portugiesische Seefahrtsgeschichte so bedeutsamen Lagos-Bay vor Anker ging, ließ König Johann durch seinen Hofkaplan den Zweck dieser Expedition bekanntgeben. Danach hielt der Kaplan eine Kreuzpredigt, die er mit den Worten beendete:

»Wer als Katholik und wahrer Christ nicht seine ganze Kraft zur Verteidigung des Glaubens einsetzt, ist kein echter Ritter, kein Glied Jesu Christi; er hat nichts mit ihm gemein und übertrifft an Schlechtigkeit alle Ungläubigen.«

Der 12. August sah die leichten Schiffe bereits vor der afrikanischen Küste. Die schweren aber trieben im starken Wind ins Mittelmeer hinein.

Dieses vermeintliche Pech erwies sich im nachhinein als Glücksfall für die Christen, denn die Mauren, die — einen überraschenden Angriff befürchtend — eiligst Verstärkungen aus dem Hinterland herangezogen hatten, entließen diese, nachdem nunmehr offenbar wurde, daß die portugiesische Flotte einem anderen Ziele entgegensegelte.

Zwei Tage darauf aber lag die ganze portugiesische Flotte auf der Reede der Stadt Ceuta, die sich auf einer langen, drei Meilen ins Meer vorstoßenden Halbinsel ausbreitete. Am Abend erstrahlten nach der Weisung des Statthalters alle Fenster der Stadt im Glanze vieler Lichter. Solcherart wollte er zeigen, daß die Stadt sehr stark bevölkert war. Außerdem versuchte er damit die möglichen Angreifer, als die er die Portugiesen nun ansehen mußte, abzuschrecken. Als Antwort darauf illuminierten die Portugiesen ihre Schiffe.

Im Morgengrauen des nächsten Tages erfolgte die Landung. Ein erbitterter Kampf entbrannte, bei dem die Mauren nach hartem Widerstand zurückgetrieben wurden. Gleichzeitig mit den Fliehenden gelangten die ersten Verfolger durch das Almina-Tor in die Stadt.

An dieser Stelle übernahm nach der Schilderung von Zurara Prinz Heinrich die Führung der Ritter. Starke Abteilungen drangen in die verschiedenen Stadtviertel ein und besetzten die umliegenden Höhen, während der Prinz mit dem Rest seiner Truppen den Feind auf der Hauptstraße, die von der Stadt zur Zitadelle führte, angriff.

Anfänglich rückte Prinz Heinrich siegreich vor, bis der maurische Befehlshaber seine durcheinandergeratenen Truppen wieder gesammelt hatte und mit ihnen in einem wuchtigen Gegenangriff über die Eindringlinge herfiel. Unter den Schwertstreichen der Mauren, den Pfeilen ihrer Bogenschützen und den Speeren ihrer Spießträger wurden die Angreifer dezimiert. Sie wichen zurück. Eine große Zahl fiel im Zweikampf. Schließlich wandten sich die ersten zur Flucht, und plötzlich rannten alle in zügelloser Panik davon.

Ein Teil der Angreifer war bereits während der Kämpfe in die Häuser eingedrungen und hatte mit deren Plünderung begonnen. Wieder andere suchten nach Wasser oder Wein, weil sie vor Durst fast umkamen. Daran war die strenge Rationierung des Wassers und das genossene salzige Pökelfleisch schuld.

Nur 17 Ritter und Knappen standen schließlich um den Infanten und kämpften gegen die auf sie eindringenden Mauren. Mehrere Stunden tobte der

Kampf hin und her. Unter den glühenden Strahlen der afrikanischen Sonne schien es bei der drückenden Überlegenheit des Feindes nur noch eine Frage der Zeit, bis auch diese wenigen Ritter überwunden und tot sein mußten.

Prinz Heinrich tat sich in diesem Kampf durch außergewöhnlichen Mut und körperliche Kraft hervor. Er wich behende den Säbelhieben der Moslems aus und schlug eine Bahn des Todes durch die Reihen der Angreifer. Auch er wurde verwundet. Als man irrigerweise König Johann I. den Tod des Infanten meldete, sagte dieser:

»Nun gut, er endete, wie es sich für einen Soldaten geziemt!«

Doch schließlich trafen die ersten Verstärkungen ein, und mit ihnen stieß Prinz Heinrich bis zur Zitadelle vor. Deren Tore waren verschlossen, die Wälle immer noch dicht bemannt. Die Portugiesen mußten den Rückzug antreten, wurden nun aber nicht mehr von Feinden umringt, sondern nur von rechts und links aus den Häusern und Höfen beschossen.

Nachdem es dem Prinzen und seinen überlebenden Gefährten gelungen war, sich mit der Kampfgruppe seines Bruders Duarte zu vereinigen, der sich nach hartem Kampf der Moschee bemächtigt hatte, war die drohende Niederlage vorerst abgewendet, wenn es auch keinen besonderen Fortschritt in der Eroberung der Stadt gegeben hatte.

Während der Beratung dieses Abends wurde beschlossen, die Erstürmung der Zitadelle auf den nächsten Tag anzusetzen.

In der Nacht aber hatten die Mauren, die Hoffnungslosigkeit ihrer Lage eher erkennend als ihre Widersacher, die Festung laut- und kampflos geräumt. Eine portugiesische Gruppe, die vor den Zugängen Wache hielt, sah am frühen Morgen eine große Zahl an Sperlingen auf den Zinnen und Mauern sitzen. Daraus schloß deren Anführer, daß sich keine Menschen mehr in der Zitadelle befinden könnten.

In der Tat waren nur zwei Moslems in der Zitadelle zurückgeblieben. Als der Anführer der portugiesischen Wachmannschaft ans Tor polterte, wurde dieses den Portugiesen geöffnet. Am Mittag wehte bereits das Banner des Sao Vicente auf der höchsten Zinne der Zitadelle von Ceuta.

Trotz des blutigen Kampfes verloren die Portugiesen nach der genannten Chronik nicht mehr als acht Ritter, da die meisten der portugiesischen Kämpfer eiserne Harnische trugen und demzufolge manchen Streich aushielten. Die Zahl der Verwundeten jedoch war hoch.

König Johann gab seinen Söhnen für ihre Tapferkeit mit den Schwertern, die ihre Mutter ihnen geschenkt hatte, den Ritterschlag.

Die Portugiesen schrieben die schnelle Eroberung von Ceuta, jener Stadt, die damals als »Schlüssel zum Mittelmeer« bekannt war, dem Walten einer göttlichen Vorsehung zu. Die Zukunft Portugals hing vom Ausgang dieses Kampfes ab. Wäre der Feldzug fehlgeschlagen, dann wäre diese Expedition der letzte statt der erste Schritt zur Gründung eines überseeischen portugiesischen Reiches gewesen.

So aber weckte, um das Urteil des englischen Geschichtsforschers Wylie anzuführen, »die Eroberung von Ceuta ein lauthallendes Echo in ganz Europa. Sie vertrieb die Mauren aus ihrem drohenden Bollwerk, ebnete den Weg für den Afrikahandel und führte zu der ungeheuren Entwicklung der ruhmreichsten Epoche der portugiesischen Kolonialgeschichte.«

Im Jahre 1915 beging Portugal die Fünfhunderjahrfeier dieses Ereignisses, und die Akademie der Wissenschaften in Lissabon veröffentlichte aus diesem Anlaß sieben Bände historischer Dokumente und Schriften über Marokko.

Daß die Verteidigung von Ceuta durch Portugal viel schwieriger sein würde als die Eroberung dieser Stadt, war allen Beteiligten klar. Niemand wollte diese gefährliche Aufgabe übernehmen, und während der König mit seinen Ratgebern noch diese Frage erwog, vergnügten sich die jungen Edlen beim Chocaspiel. Als Pedro de Menezes gewann, hob er seinen Stock, mit dem der Choca-Ball geschlagen wurde, hoch in die Luft, worauf die ganze Schar der Mitspieler »Aleo« (so wurde der Schlagstock genannt) rief.

Der Kronrat hatte noch immer keine Entscheidung getroffen. Nun ging Menezes zum König und erbot sich, »mit diesem Stecken, den ich in den Händen trage, Ceuta zu halten. «

Der König ernannte den jungen Hidalgo zum Stadthauptmann von Ceuta, unterstellte ihm die Garnison von 2.500 Mann und ernannte ihn zum Grafen von Viana. Von diesem Tage an wurde das Wort »Aleo« zum Schlachtruf und Wahlspruch des Geschlechtes der Menezes.

Es wurde auf den Schwertern der Männer ebenso wie in den Schmuck der Frauen der Familie eingraviert und über den Portalen ihrer Häuser eingemeißelt. Es steht auch auf Pedro de Menezes' Grabmal in der Graça-Kirche von Santarém.

Das Amt des Großmeisters vom Christusorden, das Prinz Heinrich bekleidete, verpflichtete ihn zum Kampf gegen die Ungläubigen, und diese Aufgabe wurde durch die Einnahme von Ceuta insofern erleichtert, als ihm jetzt eine offene Tür hinein ins feindliche, heidnische Gebiet zur Verfügung stand. Aber die Ideen des Infanten bewegten sich in einer anderen Richtung.

Nach dem Kriegszug gegen Ceuta war die Eroberung von ganz Marokko zu einer Staatsangelegenheit geworden, bei welcher er sich mit der Position eines Beauftragten des Königs und der Regierung hätte begnügen müssen. Dies genügte Heinrich nicht. Er wollte ein eigenes, von ihm selbst finanziertes und keiner Aufsicht unterworfenes Unternehmen starten, bei dem der Verdienst in seine Schatulle wandern würde, während der Ruhm dem Orden zuteil werden würde.

Er entsetzte im Jahre 1418 das von den Mauren belagerte Ceuta und widmete sich anschließend ausschließlich der überseeischen Forschungsarbeit.

In Ceuta konnte er sein Wissen über die südlichen Länder vermehren, denn dort wohnten Händler und Abenteuer, die tief ins Innere Afrikas eingedrungen waren und ihm wertvolle Hinweise geben konnten. Dieses praktische Wissen kam zu seinen aus Büchern erworbenen Kenntnissen hinzu. Damit gelang es ihm, Theorie und Praxis in Übereinstimmung zu bringen.

Die Mauren berichteten ihm über ihre Handelskarawanen, die von den Mittelmeerhäfen aus ihren Weg nach Timbuktu und Cantor am Gambiafluß führten und gaben ihm auch von dem fernen Guanaja, dem heutigen Guinea, erste Kunde.

Heinrich verglich ihre Angaben mit denen der Gefangenen, die seine gegen die maurischen Piraten ausgeschickten Kapitäne nach Hause mitbrachten. Dies intensive Forschen und Tasten, das Suchen und Abwägen ermöglichten es Heinrich später, seinen Seeleuten die Reiseroute zum Senegal vorzuzeichnen.

Da er alle Vorbereitungen für die Expeditionen, die er regelmäßig nach einem festen Plan aussenden wollte, selbst zu überwachen und zu leiten versuchte, verließ er den Lissaboner Hof und ließ sich auf dem 1000 Meter in den Atlantik hinausragenden Vorgebirge von Sagres in der Provinz Algarve eine erste Villa errichten. Um diese Villa herum entstanden die Häuser seiner Berater und Kapitäne, und sehr bald war aus der einen Villa die kleine Stadt Vila do Infante geworden. Prinz Heinrich wurde zum Gouverneur der Algarve ernannt.

Diese kleine Stadt wuchs bis zu 60 Meter über dem Meer empor, und Heinrich ließ dort von den bekanntesten Astronomen sein Observatorium und eine Schule für Erdkunde und Navigation errichten. Hier studierte der Prinz mathematische und kosmographische Fragen und gewann weitere Erkenntnisse hinzu. Er förderte die Ausbildung seiner Kapitäne und Piloten und ließ jede neue Entdeckung in seine Seekarten eintragen. Diese Kartenarbeit führte der von Heinrich in Dienst genommene Mallorcaner Jacome aus, der als berühmter Kartenzeichner und Baumeister nautischer Instrumente bekannt war.

Es gelang Gonzalo de Reparaz, in seinem Werk „Mestre Jacome de Malhorca" nachzuweisen, daß Jacome niemand anderer war als der Sohn von Abraham Cresques, dem Verfasser der berühmten Katalan-Karte von 1375.

Obwohl nie erkrankt, befanden sich in Heinrichs nächster Umgebung mehrere Ärzte, die nach dem Selbstverständnis der damaligen Zeit in der Astronomie bewandert waren und Heinrich bei seinem Studium der nautischen Astronomie halfen.

Prinz Heinrich war bald fest entschlossen, Guinea zu finden, von dem die Mauren soviel zu berichten wußten. *Daß* es dieses Land gab, daran zweifelte er nicht. Er wußte auch, wo es ungefähr liegen mußte.

Diese erste Forschungsarbeit hinderte den Infanten nicht daran, sich schon zu dieser Zeit mit größeren Problemen zu befassen und die Fernreisen seiner Schiffe und Kapitäne vorzubereiten.

„Vier Gründe bewogen den Infanten, diese Entdeckungen zu machen", berichtete Zurara. „Es waren dies:

1. das Verlangen, definitive Kenntnisse über die Länder jenseits der Kanarischen Inseln zu erlangen, nachdem seine Seeleute Kap Non, die angebliche Grenze der Schiffahrt, bereits passiert hatten,

2. Handelsbeziehungen mit irgendwelchen dort vielleicht wohnenden Christen anzuknüpfen,

3. die Grenzen des moslemischen Herrschaftsbereiches zu erkunden,

4. den wahren Glauben zu verbreiten."

Der Chronist setzte also das wissenschaftliche Motiv an die erste Stelle, doch es bestand keine Zweifel daran, daß Prinz Heinrich von Anfang an handfeste praktische Ziele verfolgte.

Natürlich wollte er auch dem neuerlichen Vorrücken des Islams Einhalt gebieten und sein Land vor einem neuen Maureneinfall schützen. Gleichzeitig aber trachtete er danach, den Wohlstand Portugals zu mehren und seinen eigenen nicht minder, indem er den Handel mit Gold und anderen afrikanischen Produkten verstärkte, der sich zu seiner Zeit noch fest in den Händen arabischer Kaufleute befand.

Durch die Entdeckung von Guinea hoffte er die afrikanische Handelsroute vom Ufer und den Häfen des südlichen Mittelmeeres nach den Häfen Westafrika abzulenken und dort seine eigenen Städte und Niederlassungen zu gründen.

Praktische Erwägungen brachten ihn auch dazu, die atlantischen Inseln zu kolonisieren. Dort förderte er besonders Fischerei, Färberei und Zuckererzeugung- und verarbeitung.

In seiner Offensive gegen den Islam hielt er sich an den Plan, den Könige und Päpste nach ihren diversen Kreuzzügen ebenfalls in die Tat umzusetzen suchten, wobei sie allerdings bislang stets Schiffbruch erlitten hatten, nämlich den Islam nicht nur frontal, sondern auch aus beiden Flanken anzugreifen.

Der Herrschaftsbereich der Moslems, der sich zwischen Europa und den Fernen Osten eingeschoben hatte, schnitt sämtliche Handelsverbindungen ab, die zwischen Europa und dem Fernen Osten bestanden hatten. Die zunehmende Macht des Islams bedeutete demzufolge auch eine immer stärker werdende Bedrohung der westeuropäischen und ostkirchlichen Zivilisation.

Wenn also Heinrich auch vor allem um das Kreuzfahrertum und die Entwicklung des portugiesischen Handels bemüht war, so beseelte ihn darüber hinaus dennoch auch sehr stark die Wißbegier des Gelehrten. Dauernd suchte er nach Gelegenheiten, diese zu befriedigen.

Bereits als ihm im Jahre 1415 — noch vor dem Feldzug gegen Ceuta — von einer auffallend starken Strömung zwischen den Kanarischen Inseln berichtet wurde, entsandte er sofort ein Schiff dorthin, um die Ursache dieser Strömung zu erkunden. Es war die erste wissenschaftliche Expedition dieser Art, die wir kennen.

Die Entdeckung der Azoren beruhte auf dem Wunsch Prinz Heinrichs, „die fernen Teile des westlichen Ozeans zu erkunden und ausfindig zu machen, ob jenseits der von Ptolemäus beschriebenen Inseln und Ländern noch andere liegen."

Doch auch in diesen beiden Fällen hatte der Infant letzten Endes praktische Ziele im Auge: Der Weg über die Kanarischen Inseln war der kürzeste zur afrikanischen Westküste, während ein westlicher Vorstoß in den Atlantik möglicherweise einen Weg nach Indien bahnte.

Zwei portugiesiche Chronisten, Duarte Pacheco in seinem Werk „Esmeraldo" und Barros in „Asia", berichteten, auf welche Weise die Forschungsreisen ihren Anfang nahmen:

„Eines Nachts lag der Infant, schlaflos über seinen Plänen brütend, im Bett. Plötzlich sprang er, wie von einer jähen Verzückung erfaßt, empor und befahl, es sollten sich unverzüglich einige Schiffe für eine Fahrt südwärts entlang der marokkanischen Küste bereithalten.

Alle Mitglieder seines Hofstaates waren verblüfft und deuteten diesen Ausbruch des Infanten als eine 'göttliche Eingebung'."

Auch Damião Gois, der portugiesische Humanist der Renaissance, ein kritischer Geist, erwähnte diese Darstellung. (Damião Gois — Goes — geb. am 2. Februar 1502 in Alenquer, gest. ebendort am 30. Januar 1574, war seit 1546 Historiograph und Archivar in Lissabon, zudem war er ein Freund des Erasmus von Rotterdam, bekannt mit Luther und Melanchthen. Er wurde 1571—1572 von der Inquisition gefangengehalten und mehrfach gefoltert. Quelle: Chronica do filissimo Rei Dom Manuel, 4. Bd. 1566/67 und Chronica do principe Dom Joao 1567, neue Ausgabe 1926).

Allerdings schenkte Damião Gois dieser Darstellung selber keinen Glauben. Nach seiner Überzeugung hat sich Heinrich dazu entschlossen, den Seeweg nach Indien zu entdecken, nachdem Berichte von Herodot und anderen Geschichtsschreibern des Altertums in ihm die Überzeugung geweckt hätten, daß Indien einstmals durch die Umschiffung von Afrika erreicht worden sei.

Diese „Gewißheit in Verbindung mit der Kunde von Eingeborenen, die in einigen afrikanischen Dingen bewandert waren, veranlaßten ihn, die Wiederentdeckung des in Vergessenheit geratenen Weges anzuordnen." (s. Gois wie vor:)

Ob göttliche Eingebung oder nicht, sicherlich schwebte dem Infanten als letztes Ziel der Ferne Osten vor. Dieses Vorhaben war durchaus nichts Neues, denn abgesehen von den Fahrten des Altertums, über die nur vage Mitteilungen vorlagen, hatte im Mittelalter wenigstens eine Expedition den Seeweg nach Indien zu finden versucht: die von Doria und Vivaldi im Jahre 1291.

Die Möglichkeit, diese Unternehmung durchzuführen, bezweifelte Heinrich zu keiner Zeit. Vor allem deshalb nicht, weil er keinen genauen Begriff von den zurückzulegenden Entfernungen hatte. Hätte er gewußt, *wie weit* dieser Weg war, dann wäre seine felsenfeste Überzeugung, es doch schaffen zu können, ins Wanken geraten.

Nach dem Urteil einiger Kartographen war Afrika eine Halbinsel von etwa der Hälfte seiner wirklichen Größe. Das heißt: Die südliche Küste von Guinea lief nach ihren Darstellungen geradewegs zum Indischen Ozean. Selbst auf dem Laurentinischen Portolan von 1351, der besten Karte des Mittelalaters, endete der afrikanische Kontinent mit Guinea, das nur noch ein kurzes Fortsetzungsstück nach Süden ausstreckte.

Die eiserne Beharrlichkeit, mit der Heinrich ungeachtet wiederholter Fehlschläge, abfälliger Kritik und bedeutender Kosten seine Ziele verfolgte, erklärt sich aus den vielerlei Daten, die er den von Zurara und Marco Polo angeführten Büchern entnahm. Er wußte, daß Karawanen, die quer durch die Sahara zogen, seit langem mit der Guineaküste Handel trieben. Gelang es also seinen Schiffen, bis zu ihr vorzustoßen, so durften sie auf einen Weg zum Fernen Osten und überdies auf die Hilfe des Priesterkönigs Johannes hoffen.

Bereits zu Beginn des 14. Jahrhunderts war zwischen dem Heiligen Stuhl und Äthiopien eine Verbindung hergestellt und der Plan gefaßt worden, Äthiopiens Herrscher zum Verbündeten des Christentums gegen den Islam zu machen. In den Jahren 1427 und 1450 erschienen Gesandte des Priesters Johannes auf der iberischen Halbinsel, und da einer von ihnen zwei Jahre später auch nach Lissabon kam, liegt die Vermutung nahe, Heinrich habe bereits vorher Beziehungen zu Äthiopen unterhalten.

Außerdem erwähnte Zurara, daß „Bewohner des größeren und des kleineren Indiens" — was Inder und Äthiopier bedeutet — Portugal besuchten, die Gastfreundschaft des Infanten genossen und auf seinen Schiffen reisten.

Als Heinrich erfuhr, daß dem Sultan von Marokko große Mengen Gold zuflossen, schickte er Kundschafter dorthin, um das Herkunftsland dieses Goldes in Erfahrung zu bringen. Als diese zurückkehrten und ihm berichteten, daß der Sultan Waren über das Atlasgebirge nach dem Süden schickte, um dafür Sklaven und Gold einzutauschen, beschloß der Prinz, zur See das gleiche zu versuchen, was der Sultan seit Jahren auf dem Landwege tat (siehe J. Münzer: Itinerarium, Coimbra 1932).

DIE FAHRTEN ZU DEN INSELN

Nach Madeira und zu den Azoren

Wer die Insel Madeira und die nordostwärts davon gelegene Insel Porto entdeckt hat, ist unbekannt. Auch das Datum der Entdeckungen ist nicht überliefert.

Madeira wie die Azoren wurden jedenfalls in den phantastischen Reisebeschreibungen „Conoscimiento de todos los Reynos“ (Kenntnis aller Reiche) des 14. Jahrhunderts verzeichnet. Sie tragen auch auf katalanischen und italienischen Karten dieselben oder ähnliche Namen.

Nach Zurara wurden diese Inseln, wie er in seiner Chronik von Guinea im Kapitel 83 berichtet, folgendermaßen wiederentdeckt:

„Bei Heinrichs Rückkehr von Ceuta im Jahre 1418 baten ihn zwei seiner Schildknappen, Zarco und Teixeira, um die Erlaubnis, sich auszeichnen zu dürfen. Der Infant ließ ein Schiff ausrüsten und beauftragte sie, das Land Guinea zu suchen.

Von Gott geleitet, erreichten sie trotz widriger Winde Porto Santo, und nachdem sie festgestellt hatten, daß sich diese Insel zur Besiedlung eignete, erstatteten sie Heinrich, nach Portugal zurücksegelnd, Bericht.

Auf Heinrichs Weisung hin segelten sie schon bald darauf, nur die Neuausrüstung ihres Schiffes abwartend, wieder nach Porto Santo. An Bord befand sich der Edelmann Perestrello, der auf Heinrichs Befehl mitfuhr. Sie nahmen Sämereien und verschiedene Haustiere mit, darunter ein großes Kaninchen, das unterwegs Junge warf. Diese Kaninchen vermehrten sich sehr schnell und fraßen die Saat auf. Da es ihrer schließlich zu viele gab, um sie vernichten zu können, gaben die Wiederentdecker drei Jahre darauf die Insel auf und setzten nach dem 12 Leguas (1 Legua = 6.269 m) entfernten Madeira über.

Hier fanden sie sehr fruchtbaren Boden und viel Wasser, so daß sie blieben und ihre Siedlungsarbeit fortsetzten. Nach ihrer Meldung schickte der Infant ihnen Kolonisten nach und teilte Madeira in zwei Bezirke auf. Deren Verwaltung wurde seinen beiden Schildknappen übertragen, Perestrello wiederum mit Porto Santo, dem 'Paradies der Kaninchen', abgefunden.“

Entgegen einem zeitgenössischen Chronisten, der Zarco und Teixeira Kolonisatoren nannte, sprach Barros, der etwa 30 Jahre später lebte, sie auch als „Entdecker von Madeira“ an. Er berichtete:

„Sie erbaten von Heinrich ein Schiff, um an der Küste der Barbarei entlangzusegeln. Da der Prinz aus den Schriften des Ptolemäus wie auch durch Aussagen der Eingeborenen erfahren hatte, daß die Küste sich bis zum Äquator fortsetzte, gewährte er ihr Begehren. Unterwegs gerieten sie indes in einen heftigen Sturm und glauben sich bereits verloren, denn das kleine Schiff wurde von den schweren Sturzseen beinahe verschlungen.

Zu ihrem Glück flaute der Orkan schließlich ab, und sie entdeckten ein Eiland, das sie dankbar Porto Santo nannten (Heiliger Hafen), weil er ihnen nach schrecklicher Heimsuchung Zuflucht bot. Wie freuten sie sich, als sie inne wurden, daß hier kein wildes Volk lebte wie auf den Kanarischen Inseln.

Tatsächlich war ihr Eiland unbewohnt, und die Vögel waren infolge dieser Menschenleere anfänglich so wenig scheu, daß man sie mit der Hand fangen konnte."

Über die Entdeckung Madeiras berichtete Barros ebenfalls: „Als sie später mit einigen Kolonisten nach Porto Santo zurückkehrten, gewahrte Teixeira eines Tages am Horizont einen dunklen Schatten, der entweder eine schwere Wolke oder Land sein mußte. Schnell baute man zwei Boote, fuhr dem Schatten entgegen und fand eine Insel, die ihren Namen Madeira (= Holz) wegen ihres Holzreichtums erhielt."

Die wirkliche Besiedlung dieser Insel begann 1420. Als schließlich Cadamosto die Insel 35 Jahre später besuchte, zählte sie bereits 800 Bewohner. Um das Erdreich für die Aufnahme der Saat zu säubern, steckten die Siedler den Wald in Brand, vermochten aber dieses Feuers nicht mehr Herr zu werden, das am Unterholz und an der dicken Decke trockenen Laubes reiche Nahrung fand. Sieben (nach anderen Quellen neun) Jahre schwelte der Brand weiter. Die Kolonisten konnten ihr Leben nur retten, indem sie sich in die Flüsse der Insel Madeira retteten.

Dennoch blieb viel Wald erhalten. Zurara erwähnte ausdrücklich, es seien solche Mengen Holzes von der Insel nach Portugal verschifft worden, daß man dort die Bauart der Häuser geändert und sie höher als bisher errichtet habe. Bei Cadamosto wird die Bemerkung registriert, daß die meisten Möbel Portugals und Spaniens ebenfalls aus Madeiraholz angefertigt seien.

Der Zucker

Darüber hinaus wurde von der Insel Weizen verschifft. Hinzu kamen Honig und Wachs. Nunmehr ließ Heinrich sizilianisches Zuckerrohr auf Madeira anpflanzen. Es gedieh dort ausgezeichnet, und bereits wenige Jahre später lieferte ein Fünftel der Pflanzungen dem Christusorden über 60.000 arobas (ein aroba = 25 Pfund) Zucker. Die Anbaufläche war drei Quadrat-Leguas groß.

1452 schloß der Infant mit einem fachlich gebildeten Kolonisten einen Vertrag über die Anlage einer Wassermühle für die Verarbeitung von Zuckerrohr.

Prinz Heinrich sollte ein Drittel des Ertrages erhalten. Zwei Drittel würden dem Kolonisten verbleiben. Die Mühle wurde gebaut und arbeitete sehr gut.

Kurz darauf begann die Ausfuhr von Rohzucker in fremde Länder. In den Zollabrechnungen von Bristol erscheint bereits ab 1456 und von diesem Termin an ständig in stets zunehmenden Mengen Zucker aus Madeira. Sizilien und die Levante spürten diese unerwünschte Konkurrenz besonders stark und sahen sich genötigt, ihre Preise erheblich zu senken. Später kauften genuesische Kaufleute den Madeirazucker und verfrachteten ihn nach Flandern, dem seinerzeitigen Hauptmarkt für Zucker. Im Jahre 1480 luden 20 große und 40 bis 50 kleinere fremde Schiffe ausschließlich Zucker.

Nunmehr erhob die portugiesische Volksvertretung — die Cortes — beim König Beschwerde darüber, daß der gesamte Zuckerhandel Madeiras in die Hände von Ausländern gelangt sei. Sie verlangte, daß man allen Ausländern die Niederlassung auf Madeira verweigern müsse. Der Zucker aber sei zuerst nach Lissabon zu schaffen, damit der gebührende Ausfuhrzoll bezahlt werde, ehe er nach Flandern weiterverschifft werde.

18 Monate darauf verfiel der Zuckerpreis, und König Manuel I. (1495—1521) verbot es, mehr als 120.000 arobas Zucker im Jahr auszuführen. Hiervon bestimmte er 40.000 für Flandern, 15.000 für Venedig und ebensoviel für Chios und Konstantinopel. 13.000 arobas wurden nach Genua und 700 nach England verschifft.

Von Madeira breitete sich die Zuckerindustrie, durch welche die atlantischen Inseln zuerst Bedeutung erlangten, nach den Azoren und den Kapverdischen Inseln aus, um von dort aus durch portugiesische Initiative nach Brasilien zu gelangen, wo sie der wichtigste Faktor der landwirtschaftlichen Erzeugung wurde, bis man gegen Ende des 17. Jahrhunders die ersten Diamantfunde machte und auch Gold entdeckte.

Von Kreta wurde die Malvasiertraube nach Madeira eingeführt, und gelegentlich seines Besuches von Madeira schrieb Cadamosto:

„Die Weingärten hier sind der schönste Anblick der Welt." Der größte Teil des hier angebauten Weines, darunter der berühmte „Malmsey", ging bereits damals ins Ausland.

Im 17. Jahrhundert lohnte sich der Anbau von Zuckerrohr nicht mehr, nachdem Brasilien sich in den Wettbewerb eingeschaltet hatte. Die Pflanzungen wurden vernichtet und an ihrer Stelle Reben angepflanzt. Sehr rasch entwickelte sich die Ausfuhr von Wein zur neuen Haupteinnahmequelle.

Auf Porto Santo und Deserta, der dritten Insel dieser Gruppe, befaßten sich die Siedler mit der bereits von Perestrello begonnenen Viehzucht. Auf beiden Inseln wurde auch das Harz des Drachenblutbaumes gewonnen, das sich wegen seiner intensiven Rotfarbe als Färbemittel eignete.

Madeira und die Azoren haben seit den ersten Jahren ihrer Besiedlung durch Portugiesen als Teil des portugiesischen Mutterlandes gegolten. Sie wollten nicht zu den Kolonien gezählt werden.

Die Kanarischen Inseln, die der Papst dem Grafen Luis de la Cerda zu Lehen gegeben hatte, wurden nur von wenigen spanischen Siedlern bewohnt. Spanien strebte zu keiner Zeit die völlige Inbesitznahme der Inseln an. Erst zu Anfang des 15. Jahrhunderts fuhr der Normanne Jean de Béthencourt nach Lanzarote, baute dort mit seinen Männern ein Fort und kolonisiert auf dieser Insel ebenso wie auch auf Fuerteventura. Dazu stellte ihm der König von Kastilien Waffen und einige Munition zur Verfügung. Béthencourt huldigte dem spanischen König. Er kehrte wenig später nach Frankreich zurück. Sein Neffe, der in die Rechte seines Onkels eingetreten war, verkaufte wenig später diesen Titel an einen spanischen Edlen, der sich mit seinen Leuten auf beiden Inseln festsetzte.

Das Ringen um die Kanarischen Inseln

Als Prinz Heinrich seine ersten Expeditionen zur afrikanischen Küste aussandte, stellten diese Seefahrer fest, daß Spanier auf den genannten Inseln saßen. Damit hatte dieser große Rivale zur See sich ebenfalls eine Basis zur Afrikaerforschung, vor allem zur Erkundung des Seeweges nach dem immer noch sagenhaften Guinea gesichert.

Ein von den Kastiliern angestifteter Angriff der Mauren gegen Ceuta war ein günstiger Zeitpunkt für Portugal, sich mit den Kastiliern auf Fuerteventura und Lanzarote zu messen. Jetzt entbrannte der Streit offen, der insgeheim bereits seit geraumer Zeit geschwelt hatte. Von nun an waren Kastilier und Portugiesen die großen Rivalen auf dem Wege zur Erkundung und Inbesitznahme der neuen Welt.

Im Jahre 1425 hatte Prinz Heinrich eine genügend starke Truppe versammelt, um mit ihr nach Gran Canaria zu segeln. An Bord der Schiffe befanden sich 2.500 Mann mit 120 Pferden.

Die Eroberung von Gran Canaria aber scheiterte an der Unzulänglichkeit der Ausrüstung und Verproviantierung der Truppe ebenso wie an der Feindseligkeit der Bewohner dieser Insel.

Der zweite Angriff wurde von Heinrich umfassend und mit dem bis dahin größten Geldeinsatz von 39.000 Golddukaten — für die damalige Zeit eine schwindelerregende Summe — vorbereitet.

Diese Expedition, die zwei Jahre später ausgerüstet wurde, schien schlagstark genug, Gran Canaria in die Knie zu zwingen.

Auch diesmal wurden die angreifenden portugiesischen Truppen abgewiesen. Prinz Heinrich versuchte es nunmehr mit höherer Diplomatie. Er wandte sich an Rom und trug Papst Eugen IV. in bewegten Worten vor, daß es Portugiesen gewesen waren, die diese Inseln entdeckt hätten; sie würden diese besiedeln und die Heiden vertreiben. Außerdem seien die Inseln ohnehin herrenlos; der Heilige Vater möge sie ihm übertragen.

Prinz Heinrich erhielt die Inseln. Der kastilische König erhob sofort schärfsten Einspruch. Er brachte diese Streitfrage vor das Konzil zu Basel. Der Beauftragte des kastilischen Königs, der Bischof von Burgos, trug vor, daß sich Fuerteventura und Lanzarote bereits seit Anfang dieses Jahrhunderts in kastilischem Besitz befänden. Auch die übrigen Inseln dieser Gruppe sollten von spanischen Kolonisten bewohnt und unter den Pflug genommen werden, es habe bisher lediglich die Zeit und die Gelegenheit gefehlt, dies in die Tat umzusetzen. Aber die kastilischen Könige hätten zu aller Zeit versucht, die Bewohner dieser Inseln zu Christen zu machen.

Dies war eine gute Garantie, aber der portugiesische Vertreter hatte die durchschlagenderen Argumente: „Herrenlose Inseln“ begann er, „gehören demjenigen, der sie in Besitz nimmt. Die Kanarischen Inseln sind von keinem christlichen Herrscher besetzt worden und deshalb hat der König von Portugal auch kein fremdes Recht verletzt.“

Daß Eingeborene auf den Inseln saßen, Nachkommen steinzeitlicher Großsteinkultur-Leute, die ihre angestammten Rechte hatten, fiel dabei nicht ins Gewicht, denn Ungläubige konnten keine Rechte an irgend etwas haben. Der Verteidiger des portugiesischen Vorgehens führte weiter aus:

„Ein Anspruch auf diese und alle anderen Inseln des Meeres kann sich nur auf Besetzung oder Nachbarschaft gründen. Die meisten dieser Inseln waren nicht besetzt, als portugiesische Expeditionen dort eintrafen. Was aber die Nachbarschaft betrifft, so liegt unser Cap São Vicente am nächsten zu diesen Inseln. Da darüber hinaus die dort lebenden Eingeborenen immer noch nicht zum wahren Glauben bekehrt worden sind, wird Portugal dies übernehmen und zum Heile der Christenheit durchführen. Deshalb kann und darf uns, die wir das Heil der Christenheit dorthin bringen wollen, *niemand* behindern.“

Der Papst erlaubte Portugal die Eroberung der Kanarischen Inseln, ermahnte die Portugiesen aber, da die Kastilier abermals Einspruch erhoben, nichts zu tun, was den König von Kastilien benachteiligen würde.

Von 1440 an bis zum Jahre 1453 liefen sechsmal große Schiffsverbände mit Truppen zu den Kanarischen Inseln, um diese endgültig für Portugal zu erobern. Einige Einsätze glückten, andere wiederum schlugen fehl. Aber beim Heiligen Stuhl hatte der Chef des Christusordens und Verfechter und Verbreiter der christlichen Lehre, Prinz Heinrich, größeren Erfolg. Am 8. Januar

1454 erließ Papst Nikolaus eine Bulle, in der er der portugiesischen Krone „alle Eroberungen in Afrika mit den benachbarten Inseln von Kap Non und Kap Bojador südwärts bis nach Guinea“ zusprach.

So konnte es nicht ausbleiben, daß es auf See zu immer wieder eintretenden Zwischenfällen und Provokationen kam. Die Portugiesen verteidigten ihr Handelsmonopol an der afrikanischen Küste mit allen Mitteln gegen jeden Eindringling. Die Karavellen aus Sevilla wurden nach Guinea gelockt, dort geentert und die Besatzungen in die Kerker geworfen, die es in allen Handelsniederlassungen gab. Genuesischen Kaufleuten, die sich hierhin verirrten, wurden die Hände abgehackt.

Im Erbfolgekrieg gegen Kastilien unternahm Portugal einen neuen Anlauf zur Eroberung von Gran Canaria. Es gelang der portugiesischen Flotte, eine beachtliche Streitmacht auf der Insel zu landen. Diese wurde in erbitterte Kämpfe verstrickt und in tagelangen blutigen Gefechten Mann für Mann niedergemacht.

Im Jahre 1479 wurden die Kanarischen Inseln durch die Verträge von Alcacovas und Toledo Kastilien zugebilligt. Zugleich aber wurde die Vormachtstellung Portugals in Nordwestafrika und Guinea anerkannt. Damit hatte eine über 60 Jahre dauernde Auseinandersetzung um die Herrschaft auf den Inseln und an der nordwestafrikanischen Küste ein Ende gefunden. Portugal besaß nunmehr das Handelsmonopol für ganz Nordwestafrika.

Kastilien wiederum ging nun daran, auch die übrigen kanarischen Inseln zu erobern. 1490 konnte Palma in kastilischen Besitz gebracht werden. 1493 fiel Teneriffa nach langjährigen harten Kämpfen gegen die Guanchen den Kastiliern zu.

Die Azoren, die ihren Namen wegen der großen Zahl von Habichten (acor — Habicht) erhalten hatten, die man auf diesen Inseln antraf, waren in früheren Zeiten wegen ihrer flämischen Bewohner als die Flämischen Inseln bekannt. San Miguel, die Europa am nächsten gelegene Azoreninsel, lag etwa 800 Meilen von der portugiesischen Küste entfernt. Einige dieser Inseln waren bereits im Laurentianischen Portolan von 1351 verzeichnet. So die beiden ostwärts gelegenen, die als Insule de Cabrera bezeichnet wurden, die mittlere, die Insula de Ventura genannt wurde, und Terceira, als Insula de Brazil wegen des roten Farbholzes, das dort wuchs.

Diese Inseln wurden von portugiesischen Seeleuten wiederentdeckt. Wie sie mit ihren kleinen, unzulänglichen Schiffen diese gewaltige Strecke ohne jede Landberührung zurückgelegt haben, ist unbekannt geblieben. Das früheste Datum über diese Wiederentdeckungen findet sich auf der katalanischen Karte des Kartographen Valsecca von 1439. Die dortige Inschrift lautet: „Diese Inseln wurden durch Diego de Sevill, den Piloten des Königs von Portugal, im Jahre 1437 gefunden.“

Heinrich der Seefahrer auf einem berühmten Gemälde.

Das Steinkreuz im Hof der Seefahrerschule von Sagres.

Die Atlantikküste bei Cabo Sao Vicente.

Die Kapelle der Seefahrerschule in Sagres. Im Hintergund Sao Vicente.

Die Kompaßrose der Schule: Hier lernten angehende Piloten.

König Johann II. – der Vollkommene – Nachfolger von Alfons V.

Manuel I. – der Große – der Nachfolger Johanns II. – Er sandte Vasco da Gama aus.

Stadt auf der Insel Gore bei Cabo Verde. Einer der bedeutendsten „Sklaven-Umschlagplätze".

Das berüchtigte Cabo Sagres im Sturm, eine ausgezeichnete Azulejoarbeit.

Portugiesische Schiffe unter dem Kreuz des Südens.

Oktober 1143: Die Staatsgründung (Vertrag von Zamora)

Darstellung des Kampfes um Ceuta am 21. August 1415.

Ourique: Sieg der Christen über die Mauren im Jahre 1139.

Das Spalier der Freunde, im Kampf vereint.

Berühmte Entdecker: (Aus einem Manuskript aus dem Jahre 1646): Nuno da Cunha.

Vasco da Gama

Francisco d' Almeida

Alexeio de Menezes

Johannes Müller, genannt Regiomontanus. Einer der größten Mathematiker und Astronomen.

Martin Behaim, Seefahrer und Geograph, baute 1490 in Nürnberg seinen Erdglobus.

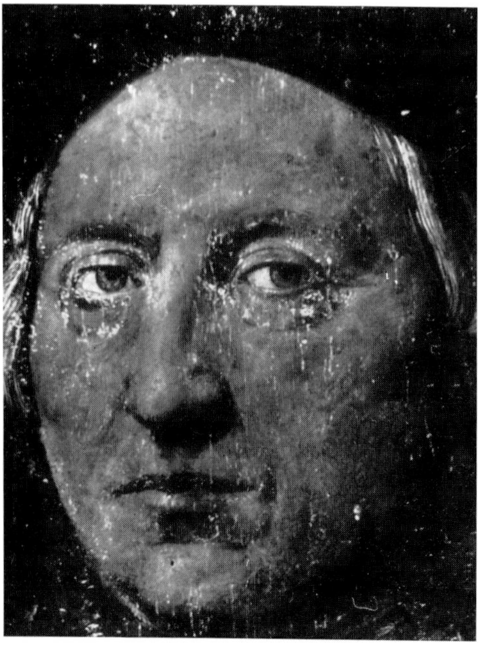

Christoph Kolumbus blitzte in Portugal ab.

Die „Santa Maria", das Flaggschiff von Kolumbus (Nachbau).

Pater Antonio Cordeiro, ein Eingeborener der Insel Terceira, datierte die Entdeckungen auf das Jahr 1431, als Heinrich, dem Ritter des Christusordens Goncalo Velho Cabral befahl, nach Westen zu segeln und das Meer nach dieser Richtung zu erkunden. Cabral erreichte die von Sturzseen überspülten Formigas.

Diese kahlen Felsenrippen eigneten sich jedoch nicht zur Besiedlung. Cabral kehrte nach Portugal zurück, um Heinrich Meldung zu machen.

Im Jahre darauf erhielt er den neuen Auftrag Heinrichs, noch weiter nach Westen vorzudringen. Diesmal erreichte er eine Insel, die er Santa Maria nannte. Nach seiner Meldung ließ Prinz Heinrich sofort zwei weitere Schiffe ausrüsten und Siedler und Vieh nach Santa Maria schaffen. Ein aus einem Gehöft dieser Siedlung entflohener Sklave, der in die Berge entwichen war, sah von deren höchstem Gipfel eine viel größere Insel. Er kehrte zu seinem Herrn zurück, um ihm diese wichtige Neuigkeit zu melden, in der Hoffnung, dadurch dessen Pardon zu erreichen. Der Herr verzieh dem Sklaven und machte dem Chef der Insel Meldung. Dieser schickte die Nachricht mit dem nächsten Versorgungsschiff nach Portugal zurück, und Prinz Heinrich forderte Cabral ein weiteres Mal auf, diese Insel zu finden und für die Krone in Besitz zu nehmen.

Cabral, einer der gestandenen portugiesischen Seeleute, stieß bis zur Insel San Miguel vor, die ebenfalls für Portugal in Besitz genommen wurde. Die dritte Insel wurde erstmals 1445 und dann 1450 von Seeleuten erreicht, deren Namen unbekannt blieben. Da es die dritte Insel war, die hier entdeckt wurde, erhielt sie den Namen „Terceira“.

Diese Erzählungen von Cordeiro über jene Ereignisse sind keine Augen- oder Ohrenzeugenberichte, sondern wurden rund 200 Jahre später niedergelegt, weshalb ihr geschichtlicher Wert nicht zu hoch veranschlagt werden darf. Auch sein Gewährsmann, Gaspar Fructuoso, den er ständig zitierte, lebte bereits 100 Jahre nach diesen Ereignissen.

Einer der wenigen zeitgenössischen Berichte, der von einem Gefolgsmann Heinrichs geschrieben wurde, berichtet über diese Ereignisse anders. Er schrieb:

„Da unser Prinz wissen wollte, ob sich im westlichen Ozean noch weitere Inseln außer den von Ptolemäus genannten befänden, ließ er verschiedene Karavellen ankerauf gehen. Etwa 300 Leguas westlich von Kap Finisterre trafen diese Schiffe fünf Inseln an“, (die später Santa Maria, San Miguel, Terceira, Fayal und Pico genannt wurden), „und kehrten mit dieser erfreulichen Kunde zu Prinz Heinrich nach Lagos zurück.“

Heinrich sandte den alten Kämpen Cabral dorthin. Er hatte Weisung, auf jeder dieser gefundenen Inseln Schweine, Kühe und Schafe auszusetzen.

Eines jedoch steht trotz dieser einander widersprechenden Berichte unverrückbar fest: Sieben Inseln wurden vor 1439 entdeckt. In einer vorhandenen Urkunde des Königs vom Juli 1439 wird dem Infanten Heinrich das Recht verliehen, sie sämtlich zu besiedeln. Ferner heißt es in diesem Dokument, daß er bereits Schafe habe hinbringen lassen.

Kurze Zeit später wurden schließlich noch die Inseln Corvo und Flores entdeckt, welche die westliche Gruppe bilden.

Durch Cabral begann dann die eigentliche Kolonisation der Inseln, indem dieser auf zweien davon Niederlassungen gründete. Fünf Jahre darauf wandte sich Jacques de Bruges, ein flämischer Helfer des Infanten, an Heinrich und bat um die Genehmigung, die Insel Terceira kolonisieren zu dürfen. Heinrich entsprach dieser Bitte gern, zumal ja der Bittsteller bereit war, alle Kosten dieser Besiedlung aus eigener Tasche zu bezahlen.

Durch dieses Beispiel dazu animiert, waren die vier übrigen Inseln der Mittelgruppe — die nahe bei Terceira lagen — binnen kurzer Zeit ebenfalls bewohnt.

Vasco Gil Sodré besiedelte mit seiner Familie und seinen Arbeitern Gracioso. San Jorge wurde durch Willem van der Haegen, einen reichen Flamen, mit einer großen Anzahl Siedler, die er angeworben hatte, beackert. Ein weiterer Flame in Heinrichs Diensten, Josse de Hurtere, wurde mit der Verwaltung von Fayal und Pico beauftragt.

Diese Kolonisation unter dem Infanten Heinrich durch reiche flämische Edelleute brachte den Inseln schließlich den Namen „Flämische Inseln" ein.

Die Azoren, auf demselben Breitengrad wie Lissabon und New York liegend, waren ein ausgezeichnetes Sprungbrett nach Amerika. Die Portugiesen konnten nach ihrer Landung auf der westlichsten dieser Insel, auf Corvo, von dort aus nach neuer Aufrüstung und Verproviantierung der Schiffe direkt in die Neue Welt segeln.

Ein Vorgebirge der Insel, das weit ins Meer hineinragte, hatte die Form eines Mannes, der mit ausgestrecktem Arm nach Westen wies. Die Bewohner von Corvo glaubten noch bis zum Ende des 18. Jahrhunderts daran, daß diese Form des Vorgebirges ein göttlicher Fingerzeig gewesen sei, der nach der Neuen Welt wies, und daß Kolumbus diesen Wink verstanden habe. Also sei das Verdienst der Entdeckung Amerikas nicht nur Kolumbus, sondern auch ihrer Insel zu verdanken.

*

RUND UM AFRIKA

Von Kap Bojador nach Cabo Verde

Seit 1421 schickte Prinz Heinrich jedes Jahr mehrere Schiffe mit der Weisung aus, die westafrikanische Küste jenseits von Kap Non zu erforschen. Von diesem Kap wurde gesagt: „Wer Kap Non passiert, der wird zurückkehren — oder auch nicht."

Kap Non war die äußerste Grenze, die Schiffe jemals würden erreichen können, hieß es im Mittelalter. Aber Heinrich wollte weiter nach Süden. Für ihn gab es keine „unsichtbare Grenze, bis zu der man auf dem Meer segeln" konnte.

Die Westküste Afrikas zwischen Ceuta und Benin

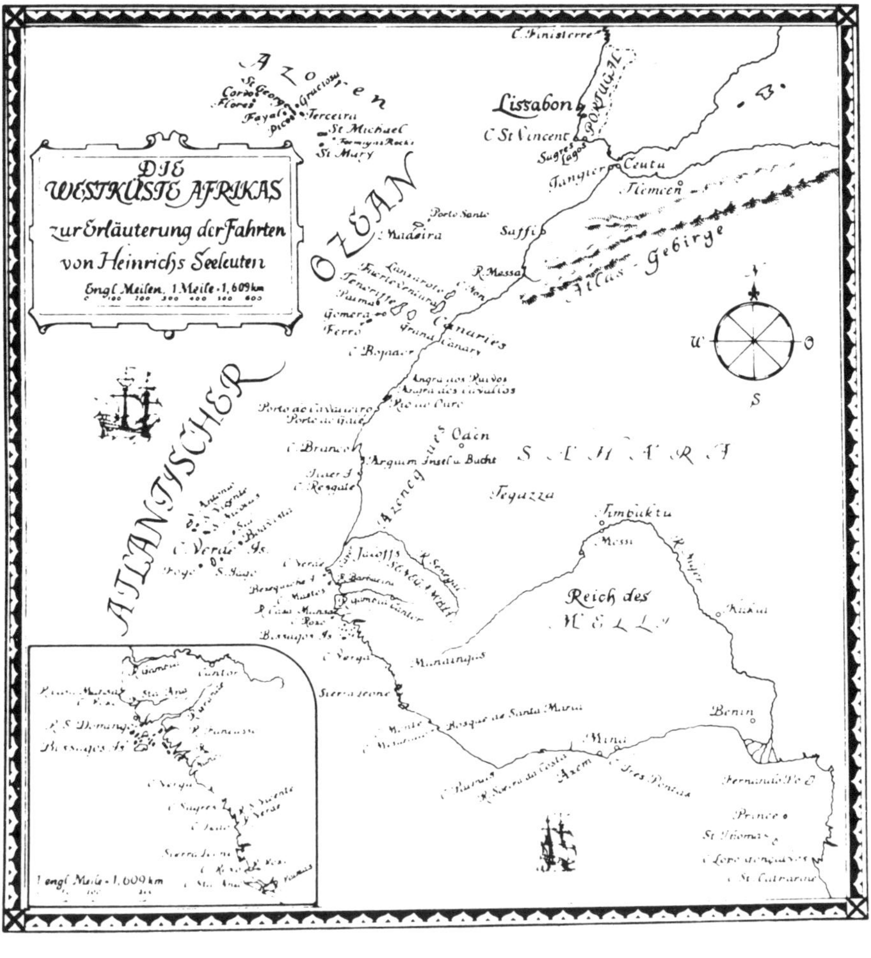

Er schickte seine Spähschiffe aus. Die Kapitäne dieser Schiffe auf ihrer Fahrt ins Ungewisse waren erfahrene Männer, die sich um ihn geschart hatten und die nur durch besondere Leistungen auf dem Gebiet der Seefahrt, der Navigation oder der Kartenkunst Zugang zu ihm fanden.

Trotz aller Bemühungen widerstand das weit in die See hineinragende Kap Bojador lange Zeit den Bemühungen der portugiesischen Schiffe, es zu umrunden. Zur Deckung der Unkosten fuhren die Seeleute zur Küste der Berberei und des Königreiches Granada und plünderten die am Meer liegenden Hafenstädte.

Niemand schien zunächst in der Lage, Prinz Heinrich weitere Erkenntnisse vom Verlauf der afrikanischen Küste zu vermitteln. Alle waren von der „See des Grauens", als die sich das Meer am Kap Bojador erwies, erschrocken. Jenseits davon sollte die schwarze Zone liegen, deren sengende Sonne jeden Weißen binnen kurzer Zeit schwarz machen würde.

Da die maurischen Händler, auf die sie während dieser Fahrten stießen, den Kapitänen der Spähschiffe immer wieder versicherten, daß jenseits von Kap Bojador die unendliche graue Sandwüste der Sahara liege, wo nichts für sie zu holen sei, blieben sie lieber diesseits dieser gefährlichen Barriere.

Duarte Pacheco berichtete im Jahre 1505 über Kap Bojador: „Das Kap ist so niedrig und sandig, daß es auch aus kurzer Distanz nicht sichtbar ist. Zudem ist es sehr gefährlich, weil ein Riff, an dem bereits manches Schiff scheiterte, sich vier oder fünf Leguas weit ins Meer hinein vorschiebt."

Das seichte Fahrwasser zwinge die Schiffe, sich mindestens sieben Leguas vom Land entfernt zu halten.

Für den Fall eines Gelingens dieses Wagnisses verhieß Heinrich den nach vergeblichen Versuchen heimgekehrten Kapitänen reichen Lohn; er brachte sie dazu, es immer wieder aufs neue zu versuchen.

Als sich Dom Henrique schließlich an seinen Schildknappen Gil Eannes wandte und diesen aufforderte, sein Glück am Kap Bojador zu versuchen, war auch dieser nicht eben begeistert von dem Abenteuer und wies auf die Gefahren hin, von denen die Rede war, wenn es um dieses Ende der Schiffahrtswelt ging. Heinrich schalt den jungen Mann und sagte: „Wenn diese Gefahren auf Tatsachen beruhten, dann würde ich euch nicht schelten. Aber Ihr wiederholt lediglich das Geschwätz von Seeleuten, die aus flandrischen Häfen hierhergekommen sind und nichts von der Kompaßnadel oder von Seekarten wissen."

Eannes nahm nun den Auftrag an und brach im Frühsommer 1433 auf. Er umsegelte Kap Bojador und brachte von der fernen Küste jenseits des Kap einige Pflanzen mit, die in Portugal Marienrosen genannt wurden.

Ein Historiker des 16. Jahrhunderts bezeichnete diese Seereise von Eannes als „Arbeit eines Herkules". Einer der modernen Autoren mißt dieser Umsegelung von Kap Bojador sogar mehr Bedeutung zu als der Umrundung des Kaps der Guten Hoffnung.

„Diese Fahrt", schrieb er, „zerstörte den Mythos aller Seeleute, daß das Meer jenseits von Kap Bojador nicht mehr beschiffbar sei."

Heinrich war auch dieser Ansicht, und er handelte sofort. Als Eannes ihm Bericht erstattet hatte und die neue Seekarte vorlegte bis zu dem Punkt jenseits von Kap Bojador, den er erreicht hatte, befahl Heinrich ein „Barinel" auszurüsten. Damit sollte Eannes und Heinichs Mundschenk Baldaya abermals aussegeln und die neue Marke weiter nach Süden verpflanzen.

Da der zu steuernde Kurs nun klar war, gelang es ohne Schwierigkeiten, das Kap zu umsegeln und 50 Leguas südlich davon eine kleine Bucht zu finden, die sie Angra dos Ruivos (Rote Bucht) nannten. Sie fanden dort zwar keine Häuser, stießen aber, als sie zur Erkundung an Land gingen, auf Menschen- und Kamelhufspuren. Sie kehrten wieder um, und Eannes meldete dem Infanten, was sie gesehen hatten.

Heinrich befahl seinem Mundschenken, so rasch wie möglich wieder auszulaufen und so weit vorzudringen, bis er menschliche Siedlungen erreicht habe. Von dort sollte er einen Eingeborenen mitbringen.

Baldaya brach nach Neuausrüstung auf und segelte los. Es gelang ihm, weitere 70 Leguas nach Süden in bisher unerforschtes Gebiet vorzudringen. Hier fand er einen Meeresarm, der sich tief ins Land hieingebohrt hatte. Er legte sein Schiff direkt in der Bucht vor Anker und ließ zwei Pferde an Land schaffen, mit denen zwei Edelleute aus seiner Begleitung landeinwärts reiten sollten, um nach Dörfern und Menschen zu suchen. Wenn dies möglich war, sollten sie einen Menschen ergreifen und mitbringen.

Mit Lanzen und Schwertern bewaffnet, brachen die beiden Männer auf. Sie folgten dem Wasserlauf, der aus dem Meeresarm ins Land lief und stießen nach fünfstündigem Ritt auf 19 Männer, die Speere in den Händen hielten und ihnen den Weg verlegten.

Die beiden Edlen legten ihre Lanzen ein und stürmten den Neunzehn entgegen. Diese Männer nahmen den Kampf jedoch nicht an, sondern suchten hinter den nahen Felsen Deckung. Einer der Portugiesen wurde am Fuß verwundet. Dennoch kämpften sie weiter, und als die Sonne unterging, kehrten sie zum Schiff zurück. Sie wurden nicht verfolgt.

Am nächsten Morgen ruderte Baldaya mit einigen Kämpfern an die Küste und erreichte danach im Fußmarsch den Kampfplatz. Die Eingeborenen waren verschwunden.

In dieser Bucht, die sie in Erinnerung an die beiden Pferde Angra dos Caballos nannten, sahen sie zahlreiche Seewölfe im Wasser. Sie töteten eine ganze Reihe, häuteten sie ab und nahmen diese Häute mit sich, als sie die Fahrt nach Süden fortsetzten. Sie segelten am Rio do Ouro (der allerdings kein Fluß war) vorbei und hielten 50 Leguas weiter südlich abermals an.

Sie landeten an einem großen Felsen, der wie ein Schiff aussah, weshalb sie diesem Landeplatz den Namen Porto do Galé gaben. Sie fanden dort nur einige seltsam geformte Fischernetze, bekamen aber keinen einzigen Menschen zu Gesicht.

Hier ließ Baldaya umkehren. Baldaya gebührt der Ruhm, weiter als bis dahin jeder andere auf einer Fahrt der afrikanischen Küste entlanggesegelt zu sein.

Der Kampf um Tanger

In den nächsten vier Jahren hatte Prinz Heinrich keine weiteren Möglichkeiten mehr, diese Entdeckungsreisen fortzusetzen, denn eine andere Aufgabe wartete auf ihn.

Seit geraumer Zeit hatte der portugiesische König den Plan gehabt, Tanger in Besitz zu bringen. Dazu mußten aber die dort sitzenden Mauren erst geschlagen und vertrieben werden. Es galt auch hier, Kastilien zuvorzukommen, das die gleichen Absichten hatte, wie einer der dort am Hofe lebenden portugiesischen Agenten, ein Venezianer, meldete.

Heinrichs Bruder Pedro und ein Teil des Adels widersetzten sich diesem Plan und verwiesen auf Ceuta, dessen Besitz große Opfer und viele Menschenleben gekostet hatte und noch immer kostete, denn die Maurenüberfälle nahmen kein Ende. Ebenso würde es auch mit Tanger werden, mutmaßten sie nicht zu Unrecht. Sie wollten eine andere Politik durchsetzen, da sie sich von der Bebauung des eigenen Landes durch die Bevölkerung mehr versprachen. Dennoch setzte sich Heinrichs Politik der überseeischen Expansion durch.

Die Vorbereitungen zum Handstreich auf Tanger wurden in aller Heimlichkeit getroffen. Am Morgen des 22. August 1437 schifften sich Heinrich und sein jüngerer Bruder Ferdinand, der hier seine Qualitäten als Ritter unter Beweis stellen sollte, in Lissabon an Bord des Flaggschiffes der Expeditionsstreitkräfte ein.

In fünftägiger Seefahrt erreichten sie Ceuta. Dort war inzwischen auch der einige Tage vorher aus Oporto ausgelaufene Teil der Flotte erschienen und lag bereits vor Anker.

Die am nächsten Tage angesetzte Musterung der Truppen ergab anstelle der geplanten und für notwendig erachteten 15.000 Mann nur eine Gesamtzahl von 10.500 Waffenträgern. Es hatte bereits vorher an Land eine Fahnenflucht großen Ausmaßes gegeben, da die Männer dieses Unternehmen für nicht erfolgreich durchführbar hielten und eine Katastrophe größten Ausmaßes befürchteten, die sie allesamt in maurische Gefangenschaft und damit auf die Galeeren bringen konnte.

Auch unter den Rittern, die nunmehr ihren Kriegsrat hielten, erhoben sich warnende Stimmen, die Heinrich aber mit den Worten zum Schweigen brachte:

„Je geringer die Zahl unserer Kämpfer, desto größer die Ehre Gott wird uns in diesem Kampf beistehen, denn wir kämpfen ja für ihn."

Am 9. September brach das Heer auf, erreichte am 13. September Tanger und bezog vor der Stadt seine Stellungen.

Die Mauren hatten unmittelbar nach der ersten Landung der Portugiesen in Ceuta von ihren dort lebenden Spähern Nachricht vom bevorstehenden Angriff erhalten und konnten das Zaudern dieses Heeres zu eigenen Aktionen nutzen. Sie zogen aus dem Landesinneren weitere Kämpfer zur Abwehr dieses Angriffs heran.

Daß Prinz Heinrich, der später den Ehrentitel „Der Seefahrer" erhielt, es verabsäumte, einen Verbindungsweg von der Truppe zum Meer und zu den Schiffen aufrechtzuerhalten, war ein Kardinalfehler, der fatale Folgen haben sollte.

Die Mauren schafften es, sich zwischen die portugiesischen Truppen und das Meer zu legen und so nicht nur die Versorgungslinie von den Schiffen zur Truppe lahmzulegen, sondern darüber hinaus auch den Truppen den Rückzugsweg abzuschneiden.

Die Portugiesen kämpften mit großer Tapferkeit. Aber ihre Sturmangriffe auf die Wälle von Tanger, die von einer Reihe von Wehrtürmen überragt wurden, konnten abgeschlagen werden. Täglich kamen mehr Mauren nach Tanger, und auch von außen wurde der Druck dieser islamischen Kämpfer immer stärker. Sie kämpften gegen beide Flanken und den Rücken der Belagerer.

Anfang Oktober sah Prinz Heinrich ein, daß der Sieg nicht mehr zu erringen war und daß nur ein entschlossenes Absetzen die völlige Niederlage und den Verlust aller Truppen verhindern konnte. Die Portugiesen waren von Belagerern zu Belagerten geworden. Munition und Verpflegung reichten nur noch für 48 Stunden.

Portugiesische Überläufer verrieten den Mauren den bedrohlichen Zustand des Gegners. Diese boten Heinrich freien Abzug an. Die Bedingungen, die sie stellten, waren katastrophal. Heinrich sollte Ceuta wieder hergeben und die in Portugal befindlichen maurischen Gefangenen mit allen ihren Waffen und Pferden freilassen.

Die Verhandlungen zogen sich lange hin. Hunger traf die portugiesischen Kämpfer. Es gab nichts anderes mehr als Pferdefleisch zu essen.

Am 16. Oktober – die Lage war unhaltbar geworden – mußte Heinrich folgenden Friedens-Vereinbarungen zustimmen: Die Portugiesen konnten an

Bord ihrer Schiffe zurückkehren. Dabei durften sie jedoch nur die Kleidung mitnehmen, die sie am Körper trugen. Heinrich verpflichtete sich anstelle des Königs durch einen heiligen Schwur, Ceuta auszuliefern und mit den Mauren einen 100 Jahre dauernden Frieden zu schließen.

Heinrichs Bruder Ferdinand wurde durch das Los, das alle Edlen zu ziehen hatten, dazu bestimmt, als Geisel in Tanger zurückzubleiben. Falls die Portugiesen die Bestimmungen nicht einhielten, war Ferdinands Leben verwirkt. Auch der maurische Oberbefehlshaber stellte seinen Sohn als Bürgen für die Sicherheit der abziehenden Portugiesen. Da diese widerrechtlich ihre Waffen mitnahmen, kam es noch einmal zu einem Angriff der Mauren, der jedoch abgewehrt werden konnte. Den Portugiesen gelang die Rückkehr auf ihre Schiffe, die nun die Anker lichteten und diesen Schauplatz einer schrecklichen Niederlage verließen.

Die Sieger brachten den Infanten Ferdinand nach Fez. Dort wurde er bei Tag zur Sklavenarbeit gezwungen und des Nachts in ein dunkles Verließ gesteckt. Bis zu seinem Tode blieb Ferdinand dort, denn Portugal dachte nicht im entferntesten daran, Ceuta aufzugeben. Das Martyrium Ferdinands endete mit dessen Tod nach elf Jahren des Sklavendaseins.

Weder König Duarte als ältester Bruder noch Heinrich als zweiter waren bereit, ihrem Bruder zu helfen. Als einer der führenden Mauren den Prinzen Heinrich gelegentlich fragte, warum sie denn Ceuta, das langsam an Bedeutung verlor, nicht zurückgaben, um Ferdinand zu retten, erwiderte dieser: „Ceuta gehört Gott!“

In Ceuta war inzwischen eine Reihe von Kirchen errichtet worden, die sicherlich von den Mauren zu profanen Zwecken umfunktioniert worden wären. Staatsräson stand also über der Bruderliebe.

Ein Jahr darauf stürzte der Tod von König Duarte Portugal in einen Bürgerkrieg, da sowohl die Königin als auch Pedro, der älteste von Heinrichs Brüdern, die Regentschaft für den noch minderjährigen Alfons beanspruchte.

Infant Pedro, Herzog von Coimbra, führte nun von 1438 bis 1448 zehn Jahre lang die Regentschaft für seinen unmündigen Neffen und Schwiegersohn Alfons V.

Als endlich Ruhe eintrat, konnte auch Prinz Heinrich seine Forschertätigkeit wieder aufnehmen. (Alfons ließ sich gegen Dom Pedro aufhetzen, und im Krieg dieser beiden gegeneinander fiel Pedro in der Schlacht von Alfarrabeira am 20. Mai 1449).

Diesmal schickte Prinz Heinrich seinen Kämmerer Antao Gonçalves nach Rio do Ouro. Er sollte von dort Häute und Öl holen. Darüber hinaus erhielt er den Auftrag, weiter ins Unbekannte nach Süden vorzudringen; um neues Land in Besitz zu nehmen und das Wahrzeichen Portugals dort aufzustellen.

Zwar erwartete Heinrich — wie er seinen Freunden sagte — von Conçalves, der ein junger, unerfahrener Mann war, nicht allzuviel, aber er sollte sich wenigstens erproben dürfen und reifen.

Gonçalves, Tristao und Lancarote

Gonçalves wollte jedoch mehr als nur dies. Er war mutig und unternehmungslustig. Für ihn war es völlig unbefriedigend, nur solchen „Warenplunder", wie er es nannte, zurückzubringen. Als sein Schiff in Rio do Ouro beladen worden war, forderte er einige seiner Freunde, die mit ihm gesegelt waren, dazu auf, mit ihm ins Landesinnere vorzudringen und nach Landesbewohnern zu suchen.

Die 21 Männer des Schiffes waren von dieser Aussicht begeistert. Der Infant, das wußten sie, würde sie bei Erfolg einer solchen Expedition, der sie in die Lage versetzte, einige Menschen dieses Landes nach Portugal zu bringen, reich belohnen.

Mit neun seiner Gefährten machte sich Antão Gonçalves am frühen Morgen des nächsten Morgen auf den Weg. Nach einem längeren Marsch entdeckten sie einen ausgetretenen Pfad, dem sie bis zu einer drei Leguas entfernten Stelle im Walde folgten, wo der Pfad von zahlreichen Fußspuren gekreuzt wurde.

Unter der glühenden Sonne waren die Männer schließlich so erschöpft, daß Gonçalves umkehren mußte. Sie folgten dem Pfad also zurück und stießen plötzlich auf einen nackten Mann, der zwei Speere trug und ein Kamel vor sich hertrieb.

Als sie ihn fassen wollten, setzte er sich zur Wehr. Erst nachdem er einen Lanzenstich erhalten hatte, gab er sich gefangen. Ein Stück rückwärts stießen sie auf eine schwarze Frau. Gleichzeitig entdeckten sie auf einer Anhöhe einen Trupp von etwa 20 Eingeborenen, zu denen diese Frau offenbar gehörte, weil diese Anstalten trafen, die Portugiesen anzugreifen.

Durch die drohende Haltung der Weißen eingeschüchtert, kehrten die anfänglich herannahenden Schwarzen um. Die Portugiesen hatten ihre ersten beiden Gefangenen gefunden.

Als Gonçalves mit seinem Trupp zum Strand zurückkehrte, sah er ein zweites Schiff in der Bucht liegen und fand einen anderen Gefolgsmann des Infanten, Nuño Tristao, dort vor, dessen bewaffnete Karavelle über Porto do Galé den südlichsten Punkt, den jemals ein Mensch erreicht hatte, weiter nach Süden segeln sollte und der kurz nach dem Aufbruch von Gonçalves und seiner Männer ins Landesinnere in Sicht gekommen war. Tristao hatte einen Mauren bei sich, den Heinrich ihm mitgegeben hatte, um als Dolmetscher zu den Eingeborenen zu dienen. Dieser wurde beauftragt, die beiden Gefangenen sofort zu befragen. Aber der Maure verstand deren Sprache nicht, so daß diese ersten erwarteten und erhofften Auskünfte ausblieben.

Nuno Tristao regte eine neue „Eingeborenenjagd" an, um für den Infanten weitere Wissensträger zu beschaffen. Antão Gonçalves trug vor, daß die Eingeborenen inzwischen wohl längst auf und davon seien und daß sie, statt Gefangene zu machen, möglicherweise selber zu Gefangenen werden könnten. Schließlich aber gab er dem Drängen des erfahrenen Kapitäns und dem seiner eigenen Besatzung nach.

Diesmal gingen 20 ausgesuchte kräftige Männer, die mit den Waffen umzugehen verstanden, mit den beiden Kapitänen mitten in der Nacht an Land und drangen in die Wildnis ein. Sie entdeckten zwei Eingeborenenlager und fielen mit ihrem Kriegsgeschrei „Portugal!" und „Sao Thiago!" über die lagernden Eingeborenen her. Drei derselben wurden erschlagen, als sie sich zur Wehr setzten. Zehn weitere konnten gefaßt und überwältigt werden. Unter ihnen einer, offenbar ihr Anführer und Edler namens „Adahu".

Auf der Stelle schlug Nuno Tristao am Strand nach der glücklichen Rückkehr dieser Expedition den jungen Gonçalves zum Ritter und nannte die Bucht, in der sie sich befanden, zur Erinnerung an diesen Tag und die Ereignisse „Porto do Cavalheiro — Hafen des Ritters."

Der Edle unter den Gefangenen, Adahu, der einige Reisen unternommen hatte, sprach maurisch (Arabisch), so daß der mitgenommene Dolmetscher sich mit ihm verständigen konnte. Diesem ersten Gespräch der beiden verdankten die Portugiesen eine Reihe aufschlußreicher Details.

Am Morgen setzte Nuno Tristao den Dolmetscher und eine der gefangenen Frauen an Land, um zu erkunden, ob die Eingeborenen Handel treiben wollten und ob sie daran interessiert waren, einige Gefangene auszutauschen.

Zwei Tage später erschienen tatsächlich 150 Mauren zu Fuß und 45 Berittene. Sie hielten in angemessener Entfernung an und schickten drei Männer zum Strand hinunter.

Die Portugiesen waren ebenfalls vorsichtig. Sie wandten ihr Boot dem Schiff zu und ruderten zum Schiff zurück.

Nun erst stürmten die Mauren zum Strand hinunter, schwangen drohend ihre Waffen, warfen mit Steinen und zeigten höhnisch auf den Dolmetscher, dem sie, als er zu ihnen gekommen war, die Frau abgenommen und ihn selber gefangengesetzt hatten.

Nachdem die Gefangenen auf beide Schiffe verteilt waren, trat Gonçalves die Heimfahrt an, während Tristao noch bis zum Kap Branco segelte. Da dort keine Beute zu holen war, dreht auch er nunmehr um und segelte heimwärts.

Der König überließ erstmals Heinrich ein Fünftel des Gewinnes der Ausbeute beider Schiffe, die an und für sich der Krone zustand, und so sollte es auch bleiben. Darüber hinaus erteilte er Heinrich die Vollmacht, als einziger Schiffe auslaufen zu lassen, die über Kap Bojador hinaussegelten.

Schließlich gelang es dem Gefangenen Adahu, den Kämmerer Antão Gonçalves dazu zu überreden, zu Prinz Heinrich zu gehen und ihm einen Tauschhandel vorzuschlagen. Für die Freilassung von Adahu und zwei anderer junger Mauren würde sich dieser verpflichten, ihm 15 Schwarze als Gefangene zu übereignen. Prinz Heinrich willigte ein, und Gonçalves brach ein zweites Mal auf. In seiner Begleitung diesmal auch ein Kavalier des Hofstaates Kaiser Friedrichs III., der den Wunsch hatte, neue Länder zu sehen, und eigens deshalb nach Portugal gereist war, weil man allerorten davon sprach, daß Portugal Guinea entdeckt hatte.

Als Gonçalves die Heimatküste seines edlen Gefangenen Adahu erreichte, ließ er diesen — „im Vertrauen auf dessen Wort" — an Land rudern. Adahu verschwand, was befürchtet worden war, auf Nimmerwiedersehen in seiner schönen Kleidung im Busch. Die Portugiesen mußten zum Rio do Ouro weitersegeln, wo Gonçalves die beiden maurischen Jünglinge auszutauschen hoffte.

Nachdem sie dort eine Woche gewartet hatten, tauchte plötzlich ein Eingeborener auf einem weißen Kamel reitend auf und verkündete, daß die verheißenen Neger ihm auf dem Fuße folgten. Wirklich brachten die Mauren am nächsten Tag etwa 100 Männer und Frauen, von denen Gonçalves zehn auswählte. Außerdem tauschte er etwas Gold, einen Schild aus Ochsenhaut und eine Anzahl Straußeneier ein. Adahu hatte doch sein Wort gehalten.

Dieses erste Gold in Form von Goldstaub war für Heinrich der Beweis dafür, daß es an jener Küste Kaufleute gab, die mit Gold handelten. Mit dem Gold also, von dem er in Ceuta gehört hatte, daß es durch Kamelkarawanen aus dem Süden nach Guinea beförderte werde.

Diese Expeditionen, die den ersten Erfolg brachten, kurbelten die Schifffahrt bedeutend an. Eine Reihe Kapitäne wollten lediglich dem Prinzen zu Gefallen diese Fahrt unternehmen, andere wiederum hofften auf reiche Beute und Ruhm.

1443 segelte schließlich Tristão über Kap Branco hinaus nach Süden und erreichte eine der Küste vorgelagerte Insel, die später Arguim genannt wurde.

Aus hier herumrudernden Kanus wurden 14 Eingeborene gefangen. Im Innern der Insel ergriffen die ausschwärmenden Portugiesen abermals 15 und erlegten auf einem benachbarten Eiland einige Reiher, die dort ihre Niststätten hatten.

Nuño Tristao konnte mit der gemachten Beute zufrieden sein. Die Bai von Arguim wurde von nun an sehr rasch zum Mittelpunkt des portugiesischen

Überseehandels, vor allem zum Handel mit den Negerreichen im Innern des Landes.

Auf der Insel Arguim entstand die erste europäische Niederlassung an der Guineaküste. Zu deren Schutz ließ Heinrich im Jahre 1448 ein Fort errichten, das im 18. Jahrhundert von den Holländern erobert wurde.

Da man ebenso wie anfangs nach der ersten Besiedlung von Madeira über die sinnlose Geldausgabe der Erkundung der westafrikanischen Küste gemurrt hatte, schlug nun auch in diesem Falle die Stimmung um. Prinz Heinrich war der Mann der Stunde. Er wurde bereits als ein zweiter „Alexander der Große" gepriesen. Einige portugiesische Familien hatten bereits ihre ersten Sklaven. Dies brachte andere auf die Idee, weitere Schwarze von der Guineaküste zu holen und zu verkaufen. Zuerst meldeten sich die reichen Familien von Lagos, in dessen unmittelbarer Nähe Prinz Heinrich ja lebte und von wo aus die meisten Fahrten ins Ungewisse ihren Ausgang nahmen.

Die Karavellen des Lancarote

Der Führer der Stadt, Lancarote mit Namen, der sich trotz seines Amtes als Hauptsteuereinnehmer einer gewissen Beliebtheit erfreute, rüstete mit Hilfe seiner Freunde sechs Karavellen aus und segelte damit im Jahre 1444 nach der Bai von Arguim und den Tider-Inseln. Es gelang ihm mit einer Gruppe Gleichgesinnter, in teilweise heftigen Kämpfen gegen die Eingeborenen insgesamt 235 Schwarze zu fangen. Als er nach Lagos heimkehrte, erhielt er die goldenen Rittersporen, obgleich er nicht mehr als Menschenraub betrieben hatte.

So geht Lagos in die Geschichte des Sklavenhandeln als erste Stadt ein, die dies kommerziell betrieb. Auch heute noch sind die Arkaden zu sehen, unter denen die Sklaven feilgeboten wurden.

Nach Lagos heimgekehrt, schenkte Lancarote der Kirche den stärksten der Gefangenen. Ein Knabe wurde von ihm ins Kloster von Sao Vicente gesteckt, wo er zum Franziskanerpater erzogen wurde.

Von den übrigen weiß der große Chronist dieser Zeit, Zurara, zu berichten: „Am nächsten Tage, am achten des Monats August, machten die Seeleute der Hitze wegen in aller Frühe ihre Boote bereit und schafften die Gefangenen an Land. Fürwahr ein wunderbarer Anblick, wie sie dort alle aufgereiht standen, denn die einen waren ziemlich hell und gut gebaut, andere gelb wie Mulatten und wieder andere schwarz wie Äthiopier und so scheußlich von Angesicht und Wuchs, daß man an Abbilder einer niedrigeren Welt dachte!

Aber welches Herz wäre angesichts ihrer Not verhärtet genug gewesen, kein Mitleid zu spüren? Einige neigten tief das in Tränen gebadete Antlitz; manche stöhnten erbärmlich, den Blick gen Himmel gerichtet; wieder andere schlugen sich ins Gesicht und warfen sich lang ausgestreckt auf den Boden. Auch fehlte es nicht an solchen, die Klagegesänge ihrer Heimat anstimmten, und obwohl wir die Worte nicht verstanden, zeugte der Ton von ihrer großen Traurigkeit.

Um ihr Elend noch zu vermehren, begann man nun die Familien auseinanderzureißen. Eltern wurden von ihren Kindern, Frauen von ihren Männern getrennt. Die Verkäufer nahmen keinerlei Rücksicht auf Blut- oder Freundschaftsbande, sondern regelten dies alles nach ihrer Willkür.

Große Mühsal verursachte ihre Verteilung, denn kaum hatten die Aufseher einen Trupp zusammengestellt, so rannten die Söhne zurück zu ihren Vätern, während die Mütter ihre jüngeren Kinder mit den Armen umklammerten, sich flach auf den Boden warfen und geduldig grausame Hiebe auf ihr nacktes Fleisch ertrugen, in der vergeblichen Hoffnung, nun nicht mehr von ihren Kindern getrennt zu werden. — — —

Der Infant erschien ebenfalls zu dieser Verteilung auf einem großen Streitroß. Er war von einem zahlreichen Gefolge umgeben. 46 Sklaven waren sein Anteil an der Beute. Aber ihm lag weniger an seiner eigenen Bereicherung als an der Rettung der Seelen dieser Heiden. Und in dieser Erwartung wurde er nicht getäuscht. Sobald die Eingeborenen unsere Sprache verstanden, bekehrten sie sich willig zum Christentum.

Und ich, der ich diesen Bericht zusammenstelle, habe in der Stadt Lagos die Kinder und Enkel dieser ersten Gefangenen gesehen, so gute und brave Christen, als stammten sie in direkter Linie von den ersten Getauften zu Christi Zeiten ab." — Soweit der Bericht Zurara's.

Erfolgreiche Expeditionen

Noch im selben Jahr schickte Prinz Heinrich zwei weitere Expeditionen aus. Die erste wurde von Gonçalo de Sintra geführt. Dieser hatte genaue Anweisungen erhalten, *ohne* jede Zwischenlandung direkt nach Guinea zu segeln. Doch Kapitän de Sintra war von dem letzten großen Sklavenfang derart geblendet, daß er entgegen den Weisungen die Bucht von Arguim ansteuern ließ und dort vor Anker ging. Als seine Gefährten ihn an die Weisungen Heinrichs erinnerten, erklärte er, daß ein kurzer Zwischenaufenthalt den Zweck der Reise nicht beeinträchtigen werde.

Sie fingen jedoch nur zwei Frauen, und zu allem Übel entfloh auch der Dolmetscher, ein Azenegues-Knabe, und warnte die Eingeborenen vor der ihnen drohenden Gefahr. Doch Gonçalo de Sintra wollte sein Glück noch einmal zwingen. Mit zwölf Männern ruderte er zur Insel Narr hinüber. Da er sich zu lange im Innern der Insel aufhielt, wurde er durch die einsetzende Flut von seinem Boot abgeschnitten.

200 Mauren, die auf der Insel lebten und sich auf eine günstige Gelegenheit zum Überfall vorbereitet hatten, fielen nun über die Portugiesen her. Sie töteten sechs und Kapitän de Sintra. Die übrigen konnten — teils verwundet — entkommen.

Die kurz vorher von Lancarote abgehaltene Sklavenjagd hatte die eingeborene Bevölkerung derart verbittert, daß sie keinen Pardon kannte, wenn sie einen Weißen fing.

Die Kunde von diesen Sklavenjagden drang auch bis nach Rio do Ouro durch, und als portugiesische Kaufleute dort eintrafen, um weiter Handel mit den Eingeborenen zu treiben, wurden sie schroff abgewiesen. Man wollte nichts mehr mit ihnen zu tun haben.

Ein Seemann mit Namen Fernandes faßte nun den Entschluß, bei den „Barbaren" zu bleiben und so eine Reihe neuer und wichtiger Nachrichten für den Infanten zu sammeln, während sich ein alter Maure an Bord des Schiffes wagte und nach Portugal segelte.

Der Kapitän der zweiten Expedition war wieder Nuño Tristao. Diese Expedition führte ihn das erste Mal ins Land der Neger. Das Ende der Wüste war erreicht. Am Ufer wuchsen Palmen und schöne Bäume. Die Menschen, die am Strand waren, schienen ihnen freundlich gesinnt und wollten mit den Weißen in Verbindung treten.

Dieser Bericht von Tristao veranlaßte Dinis Dias, Kapitän und Mitglied einer bekannten Familie von Seefahrern, dazu, sich an Heinrich zu wenden und um eine Karavelle zu bitten, mit der er für den Infanten weiteres Land entdecken wollte. Trotz seines hohen Alters gab Heinrich dieser Bitte statt, denn Dias konnte ihn davon überzeugen, daß „ich mehr leisten werde als alle bisherigen Entdecker vor mir."

Dias erhielt die Karavelle und segelte aus Lagos los. Er ließ nicht eher die Segel reffen und in einer Bucht vor Anker gehen, bis er den Senegalfluß, die Grenze zwischen den maurischen Azenegues und den Jaloffs genannten Negern von Guinea, passiert hatte.

Die Schwarzen dieser Gegend sahen zum ersten Male ein so großes Schiff und wähnten, daß es ein riesiger Fisch sei. Ein mit vier Schwarzen besetztes Kanu ruderte nahe heran. Als sie Menschen an Bord gewahrten, ruderten sie in panischer Angst davon.

Etwas weiter südlich dieser ersten Ankerstätte stieß die Karavelle auf eine ganze Flottille von Kanus. Die Insassen von vier dieser Boote wurden gefangengenommen.

Aber Dias wollte mehr als nur ein paar Sklaven fangen, das überließ er den professionellen Geldmachern. Er wollte als Entdecker neuen Landes zurückkehren. So ließ er abermals Segel setzen und lief zu einem großen Kap weiter, das er wegen seines grünen Aussehens Cabo Verde nannte. Damit hatte er — was damals noch niemand wußte — den westlichsten Punkt Afrika erreicht.

Von hier ab verlief die Küste mit einer leichten Neigung nach Osten. Nachdem er noch bei der Insel Berzeguiche angelegt hatte, die später mit dem Namen Gorée als Sklaveninsel traurige Berühmtheit erhielt, weil von hier aus die Sklaven nach Europa verschifft wurden, ließ er den Kurs wieder nach Nordwesten und dann nach Norden legen, um die Heimreise anzutreten.

Vier Jahre Fortschungsfahrten (1445 — 1448)

Im Jahre 1445 wurde Lopo Gonçalves vom Infanten damit beauftragt, nach Rio do Ouro zu segeln und den dort freiwillig zurückgebliebenen Seemann Fernandes nach Hause zu holen, damit dieser seinen Bericht erstatten konnte.

Auch dieses Schiff legte zur Provianterneuerung auf Madeira an. Dies wurde mehr und mehr die Regel und stellte den Wert der Insel auch aus strategischer Sicht und jener der Welterkundung unter Beweis.

Neben Gonçalves waren zwei weitere Kapitäne mit ihren Karavellen an diesem Unternehmen beteiligt. Ehe die drei Schiffe wieder ankerauf gingen, besprachen die drei Kaptäne ihr Vorgehen. Sie wollten sich, falls sie sich einmal aus den Augen verlieren sollten, am Kap Branco treffen. Wer als erster am Kap eintraf, sollte in der dortigen Bucht vor Anker gehen.

Ein wilder Sturm trennte die drei Schiffe auf See. Die Mannschaft des ersten am Kap Branco eintreffenden Schiffes errichtete dort am Strand ein großes Holzkreuz. Alle drei Karavellen trafen hier wieder zusammen, und wenig später begann die Suche nach Fernandes. Sie fanden ihn schließlich etwas südlich der Arguim-Bucht. Durch seine Vermittlung tauschten sie bei einem maurischen Edlen mit Namen Ahude Meymom neun Schwarze und etwas Goldstaub ein, für das sie wertlosen Flitter gaben, und machten während der Rückreise noch einmal beim Kap Branco halt, um auch dort einige weitere Eingeborene zu fangen.

Jener Bericht, den Fernandes dem Infanten Heinrich gab, wurde von Zurara, dem zeitgenössischen Chronisten, in folgenden Worten wiedergegeben:

„Als er sieben Monate früher bei den Verwandten eines nach Portugal gebrachten Eingeborenen zurückgelassen wurde, zogen ihm diese unverzüglich die Kleidung aus, gaben ihm einen Burnus und nahmen ihn in ihre Heimat mit, ein teils flaches, teil hügeliges Land aus reinem Sand mit Ausnahme einiger Oasen, in denen sie ihre Schafe und Kamele weideten. Die einzigen Bäume, die es dort gibt, sind Palmen, und das einzige Wasser stammt aus Brunnen."

Während seines Umherziehens mit den Nomaden brachte Fernandes einiges über das Innere von Westafrika in Erfahrung. Die Bevölkerung besteht aus Arabern, Azenegues und Berbern, die in Zelten hausen und vom Ertrag ihrer Herden leben. Brot und andere Waren verschafften sie sich bei den Mauren, denen sie wiederum schwarze Sklaven lieferten. Fernandes verstand es auch, die Kleidung und Essensgewohnheiten dieser Menschen plastisch zu schildern, und berichtete, daß die Frauen der Reichen an Ohren und Nasenflügeln goldene Ringe trügen. Die Familie, bei der sich Fernandes befand, brachte diesen auf seine Bitte zum Scheich Ahude Meymom, der ihn gut aufnahm. Dieser herrschte über etwa 150 Männer. Hier erhielt Fernandes nichts anderes als Milch zu trinken.

Fernandes berichtete über die Reisen zu Pferde und zu Kamel, auch davon, daß das Halten schwarzer Sklaven normal sei, bei den Arabern ebensowie bei den Berbern. Die Männer von Rang verfügten nach Fernandes' Angaben über viel Gold, das von der Guineaküste stamme.

Alles dies bewog Heinrich, weitere Schiffe auszusenden. Das nächste war eine Karavelle, die von dem Schatzmeister von Ceuta, Gonçalo Pacheco, geführt wurde. Dieser hatte das Schiff auf eigene Kosten ausrüsten lassen. Er war übrigens der Vater des als Historiker, Seefahrer und Wissenschaftler berühmt gewordenen Duarte Pacheco. Diese Expedition erlitt ein bitteres Schicksal. Nach erfolgreichen Sklavenjagden in der Bucht von Arguim und auf den Tider-Inseln wollte Gonçalo Pacheco und seine Freunde es Dinis Dias nachmachen und „das wahre Negerland jenseits des Senegalflusses" aufsuchen.

Sie brachen auf, gerieten in einen schweren Orkan und wurden in den drei Tagen, da dieser wütete, bis kurz vor Kap Branco zurückgeworfen. Sie wollten nunmehr ihr Glück an dieser Küste versuchen, setzten einige Boote aus und sahen sich unmittelbar vor Erreichen des Strandes etwa 50 auf dem Strand stehenden Eingeborenen gegenüber, die mit Lanzen bewaffnet waren.

Einige besonnene Leute mahnte zur Vorsicht und wiesen auf die Möglichkeit hin, daß sich weitere Eingeborene in dem Palmenwald dahinter versteckt halten könnten. Aber Pacheco und einige seiner Freunde lachten die Warner aus. Gonçalo Pacheco soll gesagt haben: „Das wären wirklich kühne Männer, die mit ihren Schiffen die Straße von Ceuta und das gesamte Levantemeer von den Maurern gesichert haben und jetzt nicht mit einer Handvoll Wilder anzubinden wagten."

Sie erzwangen die Landung und trieben die Eingeborenen in die Flucht, von denen sie sieben fangen konnten. Mit der Beute noch nicht zufrieden, überfielen sie eine andere Insel. Hier wurden sie von ihrem Schicksal ereilt.

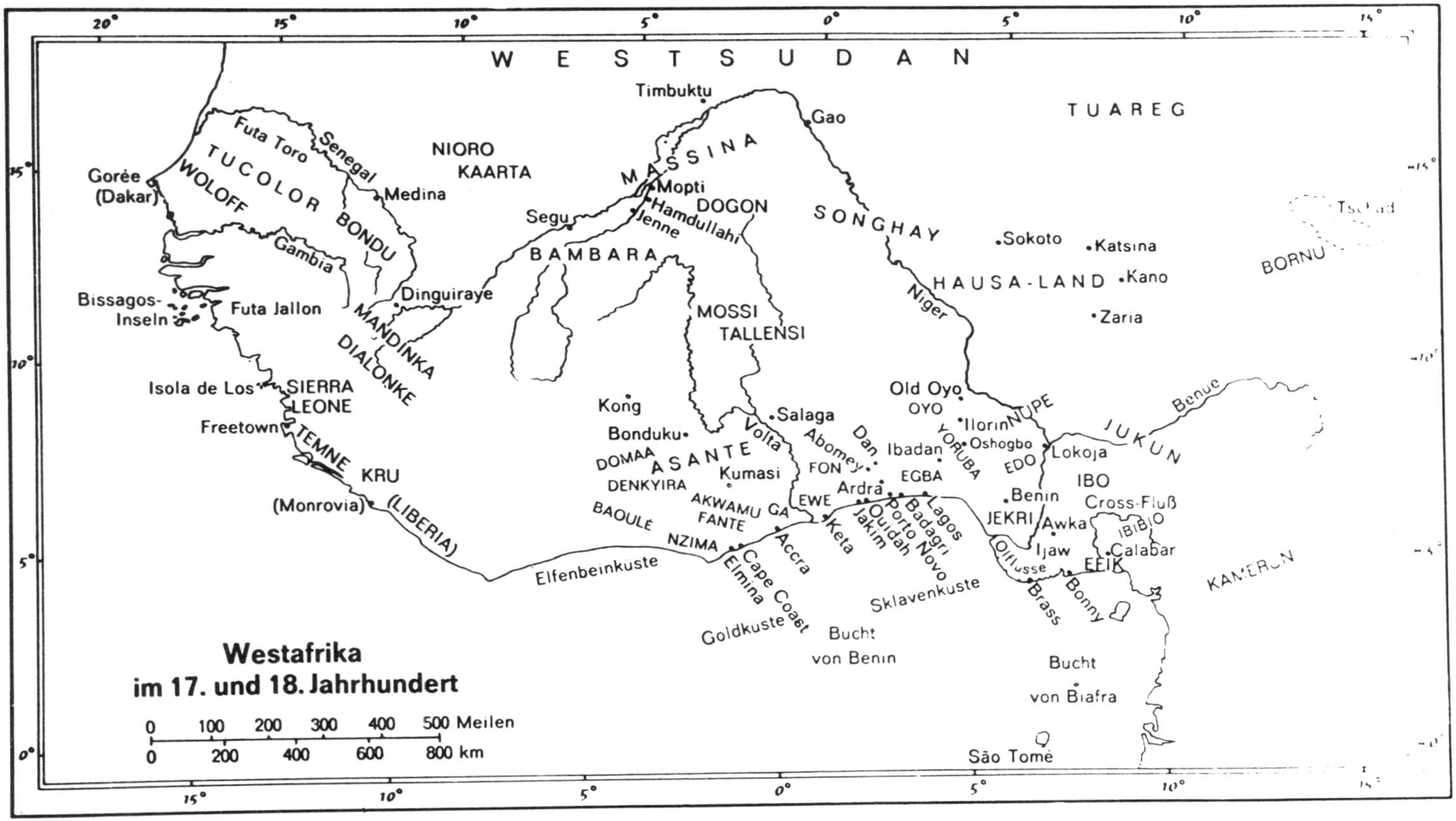

Westafrika: im 17. und 18. Jahrhundert – Sklavenlieferant für Portugiesisch Amerika.

Während sie nach der Landung ausschwärmten, um Eingeborene zu suchen und zu fangen, gerieten sie in einen Hinterhalt und mußten schließlich in ihre Boote flüchten. Eines dieser Boote saß jedoch auf dem Strand fest, und die sieben Männer aus ihm, die alle nicht schwimmen konnten, wurden niedergemacht.

Der Rachezug

In Lagos, von wo alle Fahrten ausgingen, hatte man das schmähliche Ende von Gonçalo de Sintra und seiner sechs Männer nicht vergessen. Ein Jahr später begaben sich alle Edlen, an ihrer Spitze als Wortführer Lancarote, nach Sagres zum Schloß des Infanten, um Heinrich zu sprechen. Sie erboten sich dem Infanten gegenüber, die Macht der Mauren auf der Insel Tinder zu brechen. Heinrich war von diesem Vorschlag angetan und erklärte ihn zu einem nationalen Unternehmen, das er im gesamten Königreich mit dem Wunsche möglichst großer Beteiligung ankündigen ließ. Auf diese Art und Weise kam die größte Flotte in der Geschichte der Erkundung Westafrikas zusammen, die jemals in See gestochen war. Es waren 14 Karavellen, von denen Lissabon, die Regierung und Madeira insgesamt zwölf stellten. Alles, was in der portugiesischen Seefahrt Rang und Namen hatte, nahm an dieser Expedition teil. Dazu die Ritter des Ordens von Sao Tiago und jene Veteranen, die noch Azincourt und die Kriege gegen die Mauren Granadas erlebt hatten. Nicht zuletzt aber auch der berüchtigte Seeräuber Palenco.

Am 10. August 1445 ging die Flotte ankerauf, und da die verschiedensten Schiffe auch unterschiedlich schnell waren, bestimmte der Führer dieses Unternehmens, Lancarote, die Bai von Arguim als Treff- und Sammelpunkt der Flotte. Eine sehr flott segelnde Karavelle überholte alle übrigen und stieß nahe dem Sammelpunkt auf die heimkehrende Expedition des Schatzmeisters von Ceuta. Als dieser von dem großen Unternehmen erfuhr, entschloß er sich zur Teilnahme. Seine drei Schiffe verfügten jedoch nicht mehr über genügend Proviant. Es war besser, die Hälfte der Gefangenen einfach über Bord zu werfen als auf diese günstige Gelegenheit, noch größeren Ruhm zu erwerben, zu verzichten. Vor allem galt es, die sieben erschlagenen Gefährten zu rächen.

In schneller Folge erschienen neun weitere Karavellen in der Bucht und begrüßten die vier dort liegenden Schiffe mit einem Salut aus ihren Bombarden und Feldschlangen. Ein großes Gelage begann.

Am nächsten Tage legten die Führer der Expedition ihren Schlachtplan fest. Es sollte in drei Kampfgruppen vorgegangen werden. Eine Vorhut, bestehend aus den Lanzenträgern, ein Zentrum, in dem das Gros der Bogenschützen und Armbrustschützen zusammengefaßt werden sollte, und eine Nachhut aus gepanzerten Rittern, die jedem etwaigen Verfolger standzuhalten wußten.

Lancarotes Absicht, noch in der Nacht auf Tinder zu landen, zerschlug sich, weil die Piloten sich in der einzuschlagenden Richtung irrten. Tinder wurde erst bei vollem Tageslicht erreicht.

Kein Maure war auf dem Strand zu entdecken, und die Angreifer vermuteten, durch die Erfahrung gewitzt, daß es sich hier um eine Kriegslist der Mauren handeln könne. Sie verlangten, den Angriff aufzuschieben. Die Begeisterung ihrer Führer riß sie dann aber doch weiter vor. Eine Kreuzfahrerfahne wurde entrollt, und das Kampfkorps hörte den Eid, den der Fahnenträger sprach. Es war Lancarote, der verkündete: „Ich werde diese unsere heilige Fahne erst mit meinem eigenen Tode aufgeben!"

Der Marsch führte die Angreifer nach etwa drei Leguas auf einen größeren Maurenverband. Mit Trompetengeschmetter griffen die Portugiesen an. Der Feind wandte sich nach den ersten Scharmützeln, die ihn acht Tote und vier Gefangene kosteten, zur Flucht. Auch über dieses Geschehen weiß Zurara zu berichten:

„Viele unserer Kavaliere waren infolge des Marschierens durch den tiefen Sand derart erschöpft, daß sie nicht mehr zu Fuß zurückkehren konnten. In ihrer Not fingen sie eine Anzahl Esel, von denen es viele auf der Insel gibt, und schlugen auf ihrem Rücken den Weg zum Strand ein."

Bald danach erschienen auch die noch fehlenden vier Karavellen, deren Mannschaften sich beschwerten, daß man, ohne nach getroffener Vereinbarung ihre Ankunft abzuwarten, angetreten war. Ihnen zu Gefallen wurde ein neuer Angriff beschlossen.

Diesmal stießen die Portugiesen auf einen starken maurischen Kampfverband, der sie am Gestade von Tinder erwartete. Allerdings standen sie auf dem jenseitigen Ufer eines breiten Flusses in ziemlicher Sicherheit. Sie verhöhnten die Angreifer mit Worten und Gebärden.

Drei junge Männer aus Heinrichs Hofhaltung sprangen ins Wasser und durchschwammen den Fluß. Die anderen folgten ihrem Beispiel. Wieder zogen sich die Mauren zurück und ließen 57 Gefangene in den Händen der Portugiesen.

Damit war die große Expedition, für die Prinz Heinrich in ganz Portugal hatte werben lassen, auch schon zu Ende. Die Beute wurde verteilt und der Rückmarsch angetreten. Lediglich einige Kapitäne, die das „Negerland und den Nil kennenlernen und selbst bis zum irdischen Paradies vorstoßen" wollten, segelten mit sechs Karavellen weiter. Sie suchten das Palmenland jenseits der Sahara.

Dort angekommen, trafen sie eine grandiose Tierwelt an. Sie sahen Flamingos mit rosafarbenem Gefieder, Nashornvögel und andere Tiere. Als das Wasser trübe wurde und sich gelbbraun färbte, wußten sie, daß hier ein Fluß ins Meer mündete. Sie kosteten von dem schlammigen Wasser und stellten fest, daß es süß schmeckte. Damit waren sie sicher, daß es tatsächlich ein Fluß war. Sie hatten den Senegal erreicht.

Unmittelbar nach der Landung einer Erkundungsgruppe wurde von dieser ein Mädchen und ein Knabe gefangen, die sie mit heimnahmen. Prinz Heinrich entschied, daß der Knabe lesen und schreiben lernen sollte und daß er dann zum Priester geweiht würde, damit er — wieder zurückgeschickt — seinen Landsleuten das Christentum verkünden könne.

In einer nahen Hütte fanden die Portugiesen bei ihrem Erkundungszug eine Elefantenhaut und hörten wenig später von einem Gefangenen, den sie machten, daß mit einem solchen Tier 2500 Menschen gesättigt werden könnten.

Als sie im weiteren Vordringen Axtschläge hörten, schlichen einige Männer vor. Sie sahen einen großgewachsenen Eingeborenen, der einen Baum fällte. Der Neger wurde gefaßt, aber im Handgemenge entkam er ihnen wieder. Er war der Vater der beiden gefangenen Kinder, wie diese sagten. Als sie nach ihm suchten, warf er dem vordersten der nachfolgenden Portugiesen einen Speer ins Gesicht und verschwand spurlos im Dickicht des Waldes.

Die Karavellen lichteten ihre Anker und setzten ihren Südmarsch fort. Sie erreichten Kap Verde. Als sie auf einer kleineren vorgelagerten Insel ihren Wasservorrat ergänzten, sahen sie Bäume, in deren Rinde das Wappen ihres Prinzen Heinrich eingeritzt war.

Ihr Landsmann Alvaro Fernandes war bereits vor ihnen hier gewesen. Zurara bemerkte dazu: „Ich bezweifle, ob die Welt seit Alexanders und Cäsars Zeiten je einen Fürsten aufzuweisen hatte, dessen Eroberungsmarken so weit von seinem eigenen Lande entfernt stehen." Die Distanz von Kap Verde bis nach Portugal betrug immerhin etwa 3200 Kilometer.

Vor der Küste sahen die auf den Masten der Schiffe hockenden Späher, daß sich am Festlandufer eine riesige Menge Menschen versammelt hatte. Immer mehr strömten hier zusammen. Die Kapitäne beschlossen, nicht zu landen, legten aber in der Nacht am Strand, der mit einem Ruderboot erreicht wurde, einige Geschenke für die Schwarzen nieder. Als die Schwarzen diese Geschenke wütend vernichteten, eröffneten die Armbrustschützen das Feuer auf sie. Vom Strand flog ein Hagel vergifteter Pfeile zu den Schiffen hinüber. Diese lichteten ihre Anker und traten die Rückfahrt an. Als sie die Insel Tinder wieder erreichten, fingen sie noch einige Schwarze, ehe sie endgültig den Kurs nach Portugal einschlugen und die Heimreise antraten.

Wichtiger als ihre Fahrt war jedoch jene des Alvaro Fernandes, der ihnen zuvorgekommen war. Dieser junge Kapitän war ohne Aufenthalt nach Guinea weitergesegelt und am Kap Verde vor Anker gegangen. Als dort zwei Kanus mit Eingeborenen erschienen, zwei der Ruderer an Bord des Schiffes kletterten und mit Speise und Trank versehen wurden, war man guter Dinge und hoffte die Eingeborenen zum Tauschhandel vorbereitet zu haben. Doch als beide zurückgekehrt waren und ihren Kameraden von den wenigen Menschen an Bord berichtet hatten, faßten diese den Entschluß, die Karavelle zu entern. Sechs Kanus, dicht bei dicht besetzt, ruderten der Karavelle entgegen. Fünf von ihnen blieben außer Schußweite liegen, während das sechste noch näher herankam. Kapitän Fernandes ließ auf der dem Kanu abgewandten Seite ein Boot zu Wasser, das vorsichtig um den Bug der Karavelle herumgerudert wurde, um dann mit aller Macht auf das Kanu zuzulaufen. Die Mannschaft dieses Kanus sprang ins Wasser und versuchte sich schwimmend zu retten.

„Es kostete große Mühe", schrieb der Bordchronist, „die Schwarzen, die wie Kormorane zu tauchen verstanden, aus dem Wasser zu fischen."

Die Fahrt wurde nach Süden bis zu einem Vorgebirge fortgesetzt, das Fernandes wegen der vielen kahlen Palmen „Caba dos Mastos — Kap der Masten" nannte. Damit war *seine* Karavelle im Jahre 1445 am weitesten nach Süden vorgedrungen.

Der Tod fährt mit

Auf der ersten Expedition des Jahres 1446 ging Nuño Tristao mit seiner bewährten Mannschaft ankerauf. Es hielt Tristao nicht länger in der Nähe des Prinzen, als er vernahm, daß der Senegal und Cabo Verde erreicht worden waren. Mit Unterstützung von Prinz Heinrich rüstete er ein Schiff aus und segelte los. Das Schiff passierte den Senegal und Kap Verde. Tristao ließ weitersegeln und erreichte 60 Leguas südlich von Cabo Verde den Rio Grande, der jetzt Geba heißt.

Mit 22 Mann ruderte Tristao in zwei Booten diesen Fluß aufwärts. Nicht weit von der Mündung aus landeinwärts entdeckten sie eine Anzahl Hütten. Aber noch ehe sie dort landen konnten, jagten zwölf Kanus, in denen jeweils wenigstens acht Männer ruderten, rechts und links aus ihren Verstecken hervor und überschütteten die beiden portugiesischen Boote mit einem Pfeilhagel.

Die portugiesischen Fahrzeuge drehten, ihre Besatzungen versuchten, das Feuer zu erwidern. Sie wurden von den Eingeborenen bis zur Karavelle zurück verfolgt. Vier Männer, die von den vergifteten Pfeilen getroffen wurden, starben, noch ehe die Fliehenden die Karavelle erreichten. Den übrigen fehlte die Kraft, die Boote wieder an Bord zu heißen. Auch sie starben unter Qualen. Unter den Toten befand sich auch Niño Tristao.

Beim Segelsetzen — es bestand Gefahr, daß ihr Schiff geentert wurde — erlitten noch zwei der an Bord zurückgebliebenen Seeleute Verwundungen.

Insgesamt starben von den 22 Männern und ihrem Kapitän im Verlauf der nächsten Tage und Wochen 21. Zwei kamen mit dem Leben davon.

Die beiden letzten Seeleute der Mannschaft lagen 20 Tage im Fieberdelirium. Die Führung der Karavelle mußte von fünf zurückgebliebenen Schiffsjungen übernommen werden, die ohne jede Erfahrung in der Navigation auf Zickzackkurs über die See irrten.

Zwei Monate lang trieben sie auf See, ehe sie ein Boot fanden, in dem galizische Piraten saßen. Von ihnen erfuhren sie, daß sie sich unweit der portugiesischen Küste befanden. Die grausige Fahrt ins Unbekannte, während derer sie 17 Leichen der See übergeben mußten, war zu Ende.

Der qualvolle Tod Tristaos und seiner Gefährten entmutigte die anderen Kapitäne und Seeleute jedoch nicht. Noch im selben Jahr segelte Alvaro Fernandes wieder in Richtung zum Cabo dos Mastos. Aber„außer einem Haufen Elefantendung, so hoch wie ein Mensch“ fand er dort nichts.

Die weitere Fahrt nach Süden wurde vorsichtig fortgesetzt. Die Giftpfeile der „Wilden“ waren doch ein gutes Mittel, sie auf Distanz zu halten. Die Fahrt ging allerdings noch 110 Leguas über Kap Verde hinaus nach Süden. Damit war diese Expedition einer der bis dahin kühnsten Vorstöße ins Ungewisse. Prinz Heinrich überreichte nach der Rückkehr von Fernandes dem Kapitän ein Geschenk von 100 Golddublonen. Der Regent tat ein gleiches.

Durch diesen goldenen Segen animiert, verließen 1446 und 1447 vier Expeditionen den Hafen von Lagos. Eine der Karavellen brachte 18 Mauren und 51 Neger sowie einen jungen Löwen mit zurück, den der Kapitän dem Prinzen Heinrich zum Geschenk machte. Die drei anderen waren von Eingeborenen überfallen worden. Es hatte Tote gegeben, während die Beute gleich null war. Wo auch immer jetzt portugiesische Karavellen landeten, wurden sie von den Eingeborenen mit Giftpfeilen empfangen, weil diese nun sicher waren, was diese fremden Weißgesichter von ihnen wollten.

Auch das Jahr 1448 brachte einige Fehlschläge. Aber die Kunde von den portugiesischen Fahrten nach Guinea — wie das gesamte westliche Afrika genannt wurde — pflanzte sich in alle Welt fort.

König Christoph I. von Dänemark schickte seinen Höfling Vallarte nach Lissabon. Vallarte wurde zum Infanten Heinrich weitergeleitet, und dieser erlaubte ihm, als Gast auf einer der nächsten Karavellen eine Fahrt nach Westafrika zu unternehmen.

Prinz Heinrich beauftragte Vallarte, den Eingeborenenherrscher am Kap Verde, von dem die Vermutung umlief, er sei Christ, zu besuchen und diesen um seine Hilfe im Kampf gegen seine nördlichen Gegner, die Mauren, zu bitten. Dem Dänen wurden zwei vom Kap Verde stammende Sklaven als Dolmetscher mitgegeben.

Erst nach sechs Monaten Fahrtzeit erreichte die Karavelle, gegen stürmische Gegenwinde ankämpfend, das Kap. Der Verkehr mit den Eingeborenen ließ sich zunächst freundlich an. Als sich Vallarte aber schließlich an Land rudern ließ, überfielen die Eingeborenen das Boot, als es gerade gelandet war. Vallarte und die Ruderer wurden erschlagen oder verschleppt. Erst Jahre später erfuhr Heinrich, daß auf einer großen Burg im Innern des Landes noch drei Weiße lebten. Sie konnten nur von diesem Boot stammen.

Die Chronik von Guinea des Historikers Zurara endete nach dieser Expedition. Zurara meldete dazu abschließend:

„In diesen 14 Jahren fuhren 41 Karavellen nach jenen Landen. Sie stießen 450 Leguas über Kap Bojador hinaus vor und erkundeten, daß die an Vorgebirgen reiche Küste in südlicher Richtung verläuft. All' dies ließ der Infant auf den Seekarten eintragen."

Auch über die Sklavenjagden hinterließ Zurara einige authentische Zahlen. „Bis zum Jahre 1448 hatten jene 41 Karavellen 927 Eingeborene nach Portugal geschafft, von denen der größte Teil auf den wahren Weg der Erlösung geleitet worden ist."

Nach 1448 ist die weitere Entdeckungsgeschichte portugiesischer Schiffe und Kapitäne auf mehrere Jahre weitgehend in Dunkel gehüllt. Portugals Kampf um die Kanarischen Inseln wird diesen Expeditionen einen Riegel vorgeschoben haben, denn Heinrich nahm an diesem Kampf erfolgreich teil. Erst die Heirat des Königs von Kastilien mit einer portugiesischen Prinzessin bereitete den Feindseligkeiten auf der iberischen Halbinsel vorerst ein Ende.

Nach dem Tode von Dom Pedro auf dem Schlachtfeld von Alfarrobeira im Kampf gegen Alfons V. und der Übernahme der Regierungsgeschäfte durch diesen König, der später der „Afrikaner" genannt wurde, erfolgte ein neuer Anlauf. Dieser unterstützte Prinz Heinrich, so daß die Afrikafahrten fortgesetzt werden konnten.

Die Krone hatte dem Infanten Heinrich eine jährliche Beihilfe von 16 Contos (das sind 16.000 Milreis) zufließen lassen. Dies deckte bei weitem nicht den Aufwand, der für die Erkundungsfahrten erbracht werden mußte. Als Heinrich starb, hinterließ er einen Schuldenberg von 35.000 Golddublonen. Dies war der springende Punkt. Dieses Geld, das der Infant aufwandte, konnte entweder für Entdeckungsreisen *oder* für den Kampf um die Kanarischen Inseln aufgeboten werden. Für beides zusammen reichte es nicht.

Das Fehlen von Nachrichten heißt jedoch nicht, daß die See von 1448 bis etwa 1455 von portugiesischen Schiffen leer gewesen wäre. Portugiesische Kauffahrer segelten nach wie vor nach Afrika und zu den entdeckten und besiedelten Inseln. Aber erst mit einem neuen Namen wurde die portugiesische Entdeckungsgeschichte wieder in aller Munde gebracht.

Ein Italiener in portugiesischen Diensten

Von den italienischen Händlern und Seeleuten, die unter dem Schutz von Prinz Heinrich aus Lagos ausliefen, befand sich auch der Kaufmann und Kapitän Alvise Cadamosto (sein richtiger Name lautete: Ca' da Mosto). Cadamosto entstammte einer venezianischen Familie. Sein Vater war wegen seiner Prozesse verbannt worden. Alvise betrieb nunmehr das Handelsgeschäft im Ausland. Sein Streben war dahin gerichtet, den Namen seiner Familie wieder reinzuwaschen. Er segelte nach Alexandria ebenso wie zu den flämischen Häfen.

Als er sich im August 1454 auf dem Wege nach Flandern befand, mußte er wegen eines starken Sturmes Kap Sao Vicente anlaufen. Prinz Heinrich ließ einige seiner Männer unter Führung seines Geheimschreibers mit Proben von Madeirazucker, Drachenblut und anderen Erzeugnissen an Bord gehen und dem Venezianer erklären, daß der Handel mit den neuentdeckten Ländern und Inseln sich für ihn lohnen werde. Er könne dabei bis zu zehnfachen Gewinn einstreichen. Gleichzeitig wurde ihm eine Schiffsladung portugiesischer Waren angeboten. Außerdem stellten ihm die Besucher eine Handelserlaubnis für alle portugiesischen Besitzungen in Aussicht.

Als Cadamosto nach den Bedingungen fragte, unter denen der Infant den Handel eines Ausländers erlaube, entgegnete ihm der Geheimschreiber. „Wenn der Betreffende eine Karavelle auf eigene Kosten ausrüstet und Ladung aufnimmt, kann er dorthin segeln. Er muß nach seiner Rückkehr ein Viertel des Verdienstes abliefern. Falls der Infant aber Schiff und Besatzung stellt, wird der Gewinn geteilt. Falls die Fahrt nichts einbringt, werden die Unkosten vom Infanten übernommen."

Cadamosto kaufte dem nach Flandern bestimmten portugiesischen Schiff alle Waren ab, ging dann an Land und genoß mehrere Monate des Prinzen Gastfreundschaft. Der Infant rüstete zu dieser Zeit eine Karavelle von 45 Tonnen Verdrängung für den Venezianer aus, und im März 1455 ging Cadamosto mit diesem Schiff ankerauf.

Sein erstes Ziel war die Insel Porto Santo. Von dort segelete er nach Madeira weiter. Auf dieser Insel bestanden bereits vier blühende portugiesische Handelsniederlassungen, die im Falle einer kriegerischen Auseinandersetzung 800 Mann, darunter 120 Berittene, stellen konnten. Die Ernte auf der gebirgigen Insel betrug jährlich 30.000 venezianische „stara" Weizen. Die Bewässerung der Plantagen war ausgezeichnet. An mehreren Flüssen standen Sägemühlen, die das aromatisch duftende Zedernholz schnitten. Ferner gab es noch jene roten Eiben, die als Holz für Möbel und Tische dienten.

Das aus Sizilien hierher verpflanzte Zuckerrohr war so saftig, daß ein einziges Einkochen 400 cantaros (ein Cantaro enthält 13 Liter) Zucker ergab, den man teilweise zu Konfekt verarbeitete. Reben gediehen besonders gut. Die Malvasiertraube hatte ebensoviele Trauben wie Blätter. Riesige Traubenbüschel von der Länge eines halben Armes hingen an den Stöcken. Wilde Pfauen waren sehr zahlreich, Rebhühner gab es etwas weniger, aber viele Wachteln.

Cadamosto nannte Madeira einen einzigen blühenden Garten. Er segelte von dort aus weiter nach Lanzarote, Fuerteventura, Gomera und Ferro. Diese Inseln waren bereits besiedelt, während auf Gran Canaria, Teneriffa und Palma noch „Heiden" wohnten.

Gegenüber den viel größeren Inseln der Guanchen konnten die Bewohner der kleineren nicht ankommen. Auf Gran Canaria beispielsweise lebten 9000 Heiden, auf Teneriffa waren es deren 15.000.

Alle spanischen Unterjochungsversuche waren von diesen wilden Kriegern bislang vereitelt worden. Es waren die Guanchen, die sich hier mit allen Mitteln verteidigten und bisher noch jeden spanischen oder portugiesischen Angriff abgeschlagen hatten.

Teneriffa, dessen „brennender Gipfel" schon aus einer Entfernung von 250 Meilen (italienischen) zu sehen war, leistete den härtesten Widerstand. Die Insulaner, auch hier Guanchen genannt, hatten nur hölzerne Speere und Steine und waren in Ziegenfelle gehüllt. Sie hausten in unzugänglichen Berghöhlen.

Von den verschiedenen Inseln griffen christliche Siedler immer wieder die Dörfer der „Heiden" auf den anderen Inseln an. Sie holten Gefangene, wurden aber auch selber gefangen und zur Schlachtung der Ziegen von den Eingeborenen eingesetzt. Gegen Lösegeld wurden die Weißen ab und zu wieder freigelassen.

Nach Süden segelnd, gelangte Cadamosto binnen weniger Tage bei günstigem Wind zur afrikanischen Küste, dem Cap Blanco, das 870 Meilen von den Kanarischen Inseln entfernt lag. „Weißes Kap" wurde diese Küste genannt, weil sich in dem weißen Küstensand keine Spur von Grün zeigte.

Die Weiterfahrt zur Bucht von Arguim gestaltete sich wegen der vielen Untiefen und verschiedenen Strömungen schwieriger. Das Schiff konnte nur bei Tage segeln. Dabei mußte ununterbrochen gelotet werden.

Von Kap Blanco aus konnte in etwa sechs Tagesritten auf Kamelen ein großer Handelsplatz erreicht werden, der Oden genannt wurde. Hier konnten die Waren der Berber aus dem Norden gegen jene der Neger aus dem Süden getauscht werden.

In Timbuktu wiederum hatten die Neger Datteln, Gerste und Kamelmilch gestapelt. Die Kamelkarawanen brachten aus dem Norden Kupfer, Silber und Waren nach Timbuktu. Von dort holten sie im Austausch Gold und Malagettapfeffer.

In den Faktoreien von Arguim lagerten Wollstoffe, Silber, seidene Tücher, Teppiche und ähnliche Waren, besonders aber Weizen, der sehr begehrt war. Die arabischen Händler, die hierher kamen, gaben dafür Gold und Sklaven. Diese arabischen Händler, die durch die Wüsten zogen, waren jedoch nicht selber Sklavenjäger. Sie brachten vielmehr gute Berberpferde zu den Negerfürsten, die ihnen dafür Sklaven überließen. Für ein gutes Pferd gab es etwa 12—15 Sklaven. Diese wurden von anderen Stämmen geraubt.

Die Schwarzen, die solcherart von den Mauren erworben wurden, gelangten einmal über die verschiedenen Karawanenwege nach Barghah und von dort weiter nach Sizilien. Ein anderer Teil wurde nach Tunis geschafft und der dritte Teil nach Arguim in die portugiesischen Faktoreien. Von Arguim aus gingen im Jahr etwa 700 bis 800 Sklaven nach Portugal.

Zwischen den Arabern von Oden und dem Senegal — der Grenze des Negerlandes — wohnten die Azenegues. Diese hatten unter den ersten Sklavenjagden der Portugiesen sehr gelitten, bis Heinrich den Handel geregelt hatte.

Auf der großen Karawanenstraße gelangte man von Oden in sechs Tagesritten nach Tagaza. Hier wurde Steinsalz gefördert und verladen. Araber ebenso wie Azenegues beförderten dieses Salz, das eines der begehrtesten Handelsgüter war, in großen Karawanen ins Land Melli (Mali) und verkauften dort jede Kamellast für 200 bis 300 miticals (ein mitical gleich anderthalb Dukaten).

Dies war ein sehr hoher Preis, der allerdings auch einen hohen Einsatz verlangte, denn unterwegs kamen oftmals, wenn die Brunnen in den Oasen trocken waren, bis zu Dreivierteln der Kamele oder Pferde in der Dürre der Wüste um. Den Händlern erging es nicht viel besser. Es galt nämlich zunächst, mit dem Salz von Tagaza nach Timbuktu zu ziehen. Das war ein Reiseweg von etwa 40 Tagen. Von Timbuktu aus waren es dann noch einmal etwa 30 Tagesritte nach Melli.

Jenseits des Mellireiches wurde die Weiterbeförderung des Salzes durch Pferde oder Kamele wegen der noch stärkeren Hitze unmöglich. Von dort aus mußte das Salz in großen Stücken durch eine unendliche Prozession von Negern und auf deren Köpfen getragen werden. Wenn die Träger ausruhen wollten, legten sie ihre Last auf zwei hölzerne Gabeln, die sie mitführten.

Ihr Ziel war ein Wasserlauf, an dessen Ufer sie aus den Salzblöcken einen kleinen Hügel errichteten und sich dann einen halben Tagesmarsch davon zurückzogen.

Neben jedem der Salzhügel fanden sie, wenn sie nach einiger Zeit zum Flußufer zurückkehrten, ein Häuflein Gold. Genügte ihnen dieser Preis, dann nahmen sie ihn und zogen wieder nach Norden zurück. Genügte er nicht, ließen sie alles liegen und zogen sich abermals zurück.

In der kommenden Nacht erschienen die Käufer wieder, schleppten die Salzhügel, bei denen kein Gold mehr lag, fort und erhöhten den Goldbetrag bei jenen, neben denen das Gold noch lag. In dieser Weise wickelten sich die Geschäfte mit dem Salz ab, und niemals sah ein Mensch der einen Seite den der anderen.

Cadamosto war versessen darauf, zu erfahren, warum der Herrscher von Melli nichts Genaueres über jene Gold bringenden und Salz holenden Menschen jenseits des Flusses erfahren wollte. Einer der Dolmetscher erklärte ihm, daß dieser Versuch einmal gemacht worden sei. Man habe einen der Salzkäufer mit List ergriffen. Dieser habe kein Wort gesagt und alle Speisen zurückgewiesen. Nach vier Tagen sei er gestorben.

Daraufhin hätten die Goldbringer den Ankauf von Salz für vier Jahre eingestellt. Erst danach kehrten sie wieder an den Fluß zurück, weil sie das Salz dringend benötigten.

Das solcherart in Melli durch den Salzhandel gesammelte Gold ging auf drei verschiedenen Wegen fort. Ein Drittel wurde nach Cochia (Kukia, die alte Hauptstadt des Songhai-Reiches am Niger, nahe von Gao) geschickt. Von dort aus führte eine alte Handelsstraße nach Syrien und Kairo. Der Rest ging nach Timbuktu. Von hier aus gingen zwei Drittel durch die westliche Sahara nach Tunis. Das letzte Drittel wurde über Oden und Oran in die Mittelmeerhäfen Marokkos verschickt. Dort wurde es von den Italienern gegen Waren eingetauscht.

Dieser letzte Goldstrom kam schließlich auch den Portugiesen zugute, als ein Teil direkt von Oden aus zur Küste floß und an die portugiesischen Faktoreien der Insel Arguim verkauft wurde.

Cadamosto segelte nach eifrigen Erkundungen zum Senegal weiter. Außer dem ersten Mündungsarm, der eine Meile breit war, entdeckte er einen zweiten, schmaleren Flußarm. Zwischen diesen beiden Armen lag eine Insel. Auf dem südlichen Ufer waren die Menschen schwarz und kräftig gebaut, das Land war grün fruchtbar und bewaldet. Auf dem nördlichen Ufer lebten gelbbraune, hagere Menschen auf dürrem Erdreich.

In dem 200 Quadratmeilen großen Land jener Neger, die man Jaloffs nannte, weil sie sich so ähnlich bezeichneten, wuchs auch Baumwolle, aus der man hier Hosen fertigte. (Es handelte sich um den großen Stamm der Wolof oder

Jolof, die heute im westlichen Senegal leben und nach wie vor Baumwolle anpflanzen.)

50 Meilen südlich des Senegals unterbrach Cadamosto abermals seine Fahrt, weil Portugiesen ihm erzählt hatten, daß Budomel (eigentlich Bor-damel, der Herrscher von Cayor), der Herr dieses Küstengebietes, ein ehrlicher Mann sei, der alles, was er haben wollte, auch bezahlte.

Als die Karavelle an einem geschützten Platz vor Anker gegangen war, schickte Cadamosto einen Dolmetscher aus, um Budomel zu benachrichtigen, daß er Leinen, maurische Stoffe und spanische Pferde zu verkaufen habe.

Der Negerkönig erschien wenig später mit großem Gefolge am Ufer. 15 Reiter und 150 Mann begleiteten ihn. Budomel suchte sich sieben Pferde und Waren im Wert von 300 Dukaten aus, deren Bezahlung er — dem Brauch gemäß — in Sklaven entrichten wollte.

Zum Abschluß des Geschäftes schenkte der Häuptling Cadamosto ein hübsches junges Mädchen und lud den Venezianer in seine Residenz ein.

Vier Wochen war Cadamosto Gast von König Bor-damel, der in einer Schilfhütte lebte; genauso wie die Menschen seiner Umgebung. Seine Residenz bestand aus etwa 50 Hütten, die eng nebeneinander im Kreis gebaut waren. Dichte Hecken und Bäume umgaben diese Residenz. Hier und in jenem anderen Dorf seines Herrschaftsbereiches hatte der König 8—9 Frauen; auch die jungen Dienerinnen dieser Frauen standen ihm zur Verfügung. Sein aus etwa 200 Personen bestehendes Gefolge war auf die sieben Höfe der Residenz verteilt. Cadamosto berichtete dem Infanten über diese Reise ausführlich.

Cadamosto und Usodimare auf dem Weg zum Gambiafluß

Schwarze Sklaven hatten in Portugal erzählt, daß es südlich des Senegal noch einen weiteren Fluß gebe, den Gambia, der ein reißender Strom sei; sein Bett solle viel Gold enthalten. Das war ein lockendes Ziel, das Cadamosto um keinen Preis versäumen wollte. Er ließ also die Reise fortsetzen und weiter südwärts segeln. Eines Morgens tauchten aus dem Dunst voraus zwei Schiffe auf. Eines gehörte dem Genuesen Usodimare, das andere einem Portugiesen. Da auch sie neues Land suchten und neue Handelsmöglichkeiten mit großem Gewinn erkundeten, entschlossen sie sich, gemeinsam weiterzufahren.

Die drei Schiffe erreichten Kap Verde, und jenseits des Kaps sahen sie eine flache Küste, die bis zum Rand des Meeres bewachsen war. Viele kleine Wasserläufe zogen sich hindurch. Von hier aus segelten sie nur bei Tage, ständig lotend und scharf Ausguck haltend, weiter. Bei Einfall der Dunkelheit segelten sie 4—5 Meilen seewärts und blieben dort über Nacht vor Anker liegen.

Auf diese Weise erreichten sie schließlich die Mündung eines Flusses. Sie schickten einen ihrer Dolmetscher aus, um die Verbindung mit den dort lebenden Eingeborenen aufzunehmen und sich auch nach Gold zu erkundigen.

Kaum war der schwarze Dolmetscher ein Stück landeinwärts gegangen, als ein Trupp bewaffneter Neger auftauchte und den Mann nach einem kurzen Wortwechsel totschlug. Die Bootsmannschaft hatte keine Zeit, ihm zur Hilfe zu kommen; so schnell geschah diese Bluttat.

Die Kapitäne setzten ihre Fahrt nach Süden fort, ohne noch einmal den Versuch einer Annäherung zu wagen. Ein günstiger Wind trieb die drei Segler schließlich in die Mündung eines Stromes, dessen Breite an der schmalsten Stelle mehr als drei Meilen betrug. Dies mußte der große Gambia sein!

Die Karavelle mit dem geringsten Tiefgang segelte nunmehr — das Fahrwasser ununterbrochen lotend — stromaufwärts. Einige Boote mit Bewaffneten hielten gleichzeitig nach beiden Seiten hin Ausschau nach Negern. Cadamosto hatte den Besatzungen der Boote befohlen, keine Kampfhandlungen zu beginnen, weil diese der Anknüpfung von Handelsbeziehungen schädlich sein mußten.

Die Ufer des Flusses waren prächtig bewaldet, und als sich schließlich der Strom mehrmals wand und das Fahrwasser unübersichtlich wurde, hielten sie an. Dann drehten sie, um zurückzusegeln.

Auf dem Rückweg sahen sie in der Mündung eines kleines Nebenflusses drei Einbäume, die mit Eingeborenen besetzt waren. In der Furcht vor deren vergifteten Pfeilen ruderten sie mit aller Kraft zurück. Die Kanus folgten ihnen und kehrten erst um, als die vorderste Karavelle auftauchte, deren Abmessungen ihnen doch für einen Überfall eine Nummer zu groß erschien.

Am folgenden Tage segelten auch die beiden größeren Karavellen bei Hochflut über die Barre und trafen vier Meilen oberhalb der Mündung des Gambia auf 15 Kanus. Cadamosto berichtete, daß in jedem der Boote etwa 8—10 Krieger gesessen hätten.

„Es waren stattliche Gestalten in weißen Baumwollhemden, mit weißen Hüten auf den Köpfen, die auf beiden Seiten mit einem Flügel und in der Mitte mit einer Feder geschmückt waren. Der Mann vorn am Bug trug einen aus Leder geformten Schild. Alle hoben die Ruder senkrecht in die Luft und starrten uns lautlos an, als wären wir Gespenster. Dann legten sie, ohne daß wir sie durch eine feindselige Bewegung gereizt hätten, plötzlich die Ruder nieder, packten ihre Bogen und sandten uns einen Schwarm von Pfeilen herüber.

Flugs feuerten wir einige Bombarden ab. Das half! Erschreckt ließen die Schwarzen ihre Bogen fallen und stierten ganz verstört auf die ins Wasser prasselnden Steinkugeln. Doch sobald das Dröhnen der Bombarden erstorben war, kehrte ihr Mut zurück. Keck näherten sie sich den Schiffen und schossen von neuem.

Jetzt griffen unsere Armbrustschützen ein. Sie zielten gut, und gleich der erste Bolzen traf einen Neger in die Brust. Als sich die Verluste häuften, fielen sämtliche Kanus über die kleinste und spärlich bewaffnete Karavelle her. Um sie vor der Übermacht zu schützen, nahmen die beiden größeren Schiffe sie in die Mitte. Aber erst eine volle Salve aus unseren sämtlichen Bombarden bewirkte den Rückzug der Kanu-Flottille. Hierauf ketteten wir die drei Fahrzeuge aneinander und ließen einen einzigen Anker fallen." (Siehe: Navegacoes de Luiz de Cadamosto, Originalbericht, Lissabon 1812 und Crone, G. R.: The voyages of Cadamosto, London 1937)

Einige Tage später gelang es dem Dolmetscher, eines der Kanus, die sich zeigten, zum Näherkommen zu bewegen. Als er fragte, warum sie ihnen feindlich gesonnen seien, erklärten die Neger, daß sie von dem Wüten der Weißen am Senegal gehört hätten, und auch davon, daß die weißen Teufel Menschenfleisch äßen und die Neger nur kauften, um sie zu fressen. Mit solchen Leuten wünschten sie keine Freundschaft, sondern sännen darauf, sie zu töten, ehe diese sie selber umbringen und fressen könnten.

Nunmehr wollten die drei Kapitäne einige Dutzend Meilen, „vielleicht auch 100 Meilen" weiter stromaufwärts fahren. Sie hofften, tiefer im Landesinneren auf umgänglichere Handelspartner zu stoßen. Doch die Mannschaften weigerten sich, und am nächsten Tag wurde die Rückreise angetreten.

Cadamostos zweite Reise nach Westafrika

1456 entschlossen sich die beiden Kapitäne Cadamosto und Usodimare, die inzwischen Freunde geworden waren, gemeinsam eine zweite Fahrt zum Gambiafluß zu unternehmen. Zu diesem Zweck rüsteten sie in Lagos zwei Schiffe aus.

Prinz Heinrich erteilte dazu seine Erlaubnis und bot ihnen eine eigene Karavelle als Begleitschiff an, was man mit Dank annahm.

Diese drei Schiffe gingen Anfang Mai 1456 von Lagos aus in See und erreichten bei günstigem Wind die Kanarischen Inseln in Rekordzeit. Ohne dort anzulegen, nahmen sie Kurs auf Kap Branco und hielten, als das Kap in Sicht kam, einige Meilen von Land ab.

In der Nacht setzte ein heftiger Sturm ein, der sie 48 Stunden lang nach Südwesten auf das offene Meer trieb. Am dritten Tag tauchte zu ihrer großen

Überraschung eine Küste aus dem Meer auf. Der Pilot wurde zum Ausguck in den Masttop geschickt. Er meldete eine größere Insel. (Es war eine der Kapverdischen Inseln).

Die Karavellen liefen diese Insel an und fanden zu ihrer Enttäuschung, daß sie nur von riesigen Taubenschwärmen bewohnt war. Dennoch gingen die Karavellen vor Anker.

Am nächsten Tag ließ Cadamosto zehn Armbrustschützen von der höchsten Bergkuppe Ausschau halten. Zwar entdeckten sie keine Spur menschlichen Lebens, dafür aber drei weitere Inseln. Eine lag in nördlicher Richtung, die beiden anderen südwärts.

Die südlichen Inseln waren nunmehr das Ziel der drei Karavellen, als sie ihre Fahrt fortsetzten. Als der Ausguck vor der ersten dieser Inseln eine Flußmündung sichtete, befahl Cadamosto, daraus die Wasservorräte zu ergänzen. Während sie am Strand umherschweiften, entdeckten ein paar Seeleute kleine Teiche mit feinem weißen Salz, von dem sie große Mengen an Bord schafften. Andere stöberten riesige Schildkröten auf, von denen ein paar getötet und nach der Anweisung einiger Seeleute zubereitet wurden, die auf Arguim bereits Schildkrötenfleisch gegessen hatten. Cadamosto ließ einen Teil dieser Tiere einpökeln.

Die erste Insel, die sie nach dem Sturm gesichtet hatten, nannte Cadamosto Boavista, Eine andere, die größte, wurde Sao Thiago genannt.

Zwischen Kap Verde und dem Senegal stießen die Karavellen wieder auf die afrikanische Küste und folgten ihr bis zum Gambia. Diesen Fluß liefen sie zehn Meilen hinauf, ohne in irgendeiner Weise von den Negern behindert zu werden.

Wenn die Eingeborenen zuerst auch vor ihnen flohen, so verloren sie schließlich doch mehr und mehr an Scheu. Schließlich kam einer zu ihnen an Bord der größten Karavelle. Der Dolmetscher verstand ihn, und als Cadamosto ihm einigen Krimkrams schenkte, erbot sich dieser Mann, Cadamosto zu seinem Häuptling Batti Mansa zu bringen.

Der Venzianer segelte nunmehr den Fluß etwa 60 Meilen in ostwärtiger Richtung aufwärts bis zu jener Stelle, an der ein Weg seitwärts zum Dorf des Häuptlings führte.

Begleitet von dem Neger brachte einer der Dolmetscher zunächst dem Häuptling ein seidenes Gewand im maurischen Schnitt und erklärte, daß sie vom König von Portugal geschickt worden seien, um mit Batti Mansa Freundschaft zu schließen und Handel zu treiben.

Der schwarze Bote berichtete nur Gutes von den Männern auf der Karavelle. Dies bewog Batti Mansa dazu, einige seiner Leute zu den Schiffen zu schicken. Bald entfaltete sich ein reges Tauschgeschäft. Europäische Waren wurden gegen Sklaven, die Batti Mansa sich hielt, aber auch gegen Gold eingetauscht. Alles, was Batti Mansas Untertanen für wertvoll hielten, schleppten sie an Bord der Karavellen. Weiße, gestreifte oder gefärbte Baumwollstoffe, goldene Ringe, Paviane und Murmeltiere, Zibetkatzen und deren Felle, Berge von Früchten, insbesondere Datteln.

Neugierige strömten herbei. Kanus wurden herangerudert und umringten die Karavellen Tag und Nacht. Da hier ein Fieber ausbrach, mußte Cadamosto nach elf Tagen die Anker lichten und zur Flußmündung zurückrudern lassen.

Auch von den Lebensgewohnheiten dieser Menschen brachte Cadamosto eine anschauliche Schilderung mit nach Portugal. Außerdem einen Bericht über den Pferdefisch (das Flußpferd) und einen riesigen Baum mit hohlem Stamm, mit einem Umfang von 17 Armlängen und einer breiten schattigen Krone (dem Baobab). Von riesigen Fledermäusen und großen Papageien wußte Cadamosto anschaulich zu erzählen.

Nun glaubte Cadamosto, reichlich mit Vorräten versehen, weiter nach Süden laufen zu müssen. Die Karavellen segelten hintereinander. Jeden Morgen wurde eine andere als Vorseglerin an die Spitze geschickt. In den Nächten wurde geankert.

Die Schiffe liefen, ohne anzulegen, an den Mündungen dreier Flüsse vorbei: Am Casa Mansa, dem Cacheu und dem Mansoa. Ein Vorgebirge, das dazwischen aufragte und sich weit ins Meer schob, nannte Cadamosto wegen seiner roten Färbung „Kap Roxo".

60 Meilen südlich stieß der kleine Schiffsverband auf eine vierte Flußmündung, die man infolge ihrer Breite irrtümlich für einen Golf hielt. Es war die Mündung des Geba, der von den Portugiesen Rio Grande getauft wurde.

Von seinem südlichen Ufer aus, das etwa 20 Meilen entfernt lag, entdeckte Cadamosto seewärts eine große Zahl von Inseln (die Bissagoa-Inseln). Er befahl zu ankern, weil er sich über Land und Leute informieren wollte. Zwei große Kanus tauchten auf. Das größere von ihnen war nicht kürzer als die kleine Karavelle und hatte mindestens 30 Ruderer. Das andere war nur von 16 Ruderern besetzt. Beide Kanus glitten schnell auf die Karavellen zu. Schon griffen die Besatzungen zu den Waffen, als die beiden Kanus in Rufweite haltmachten und ein Ruder schwenkten, an das ein weißes Stück Tuch gebunden war.

Cadamosto ließ auf die gleiche Weise antworten. Nunmehr ruderte das größere Kanu an die Karavelle heran, und die Männer kletterten an Bord.

Eine Kommunikation mit ihnen konnte nicht stattfinden, weil die eigenen Dolmetscher die Sprache dieser Männer nicht verstanden. Durch diese Schwierigkeiten war ein Handel nicht möglich, und Cadamosto entschloß sich, die Heimkehr anzutreten.

Die beiden nächsten Reisen unternahm Diogo Gomes. Er war erfolgreich, denn Heinrich machte ihn zum Schloßkastellan von Cintra, dem berühmten Palacio da Pena, in dessen Park die Ruine des Maurenkastells steht.

Gomes verfaßte über diese beiden Reisen zwar keine Geschichte, aber er berichtete dem deutschen Geographen Martin Behaim, der 20 Jahre darauf nach Portugal kam, aus seiner Erinnerung, wie diese Fahrten verlaufen waren. Behaim schrieb diesen Bericht eines Augenzeugen und Kapitäns in lateinischer Sprache auf. Valentin Fernandes, ein deutscher Buchdrucker in Lissabon, reihte diesen Bericht in seinen Sammelband portugiesischer Entdeckungen ein. Das Werk liegt in der Münchener Staatsbibliothek. 1887 veröffentlichte Dr. Schneller in den Abhandlungen der Philosophisch-philologischen Abteilung der Königlich Bayerischen Akademie eine Studie mit dem Titel: „Valentin Fernandes Alema und seine Sammlung von Nachrichten über die Entdeckungen und Besitzungen der Portugiesen in Afrika und Asien bis zum Jahre 1508“.

Aus diesen Berichten erfahren wir mehr über die Expeditionsfahrten von Diogo Gomes.

Gomes wurden von Prinz Heinrich ebenfalls drei Karavellen zur Verfügung gestellt. Sein Verband segelte südlich des Rio Grande in starke Stürme und sehr heftige Strömungen hinein, denen kein Anker standzuhalten vermochte. Die Männer der drei Segler befürchteten, der ganze Ozean südlich von ihrem Standort sei ein solches „macareo“. Sie ließen Gomes durch ihre Kapitäne bitten umzukehren.

Als sich schließlich zwischen Flut und Ebbe das Meer beruhigte, kamen sehr viele Kanus der Eingeborenen an die Schiffe heran und brachten Baumwolle, Seidenstoffe, Elefantenzähne und Pfefferkörner.

Die Flut verursachte jedoch eine gefährliche Gegenströmung; daher segelten die drei Karavellen ein Stück zurück und ankerten an einer Stelle, an der viele hohe Palmen standen, alle mit geknickten Zeigen und so hoch, daß sie — aus der Distanz — wie ein Gewirr von Masten aussahen. Sie hatten das zehn Jahre vorher entdeckte Cabo dos Mastos erreicht.

Hier sahen sie „große gehörnte Tiere zu Tausenden in Strandnähe äsen, die größer waren als Hirsche“. Die Eingeborenen nannten diese Tiere Myongas. Dann tauchte aus einem nahen, von Bäumen gesäumten Flüßchen ein riesiges Elefantenpaar mit zwei Jungen auf. Diese machten beim Anblick der Antilopenherde wieder kehrt.

Vom Cabo dos Mastos aus ging es drei Meilen weiter zu einer breiten Flußmündung. Es war, wie Gomes richtig vermutete, der Gambia.

Mit achterem Wind segelten sie rasch den Gambia flußaufwärts. Kanus, die sie zu Gesicht bekamen, drehten sofort ab. Am nächsten Tage jedoch konnten sie mit den Bewohnern eines Dorfes auf dem Nordufer in Kontakt treten. Die Neger tauschten 180 Pfund Gold gegen Tuche und Halsketten und warnten die Fremden vor der Bevölkerung am südlichen Ufer. Diese hätten vor Jahren einige Weiße erschlagen. (Wahrscheinlich den dänischen Ritter Vallarte und seine Gefährten).

Einer der Schwarzen war bereit, die Fremden nach Cantor, einer großen Stadt am Ufer des Flusses weiter stromaufwärts, zu geleiten.

Gomes ließ unterwegs an guten Ankerplätzen zwei seiner Karavellen zurück. Er selbst fuhr mit der dritten weiter, bis das dichte Grün der Baumriesen zu beiden Uferseiten das Fahrwasser zu sehr einengte.

Von hier aus schickte er den Führer der Neger mit seiner Botschaft voraus, daß er gekommen sei, um Freundschaft zu pflegen und Handel zu treiben. Die Kunde von der Ankunft der großen Schiffe mit den weißen Männern verbreitete sich mit Windeseile. Von überall her, insbesondere von Timbuktu, aber auch von Kukia, das von einer Stadtmauer aus gebrannten Ziegeln umgeben war, kamen die Eingeborenen herbei.

Gomes erzählte Behaim: „In Kukia gab es Gold in Hülle und Fülle. Karthago und Tunis, Fez und Kairo und alle Länder der Sarazenen senden ihre Kamelkarawanen dorthin, um Gold gegen ihre Waren einzutauschen. Das Gold wurde in den Minen des Berges Gelu auf dem jenseitigen Rand jenes Gebirgszuges gewonnen, der sich heute Sierra Leone nennt."

„Kukia", sagte man ihm, „liegt an einem großen Strom, der Emin (Niger) heißt, auf dessen östlichem Ufer Weiße leben, die sich mit den Negern des anderen Ufers grimmig befehden. Erst vor kurzem hat wieder eine große Schlacht stattgefunden." Und Gomes fabulierte weiter:

„Vor dem Tor des königlichen Palastes von Kukia steht ein Goldblock, genauso, wie er aus dem Gestein ausgehauen wurde. 20 starke Männer können diesen Block, an dem der König sein Pferd anzubinden pflegt, kaum bewegen. Alles, was zum Hofe gehört, trägt an Nasen und Ohren goldenen Zierat. Aber die Gewinnung des edlen Metalls kostet auch viele Opfer, denn die Männer, die in den Minen arbeiten, leben wegen der darin herrschenden schlechten Luft nur kurze Zeit."

Während Gomes mit den Menschen in Cantor engen Verkehr pflegte, litten seine Matrosen entsetzlich unter der Hitze. Dies bewog ihn dazu, endlich seinen Besuch abzubrechen und sich um die beiden zurückgelassenen Karavellen zu kümmern.

Als er dort eintraf, meldete ihm der Kapitän der einen, daß das Fieber bereits neun seiner Matrosen getötet habe. Der Kapitän war ebenso wie alle übrigen Mitglieder der Mannschaft erkrankt.

Afrika nach seiner Umseglung.

Die dritte Karavelle, die 50 Leguas weiter seewärts verankert worden war, meldete fünf Tote. Alle drei Schiffe fuhren nun bis zu dem Dorf hinab, in dem sie das erste Gold erhalten hatten. Da die Dörfler ebenfalls von einem mächtigen Häuptling auf dem Südufer sprachen, ließ Gomes diesen einladen.
Der Häuptling erschien auch mit einer großen Zahl bewaffneter Krieger.

Gomes bot ihm einige Geschenke an und tischte Schiffszwieback und portugiesischen Wein auf. Als Gegengabe erhielt er drei Sklaven, und bald darauf beteuerte sein neuer Freund, der ob des genossenen Weines immer vergnügter und lustiger wurde, die Christen dürften von nun an ungehindert durch sein Gebiet reisen und Handel treiben.

Um dieses Versprechen auf seine Gültigkeit abzuklopfen, schickte Gomes einen getauften Hindu mit Namen Jacobo aus, den Prinz Heinrich ihm mitgegeben hatte für den Fall, daß sie Indien erreichen würden (!), damit dieser dolmetschen konnte.

Dieser marschierte mit zwei Helfern zur im Innern des Landes gelegenen Residenz Alcuzet. Jacobo wurde freundlich aufgenommen, und der Herr dieses Gebietes lud Gomes ein, ihn zu besuchen. Gleichzeitig sandte er ihm als Geschenk vier starke mit Elfenbein beladene Neger.

Nunmehr fühlten sich die Portugiesen sicher. Gomes folgte der Einladung und verbrachte drei Tage am Hofe dieses Königs. Als Abschiedsgeschenk erhielt der Kapitän sechs Felle von Panthern, die diese Gegend unsicher machten. Die Schwarzen erlegten noch einen Elefanten und trugen das beste Fleisch zum Schiff.

In Alcuzet erfuhr Gomes, daß es Häuptling Nomi Mansa gewesen war, der vor zehn Jahren die ersten hierher gekommenen Weißen hatte umbringen lassen. Da dieser gefährliche Herrscher über große Salzlager verfügte, versuchte der Entdecker auch mit ihm in Kontakt zu treten. Er ließ ihm viele Geschenke überreichen.

Inzwischen waren die drei Karavellen in einem natürlichen Hafen an der Strommündung vor Anker gegangen. Der König schickte immer wieder Männer und Frauen zu diesem Hafen, um zu erkunden, ob die Portugiesen ihm Böses wollten. Aber sie wurden stets gut behandelt. Erst danach zog er mit einem großen Aufgebot an Begleitung und Wachen zu den Schiffen und bezeigte Gomes seinen Respekt.

In seinem Gefolge befand sich ein eingeborener Priester, der sich über die christliche Religion unterrichten ließ.

Als Gomes die christliche Lehre erklärte, meinte der König, dem man alles übersetzt hatte, daß der muslimische Imam sein Reich binnen dreier Tage verlassen müsse. Von einem Sandhügel aufstehend, erklärte er nach Gomes' Erzählungen:

„Wer hinfort den Namen 'Mohammed' ausspricht, ist des Todes. Es gibt keinen anderen Gott als jenen, an den mein Bruder Heinrich glaubt."

Für sich, seine Häuptlinge und die Frauen verlangte er die Taufe.

Am nächsten Tag lud der Kapitän den König und acht seiner Frauen sowie zwölf der bedeutendsten Häuptlinge zu einem Essen an Bord des Schiffes ein. Der Häuptling verlangte abermals, sofort getauft zu werden, aber Gomes erklärte ihm, daß kein Priester bei ihnen sei, daß er aber die Bitte des Königs an Heinrich weiterleiten und daß dieser einen Priester schicken werde.

Nomi Mansa mußte zwei volle Jahre auf die Erfüllung seines Wunsches warten. Prinz Heinrich war beim Feldzug gegen Alcacer dabei und konnte sich nicht um die Aussendung weiterer Karavellen kümmern. Dieser von Alfons V. gegen die Mauren 1458 geführte „Kreuzug" führte zum Sieg bei Alcacer-Ceguer.

Gomes schickte — wieder auf See — die Gesunden mit der einen Karavelle nach Portugal zurück. Die Kranken verteilte er auf die beiden anderen Schiffe, mit denen er nach Kap Verde segelte. Nahe diesem Vorgebirge wurden zwei riesige Kanus gesichtet. Die beiden Karavellen schnitten diesen den Weg ab. Das größte der Kanus war mit 38 Negern besetzt. Als Gomes' Dolmetscher die Insassen erkennen konnte, meldete er dem Kapitän, daß auch der Herr dieser Küste mit Namen Bezeguichi darunter sei, ein böser Mensch.

Der Expeditionsleiter bat die 38 Männer an Deck seiner Karavelle und tat so, als hätten sie den Herrscher der Wüste noch nicht erkannt. Er fragte, warum sich Bezeguichi so feindselig gegenüber den Christen verhalte. Es wäre besser für ihn, Frieden mit diesen zu machen und den geschlossenen Frieden auch zu halten, damit er Waren und Pferde eintauschen könne.

Niemand antwortete ihm. Als sie wieder entlassen waren und mit ihrem Kanu dem Land entgegenruderten, rief Kapitän Gomes ihnen nach:

„Bezeguichi, glaube nicht, daß ich dich nicht erkannt hätte. Es lag in meiner Macht, mit dir nach Belieben zu verfahren. Aber da ich gut zu dir gewesen bin, sei auch du gut zu den Christen."

Wenige Tage später liefen beide Karavellen in die Bucht von Arguim ein. Sie landeten auf einer bis dahin unbewohnten Insel, auf der vor allem Seevögel, in der Mehrzahl Pelikane, brüteten. Hier versorgten sich die Besatzungen mit Wasser und Proviant. Danach wurde die Heimfahrt nach Lagos angetreten.

Soweit die Erzählung von Kapitän Gomes, der sich danach der Schilderung des Todes von Prinz Heinrich und dessen Begräbnis zuwandte.

König Alfons V., der erfahren hatte, daß portugiesische Händler den Mauren Waffen lieferten, gab Kapitän Gomes Befehl, diese Schmuggler sofort zu verhaften und nach Portugal zu schaffen. Gomes ging mit einer Karavelle in See. Zwölf Tage nach dem Auslaufen aus dem Hafen von Lagos traf er am Barbacibi nördlich von Gambia ein. Hier stieß er auf zwei Karavellen unter Antonio da Nolis, die Pferde gegen Sklaven tauschen wollten. Die wilde Konkurrenz der portugiesischen Händler, die diese Küsten besuchten, hatte das Geschäft verschlechtert. Während die Mauren früher für ein Pferd zwölf Neger gaben, boten sie jetzt nur noch sechs. Gomes machte den Kapitänen der beiden Karavellen klar, daß sie das Geschäft schädigten, und gab ihnen sieben Neger für jedes Pferd, während er diese Pferde gegen 14 — 15 Neger eintauschte.

Als man die letzten Sklaven an Bord nahm, brachte eine soeben vom Gambiafluß kommende Karavelle die Nachricht mit, daß eine spanische Galeere die Küste hinaufsegele. Gomes lief ihr entgegen, ließ sie entern und ihre Waren beschlagnahmen. Er schickte dieses Schiff mit einer Prisenmannschaft und einem Bericht nach Portugal.

Bald darauf nahm Gomes, von einer der beiden Karavellen unter dem Befehl des Antonio da Nolis begleitet, Kurs nach Portugal. Als plötzlich am Horizont eine Inselgruppe auftauchte, ließ er, dessen Schiff vorn segelte, Kurs auf die erste größere Insel nehmen, der er den Namen Sao Tiago gab. Hier fing man Fische in rauhen Mengen. An Land wuchsen Feigen. Der Kapitän hatte die Kapverdischen Inseln erreicht.

Nach einer weiteren Fahrtunterbrechung auf Madeira segelten sie weiter, wurden aber durch widrige Winde und schweres Wetter an die Azoren verschlagen. Antonio da Nolis, der einen günstigen Wind im Hafen von Madeira abgewartet hatte, gelangte auf diese Weise früher als Gomes nach Portugal zurück.

Er meldete seinem Herrscher die Entdeckung und erbat vom König die Insel Sao Tiago, da sie von ihm entdeckt sei, zu Lehen. König Alfons V. erfüllte diese Bitte.

Dies war der nüchterne Bericht des Kapitäns Gomes. Darüber, daß er von da Nolis übergangen und der König durch diesen getäuscht worden war, fand sich nichts.

Damit war klar, daß weder Cadamosto noch Diogo Gomes weiter vorgedrungen waren als die Kapitäne vor ihnen. Ihre Verdienste lagen auf anderem Gebiet. Cadamosto zeichnete den Verlauf der gesamten Küste, versah die Merkpunkte mit Namen und segelte bei seiner zweiten Fahrt die Flüsse hinauf ins Landesinnere, womit er einen Teil des Innern beschreiben konnte, was auch Gomes tat, der noch weiter landeinwärts vordrang.

Cadamosto, Gomes und schließlich auch da Nolis stritten sich um das Recht, Entdecker der Kapverdischen Inseln zu sein.

Verschiedene portugiesische Historiker, so Barros, Galvao und Goes, die im 16. Jahrhundert arbeiteten, nennen Antonio da Noli als Entdecker der Kapverden. Sein Name erscheint denn auch auf italienischen Karten als Entdecker dieser Inselgruppe. Dadurch wird Gomes Anspruch ebenfalls entkräftet. Auf jeden Fall wird Gomes von seinen Landsleuten nicht als Entdecker genannt.

Antonio da Noli ließ sich auf Sao Tiago nieder und gründete dort als erste Stadtgemeinde Ribeira Grande. 1466 wurde den Bewohnern der Kapverden vom portugiesischen König das Recht verliehen, in Guinea Handel zu treiben. Dadurch kamen ihre Bewohner schnell zu Wohlstand. Neue Händler siedelten sich auf den Inseln an.

1469 fanden zwei auf den Kanarischen Inseln gebürtige Spanier auf Tiago eine Flechte, die sich sehr gut zum Färben eignete. Das brachte neuen Glanz und neue Einnahmen nach der Insel. Die übrigen Inseln wurden erst um 1500 besiedelt. Aber auch hier gewannen Handel und Anbau sehr bald an Gewicht, und die Listen der portugiesischen Ämter verzeichneten bald Ausfuhren an Sklaven, Häuten, Fellen, Reis, Elfenbein, Mais, Wachs und Baumwolle.

In Ceuta — Abwehr gegen die Mauren

Es war der Historiker Zurara, der nach seiner Chronik von Ceuta auch die Geschichte der portugiesischen Kolonisation in Westafrika von 1415 bis 1464 beschrieb. Dabei begnügte er sich nicht mit den amtlichen Reise- und Einsatzberichten der Kapitäne für Lissabon und die Regierung, sondern reiste selber nach Westafrika, um an Ort und Stelle seine Unterlagen zu vervollkommnen. Er war sehr bald sowohl unter den Eingeborenen als auch auf den Handelsstationen zu sehen, wo er Material sammelte.

Pedro de Menezes, der Graf von Viana, verhalf Ceuta von den Tagen nach der Eroberung im Jahrer 1415 bis zum Jahre 1437 zu weiterer Blüte

„Sechzehn Jahre lang kam er aus seinem Panzerhemd nicht heraus, so daß es an verschiedenen Stellen riß, und oftmals mußte er zweimal am Tag ins Kampftümmel", lauteten zeitgenössische Berichte über ihn. Viele Ritter kamen nach Ceuta, um unter seiner Führung gegen die Mauren zu kämpfen. So auch ein Oheim Kaiser Sigismunds.

Dieser Krieg gegen die Mauren wurde jedoch nicht allein zu Lande, sondern auch auf See geführt. Pedro de Menezes unterhielt eine eigene kleine Flotte. An Bord der Schnellruderer bauten die Portugiesen als erste kleine Bombarden auf. In der Straße von Gibraltar spielten sich die Kämpfe der portugiesischen Handelsschiffe, die von und ab Ceuta verkehrten, gegen die moslemischen Piraten ab, die mit riesigen, von christlichen Sklaven geruderten Galeeren operierten. Ein Kapitel in Zuraras Werk erinnert an einen der Kämpfe. Die Überschrift:

„Wie die Mauren nach Ceuta kamen und wie Dom Duarte seinen Schwager vor dem Tode rettete."

Wenige Tage, nachdem Fernando de Noronha, der Schwiergersohn des Grafen von Viana nach Ceuta kam, näherten sich 400 maurische Reiter und 1000

Mann Fußtruppen der Stadt. Durch seine Spione unter den Mauren hatte der Graf rechtzeitig von diesem Feldzug der Mauren gegen Ceuta gehört und angeordnet, daß alle Menschen innerhalb der Wälle bleiben müßten, um nicht den Angreifern in die Hände zu fallen. Als die Sonne höherstieg, ließ er seinen Knappen Alvaro Gil rufen und befahl diesem, zu den Wachtürmen vor der Stadt zu reiten und das Gelände, aus dem die Mauren kommen mußten, zu beobachten. Er sollte aber nicht zu weit vorreiten, weil ihm sonst Gefahr drohe, von den maurischen Vortrupps gefaßt zu werden. Die Mauren waren bereits in der Nähe.

Alvaro Gil ritt zu den Türmen, und als er nach den Mauren Ausschau hielt, brachen diese aus ihren Verstecken hervor und jagten hinter dem Knappen her, um ihm den Weg zur Stadt abzuschneiden. Der Knappe aber kam mit seinem schnellen Pferd durch. Die Späher in den Wachtürmen läuteten die Alarmglocken, und alles machte sich zur Abwehr dieses großen Angriffs bereit.

Joao Pereira, ein berühmter Ritter, wandte sich in dieser Situation an den Grafen und bat darum, mit drei Freunden hinauszureiten und sich die Mauren betrachten zu dürfen.

„Wir möchten erkunden", sagte er, „ob wir es diesmal mit Männern zu tun haben, die einen Kampf wert sind."

„Gut, aber laßt euch nicht verleiten, zu weit vorzudringen. Ihr kennt ja die arglistige Art der Mauren aus langer Erfahrung," entgegnete der Graf.

Die vier Ritter verließen die Stadt. Die Mauren zogen sich vor ihnen schnell zurück. Von dem Beispiel der vier Ritter angespornt, verließen nunmehr auch weitere Ritter die schützenden Stadtmauern, bis ihrer schließlich insgesamt 21 waren. „Damit waren sie nach der Meinung Pereiras zahlreich genug, um den Moslems ein paar kräftige Hiebe zu versetzen."

Sie galoppierten auf die Mauren los. Diese wandten sich zur Flucht, und als sie sahen, daß keine weiteren Verstärkungen für die 21 Ritter aus Ceuta ausritten, drehten sie um, und die auf den Flanken versteckten Mauren ritten nach vorn, um den Rittern den Weg abzuschneiden.

Die Ritter wurden von einer vielfachen Übermacht angegriffen und fast alle bei diesem Kampf verwundet. Einer von ihnen wurde von einem Lanzenwurf durchbohrt und stürzte tot aus dem Sattel. Die anderen gerieten in Gefahr, in Stücke gehauen zu werden.

In dieser kritischen Lage saß der Graf auf und rief, daß er jetzt sehen wolle, wer den Rücken wendet. Dies galt seinem Sohn Duarte und seinem Schwiegersohn. Von ihren Rittern und Knappen gefolgt, jagten sie aus dem Stadttor hinaus und stießen am Galgenturm auf die Mauren, die die Ritter vor sich hertrieben und mit Pfeilen beschossen.

Die Männer um den Grafen zählten 79. Sie warfen sich auf die Mauren und schlugen sie zusammen. Viele fielen, die anderen wandten sich nun zur Flucht.

Dom Fernando, der seinem Schwiegervater, dem Grafen, dichtauf gefolgt war, verlor diesen schließlich im Kampfgetümmel aus den Augen. Sein Pferd wurde müde, und er sah sich, auf einer Höhe angekommen, einer Gruppe Mauren gegenüber. Sie stürmen auf ihn ein, und Dom Fernando mußte um sein Leben kämpfen.

Zur gleichen Zeit hatte Dom Duarte einen Trupp maurischer Fußkämpfer gestellt. Die meisten kamen durch sein Schwert um, der Rest flüchtete in unzulängliche Klüfte, in welche die Reiter ihnen nicht folgen konnten.

Als Dom Duarte nach weiteren Gegnern Ausschau hielt, sah er seinen Schwager auf dem Hügel umringt von Feinden. Er galoppierte dorthin und bahnte sich mit dem Schwert einen Weg zu Dom Fernando. Als Dom Fernando herausgehauen war, warf er sich auf eines der reiterlosen Pferde und jagte mit einigen ebenfalls herbeigeeilten Knappen dem Feinde nach, von denen noch mancher unter den Schwertstreichen der Portugiesen fiel.

Zurara schloß seinen Bericht über diese Schlacht mit den Worten: „Wer an jenem Tage nicht einige Heiden zur Hölle schickte, der ist fürwahr ein Schwächling gewesen."

Alcacer — Der Kampf um Tanger

20 Jahre dauerte es, bis Prinz Heinrich die Niederlage von Tanger, die seinen Bruder in maurische Gefangenschaft gebracht hatte, wieder wettmachen konnte. Diese Gelegenheit zur Revanche verdankte der Infant Ereignissen, die sich fern von Portugal zutrugen. Es war die Eroberung von Konstantinopel durch die Türken im Jahre 1453 und deren siegreiches Vordringen auf die Balkanhalbinsel, das die abendländische Zivilisation ernstlich bedrohte.

Noch Schlimmeres befürchtend, beschwor Papst Calixtus III. die Herrscher der Christenheit, gemeinsam einen Kreuzzug gegen die Ungläubigen zu unternehmen.

Anfang 1456 wandte er sich auch an den König von Portugal. Alfons V., der später auch noch den Ehrennamen „Ritterlicher König" erhalten sollte, sagte zu und verpflichtete sich, für die Dauer eines Jahres 12.000 Mann zu stellen und alle Kosten dafür zu tragen. Er ließ neue Steuern ausschreiben und eine besondere Münze, den goldenen Cruzado, schlagen.

Die übrigen Fürsten und Herrscher jedoch hielten sich zurück, und als Calixtus III. 1458 starb, brach dieser Kreuzzugsplan zusammen. Alfons V., der das Heer inzwischen versammelt hatte, beschloß nunmehr, einen Angriff in Afrika zu unternehmen und den Mauren die Festung Alcacer wegzunehmen.

In Sagres schiffte sich am 20. September 1458 die Truppe ein. Prinz Heinrich, trotz seiner 64 Jahre ein rüstiger Mann, erhielt den Oberbefehl über die Kampfflotte. In der Bai von Sagres ankerten 284 Segler, auf denen 22.000 Soldaten eingeschifft wurden.

Am 17. Oktober 1458 lief die Flotte aus und stand vier Tage darauf vor Alcacer. Der erste Angriff trieb die Mauren in die Stadt zurück. Von den Wällen ergoß sich ein Hagel an Kugeln, Armbrustbolzen und Steinen auf die stürmenden Portugiesen.

Diese brachten ihre Bombarden in Schußposition und rollten die großen Leitern heran. Die erbitterten Kämpfe dauerten bis Mitternacht. Dann waren die Mauern und Türme überwunden, und die Mauren baten um Annahme ihrer Kapitulation. Sie boten die Übergabe der Stadt an. Alfons V. gewährte ihnen freien Abzug mit Frauen und Kindern. Die einzige Bedingung, die er stellte, lautete: „Sämtliche christliche Sklaven sind zurückzulassen."

Als Alcacer geräumt war, zog König Alfons feierlich in die Stadt ein und begab sich nach der Moschee, die inzwischen schon zur Kirche umgewandelt und der gnadenreichen Madonna geweiht worden war. Er dankte Gott für diesen glorreichen Sieg und ernannte Duarte de Menezes zum Statthalter. Dieser erwies sich des in ihn gesetzten Vertrauens würdig und verteidigte die Stadt bald darauf gegen einen Angriff des Sultans von Fez, der sie 53 Tage lang mit 100.000 Mann berannte.

Einige Jahre darauf ließ Duarte sein Leben, um das seines Herrn zu retten. Er wurde von den Mauren zerstückelt und die Teile so weit verstreut, daß die Portugiesen außer einem Zahn nichts mehr von ihm fanden. Dieser Zahn wurde in Santarém unweit des Tejo, wo sich im Mittelalter die Residenz der portugiesischen Könige befand, in einer prächtigen Gruft beigesetzt.

Die letzten Tage von Prinz Heinrich

Infant Heinrich, der sich aktiv an den Vorbereitungen zum Feldzug nach Alcacer beteiligt und dazu alle seine Schiffe und Soldaten beigesteuert hatte, konnte sich in dieser Zeit nicht um die afrikanischen Belange in Guinea kümmern. Erst nach der Eroberung von Alcacer wurde er von Gomes daran erinnert, daß der Häuptling Nomi Mansa getauft werden wollte.

Heinrich schickte seine Karavelle, auf der sich einige Missionare befanden, nach Westafrika mit der Weisung, die Neger am Gambiafluß im christlichen Glauben zu unterweisen und sie zu taufen.

Im September 1460 traf Heinrich seine letzten Verfügungen. Über seinen Tod berichtete Diogo Gomes:

„Im Jahre 1460 erkrankte der Infant in seiner Stadt am Kap Sao Vicente und starb am 13. November desselben Jahres, einem Donnerstag. Noch in der Nacht brachten wir seine Leiche nach Lagos, in dessen kleiner Kirche er beigesetzt wurde.

Das ganze Land und der König trauerten um ihn, der seine gesamten Einkünfte und allen Gewinn, den er aus Guinea bezog, für Entdeckungsfahrten und — um seines christlichen Glaubens und dessen Verbreitung in Guinea willen — für die Bekämpfung der Sarazenen verwandt hatte.

Ende des Jahres schickte mir König Alfons Befehl, ich solle nachsehen, ob die Leiche verwest sei, weil er sie nach dem schönen Kloster Batalha überführen wollte.

Als ich den Sarg öffnete, war die Leiche trocken und mit Ausnahme der Nasenspitze völlig unversehrt. Ganz prunklos lag sie da, eingehüllt in ein rauhes, aus Roßhaar gewebtes Hemd. Und mit Recht sagt die Kirche: 'Du sollst dem Heiligen nicht erlauben, Fäulnis zu sehen!'

Ja, unser Infant führte ein jungfräuliches Leben und stiftete soviel Gutes, daß man es nicht aufzählen kann.

Bischöfe und Grafen geleiteten seine Leiche dann nach Batalha, wo er im dortigen Kloster neben seinen Eltern und seinen fünf Brüdern beigesetzt wurde. Sein Andenken wird ewig gepriesen sein. Möge er im Heiligen Frieden ruhen, Amen!"

Auf dem Grabmal Heinrichs des Seefahrers ist das von Stechpalmenzweigen und Pyramiden umrahmte Wappen des Prinzen eingemeißelt.

Pater Luis de Sousa erklärte dies so: „Die stachligen Zweige sollten auf Heinrichs schwieriges Unterfangen hinweisen, in Afrikas Wüsten und Urwälder die Zivilisation zu verbreiten. Die Pyramiden wiederum die Größe seiner Unternehmungen andeuten, und ferner zeigen, daß er für sich selber keinen Nutzen aus seinen Entdeckungen erwartete."

Die Stadt, die Heinrich auf dem Kap Sao Vicente gründete, war als Hafen gedacht, in dem Schiffe, die von Osten nach Westen segelten — ebenso wie im spanischen Cadiz — Schutz, Proviant und Piloten fanden. Heinrich baute auch die Befestigungen von Sagres, das die Engländer im Jahre 1587 verbrannten, als ihre von Drake befehligten Schiffe hier auf die spanischen Schatzgaleeren aus Westindien lauerten. Die Zeit vollendet das Werk der Zerstörung. Nur innerhalb des Festungstores, das den schmalen Hals der Halbinsel überspannt, steht eine Marmorsäule mit dem Wappen Heinrichs, darunter eine Karavelle mit geblähten Segeln und einer Inschrift in lateinisch und portugiesisch.

Es gibt zwei Bildnisse von Heinrich. Das eine befindet sich im Manuskript der Chronik von Guinea, die sich im Besitz der Pariser Nationalbibliothek befindet, das andere schmückt ein Tryptichon, das Nuño Goncalves zwischen 1457 und 1459 herstellte. Dieses Tryptichon befindet sich zur Zeit im Lissaboner Museum für Alte Kunst.

„Ständig weilten Fremde in seinem Palast. Unermüdlich arbeitete der Infant an seinen Studien. Er wußte um die Bewegungen der Gestirne, und über ihn ging ein Sprichwort um:

'Prinz Heinrich bezwingt die Gipfel der Berge — was bedeuten sollte, daß ihm nichts unmmöglich war.'"

Was seinen von den Mauren gefangengehaltenen Bruder Ferdinand angeht, wird ihm von einigen Historikern die Verantwortung dafür aufgebürdet, doch trägt er diese nicht in vollem, entscheidendem Umfang. Es war König Duarte, der 1438 die Cortes einberief, um über die Rückgabe Ceutas gegen die Auslieferung seines Bruders zu beraten. Der Adel trat für die Einhaltung dieses Vertrages und damit für die Wiedergewinnung der Freiheit Ferdinands ein.

Der Lissaboner Erzbischof hingegen vertrat mit seiner Anhängerschaft in der Cortes die Meinung, daß erst der Papst entscheiden müsse. Ohne seine Einwilligung könne Ceuta nicht den Mauren ausgeliefert werden. Der Verzicht auf diese Stadt würde die Entweihung der dort gebauten und geweihten Kirchen nach sich ziehen. Dies aber dürfe um die Rettung eines einzigen Menschen willen *nie* geschehen.

Es gab noch eine Reihe weiterer Vorschläge, und nach langen Verhandlungen bat König Duarte den Papst und die Könige von Kastilien, Aragonien, Frankreich und England um finanzielle Hilfe, um Ferdinand und Ceuta loszukaufen. Der Papst antwortete ausweichend, die übrigen beschworen Duarte, Ceuta zu halten und seinen Sohn auszulösen. Aber niemand steuerte für das geforderte riesige Lösegeld das Geringste bei. Zum Schluß geschah — nichts.

Auch Prinz Heinrich stufte schließlich die strategische Bedeutung von Ceuta höher ein als das Leben seines Bruders.

Heinrichs Beziehungen zur Universität und seine „Hohe Schule in Sagres" sind unklar. Die Überlieferung sagt zwar, daß er in Lissabon einen Lehrstuhl für Mathematik eingerichtet habe; Tatsache ist auch, daß er für die Universität in Lissabon einige Häuser erwarb und der theologischen Fakultät einen Zuschuß gewährte. Der Professor für Theologie erhielt von ihm den Zehnten, der dem Christusorden auf der Insel Madeira zustand. Es waren dies: 12 Silbermark, zahlbar an jedem Weihnachtstag.

Heinrich legte sich den Titel „Protektor portugiesischer Studien" zu. Daß er keinen Lehrstuhl für Erdkunde errichtete, verwunderte alle.

Über die Hohe Schule von Sagres in der Tercena Naval — einem Schiffsarsenal —, das sich zu der kleinen Stadt des Infanten entwickelte, in der Heinrich seinen Studien oblag und seine Karten zeichnete und zeichnen ließ, ist wenig bekannt, aber viel geschrieben worden. Heinrichs Stadt, die später von einer Mauer umgeben wurde, umfaßte nur den Palast des Infanten, eine Kirche und eine der Muttergottes gewidmete Kapelle. Hinzu kamen verschiedene Gebäude, die zu Studienzwecken benutzt wurden, ein Observatorium und eine riesige Windrose, die heute noch zu sehen ist.

Es war streng genommen — nur eine Seefahrerschule, die zwar sehr klein, aber für die Entdeckungsgeschichte unerhört wichtig wurde.

Geographische Werke und Karten sind aus dieser Seefahrerschule nicht erhalten geblieben. Zeitgenössische Chronisten berichten aber, daß dort intensiv gearbeitet wurde. An den Karten von Andrea Bianco, Fra Mauro und Benicasa ist das Wirken dieser Schule erkennbar.

Alles, was Heinrich in die Karte von Westafrika und des Atlantiks hatte eintragen lassen, entsprach den Tatsachen und war nicht — wie beispielsweise auf der „Mappae Mundi" — ein Phantasiegebilde.

Der französische Historiker Vignaud behauptete, Prinz Heinrich habe niemals daran gedacht, Ostindien über See zu erreichen, sondern habe lediglich mit dem Priester Johannes, dem Herrscher von Abessinien, in Verbindung treten wollen. Aber Goes, einer der zeitgenössischen Geschichtsschreiber, versicherte glaubhaft und ausdrücklich, daß Heinrichs Ziel Indien gewesen sei.

Dies wird auch durch eine Urkunde vom 10. Januar 1502 bestätigt, mit welcher Vasco da Gama der Titel eines Admirals gewährt wurde und in der König Manuel I. daran erinnerte, daß Heinrich die Erforschung Guineas mit *der* Absicht und *dem* Willen betrieben habe, auf dem Wege über diese Küste auch Indien zu erreichen.

Sogar die verschiedenen päpstlichen Bullen bezeugen dies. So jene vom 8. Januar 1454, als der Papst Heinrichs Streben rühmte, „den Ozean bis zu den Indern, die angeblich Christus anbeten, schiffbar zu machen".

In der Bulle vom März 1456 überträgt der Papst Heinrich, dem ja der Christusritterorden unterstand, die „geistliche Gerichtsbarkeit über alle Länder, die portugiesische Seefahrer südlich von Kap Non erwerben, bis hin zu den Indern." (Bei den Christen in Indien handelt es sich um die Sankt Thomas-Christen der Malabarküste).

Es ist möglich, daß Heinrich am Anfang seiner Forschungsreisen nur den Priesterkönig Johannes von Abessinien suchen lassen wollte. Danach aber wollte er weiter bis nach Indien, um sich aus dem bis dahin von den Italienern gesteuerten Indienhandel über Land eine saftige Scheibe abzuschneiden. Daß die Chronisten nichts darüber berichteten, lag an den strengen Geheimhaltungsbestimmungen Portugals über alle Fernforschungsfahrten. Ihr Motto lautete: „res, non verba".

Als Pionier und Förderer des Afrikahandels war Prinz Heinrich zu jeder Zeit anerkannt, denn er ließ Faktoreien errichten, vor allem auf Arguim, Forts anlegen und forderte seine Kapitäne auf, die Raubzüge einzustellen. (Siehe dazu: Beazley, Sir Raymond: Prinz Heinrich von Portugal und sein politisches, kaufmännisches und kolonisatorisches Werk.)

Die Spionage Portugals bei seinen Widersachern, vor allem in Spanien war weit entwickelt. Zu Heinrichs Zeiten hatte König Alfons V. einen Spanier in seinen Diensten; er hatte nichts anderes zu tun, als alle Chroniken und Schriften Kastiliens, derer er habhaft wurde, zu lesen und die wichtigen Dinge zu melden.

Nach Heinrichs Tod wurden sämtliche in seinem Besitz befindlichen Aufzeichnungen, Chroniken, Berichte, alle Karten und Instrumente unverzüglich nach Lissabon geschafft. Sie tauchten auf Nimmerwiedersehen in den Geheimarchiven unter.

Sowohl Barros als auch Goes, die im 15. und 16. Jahrhundert nach Unterlagen für ihre Geschichtswerke suchten, fanden nichts. De Pina, der Chronist Alfons V., sagte über diese wichtigen Fahrten ebenfalls nichts. Ihm war völliges Stillschweigen darüber befohlen worden. Auch die wichtigen Werke des Zeitgenossen Cerveira, auf die sich auch Zurara berief, verschwanden in den Geheimarchiven. Offenbar hatte man alles systematisch zerstört, was mit der Entdeckungsgeschichte zu tun hatte. Sogar die Chronik von Guinea wurde teilweise gefälscht und für den öffentlichen Gebrauch zurechtgestutzt, wie Alvaro J. Pimpao feststellte, der in Coimbra 1926 „A Crónica de Guinea" herausbrachte.

Die Mitnahme von Karten ins Ausland wurde in Portugal schwer bestraft. Nach Cabrals Rückkehr von Indien schrieb einer jener italienischen Agenten, die diese Karten zu ergattern versuchten, an seinen Auftraggeber:

„Es ist ganz unmöglich, eine Karte über Cabrals Fahrt zu erhalten, weil der König für jeden, der eine solche Karte ins Ausland schafft, die Todesstrafe festgesetzt hat."

Dennoch gelang es Catino, jene nach ihm benannte Karte in Lissabon zu ergattern. Joan de la Cosa nahm 1503 sogar zwei Karten mit in seine Heimat. Daraufhin verschärfte sich die Überwachung nach der Reise von Magelhaes drastisch.

In den Archiven von Lissabon wurde vor einigen Jahrzehnten ein Dokument entdeckt, nach welchem acht Jahre vor Heinrichs Tod ein Gesandter des Priesterköhigs Johannes in Lissabon gewesen war. Dieser Fund zeigt an, daß immer noch Material von großer Wichtigkeit geborgen werden könnte und noch manches Dokument irgendwo in den Archiven schlummert, das der Entdeckung harrt.

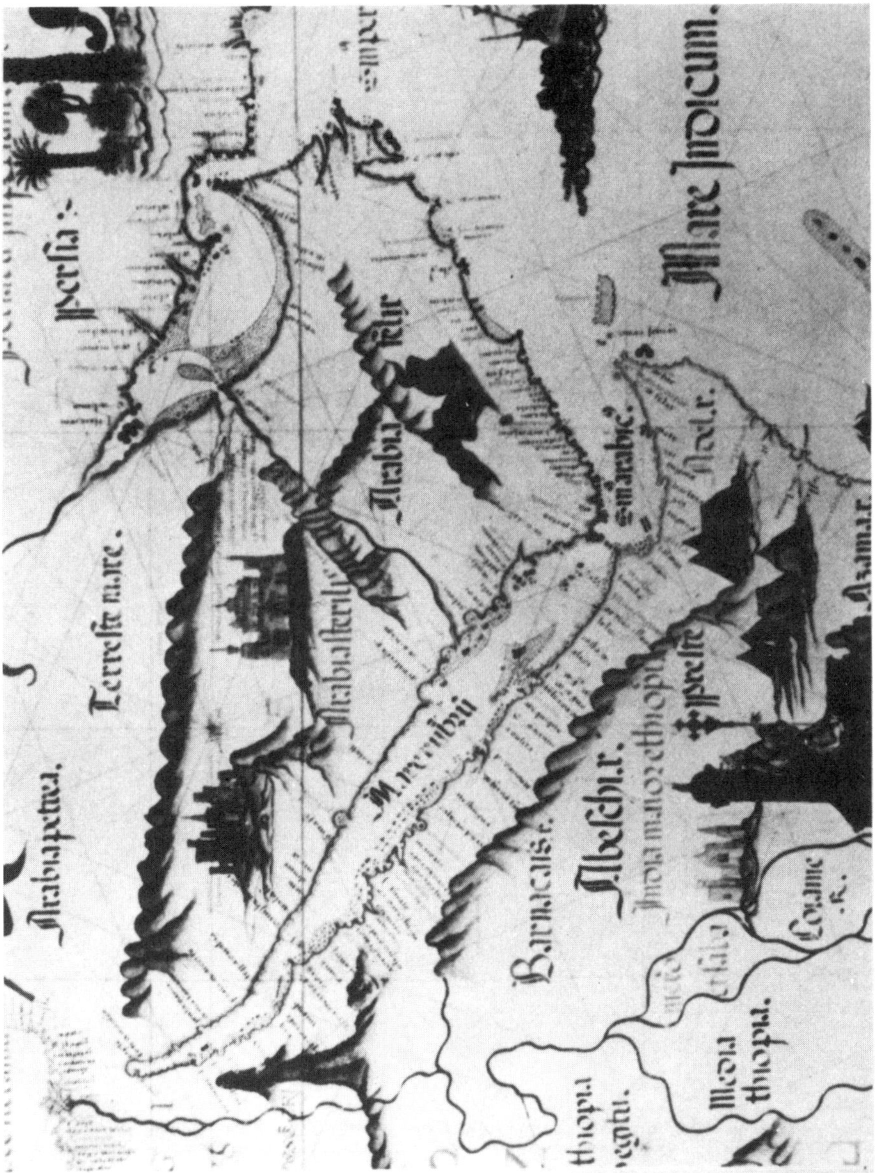

Teil der Karte des Diogo Homem von 1558 mit dem Niltal Äthiopien und Arabien

Im 17. Jahrhundert wurde von Caetano de Sousa ein Dokument gedruckt, nach welchem Alfons V. zwei Jahre nach diesem Gesandtenbesuch am 7. Juni 1454 dem Christusritterorden die geistliche Gerichtsbarkeit über Nubien und Äthiopien übertrug.

In der Cortes, die im Jahre 1481 tagte, richteten die Vertreter des dritten Standes ein Gesuch an den König, er möge in seinen überseeischen Besitzungen keine Ausländer dulden. Florentiner und Genuesen hätten beispielsweise dort keinen Nutzen für Portugal gebracht, sondern im Gegenteil durch ihre Spitzeleien Geheimnisse über Mina, das portugiesische Zentrum des Handels an der Guineaküste, erfahren.

Eines ist ebenfalls sicher: Daß Kolumbus jene Auskünfte, die ihn dazu befähigten, Amerika überhaupt zu erreichen, während seines Aufenthaltes in Portugal erhielt.

Heinrich der Seefahrer, Infant von Portugal, vierter Sohn Johanns I. Er eroberte Ceuta, war Großmeister des Christusordens und rüstete die ersten großen Forschungsreisen nach Westafrika aus.

Die Büste des Gesandten des Königreiches Kongo, Antonio Nigrita, der nach Lissabon kam.

König Kazemba, Herrscher der Negerstaaten Luba-Lunda im Gebiet des heutigen Katanga.

Alte Handelshäuser in Calabar, dem Hauptort des Handels im Nigerdelta.

Der Gefängnisturm des Stammschlosses der Braganza in der Stadt Braganza. Braganza wurde 1442 von Alfons, dem Sohn König Johanns I., zum Herzogtum erhoben.

An Bord eines Sklavenschiffes.

Untersuchung eines Sklaven in Westafrika.

Mina in Westafrika: Hauptort des afrikanisch-portugiesischen Goldhandels.

Das Schloß Elmina wurde 1482 durch portugiesische Bauleute errichtet.

Fernao Magalhaes, einer der berühmtesten Seefahrer Portugals.

Lissaboner Hafenbild mit dem Titel „Im Strohmeer" (der seenartigen Bucht des Tejo).

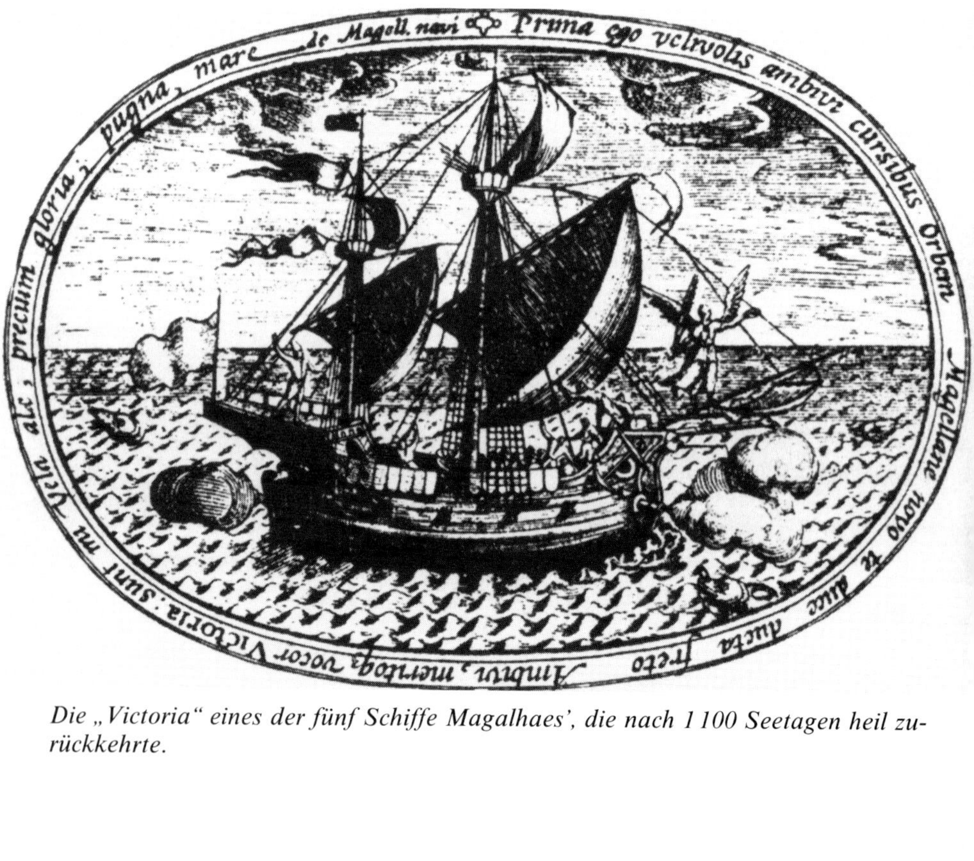

Die „Victoria" eines der fünf Schiffe Magalhaes', die nach 1100 Seetagen heil zurückkehrte.

Manuel I. verabschiedet Vasco da Gama zu seiner Reise nach Indien: Rechts neben dem Erzbischof: Bartolomeu Diaz.

Ankunft da Gamas in Indien: Der Entdecker (Mitte) überreicht dem Samorin eine Botschaft von König Manuel.

Portugiesische Karacken vor einer felsigen Küste.

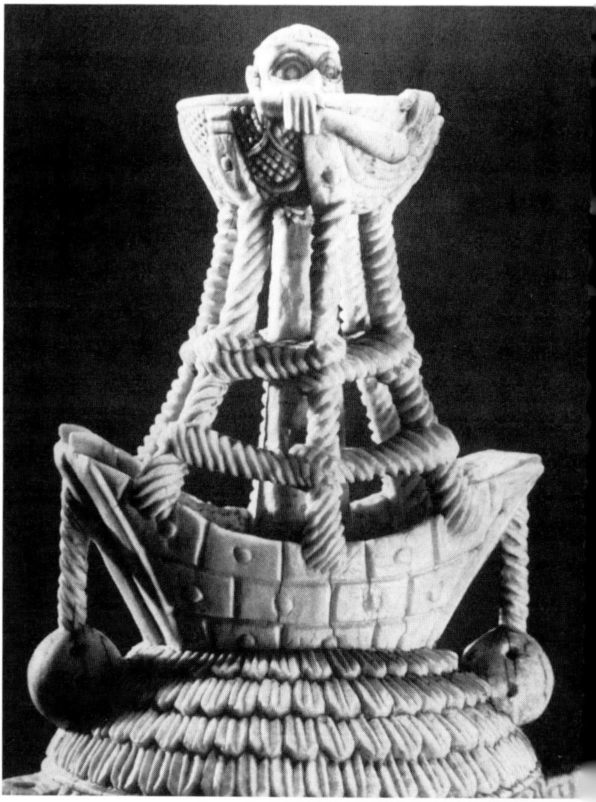

Oberteil eines afro-portugiesischen Kästchens, eine Karavelle darstellend.

TECHNIK UND WISSENSCHAFT DER WELTEROBERER

Navigation und Astrologen

Nachdem man die Landmarken- Navigation der Frühzeit, bei der sich Schiffe stets in Landnähe aufhalten mußten, überwunden hatte, navigierten die Schiffe nach dem Polarstern. Vom 12. Jahrhundert an wurde bereits in einigen Fällen der chinesische Wasserkompaß benutzt. Dieser wurde im 13. Jahrhundert durch den Kastenkompaß ersetzt.

Der Jakobsstab kam hinzu. Dieses auch Gradstock genannte Gerät diente zum Messen von Winkeln. Es besteht aus einem mit einer Skala versehenen Längsstab, auf dem ein kürzerer senkrecht (im rechten Winkel) dazu gerichteter Querstab verschoben werden kann. Von einem Ende des Längsstabes aus wird das Objekt über die beiden Enden des Querstabes anvisiert. Die halbe Länge des Querstabes, geteilt durch den Abstand vom Augenende des Längsstabes bis zum Querstab, ist der Tangens des halben Winkels, unter dem das Objekt erscheint.

Das Astrolabium ersetzte den ungenauen Jabobsstab, und jenes wiederum wurde später durch den Quadranten abgelöst. Die beiden letzteren Meßinstrumente wurden durch die Araber vervollkommnet, die ja den westlichen Völkern in bezug auf die Astronomie weit überlegen waren und bereits den Indischen Ozean durchquerten, als die Portugiesen noch gar nicht an Fahrten in dieser Dimension dachten.

Die unmittelbare Nähe der Mauren und die Eroberung der iberischen Halbinsel durch sie brachten die Seeleute Portugals und Spaniens rasch und vor allen anderen mit diesen Navigationshilfen in Kontakt.

Prinz Heinrich soll ebenfalls astronomische Studien getrieben haben, wie Zurara, Cadamosto und Pedro Nuñez bekundet haben. Aber die Bestimmung eines Breitengrades durch Portugiesen fand erst nach Heinrichs Tod statt, und zwar 1462 durch Diogo Gomes mit Hilfe eines Quadranten.

Die Astrologen spielten auch in Portugal eine große Rolle. So wurde die Flotte, auf der Kaiserin Leonora, die Gemahlin Friedrichs III., 1451 von Lissabon nach Pisa fuhr, nicht allein durch sachkundige Piloten geführt, sondern auch „durch Meister der Astrologie, die sich nach den Gestirnen und dem Polarstern zurechtzufinden wissen."

Die Bestimmung eines Breitengrades mit Hilfe des Polarsterns war ziemlich einfach. Doch je mehr sich die Schiffe dem Äquator näherten, desto mehr neigte sich dieser Stern dem Horizont zu, und noch bevor die Schiffe den Äquator überquerten, verschwand er ganz vom sichtbaren Himmel. Nunmehr wurde ein neuer Führer auf See benötigt.

Dieses Problem wurde durch die „Junta der Astronomen und Mathematiker" gelöst. Sie schlug vor, den Breitengrad nach der Höhe der Mittagssonne zu bestimmen. Sie arbeitete für die Piloten und Kapitäne Deklinationstabellen aus. Dieses Verfahren wurde jedoch nicht etwa von dieser Junta erfunden, sondern von indischen Piloten übernommen.

Das erste gedruckte Werk über „Anweisungen im Gebrauch des Astrolabiums und des Quadranten" wurde 1518 von dem in Lissabon lebenden deutschen Drucker Valentin Fernandes veröffentlicht. In dieses Werk war bereits eine Reihe neuer nautischer Tabellen eingebracht worden. Grundlage dafür war der Ewige Almanach, den Zacuto, ein Professor der Astronomie aus Salamanca, herausgegeben hatte, als er als Hofastronom am portugiesischen Hof wirkte und diese Arbeit zwischen 1437 und 1478 verfaßte. Es mußte nur noch aus der Gelehrtensprache in für Piloten und Kapitäne lesbare Sprache umgesetzt werden.

Noch im Brief des Piloten Joao vom 1. Mai 1500 an den portugiesischen König nach der Landung an der brasilianischen Küste kommt zum Ausdruck, daß dieser von anderen Piloten in bezug auf seine Standortberechnung nicht ernst genommen wurde. Sie hielten seine Berechnungen nicht für richtig , und Joao schrieb seinem König:

„Wir können nicht ausfindig machen, wer von uns die Wahrheit sagt, bevor wir das Kap der Guten Hoffnung erreichen. Dort erst werden wir wissen, wer besser steuert: Sie lediglich nach ihren Karten oder ich nach Karten und Astrolabium." Joao fuhrt fort: „Es scheint mir beinahe unmöglich zu sein, auf dem Meer die Höhe eines bestimmten Sterns zu nehmen. Ich plage mich sehr damit, aber wenn das Schiff auch noch so wenig rollt, gibt es Fehler von vier bis fünf Grad, so daß eine richtige Beobachtung nur am Strand gemacht werden kann. — — — Auf dem Meer aber läßt man sich besser durch die Höhe der Sonne als durch die Sterne leiten. Auch tut man gut daran, anstatt der Quadranten oder irgendeines anderen Instrumentes das Astrolabium zu benutzen."

Heinrichs Seeleute aber nahmen die Standortbestimmungen nach der von ihnen eingeführten Methode vor; die Schiffsposition durch Beobachtung der Breite zu erkennen.

Der venezianische Gesandte in Lissabon, Quirini, der den Geheimauftrag hatte, alles Wissenswerte über portugiesische Schiffe, Seeleute, Kartenwerke und Navigation nach Venedig zu melden, berichtete im Jahre 1506 seinem Senat:

„Das Astrolabium sagt ihnen, wann sie den Äquator erreichen. Nachdem sie ihn passiert haben, segeln sie etwa 2100 Meilen südwärts, bis das Astrolabium

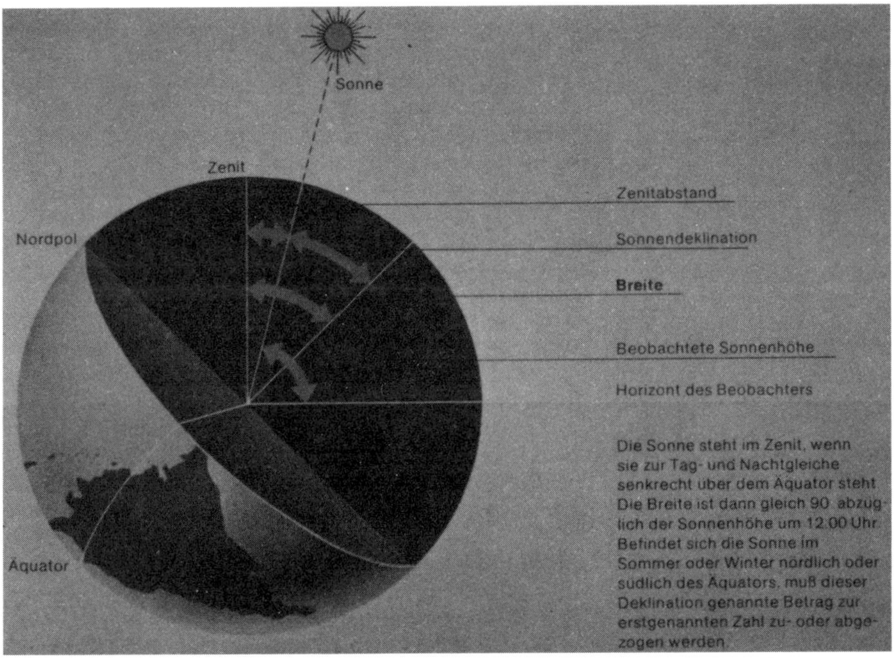

Standortbestimmung durch Sonnenmessung

anzeigt, daß sie sich auf der Breite des Kaps der Guten Hoffnung befinden. Während dieser Zeit steuern sie immer nach der Karte und nach dem Kompaß und benutzen den Magneten (den Kompaß), weil der Magnetstein überall, wo immer es sein mag, nach Norden zeigt. Auf diese Art und Weise kennen sie die Winde genauer, als wenn sie den Polarstern nicht aus der Sicht verlören.

Mit dem Astrolabium berechnen sie ferner die Höhe der Sonne. Mittags sehen sie solcherart, um wieviel Grade sie vom Äquator entfernt sind, und wissen daher, wie weit es noch bis zu den Stellen ist, die sie vermeiden wollen, ober bis zu den gesuchten Häfen."

Das Problem der Längengrade, die von den Portugiesen Ost-West-Höhe genannt wurde, interessierte die Entdecker zunächst noch nicht, solange ihre Schiffe an der Westküste Afrikas entlangsegelten. Erst als sie auf den Molukken landeten, wurde das Problem der Bestimmung der Längen von besonderer Bedeutung, weil man ja erkunden mußte, zu wessen Hoheitsbereich die Gewürzinseln gehörten.

Die in dieser Hinsicht ausgeführten Experimente führten zunächst zu keinem besonderen Erfolg. Lediglich Joao de Castro stellte fest, daß eine gelegentliche Abweichung der Magnetnadel auf Eisenmassen an Bord und auf der Wirkung gewisser Felsen beruhte. Erst mit der Erfindung des Schiffs-Chronometers im 18. Jahrhundert wurde diese Frage endgültig gelöst.

Joao de Castro und Pedro Nuñez widmeten sich den Phänomenen der Irrtümer, über welche Seeleute sich beschwerten, die sich nach offenbar richtigen Karten richteten und doch ihr Ziel nicht erreichten. Pedro Nuñez schrieb darüber zwei Werke, die 1566 in lateinischer Schrift in Basel gedruckt wurden. Seine Arbeit wurde durch de Castro fortgeführt. De Castro war nach dem Urteil von Nordenkjöld „als Seefahrer, Ozeanograph und Beobachter bis zur Zeit der Barents, Lischoten, Hudson und Davis einer, der nicht seinesgleichen hatte." Er erfand den Nonius, ein Instrument, mit dessen Hilfe das Lesen der Quadrantenwinkel leichter möglich war.

Daß Adolf Erik Nordenskjöld, der schwedische Polarforscher, diesen portugiesischen Seehelden richtig beurteilte, zeigt die Vita des Portugiesen auf. Der am 7. Februar 1500 in Lissabon geborene Seefahrer diente zunächst in Nordafrika. Im Jahre 1540 nahm er an einer Fahrt ins Rote Meer teil. Vier Jahre darauf wurde er zum Vizekönig von Indien ernannt. Dort wurde er durch die heldenhafte Verteidigung von Diu berühmt.

Was ihn aber noch darüber hinaus auszeichnete, war die Tatsache, daß er alle seine Beobachtungen in seinen drei bekannten Roteiros (den Reiseführern) festhielt. Diese wurden erstmals 1833 in Paris veröffentlicht und enthüllten eine Unmenge bisher unbekannter Fakten. In Porto wurde dieses Werk erst 20 Jahre später in portugiesicher Sprache gedruckt, und Lissabon wartete 1882 mit einer noch verbesserten Ausgabe auf. Doch zurück zu den nautischen Problemen der Entdeckerzeit.

In dem berühmten Werk „Nautische Arbeiten der Portugiesen" schrieb Sousa Viterbo über 400 Portugiesen, unter denen sich 83 Astronomen und Kosmographen, 55 Kartenzeichner und Hersteller nautischer Instrumente, 133 Piloten und 22 Piloten befanden, die gleichzeitig auch Entdecker waren.

Im Mina- und Indienhaus bestand bereits vor Ende des 15. Jahrhunderts eine besondere Abteilung für Kartographie. Sie wurde 1504 erstmals erwähnt. Im November 1504 verbot König Manuel I. durch einen Sondererlaß jegliche Angaben von Kursen, Küsten und Landmarken jenseits des Kongo, damit Ausländer keinen Nutzen aus den portugiesischen Entdeckungen ziehen konnten. Seekarten, die diesem Verbot nicht entsprachen, mußten zwecks Vernichtung aller solcher Bemerkungen an die staatliche Kartenabteilung abgegeben werden. Dasselbe geschah mit den Tabellen der Breitengrade. Der gesamte Kartendienst stand also unter strengster staatlicher Aufsicht. Eine Sonderabteilung dieses Dienstes bewahrte die Karten auf und stellte auch welche her.

Die Atlanten von Lazaro Luiz und Vaz Dourado, die sich teils im Besitz der Lissaboner Akademie der Wissenschaften, des Britischen Museums und in der Torre de Tombo befinden, sind Meisterwerke. Um 1552 bestanden in Lissabon sechs Werkstätten mit 18 Kartenzeichnern.

Die portugiesischen Piloten wurden nicht nur daheim hoch geehrt, sondern auch von anderen Herrschern umworben. Pero d'Alemquer, einer der profiliertesten portugiesischen Piloten, durfte als Vorrecht Kleidung aus Seide und Wolle sowie eine goldene Kette tragen. Magelhaes, Dias de Solis, Faleiro Homem, die Seefahrer Rodrigues und Anes Penteado gingen nach Spanien, England und Frankreich und enthüllten die portugiesischen Geheimnisse der Seefahrt. Ihre jeweiligen portugiesischen Herrscher taten alles Mögliche, um sie zur Rückkehr zu bewegen.

Faleiro Homem verfaßte das erste Werk über die Schiffahrt, das in Spanien veröffentlicht wurde. Esteban Diaz führte 1527 eine französische Expedition nach Indien. Joao Dias de Solis, der Entdecker des Rio de la Plata, und Pedro Fernandez de Queiroz segelten 1605 mit einer spanischen Flotte von Peru aus quer durch den Pazifik, entdeckten Tahiti und die Neuen Hebriden und landeten nach einer Fahrt von einem Jahr in Mexiko.

Sie waren Portugiesen, die — aus welchen Gründen auch immer — sich gegen Portugal entschieden hatten, was ein großer Verlust für das Land war.

Astronomie und Schiffahrt

Die Messungen der Sonnen- und Polhöhe ebenso wie die Berechnung der Konstellation der Bahnen der Gestirne dienten zunächst nicht etwa für die Kursberechnung in der Schiffahrt, sondern als Hilfsmittel zur Erstellung von Horoskopen. Astronomie war noch eng mit Astrologie verbunden.

Darüber hinaus wurden astronomische Instrumente dazu benutzt, um Landkarten nach der geographischen Breite herzustellen. Damit wurden die Karten vervollkommnet und genauer gemacht.

Bereits während der ersten Entdeckungsfahrten der Portugiesen entlang der westafrikanischen Küste fuhren Astronomen auf den Schiffen der Entdecker mit. Sie gingen an den Anlegestellen an Land und nahmen mit ihren Meßgeräten Messungen vor, mit denen die geographische Breite der Landestelle festgestellt wurde.

Die astronomische Navigation erfolgte erst später, nachdem der Polarstern nicht mehr zu Messungen herangezogen werden konnte, weil er spätestens nach Erreichen des Äquators nicht mehr sichtbar war. Im Mittelmeer wurde bis ins 16. Jahrhundert hinein nicht nach dieser Art der Navigation verfahren. Die Hochseefahrten der Portugiesen erzwangen schließlich die Benutzung aller vorhandener Hilfsmittel, um sicher ans Ziel zu gelangen. Da wegen der Windstillen und der Gegenwinde während der Rückkehr die Schiffe um Wochen, ja Monate aufgehalten wurden, unternahmen die Schiffe zur Umsegelung dieser Zonen weite ausholende Kurse nach Westen aufs offene Meer, um dort die Zone der veränderlichen Winde zu erreichen. Je weiter sie auf diesem Kurs nach Norden gelangten, desto sicherer durften sie sein, westliche Winde zu finden, die sie nach Portugal zurückbrachten.

Diese astronomische Schiffahrt wurde als erste um 1480 von den Portugiesen betrieben. Zunächst wurden die Messungen nach dem Polarstern vorgenommen. Später wurde die Sonnenhöhe am Mittag dazu benutzt, die Schiffsposition zu bestimmen. Da bei einfachen Seeleuten und Kapitänen diese Kenntnisse nicht vorhanden waren, steuerten portugiesische, schließlich auch spanische Piloten diese Schiffe auf hoher See nach der Richtung und der Abschätzung der zurückgelegten Fahrstrecke. Die wurde insbesondere für die Hochseefischer wichtig, die auf ihren Fangfahrten nach Neufundland (Grönland) ihren Erfahrungen ebenso wie dem seemännischen Instinkt folgten.

Da noch zur Zeit von Kolumbus die astronomische Navigation nicht zur Ausbildung eines Kapitäns gehörte, nahmen die Eigner der Kapitäne bei größeren Expeditionen Kenner der nautischen Astronomie mit. Auf Expeditionen des Königs kamen dafür nur Hofastronomen in Frage.

Ein anderes Mittel technischer Art zur Kursbestimmung war der Kompaß. Er war für die überseeischen Entdeckungen unerläßlich. Dieser wurde zuerst von den Chinesen erfunden. Vom Ende des 11. Jahrhunderts an ist die Benutzung des Schiffskompasses in China bezeugt. Die früheste Erwähnung eines Kompasses findet sich in dem 1190 geschriebenen Werk von Alexander Neckam (Engl.) Das nächste Zeugnis über die Magnetnadel, welche die Nordrichtung anzeigt, ist eine Dichtung des Franzosen Guyot de Provins. Die Abhandlung „De magnete" des Franzosen Petrus Peregrinus de Maricourt aus dem Jahre 1269 beweist, daß der Kompaß schon geraume Zeit in Benutzung war.

Er setzte sich in der europäischen Schiffahrt nur langsam durch. Zunächst war er lediglich ein Hilfsmittel der Nautik. Jene wenigen Kapitäne, die in der frühen Zeit des 13. Jahrhunderts den Kompaß benutzten, wurden nicht selten der „schwarzen Magie" beschuldigt, wie es im Jahre 1270 Brunetto Latini, einer der Lehrer Dantes, beschrieb: „Die Seeleute leisteten den Anweisungen eines Kapitäns zum Auslaufen, der das Wasserbussole benutzte, nicht Folge, weil dieses Instrument bei ihnen den Anschein erweckt, als sei es von Höllengeistern erfunden worden."

Die Anwendung des Kompasses in der Schiffahrt wurde erst um die Mitte des 15. Jahrhunderts in der portugiesischen Expeditionsflotte üblich.

Der Gebrauch eines Kompasses erforderte auch die Benutzung von Seekarten, die über die Fahrtroute orientierten und in die man die jeweilige Position seines Schiffes eintrug.

Zu diesem Zweck wurden seit dem 13. Jahrhundert durch die Kartographen sogenannte „Portulane“ gezeichnet. Dies waren Segelkarten, deren Angaben auf Erfahrungswerten beruhten. Sie stellten naturgemäß nur sehr schmale und kleine Ausschnitte der Erdoberfläche dar und dienten lediglich der Schiffahrt in kleinen Meeren, wie z. B. der Ostsee und dem Mittelmeer. Da man mit Hilfe des Kompasses die angegebene Fahrtrichtung halten konnte, nannte man diese Karten auch Kompaßkarten.

Auf den ozeanischen Schiffsrouten waren diese Portulane nicht mehr zu gebrauchen. Lediglich mit Hilfe der astronomischen Nautik bot sich den Kapitänen auf großer Fahrt die Möglichkeit, den Segelkurs auf einer quadratischen Gradnetzkarte nach der ermittelten geographischen Breite einzutragen. Die älteste bekannte Karte dieser Art ist die des Portugiesen Pedro Reinel um 1500.

Bei Fahrten in unbekannte Gewässer suchten die Entdecker ihre Segelkarten nach den vorhandenen Weltkarten zu gestalten. Seit Ende des 13. Jahrhunderts wurden solche Weltkarten von Italienern und Katalanen gezeichnet. Schöpfer der modernen Kartographie war die berühmte Kartographenschule von Palma de Mallorca. Diese Stadt war damals Zentrum eines Handelsmarktes mit weltweiten Verbindungen.

Die berühmtesten Karten sind jene von Angelino Dulcert auf Mallorca (1339) und die katalanische Weltkarte des Juden Abraham Cresques (1375), die der König von Aragon, Peter IV., König Karl V. von Frankreich schenkte.

Cresques' Sohn, der an dieser Weltkarte mitgearbeitet haben soll und nach seiner Taufe den Namen Jaime Ribes annahm, wurde von Prinz Heinrich dem Seefahrer nach Portugal geholt.

Die Weltkarte des Florentiner Kosmographen Toscanelli, die dieser an den portugiesischen Kanonikus Ferñao Martins de Roriz sandte und von dem wiederum Kolumbus sie kennenlernte, hatte eine Reihe von Wunschvorstellungen enthalten.

Das „Buch von den Wundern der Welt“ des Medizin-Professors Jehan de Mandeville (der 1371 in Lüttich starb) soll eine Schilderung einer dreijährigen Weltreise des Autors gewesen sein. Sie stellte sich jedoch als das Phantasieprodukt eines „mittelalterlichen Jules Verne“ heraus und war nach geographischen Handbüchern geschickt hergestellt. Das Buch erschien 1480 im Druck.

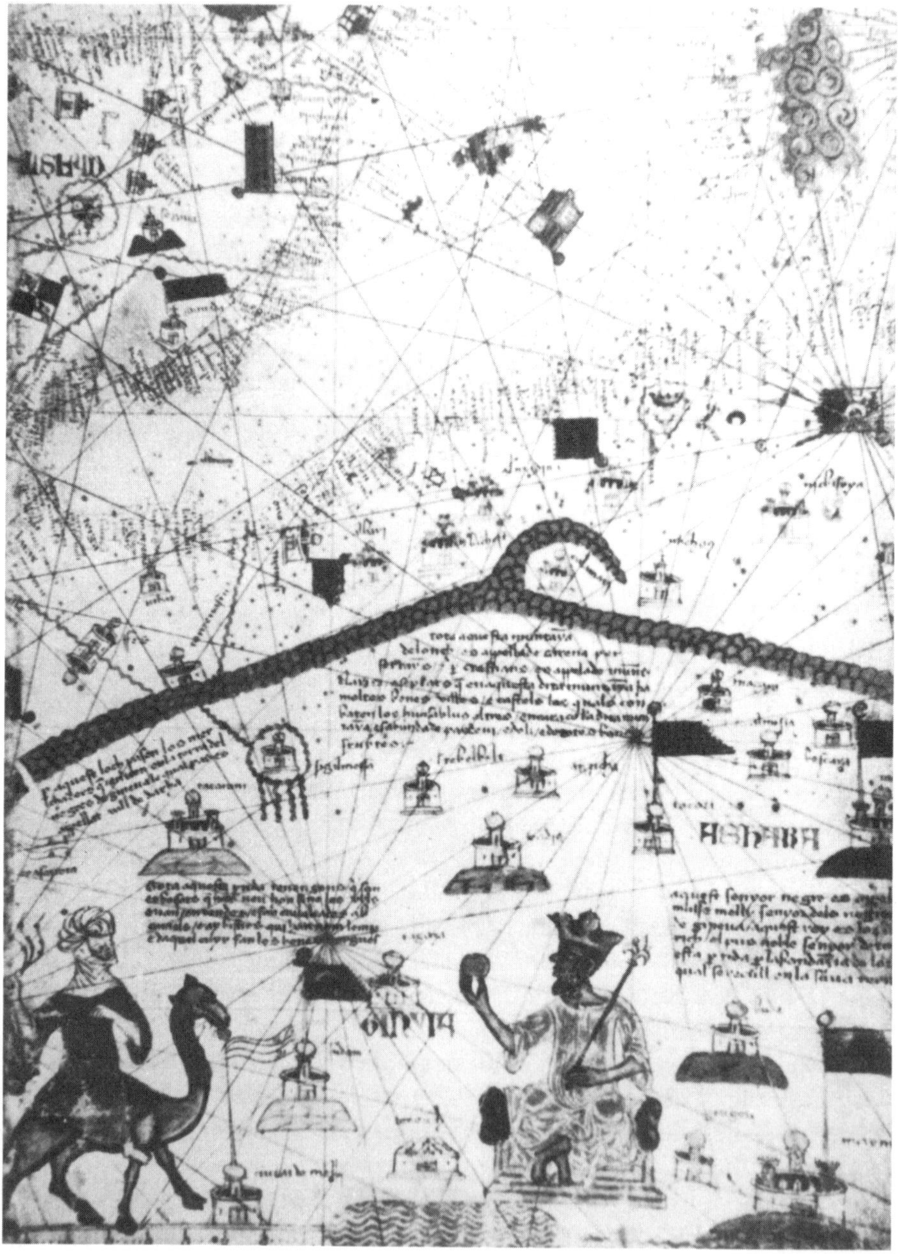

Die 1375 geschaffene Karte des Abraham Cresques aus Mallorca. Unten-Mitte = der Kaiser von Melli (Mali).

Das Schiff für Weltreisen

Ohne den Bau neuer, hochseetüchtiger Schiffe wäre die Verwirklichung der kühnen Träume der Entdecker und vor allem jene Heinrichs des Seefahrers und seiner Nachfolger nicht möglich gewesen.

Es mußte also zunächst ein Schiffstyp entwickelt werden, der hochseetüchtig und für eine wochen-, ja monatelange Reise auf hoher See geeignet war.

Für solche Unternehmungen war die Galeere des Mittelmeeres ungeeignet. So kam schließlich in den ersten Jahrzehnten des 13. Jahrhunderts ein neuer Schiffstyp auf, der das schlanke, leichte Wikingerschiff verdrängte. Es war die Kogge, ein kurzes, gedrungenes und mächtiges Schiff mit einem Mast und einem viereckigen Segel. Sie war eine Entwicklung jener Seeleute, die an die stürmische See des Atlantik gewöhnt waren. Baskische Piraten brachten im Jahre 1303 erstmals ein solches Schiff ins Mittelmeer. Nach diesem Vorbild bauten die Italiener das mittelmeerische Rundschiff zu einem großen Handelsschiff um.

An der Kogge wurde das Ruder umgebaut. Das zur ersten Zeit an der rechten Bordseite — dem Steuerbord — angebrachte Ruder wurde durch ein Hinterruder ersetzt. Es war dies eine schwere Bohlenwand am Heck, in welche das Ruder in eisernen Angeln eingehängt und am oberen Ende durch einen Querbalken — der Ruderpinne — bewegt wurde. Dieser bedeutende Fortschritt vollzog sich im 13. Jahrhundert im Ostseeraum. Damit hatte der Steuermann das Schiff viel besser in der Gewalt.

Im Raume des Atlantik an den portugiesischen und kastilischen Küsten entstand zu Ende des 14. und bei Beginn des 15. Jahrhunderts ein weiter verbesserter Schiffstyp, die Karavelle. Dies war ein kleines längliches Fahrzeug von 50 bis 100 Tonnen. (Die dem Doppelten heute entsprechen). Der mittlere Hauptmast der Karavelle hat ein großes, viereckiges Segel, das zu Fahrten mit sehr gutem Wind benutzt wurde. Die beiden dreieckigen lateinischen Segel der Masten am Bug und am Heck wurden für kleinere Fahrt und schwierigere Segelmanöver benutzt.

Die Karavelle hatte vorzügliche Segeleigenschaften und lief unter einem guten Kapitän fast unabhängig vom Wind. Sie war stark und fest gebaut. Diese Eigenschaften machten die Karavelle in der zweiten Hälfte des 15. Jahrhunderts zum modernsten Überseefahrzeug. Eine der drei Karavellen des Kolumbus, die „Nina", lief dreimal die Hin- und Rückreise nach und von Amerika und legte damit insgesamt 25.000 Seemeilen zurück.

Für schwere See waren diese Karavellen mit Umseglung des Kaps der Guten Hoffnung zu schwach, auch lagen sie zu tief im Wasser. So entwickelte man für die Expedition von Vasco da Gama etwa 400 Tonnen große Naus mit jeweils einem Kastell vorn und achtern. Aus diesen Naus entwickelten sich später die schwerfälligen Carracks (Karaken) mit sieben oder acht Decks, die bis zu 2000 Menschen tragen konnten.

Im Fernen Osten benutzten die Portugiesen außer den Naus auch kleinere Schiffe, u. a. die Catur und Galeota mit Segeln. Andere Seefahrzeuge wie die Foist (Fusten) und Galé wurden von Ruderern angetrieben. Die dort ebenfalls übliche Taforea wurde überwiegend zum Pferdetransport benutzt.

Die Versorgung auf diesen Schiffen war einfach und oftmals zu knapp. Es fehlten Gemüse und Obst. Der Skorbut grassierte und forderte viele Opfer.

Auf See gab es überwiegend Schiffszwieback. Die Öfen des Zebrotales beispielsweise lieferten, wie wir wissen, innerhalb von drei Jahren 17.847 Quintals — das sind etwa 892 Tonnen oder mehr als eine Million Tagesrationen Schiffszwieback.

Die Tagesration beispielsweise der Mannschaft von Vasco da Gama bestand aus eineinhalb Pfund Zwieback, einem Pfund Rindfleisch oder einem halben Pfund Schweinefleisch, einem Liter Wasser, Dreiviertelliter Wein, ein wenig Öl und Essig. An Fastentagen gab es anstelle von Fleisch Reisspeisen, Fisch oder Käse.

Der Wein wurde wie das Trinkwasser in Fässern mitgeführt, und nach der Anzahl dieser Toneis (Tonnen) schätzte man die Ladefähigkeit der Schiffe. Magalhaes' Flotte war besonders gut mit Wein versorgt. Die fünf Schiffe hatten 415,5 Tonnen Wein an Bord. Dies bedeutete, daß auf jeden der 265 Männer der Expedition über eineinhalb dieser Weintonnen kamen.

Der Sold der Matrosen, der von einem Chronisten anläßlich der ersten Fahrt von Vasco da Gama genannt wurde, betrug monatlich fünf cruzados. Handwerker erhielten sieben cruzados. Verheirateten Matrosen oder Handwerkern gab der König 100, Junggesellen 40 cruzados Vorschuß.

Auf Cabrals Fahrt nach Brasilien war diese Entlohnung bereits höher. Sie betrug für Seeleute 10 cruzados im Monat.

Es war der „Unleugbare technische Kosmopolitismus" (siehe B. Gille), der nahezu allen seefahrenden Völkern dazu verhalf, fast gleichzeitig zu großen Fahrten aufzubrechen, denn diese technischen Hilfsmittel und die Verbesserung der Schiffe fanden bei sämtlichen seefahrenden Nationen gleichzeitig statt. Der Austausch der wissenschaftlichen und technischen Fortschritte zwischen diesen Völkern im Mittelalter war enorm groß und schnell.

Daß auch diese rasante Entwicklung von Wissenschaft und Technik bis ins ausgehende Mittelalter hinein eine wesentliche Bedingung für die Entdeckungen dieser Zeit darstellt, steht fest. Sie war aber nicht die ausschließliche Triebkraft. Hinzu kam die elementare Gewalt des Ökonomischen, der nach Alexander von Humboldt „unwiderstehliche Drang wirklicher oder scheinbarer Bedürfnisse."

Der Ausgang dieser wirtschaftlichen Revolution lag im Mittelmeerraum und vollzog sich seit dem 11. Jahrhundert in ständig steigendem Maße. Wenn bis dahin Sarazenen und Byzantiner die Schiffahrt im Mittelmeer beherrscht hatten, so kamen nun die großen Stadtstaaten Genua, Pisa und Venedig hinzu. Vor allem Genua und Pisa beseitigten die Sarazenengefahr. Sie wurden in diesen Zeiten schließlich zu Seeräubern, die islamische Handelsschiffe kaperten und islamische Küsten angriffen. Erbeutetes Piratengold war eine der Ursachen für den wirtschaftlichen Aufschwung dieser beiden Stadtstaaten.

Auch von den Häfen der iberischen Halbinsel aus wurde Seeraub betrieben. Vor allem die kastilischen und katalonischen Seeräuber waren äußerst aktiv. Der Gouverneur von Katalonien, Galcerán de Requesen war durch seine häufigen und grausamen Piratenzüge berüchtigt.

HINTERGRÜNDE – ANTRIEBSKRÄFTE DER EXPANSION

Der Sklavenhandel

In der Levante sahen überwiegend italienische Kaufleute das einträgliche Geschäft mit dem Sklavenhandel als gegeben an, ihren Reichtum zu vergrößern. Ab dem 13. Jahrhundert wurden von den Küsten Südeuropas, von jenen des Schwarzen Meeres und von der Krim Sklaven geholt und von italienischen, insbesondere genuesischen Händlern gekauft und nach Ägypten exportiert.

Im 15. Jahrhundert stammten die Sklaven überwiegend aus den Balkanländern, wo die Türken auf ihren Kriegszügen zahlreiche christliche Kriegsgefangene nahmen und als Sklaven wegführten. Türken von der kleinasiatischen Küste wiederum wurden von den Katalanen geraubt.

Den Löwenanteil an Sklaven aber holte sich schließlich Portugal. Portugal machte das große Sklavengeschäft im atlantischen Raum. Die Spanier hängten sich sehr rasch an. Aus der Zeit der Reconquista — der Wiedereroberung der iberischen Halbinsel aus den Händen der Mauren — stammt der Brauch, gefangene oder unterworfene „Ungläubige" zu Sklaven zu machen. So geschah es auch nach dem letzten großen Befreiungskampf gegen das Maurenreich von Granada 1482 — 1492. Die Einwohner der in diesem zehnjährigen Kampf eroberten Städte wurden als Sklaven verkauft.

Sklavenfang-Expeditionen wurden auch nach den nord- und westafrikanischen Küstenorten bis tief in den Atlantikraum hinunter ausgedehnt. Seefahrer, die unbekannte Inseln entdeckten, finanzierten sich durch den dort organisierten Menschenraub. Seit dem 14. Jahrhundert wurden beispielsweise die Kanarischen Inseln von Katalanen, Mallorcensern, Portugiesen und Kastilienern angelaufen, um Eingeborene zu fangen und auf die Sklavenmärkte zu bringen.

Die Einnahmen aus dem Sklavenhandel brachten zum großen Teil jene Geldsummen auf, die für die Eroberung dieser Atlantikinseln notwendig waren.

Die Portugiesen hatten auf ihren Entdeckungsfahrten entlang der nordwestafrikanischen Küste sehr bald die Wohngebiete der Neger erreicht. Sie begannen seit 1441 mit dem Verschiffen von Negern für die europäischen Sklavenmärkte. Dieser Handel mit Menschen brachte einen sehr hohen Gewinn.

Von 1441 — 1448 sind von Rio de Oro und Guinea etwa 1500 Neger abtransportiert worden. In der folgenden Zeit sollen die Portugiesen aus den Küstenregionen vom Senegal bis nach Sierra Leone jährlich wenigstens 3500 Sklaven verschickt haben. Die Negerexporte aus Guinea sind von 1450 bis 1505 auf 140.000 Menschen geschätzt worden.

Um 1460 bekam man bei Rio de Oro für ein gutes Pferd 25 — 30 Sklaven. Am Senegal waren es noch zwölf Neger für ein Pferd. Später stiegen die Sklaven-Preise erheblich an.

Die Versklavung der „Ungläubigen und Heiden“ wurde damit gerechtfertigt, daß man sie auf diese Art und Weise zum christlichen Glauben bekehren und ihre Seelen vor der Verdammnis retten werde.

Auch Christoph Kolumbus erbot sich den Katholischen Königen gegenüber, so viele Sklaven zu liefern, wie die Majestäten verlangen mochten. Er schickte auch einige Male Sklaven aus Amerika nach Spanien. Die spanischen Monarchen, die den Verkauf von Sklaven aus Amerika ab 1496 zunächst erlaubten, sprachen 1500 ein Verbot des Transportes der Indianersklaven von dort nach Spanien aus. Amerika selber aber wurde ein riesiges Absatzgebiet für schwarze Sklaven aus Afrika.

Auf der Spur des Goldes

Als die Portugiesen 1456 Guinea erreichten, konnten sie die ersten Verbindungen zu den afrikanischen Goldzonen herstellen. Aber erst an der sogenannten Goldküste, wo das Fort Sao Jorge de Mina erbaut wurde, begann etwa ab 1475 das im Tauschhandel von den Negern erworbene Gold in größeren Mengen nach Portugal abzufließen.

Während der Regierung König Manuels I. (1495—1521) sollen jährlich zwölf Schiffe, schwer mit Gold beladen, in den Hafen von Lissabon eingelaufen sein. Der monatliche Zugang an Gold wurde auf 10.000 Gold-Cruzados geschätzt.

Daß diese ungeheuren Reichtümer auch andere Seefahrer und andere Nationen lockten, versteht sich. So erschienen sehr bald flämische Schiffe an der Goldküste. Vor allem aber waren es kastilische Seefahrer, welche die afrikanischen Goldquellen für sich zu erschließen versuchten. Auch sie kamen reich beladen zurück, falls sie nicht von portugiesischen Schiffen gestellt und beschlagnahmt wurden.

Im portugiesisch-kastilischen Erfolgekrieg 1474—1479 wurde zur See vor allem auch um das Sudangold gekämpft. Aber im Frieden von Alcacovas (1479) mußten die Katholischen Könige das Schiffahrts- und Handelsmonopol Portugals nach Guinea anerkennen.

Umso erfreulicher war es für sie, daß schließlich Christoph Kolumbus sich an sie wandte und ihnen versprach, den Weg nach den Wunderländern Cathay und Zipangu zu entdecken, wo nach den Schilderungen von Marco Polo „Ungeheure Schätze an Gold, Silber und Edelsteinen“ zu gewinnen seien.

Kolumbus schrieb an die Katholischen Könige: „Gold ist höchst vortrefflich, aus dem Gold wird ein kostbarer Schatz, und mit ihm macht derjenige, der ihn besitzt, in der Welt, was er will, und kann sogar die Seelen in das Paradies bringen."

Das war es, was in der Geschichte der Entdeckungen als die „Dynamik des Goldes" einging, den „gewaltigen Antrieb in der überseeischen Ausbreitung Europas."

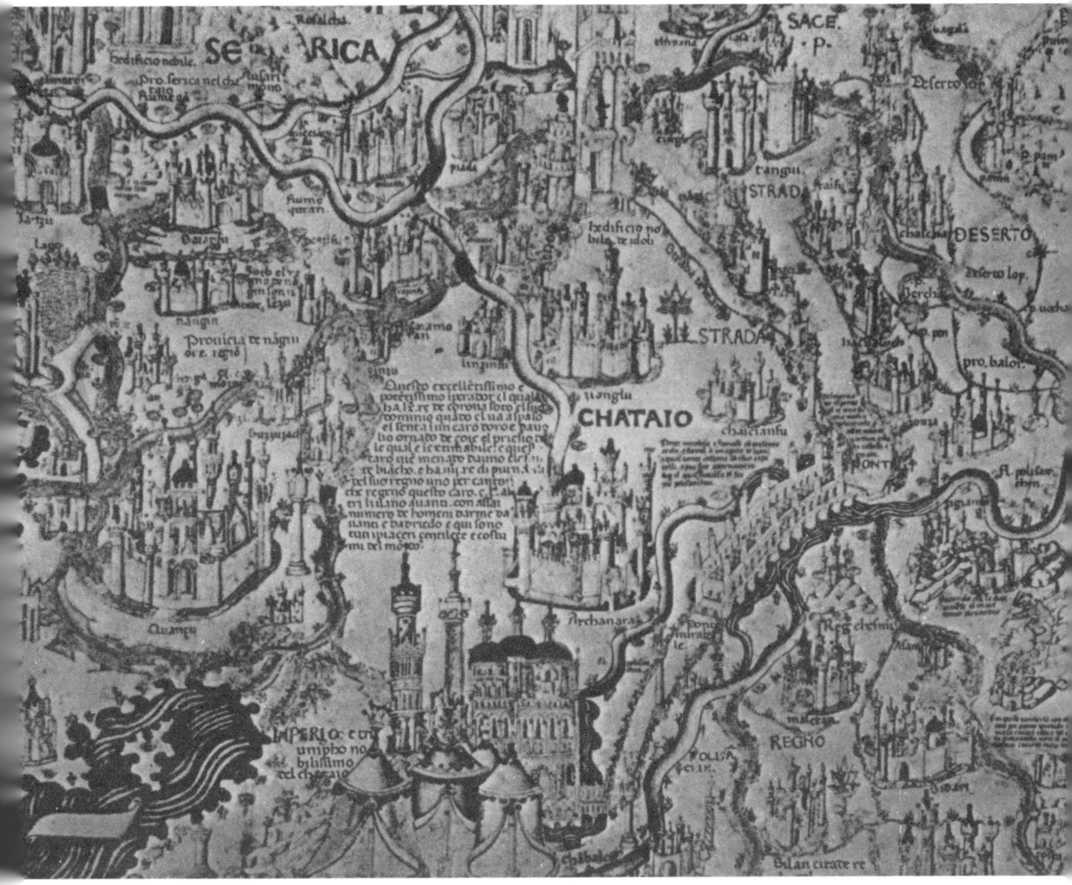

„Chataio" (Kathay) und das Reich des Großkhans; von Fra Mauro in Murano hergestellt.

Gold — Sklaven — und Pfeffer

Diese drei „Handelsgüter“ und Werte waren die gesuchtesten Waren, welche die Seefahrer in jene bis dahin unbekannten Welten lockten.

Das Streben in die Ferne wurde zunächst auf der Suche nach Gewürzen zur Verbesserung der Speisen und vor allem zu deren Haltbarmachung verstärkt.

Der Karawanenhandel durch die Sahara hatte zu Anfang des 13. Jahrhunderts den afrikanischen Pfeffer — der auch Malaguetta oder Paradieskörner genannt wurde — nach den Küstenstädten Nordafrikas gebracht. Dieses Produkt stammte aus Guinea und fand in Europa als Gewürz und Heilmittel Verwendung. Diese Paradieskörner ersetzten den echten Pfeffer.

Es war der Genuese Usodimare, der in portugiesischen Diensten 1455 den Gambiafluß erreichte, das Ursprungsland des afrikanischen Pfeffers. Bis 1470 hatten die Portugiesen schließlich die gesamte Pfefferküste entdeckt.

Der Lissaboner Kaufmann Ferñao Gomes erhielt vom König das Monopol des Malaguetta-Handels. Bis 1513 waren die Portugiesen alleinige Besitzer dieses Monopols. Der afrikanische Pfeffer fand in den Niederlanden und anderswo reißenden Absatz. Erst im letzten Viertel des 15. Jhdt. war es *auch* Ziel portugiesischer Fahrten, den Seeweg nach dem Ursprungsland der *asiatischen* Gewürze aufzufinden.

Zucker bewegt die Welt

Im 15. Jahrhundert rückte die Expansion europäischer Seefahrer-Nationen in überseeische Gebiete vor. Diese Bewegung wurde von Portugal ebenso wie von Spanien vorangetrieben. Diese Aktionen waren keine reine Landnahme zum Bestellen des Landes, sondern eine rein kommerzielle Angelegenheit.

In den durch die Reconquista von den Mauren zurückeroberten Gebieten wurden die Großgrundbesitzer mit diesen Ländereien belehnt. Sie richteten große Viehzuchtbetriebe ein. Der Ackerbau stagnierte, und damit machte sich bei raschem Ansteigen der Bevölkerungszahlen ein Mangel an Brotgetreide bemerkbar. Portugal war sehr bald auf umfangreiche Einfuhren von Brotgetreide aus dem Ausland angewiesen. Es bezog sein Getreide zunächst überwiegend aus Marokko.

Es erscheint durchaus glaubwürdig, daß die portugiesische Eroberung von Ceuta 1415 und Alcacer 1458 auch die Absicht verfolgte, die Herrschaft über jene marokkanischen Gebiete zu sichern, von deren Getreidelieferungen Portugal abhängig war.

Wahrscheinlich ist, daß die ersten überseeischen Eroberungen Portugals in nicht geringem Maße durch die Sorge um das tägliche Brot bestimmt wurden. Die folgenden Eroberungen vor allem im Bereich der Atlantikinseln dienten — hauptsächlich jedenfalls — dem Anbau von Getreide.

Die Kolonisation von Madeira seit 1425 und der Azoren seit 1439 machte diese Inseln in den nächsten Jahrzehnten zum wesentlichsten Lieferanten von Weizen und Gerste für das Mutterland und für die westafrikanischen Garnisonen.

Seit 1460 aber kam noch etwas anderes hinzu: das Zuckerrohr. Auf Madeira wurde der Anbau des Zuckerrohrs auf Kosten des Getreideanbaus verstärkt; er erledigte letzteren völlig. Damit gewann der kapitalistische Agrarbetrieb die Oberhand, welcher der europäischen Expansion neue Antriebe gab.

Dieses Zuckerrohr war von Indien über Ägypten ins Mittelmeergebiet gelangt. Es wurde vor allem auf den Inseln Cypern und Sizilien angebaut und wanderte von dort aus nach Westen zur iberischen Halbinsel. Hier wurde sein Anbau zunächst in den Räumen von Valencia und Granada sowie der portugiesischen Algarve und in der Nähe von Coimbra betrieben. Dieser Anbau brachte auch dort reiche Ernte.

Der Zuckerrohranbau entwickelte sich mehr und mehr zur Plantagenwirtschaft, und damit mußten auf diesen Plantagen Zuckerrohrmühlen errichtet werden, die einen hohen Kapitalaufwand erforderten. Dies war bei den damaligen hohen Zuckerpreisen *und* dem sich rasch ausbreitenden Zuckerkonsum ein sehr gewinnbringendes Unternehmen. Madeira wurde nun rasch für den Zuckerrohranbau und dessen Verarbeitung entwickelt und galt schließlich als berühmtester Zuckermarkt des Abendlandes. Von dort wurde der Zucker unmittelbar nach England und in die Niederlande geliefert.

Der Zuckerrohranbau wurde schließlich auch auf den Azoren und den portugiesischen Inseln im Golf von Guinea stark betrieben.

Von Madeira gelangte der Zuckerrohranbau nach den Kanarischen Inseln. Dort wurde er ebenso rasch heimisch. Die Eroberer von Gran Canaria und Teneriffa verteilten große Ländereien an alle jene, die sich verpflichteten, darauf Zuckerrohr anzupflanzen und die Zuckerherstellung zu betreiben. Ausländisches, vor allem genuesisches Kapital, war in diesen gewinnträchtigen Anlagen investiert worden; es amortisierte sich phänomenal. Portugiesische Fachleute führten den Zuckerrohranbau und die Technik der Zuckerbereitung ein. Kanarischer Zucker fand in ganz Europa großen Absatz und brachte den Kanarischen Inseln den Namen „Zuckerinseln“ ein. Zucker der Atlantikinseln wurde auch ins östliche Mittelmeer verschifft.

Diese Erfolge der Zuckerrohranpflanzungen verlockten dazu, nach neuen Inseln im Atlantik zu suchen, um auch sie für den Zuckerrohranbau zu nutzen.

Als Spanier und Portugiesen die „Neue Welt“ entdeckten und kolonisierten, führten sie auch dort den Anbau von Zuckerrohr ein. Die Geschichtsforschung hat in bezug auf die überseeischen Entdeckungen von einer „Dynamik des Zuckers“ gesprochen. Fernand Braudel beschrieb das so:

„Der Zuckerrohranbau zieht Kapitalien und Menschen über den Atlantik“. Schließlich gelangte der Zucker auch nach Kuba, das später zur weltberühmten Zuckerinsel wurde.

Die Genueser in Portugal und Ceuta

Genuesische Kaufleute hatten sich in Ceuta niedergelassen und waren auch in den Häfen Saleh, Arzila und Larache der marokkanischen Atlantikküste ansässig.

In Cadiz — dem „zweiten Genua“ — wurden im letzten Viertel des 15. Jahrhunderts genuesische Kaufmannsfamilien heimisch. In Sevilla besaßen sie bereits 1251 einen Fondaco — ein Handelshaus. Mit den in Spanien lebenden Genuesern trat Christoph Kolumbus in Kontakt, ehe er sich als Weltentdecker anbot.

Die Tätigkeit italienischer Kaufleute in Lissabon reicht bis ins 13. Jahrhundert zurück. Unter ihnen waren es wieder die Genueser, die eine vorherrschende Stellung einnahmen. Hinzu kamen Mailänder, Florentiner und Venezianer. Sie alle bemächtigten sich zu einem großen Teil des portugiesischen Außenhandels, führten Südfrüchte, Wein und Leder nach den Niederlanden, England und Irland aus. Das genuesische Handelshaus Lomellini erhielt 1456 das Monopol der portugiesischen Korkausfuhr. Genueser betätigten sich vor allem auch im Zuckerrohranbau der Algarve und auf der Insel Madeira. In Lissabon wurden italienische Familien seßhaft und heirateten in portugiesische Adelsfamilien ein.

Diese italienischen, vor allem genuesischen Kaufleute haben die wirtschaftliche Entwicklung Kastiliens und Portugals sehr gefördert und der mauritimen und kommerziellen Expansion dieser Länder einen starken Auftrieb gegeben.

Der Kampf um ihre Unabhängigkeit von Kastilien zwang die Portugiesen bereits sehr früh zum Bau einer eigenen Flotte. Der Fischfang führte die portugiesischen Fischer von den Küsten fort auf die hohe See, in die Gewässer westlich von Marokko ebenso wie in die Nähe Englands, der Bretagne und schließlich vor Grönland und Nordamerika.

Seit Ende des 12. Jahrhunderts nahmen portugiesische Kaufleute über See den unmittelbaren Handel mit den Niederlanden, England, der Bretagne und der Normandie auf und errichteten Faktoreien in Brügge, London und verschiedenen französischen Häfen.

Im Jahre 1293 schlossen sich Kaufleute der portugiesischen Westküste zu einer Gemeinschaft zusammen, um ihre Handelsinteressen in Nordeuropa wirksamer vertreten zu können. Der genuesische Seefahrer Manuel Pessagno wurde 1317 zum Admiral der portugiesischen Flotte ernannt.

Die portugiesische Beteiligung an Schiffahrt und Handel nahm im ausgehenden Mittelalter beträchtlich zu. Portugiesische Schiffe, Seeleute und Händler waren während des 15. Jahrhunderts in den Häfen Italiens und des östlichen Mittelmeeres viel häufiger anzutreffen, als dies bisher bekannt wurde.

Als die Portugiesen 1415 das in der Straße von Gibraltar gelegene Ceuta eroberten, nahm sowohl die baskische als auch die galizische und vor allem die portugiesische Handelsschiffahrt ins Mittelmeer hinein beträchtlich zu.

Baskische und portugiesische Fischerboote fuhren auf Kabeljaufahrt bis nach Neufundland und vor die Küste von Labrador. Sie ermöglichten die großen Lieferungen von Stockfisch, der damals als Nahrungsmittel sehr begehrt war.

Die Besetzung Ceutas durch die Portugiesen und die Fahrten kastilischer Seeleute in den afrikanischen Atlantikraum brachten diesen beiden Ländern eine rasante Entwicklung. Es gab kaufmännische Unternehmungen aller Art. Reeder und Handelsherren bestimmten die weitere Entwicklung und brachten Kastilien und Portugal zu großer wirtschaftlicher Macht und Ansehen.

Sehr bald aber gab es auch die ersten Beschwerden über ausländische Kaufleute, die den eigenen das Geschäft wegnahmen. Auf den Ständetagungen der portugiesischen, kastilischen und aragonesischen Reiche forderten sie eine Eindämmung der fremden Einwirkungen in den eigenen Handel.

Auf den portugiesischen Cortes von 1481 bis 1482 wurde behauptet, daß die Genueser und Florentiner nichts anderes täten, „als dem Lande Gold und Silber zu entziehen und die Geheimnisse der von den Portugiesen entdeckten afrikanischen Länder und der Atlantikinseln auszukundschaften".

Dies war nicht von der Hand zu weisen. Beweise dafür gab es genug.

Aber die Monarchen dieser Länder schützten diese ausländischen Händler, da sie auf deren finanzielle und kommerzielle Hilfe angewiesen waren.

Andererseits aber förderten sie die eigene Kaufmannschaft durch Hilfen für die eigene Schiffahrt. In Portugal wurde darüber hinaus den Ausländern der Detailhandel und der Ankauf bestimmter Rohstoffe verboten. 1472 erging ein königlicher Erlaß über die Kontrolle der von fremden Kaufleuten eingeführten Waren und der dafür exportierten Handelsgüter und Edelmetalle.

In den Jahren der Entdeckung Amerikas und des Seeweges nach Ostindien behaupteten italienische Kaufleute in Kastilien und Portugal ihre hervorragenden Stellungen im Warenhandel und im Geldgeschäft.

In Portugal genoß die bereits genannte große Kaufmannsfamilie der Lomellini die besondere Gunst der Krone. Aber sie wurde den Landesgesetzen unterworfen.

Die kastilischen Westafrikafahrten führten in den fünfziger Jahren des 15. Jahrhunderts zu Konflikten mit Portugal. 1454 verhandelte der Herzog von Sidonia Medina als Gesandter Johanns II. am portugiesischen Hofe über die sich daraus ergebenden Differenzen.

Der Adel der Grundherren in der portugiesischen Expansion

Der grundherrschaftliche Adel erlangte in den Expeditionsfahrten nach Übersee eine große Bedeutung. Da in Portugal die Reconquista bereits um 1260 abgeschlossen war, hatte dieser Adel nicht mehr die Möglichkeit, im Kriege gegen die Mauren reiche Beute zu machen und sich große Ländereien anzueignen. Er litt vor allem seit der Mitte des 14. Jahrhunderts auch unter der wirtschaftlichen Depression in Europa und suchte nach neuen Einnahmequellen. Er erhöhte willkürlich die bäuerlichen Abgaben und die grundherrlichen Renten, kassierte königliche Schenkungen und organisierte sogar Bandenstreifzüge. Dieser Großadel, der überwiegend aus Mitgliedern und Nachkommen der königlichen Familie bestand, konnte vor allem unter der Regierungszeit von Alfons V. (1438 — 1481) seine königlichen Privilegien ausdehnen und seine Besitzungen wie ein Landesherr führen. Daneben gab es noch den Hof- und Dienstadel von weniger großer Vornehmheit und geringerem Einfluß.

Im 15. Jahrhundert beteiligte sich der Adel zur Aufstockung seiner Einnahmequellen am Seeraub gegen maurische Schiffe der Reiche Granada und Fez. Auch Fahrzeuge christlicher Seefahrer wurden bei sich bietender Gelegenheit nicht verschmäht. Überfälle führten diese Piraten zur nord- und westafrikanischen Küste ebenso wie zu den Kanarischen Inseln, was erneut reiche Beute brachte. Auch Infanten des königlichen Hauses beteiligten sich an solchen Beutezügen.

Die militärische Eroberung Marokkos entsprach dem Streben des Adels nach kriegerischen Taten, die Aufstockung ihres Reichtums sowie Ausdehnung ihrer Besitzungen einbrachten.

Die weiten überseeischen Entdeckungen Portugals begannen schließlich auch als Unternehmungen eines mächtigen Feudalherren, des Prinzen Heinrich, des späteren Seefahrers.

Dieser dritte Sohn König Johanns I., und einer englischen Prinzessin hatte das Herzogtum Coimbra und noch andere Grundherrschaften dazu mit allen Gerechtsamen und Gerichtsbarkeiten erhalten. Er wurde zum Großmeister des Christusritterordens ernannt, der die reichen Güter des aufgelösten Templerordens übernommen hatte. Diese grundherrlichen Rechte und die Einnahme des Christusritterordens ermöglichten es Prinz Heinrich, Kapital zu sammeln und damit seine Entdeckungsfahrten und Kolonisationsunternehmen zu finanzieren. Die Krone übertrug ihm als Entschädigung dafür die Schiffahrts-, Fischfang- und Handelsmonopole in den neuentdeckten überseeischen Gebieten.

Im Jahre 1433, dem Antritt seiner Königschaft, verlieh König Duarte, ein älterer Bruder Heinrichs, der nach dem Tode Johanns I. die Regierung übernommen hatte, dem Infanten Heinrich die Inseln der Madeiragruppe mit allen Einnahmen und Rechten zu Lehen. Der König behielt sich hier lediglich die Verhängung der Todesstrafe vor. Während der Minderjährigkeit von König Alfons V. (für den Duarte regierte) eignete sich Heinrich weitere Rechte an. Aber 1452 stellte Afons V., der 1438 offiziell zum König ernannt wurde, die königliche Autorität in ihrem alten Umfang wieder her.

Die Azoren wurden Prinz Heinrich ebenfalls zur Kolonisierung verliehen. Die Ausdehnung seiner grundherrlichen Rechte war möglicherweise einer der Hauptantriebe Heinrichs zu allen Unternehmungen.

Heinrichs Bruder Pedro wiederum besaß die Azoreninsel San Miquel. Im Jahre 1453 verlieh Alfons V. die Insel Corvo an den Herzog von Braganca, einen Bastardsohn König Johanns I., und zwar nicht zu Lehen, sondern als Landschenkung mit vollem Erbrecht. Nur die Veräußerung der Insel und die Anerkennung der Oberhoheit Portugals auch über Corvo waren die Bedingungen, die der Herzog und seine Nachkommen einzugehen hatten.

1457 übertrug König Alfons V. seinem jüngeren Bruder Ferdinand, Herzog von Beja, alle Inseln, welche die von ihm ausgerüsteten und ausgeschickten Schiffe entdecken würden. 1460 verlieh er Ferdinand und seinen direkten Nachkommen die Azoreninseln Terceira und Graciosa. Hier blieben lediglich dem Christusorden bestimmte Einnahmen vorbehalten.

Diese adeligen Grundherren und auch die Infanten der königlichen Familie benötigten für die Kolonisation der Atlantikinseln die Hilfe kapitalkräftiger Firmen. Deshalb gaben sie diese Inseln oder Teile von ihnen an kapitalkräftige Kolonisatoren als Unterlehen weiter.

Prinz Heinrich verlieh Madeira als Afterlehen an Tristao, den er „Ritter meines Hauses" nannte. Ihnen stand der zehnte Teil der Einnahmen des Infanten auf diesen Inseltitel zu. Tristao erhielt darüber hinaus das Monopol, auf der Insel Mühlen zu betreiben.

Die Belehnung des Bartolomeo Perestrello mit der Insel Santo im Jahre 1446 verdient besonderes Interesse. Die Familie Perestello war 1385 aus Piacenza nach Portugal eingewandert. Bartolomeo wurde dort im Jahre 1400 geboren. Er wurde später Schwiegervater von Christoph Kolumbus. Perestrello wird als der erste bezeichnet, der im Auftrage von Prinz Heinrich Santo besiedelte und dort den Getreideanbau und die Viehzucht einführte, Bewässerungskanäle anlegen ließ, Mühlen baute und in Betrieb nahm.

Die Azoreninsel Terceira übertrug Prinz Heinrich dem Flamen Jacomo von Brügge.

Nach dem Tode Heinrichs gingen alle Atantikinseln wieder in den Besitz der Krone über. Von nun an wurden die „Wiederentdeckten Inseln im Ozeanischen Meer" als erblicher Besitz mit grundherrlichen Rechten an Privatpersonen vergeben, die sich zur Kolonisierung der Inseln verpflichteten.

Fernao Telles, Mitglied des königlichen Rates, erhielt 1474 alle jenseits der Kapverdischen von ihm entdeckten und besiedelten Inseln. 1486 verlieh König Johann II. dem Flamen Ferdinand van Olmen die sagenhafte „Insel der sieben Städte", deren Entdeckung dieser Flame vorbereitete.

Zum Kampf gegen die Mauren

Portugiesische und spanische Könige bezeichneten immer wieder den Kampf gegen die Mauren und die Unterwerfung der Heiden als Unternehmungen im Dienste Gottes. Prinz Pedro und Prinz Heinrich betonten, daß es die Hauptabsicht aller afrikanischen Expeditionen sei, „Gott zu dienen". Dieser Kreuzzugsgeist, entstanden in der Reconquista ihres eigenen Landes, hatte mit der Unterwerfung der Heiden in den überseeischen Ländern weitergewirkt, als die Reconquista nach Wiederinbesitznahme der Algarve 1260 durch die Portugiesen und der Einnahme des maurischen Königreiches Granada durch die Kastilier im Jahre 1492 zu Ende gegangen war.

Demnach sollten die Entdecker Kreuzfahrer gewesen und zur Ausbreitung des christlichen Glaubens ausgezogen sein. Die Missionsidee sei in den überseeischen Entdeckungen lebendig geblieben. Das wurde jedenfalls behauptet.

„Der große Wunsch des Infanten Heinrich war es", schrieb der Chronist Eanes de Zurara, „den heiligen Glauben unseres Herrn Jesus Christus zu verbreiten und ihm alle Seelen zuzuführen, die sich retten wollten." Zurara fuhr fort:

„Durch seine Arbeiten und Ausgaben wollte Prinz Heinrich die verlorenen Seelen auf den rechten Weg bringen, denn er wußte, daß er dem Herrn kein größeres Geschenk machen konnte."

Auch Christoph Kolumbus schrieb in diesem Sinne an Isabella von Kastilien, daß er ausgezogen sei, „unseren allerheiligsten Glauben daselbst zu verbreiten."

In Wirklichkeit war die Glaubensverbreitung oder das, was man dafür hielt, nur ein Abfallprodukt dieser Entdeckungsreisen. Die Hauptgründe waren Gold, Sklaven und Pfeffer.

Die Kämpfe auf spanischem Boden

Die Kämpfe der Reconquista auf der iberischen Halbinsel begannen bereits im 8. Jahrhundert, lange vor der abendländischen Kreuzzugsbewegung. Sie wurden auch nicht von jenem Kreuzzugsgeist beeinflußt, der zu Ende des 11. Jahrhunderts die fanatisierten Menschenmassen zur „kriegerischen Wallfahrt nach Jerusalem" aufbrechen ließ. Es gab auf der iberischen Halbinsel in der Reconquista keine Kreuzzugsbewegung; Claudio Sanchez Albornoz bestätigte dies, als er schrieb:

„Man suchte weder die Ausdehnung eines religiösen Glaubens durch das Schwert noch den bloßen Kampf gegen Völker einer anderen Religion."

Es ging in der Reconquista um die Verteidigung und Selbstbehauptung gegen die Macht des Islam *und* um die Wiederherstellung Spaniens, wie es vor der arabischen Invasion bestanden hatte. Dies kam auch bei dem Historiker des 14. Jahrhunderts, Juan Manuel, zum Ausdruck:

„Es gibt Krieg zwischen Christen und Mauren, und es wird ihn geben, bis die Christen jene Länder zurückgewonnen haben, die von den Mauren besetzt worden sind. Wegen des Gesetzes und der Religion, die sie haben, würde zwischen beiden *kein* Krieg geführt. Christus hat niemals befohlen, daß man jemanden töte oder unterdrücke, damit er seinen Glauben annehme, denn er will keinen erzwungenen Dienst."

Die religiöse Rechtfertigung der Maurenkriege ergab sich später aus der Tatsache, daß die Päpste bei Teilnahme an diesen Kriegen oder Geldspenden für den Krieg Kreuzzugsablaß gewährten.

Solche Ablässe wurden von den Herrschern auch für überseeische Expeditionen erbeten. So erhielt König Alfons V. von Portugal zur Finanzierung der Besatzungskosten in Marokko vom Papst im Jahre 1459 die Abtretung des Ablasses, der für den Türkenkrieg ausgeschrieben war. Im Jahre 1485 gewährte die Kurie König Johann II. zur Fortsetzung der Eroberung Afrikas einen vollkommenen Ablaß, wie er für einen Kreuzzug ins Heilige Land üblich war.

König Alfons V. aber benutzte die von ihm für den Türkenkrieg ausgerüstete Flotte zur afrikanischen Expedition von 1458.

Als Kreuzzugsvorhaben wurde auch das Bemühen des Prinzen Heinrich gedeutet, den legendären Priesterkönig Johannes zu finden und sich mit den christlichen Völkern seines Landes zum Kampf gegen die Ungläubigen zu vereinigen. Die Legende vom Priesterkönig Johannes bestand seit einem angeblich in Europa verbreiteten Brief dieses Königs, den Johannes 1165 sowohl an den byzantinischen Kaiser Manuel I. Komnenos als auch an den Papst und den Deutschen Kaiser gerichtet haben sollte. In diesem Brief beschrieb Johannes die Größe seines Reiches und seinen Reichtum. Der Brief war die geschickte Fälschung eines geistlichen Verfassern.

In der Zeit der portugiesischen Expeditionen entlang der Küste Afrikas betrachtete man das Land südlich von Ägypten als Reich des Priesters Johannes. Die Suche nach dem Priesterkönig und seinem Reich blieb ein portugiesisches Ziel bis zur Expedition von Vasco da Gama im Jahre 1498. Mit einem Kreuzzug hatte dies jedoch nichts zu tun. Als Beweis dafür mag gelten, daß alle in Spanien und Portugal residierenden Kreuzritterorden und auch jene, die während der Maurenkriege dort entstanden, sich nicht an portugiesischen Übersee-Expeditionen beteiligten. Zwar konnte Prinz Heinrich das Vermögen des Christusritterordens für seine Fahrten nutzen, aber keiner der Christusritter beteiligte sich an auch nur einer einzigen seiner Expeditionen.

Heinrichs Adoptivsohn und Erbe erklärte ausdrücklich, die Ritterorden seien begründet worden, um Portugal gegen die Ungläubigen zu verteidigen, nicht aber um Afrika anzugreifen. König Alfons V. bemühte sich vergeblich, die Ritterorden zur Gründung einer oder gar mehrerer Niederlassungen in Marokko zu veranlassen.

Der portugiesische Klerus sträubte sich, die ihm auferlegten hohen Kosten zu leisten, beschwerte sich beim Papst und bat ihn, sich um eine Herabsetzung der ihnen abverlangten Beiträge für Afrikaexpeditionen zu bemühen.

Auch das Papsttum entfaltete keine eigene Initiative in der überseeischen Expansion des christlichen Abendlandes.

Die Ausbreitung der christlichen Kirche und die Predigt des Evangeliums unter Ungläubigen und Heiden war *ohne* Zutun der Kurie in Gang gebracht worden. Sie wurde erst, als dies bereits geschehen war, von der Kurie erfaßt und beeinflußt.

Die ersten Missionen in Übersee

Der Franziskaner Joao de Xira, Beichtvater König Johanns I. von Portugal, riet diesem zur portugiesischen Expedition nach Ceuta und begeisterte die Teilnehmer bei ihrer Ausfahrt für den Kampf gegen die Ungläubigen.

Franziskaner-Observanten (ein Zweig der Franziskaner) begründeten in Ceuta bald nach dessen Einnahme ein Kloster. Der Infant erbat hierfür eine päpstliche Bulle, damit „der katholische Glaube verteidigt und verbreitet wird und die Ungläubigen jener Gegend sich ihm unterwerfen." Auch in den später eroberten marokkanischen Städten wurden Klöster der Franziskaner und Dominikaner errichtet. Dennoch ist zur Bekehrung der Mauren in Marokko von den Portugiesen kaum etwas unternommen worden. Für Prinz Heinrich war der Krieg gegen die Mauren an sich bereits ein Gott wohlgefälliges Werk. Der Chronist Zurara berichtete ja „von der Freude, als die Unsrigen sahen, wie die Wellen sich vom Blut jener Ungläubigen rot färbten."

So ein rücksichtslos geführter Kampf ließ sich nach damaliger Sicht nur noch rechtfertigen, indem man die gewaltsame Unterwerfung der Mauren als Missionsidee und als Voraussetzung für ein künftiges Bekehrungswerk hinstellte.

„Wer als Christ gegen die Anhänger des Islams kämpfte, der verstand sich als Streiter für die Herrschaft Gottes in dieser Welt." Diese Erkenntnis wurde nicht einmal als Heuchelei oder heuchlerische Rechtfertigung gebraucht, sondern entsprang der damaligen Überzeugung.

Die königlichen Brüder Heinrichs, Joao und Pedro, vertraten dagegen die Auffassung, daß der Krieg gegen die Ungläubigen, bloß weil sie nicht Christen waren, kein Dienst an Gott sei und daß es kein Recht gebe, Muselmanen wegen ihrer anderen Religion anzugreifen. Damit lehnten sie diese Art von Glaubenskrieg ab. Sie tendierten zur Haltung des Bürgertums, die überseeische Ausbreitung lediglich als Ausweitung des Handels zu betrachten und zu betreiben. Erst als man während der westafrikanischen Entdeckungen nicht mehr auf Mauren, sondern auf „Heiden" und heidnische Völker stieß, wurde dies spezialisiert. Diese „Götzendiener" wurden mit Geringschätzung betrachtet. Man verfolgte sie aber nicht als religiös Abtrünnige, sondern sie wurden einfach ergriffen und als Sklaven auf den Märkten in der Heimat verkauft.

Erst jetzt erklärten die Portugiesen, daß sie die Heiden auf diese Art und Weise zum Christentum bekehren (und sich solcherart die Geldbeutel füllen) wollten. Damit würden sie beitragen, diese Ländereien zu einer höheren Zivilisation zu bringen.

Christliche Missionen in den entdeckten und in Besitz gebrachten Ländern und ihr Kampf um Gerechtigkeit für Neger, Indianer und Guanchen beeinträchtigten allerdings die wirtschaftlichen Interessen der Eroberer. Dies erklärt die häufige Feindseligkeit spanischer und portugiesischer Siedler gegen Bettelorden und Jesuiten.

Mit der Dynastie Aviz entstand in Portugal eine starke nationale Monarchie. Diese war durch die soziale Revolution der Jahre 1383 bis 1385 ans Ruder gelangt. Mit Hilfe der Städte gelang es der neuen Monarchie, ihre Gewalt zu stärken und den hohen Adel in seine Schranken zu verweisen. Der Adel stand derzeit auf Seiten Kastiliens und drohte die portugiesische Unabhängigkeit zu gefährden.

Das Bündnis mit England im Kampf gegen Kastilien führte zur Heirat von Johann I. mit Philippa, der Tochter des Herzogs von Lancaster, der Mutter Heinrichs des Seefahrers.

Die Söhne aus dieser Ehe waren Duarte, Pedro und Heinrich. Sie sollten die Wegbereiter der portugiesischen Weltfahrt werden. Die Regierung von Alfons V. (1438—1481), der nach dem frühen Tod seines Vaters von Adeligen erzogen worden war, während Duarte die Herrschaft führte, brachte den Adel erneut nach oben. Die feudale Staats- und Gesellschaftsordungung wurde wiederhergestellt. In ihr erscheint der „Reycavaleiro" wie Alfons V. genannt wurde, als Erster unter den Großen des Landes; er schenkte ihnen — wie bereits beschrieben — Land und Einkünfte.

Während Heinrich seine Expeditionen unternahm, lenkte Alfons V. die kriegerischen Kräfte des Landes auf die Eroberung von Marokko. Danach griff er in den kastilischen Erbfolgestreit ein. Er vermählte sich mit Juana la Beltraneja, der umstrittenen Tochter und Erbin Heinrichs IV. von Kastilien, deren Thronrecht von Isabella von Kastilien und ihrem Gemahl Ferdinand von Aragonien mit Recht bestritten wurde, denn Heinrich IV. hatte 1468 die Thronfolge seiner Schwester Isabella garantiert. Hätte Alfons V. die Erbansprüche seiner Gemahlin durchsetzen können, dann wäre die überseeische Expansion der iberischen Völker unter einer vereinigten portugiesisch-kastilischen Monarchie vor sich gegangen und nicht in der hemmenden Rivalität zwischen Portugal und Kastilien.

Mit der Heirat von Isabella von Kastilien und Ferdinand von Aragonien war dann also eine Personalunion als Grundlage einer künftigen Herrschaft über Kastilien und Aragon geschlossen worden. Durch die Vereinigung dieser beiden Staaten errang Spanien seine nationale Einheit, die heute auch Katalonier, Basken und Galizier einzuschließen bemüht ist.

Alfons V. unterlag im Erbfolgekrieg und mußte im Frieden von Alcácovas 1479 Isabella und Ferdinand als rechtmäßige Herrscher in Kastilien anerkennen. Allerdings konnte er Kastiliens Anspruch auf Portugal abweisen. Diese Ereignisse zwangen Portugal — das nun auf der iberischen Halbinsel keinerlei Gebietserweiterungen mehr erwarten oder erhoffen durfte — seine Kräfte auf die überseeische Ausbreitung zu konzentrieren. Allerdings ließ sich Portugal erst im Jahre 1479 dazu herab, die „katholischen Könige“ anzuerkennen und allen Ansprüchen auf Kastilien, die es vorher erhoben hatte, zu entsagen.

König Johann II. eröffnete eine neue Epoche der inneren und äußeren Politik Portugals. Er stützte sich auf das Bürgertum und festigte die Gewalt der Krone. Damit brach er die Macht des Feudaladels.

Sein mächtigster Vasall und Gegner, der Herzog von Bragança, wurde wegen Hochverrats hingerichtet. Der Herzog von Viseu, der gegen den König konspiriert hatte, wurde von Johann II. persönlich erdolcht. Seine Zeitgenossen nannten ihn den „vollkommenen Fürsten“.

Johann II., der „vom Entdecken mehr verstand als jeder andere“, wie Kolumbus schrieb, widmete sich mit aller Macht den atlantischen Entdeckungsfahrten. Er beteiligte sich daran mit Schiffen, die er persönlich bauen ließ, um Handel mit Flandern und mit der Levante zu betreiben. 1487 beanspruchte er das Monopol für die Zuckerausfuhr ins östliche Mittelmeer und für die gesamte Lederausfuhr. Der Afrikahandel wurde nun Kronregal und von königlichen Faktoreien betrieben oder an private Personen und Handelsgesellschaften verpachtet. Die Krone besaß während seiner Regierungszeit das Monopol, aus Guinea Gold, Sklaven, Gewürze und Elfenbein einzuführen und Pferde, Teppiche, Leinwand, englische Tuche, Stichwaffen, Kupfer- und Zinnschüsseln und andere Gegenstände dorthin zu exportieren.

Auf den Atlantikinseln wurden den Kaufleuten größere Betätigungsfelder eröffnet. Sie konnten von der Krone Handelslizenzen erwerben, wobei ihr Gewinnanteil für diese Lizenzen von einem Zwanzigstel bis zu einem Viertel reichte.

Über die portugiesischen Entdeckungen und Prinz Heinrichs Anteil daran

Die portugiesischen Entdeckungen im 15. Jahrhundert stehen im Zeichen einer einzigen Persönlichkeit: des Prinzen Heinrich, der später der Seefahrer genannt wurde. Er soll der geistige Urheber der portugiesischen Entdeckungen gewesen sein, wird gesagt.

O. Peschel bemerkte dazu: „Unter seiner Leitung wurden die Portugiesen, die vor Kap Bojador zaghaft umzukehren pflegten, die unerschrockensten Seeleute ihrer Zeit. Solche Tüchtigkeit vermag ein Volk durch die Impulse edler Fürsten in überraschend kurzer Zeit erwerben.“

R. Hennig wiederum schreibt, daß „Prinz Heinrich seinem Volk und der Menschheit den Weg nach Indien wie nach Amerika gewiesen“ habe. „Er allein ist es gewesen, der den Samen für die stolzen Erntetage eines Kolumbus, eines Vasco da Gama ausgestreut“ hat.

Die „Chronica dos feitos de Guinee“ von Gomes Eanes de Zurara ist zwar als Geschichtsquelle nicht unbedingt zuverlässig, wie alle anderen dies ebenfalls nicht sind, aber sie vermitteln reiches Wissen über jene Zeit. Hinzu kommt, daß die überlieferten Dokumente lückenhaft sind. Es ist nicht auszuschließen, daß unter der überreichen Fülle vorhandener Dokumente in den Torres de Tombe noch entscheidend wichtiges Material zu finden sein wird. Es dort zu entdecken, ist aber ein schwieriges Unterfangen.

*

KAMPF GEGEN MAROKKO

Nach Heinrichs Tod — Es geht um Tanger — Die Schlacht von Arzila

Nach der Einnahme von Alcacer wollte Alfons V. weitere Eroberungen starten. Die Berater des Königs lehnten dessen diesbezügliche Pläne jedoch ab. 1460 bereits hatte Alfons V. Vorbereitungen getroffen, mit 2500 Reitern und einer dreimal so großen Fußtruppe nach Ceuta überzusetzen. Eine schwere Erkrankung hinderte ihn daran.

Im Jahre 1462 faßte er den Angriff und die Eroberung von Tanger ins Auge. Er schickte einige Kundschafter dorthin, denen es gelang, die Mauer der Stadt mit einer Strickleiter zu überwinden. Aufgrund ihres Berichtes wurde ein gleichzeitiger Sturm von der Land- und Seeseite beschlossen.

Im November 1463 verließ eine starke portugiesische Flotte Lissabon. Sie geriet kurze Zeit nach dem Auslaufen in einen schweren Sturm. Der Rat eines Piloten, im Hafen von Silves Schutz zu suchen, wurde von Alfons V. verworfen. Er befahl die Weiterfahrt.

Zwei Schiffe sanken im Sturm, die übrigen mußten Ceuta anlaufen. Von hier aus segelte die Flotte nach Wetteraufklärung in Richtung Alcacer weiter. Von dort schickte der König zwölf Galeeren mit ausgesuchten Kämpfern nach Tanger und zog selbst mit dem Gros der Truppen im Landmarsch an der Küste entlang.

Starker Seegang verhinderte die Landung der Galeeren. Aus Tanger und von den Wällen eröffneten die Mauren das Feuer auf die nahe vor der Küste kreuzenden Schiffe. Da Alfons V. dies als Zeichen zum Angriff vereinbart hatte, eröffnete auch er von Land aus den Angriff.

Sein Heer wurde zurückgeschlagen, und ein zweiter kurz darauf angesetzter Angriff blieb ebenfalls erfolglos. Der dritte brachte die Angreifer auf einen Teil der Wälle, aber das Eindringen in die Stadt wurde ihnen immer noch durch die verzweifelte Abwehr der Verteidiger verwehrt.

Die solcherart auf Mauern und Wällen festgehaltenen Portugiesen erlitten schwere Verluste. Die maurischen Bogenschützen erschossen etwa 200, 100 Soldaten gerieten in Gefangenschaft.

Damit war dieser Angriff gegen Tanger beendet. Die Angreifer hatten eine schwere Niederlage erlitten, was sie jedoch nicht davon abhielt, acht Jahre später, am 15. August 1471, Tanger erneut anzugreifen. Mit 400 Schiffen und einem Heer von 30.000 Mann — unter ihnen auch der erst 16 Jahre zählende Infant Johann, der gerade vermählt worden war — sollte der Sieg sichergestellt werden.

Alles, was in Portugal Rang und Namen hatte, war dabei. Diesmal mußte der große Schlag gegen Tanger gelingen.

In Lagos legte die Flotte einen kurzen Halt ein. Hier wurde das endgültige Ziel des Angriffs bekanntgegeben. Es war jedoch nicht Tanger, wie viele vermutet hatten, sondern Arzila, eine reiche Maurenstadt, die mitten in Obstgärten lag.

Auch diesmal war das Meer gegen die Portugiesen. Eine Galeere, verschiedene Segelschiffe und mehr als 200 Mann wurden von der wilden See verschlungen. Die Palisaden, die das Lager und die schweren Belagerungsgeschütze decken sollten, konnten nicht ausgeschifft werden.

Der König ließ kampfbegierig zwei Bombarden aufstellen. Als ihre Kugeln nach dreitägigem Feuer eine Bresche in die Mauer geschlagen hatten, befahl er den Sturmangriff. Arzila fiel. Von der Garnison zogen sich die weichenden Mauren in die Moschee und in die Burg Arzila zurück. Hier leisteten sie den letzten verzweifelten Widerstand.

Die Kämpfe waren auf beiden Seiten verlustreich. Aber die Mauren hatten mindestens 2000 Tote. 5000 fielen als Gefangene in portugiesische Hand. Mehr als 50 christliche Sklaven der Mauren konnten befreit werden.

Die riesige Beute betrug etwa 800.000 Goldobras (eine der spanischen Dublone entsprechende Goldmünze). Sie wurde unter alle Mitkämpfer verteilt. König Alfons V. seinerseits verzichtete auf jeden Anteil daran.

Unter den Gefangenen befanden sich auch Frau und Sohn des Sultans von Fez, der mit seinen Truppen zu spät zum Entsatz von Arzila herbeigeeilt war. Alfons nahm den Jungen mit nach Portugal. Ihm würde nach dem Tode des Sultans die Herrschaft in Marokko zufallen. Die anderen Angehörigen, auch die Frau des Sultans, tauschte er gegen die Gebeine des in maurischer Gefangenschaft gestorbenen Infanten Ferdinand aus.

Außerdem schloß er mit dem Sultan von Fez einen zwanzigjährigen Waffenstillstand, der Portugal den ungestörten Besitz von Ceuta, Alcacer und Arzila sicherte.

Portugals Ringen um Marokko

Innere Kämpfe im Reiche Marokkos hatten mit zu dem portugiesischen Sieg beigetragen. Sie sollten auch später die Eroberungen Manuels I. in Marokko wesentlich erleichtern.

Die Eroberung von Arzila hatte noch eine besondere Nebenwirkung, die sich für Portugal positiv auswirken sollte. Da nunmehr Tanger, zwischen Arzila und Alcacer gelegen, zwischen zwei Feuern lag, verließen viele Bürger diese Stadt. Auf diese Weise konnte sich Alfons V. ihrer wenig später ohne jedes Blutvergießen bemächtigen.

Von diesem Zeitpunkt an nannte sich Alfons V. (und später ebenso seine Nachfolger) „König von Portugal und der Algarve diesseit und jenseits der See.“ Algarve bedeutet, aus dem Arabischen kommend: El Gharbe — gegen Abend. Sie ist heute die südlichste Provinz Portugals und umfaßte zu Alfons Zeiten auch die Nordküste von Afrika, soweit sich diese in portugiesischem Besitz befand.

Goes merkte in seinen Schriften an: „Den Hauptnutzen aus diesem Besitzwechsel in Afrika hatte Andalusien, da sich nunmehr alle Schlüsselstellungen und Auslaufhäfen zur Straße von Gibraltar hin in christlichen Händen befanden.“

Es existiert eine Reihe von Gobelins von in Farbe und Form unübertroffener Schönheit, auf denen die Eroberungen von Arzila und Tanger festgehalten wurden. Nach den Entwürfen des Hofmalers Nuno Goncalves in Flandern, wahrscheinlich in Tournay, gewebt, kamen sie zwischen 1580 und 1628 nach Spanien. Diese Verlagerung bewahrte sie vor dem Schicksal der übrigen Gobelins und Kleinodien des Ostens, die sich im Lissaboner Palast befanden. Sie alle wurden während des großen Erdbebens von 1755 zerstört.

(Ansichten einzelner Teile dieser Gobelins sind in dem Werk „As tapecarias de tomada de Arzila“ von Dr. Relyaldo dos Santos, ferner in „L'Art portugais de l'époque des grandes découvertes“ wiedergegeben.) Diese Gobelins bilden einige der wenigen Dokumente der Kunst, die 1755 in Lissabon erhalten blieben.

Der Versuch Alfons‘ V., nach seinen Siegen ein Kolonialreich in Marokko zu gründen, wurde von seinen Nachfolgern fortgesetzt, die große Anstrengungen darauf verwandten, diese Aufgabe zu vollenden. Besonders das Haus Aviz war in dieser Hinsicht tätig. 1498 ließ Johann II., Alfons' V. Nachfolger, am Ufer des Larache ein Fort errichten, das er als Operationsbasis gegen Fez ausbaute. Aber der Sultan von Fez sperrte den Fluß und brachte die Soldaten dieses Forts in große Bedrängnis. Sie mußten den Platz räumen.

Im Jahre darauf griffen die Portugiesen Targa an und zerstörten diese Stadt. Agadir wurde 1505 erobert. Gegenüber von Mogador bauten sie eine Burg. Von hier aus griffen sie Safi an und nahmen diese Stadt in Besitz. Die maurische Festung Mazagao wurde wenig später nach Kampf in Besitz genommen, und 1515 segelte der Herzog von Braganca mit 400 Schiffen und 15.000 Mann aus. Sein Ziel war die Eroberung von Azamor.

Auch diese Stadt fiel. Die Portugiesen wurden damit Herren der marokkanischen Küste. Von der Küste des Mittelmeeres bis hinunter nach Agadir hatten sie alle wichtigen Häfen erobert und befestigt.

Doch nun zeigte sich, daß das portugiesische Volk wie sein Staatssäckel zu klein war, um eine so lange Frontlinie halten zu können.

Ständige Überfälle und Angriffe der Mauren verursachten hohe Verluste unter den Portugiesen an der westafrikanischen Küste. Der von der unterworfenen Bevölkerung verlangte Tribut *und* die Gewinne aus dem Handel mit dem Hinterland genügten nicht, um die riesigen Ausgaben wieder wettzumachen.

Als dann Marokko wieder unter einem einzigen Oberhaupt vereinigt war und Portugal nicht mehr einen der Kronanwärter gegen den anderen ausspielen konnte, wurde die Lage so schwierig, daß Johann III. seine Truppen auf Tanger und Arzila konzentrieren wollte. Er bat den Papst um die Erlaubnis, die Kirchen und Klöster in den damit freigegebenen Städten zu zerstören, damit sie nicht von den Ungläubigen entweiht würden.

Die erbetene Erlaubnis wurde gewährt, und ab 1546 waren nur noch Ceuta, Tanger und Mazagao in portugiesischer Hand. Auch diese Städte sollten nicht mehr lange den Portugiesen gehören. Ceuta fiel nach der Revolution 1640 an die Spanier. Tanger wurde 1661 als Teil der Mitgift Katharinas von Bragança an England abgetreten, und Mazagao wurde 100 Jahre später von den Mauren zurückerobert.

Durch diese Eroberungsversuche in Marokko war König Alfons V. nicht an einer weiteren Erforschung Westafrikas oder an noch darüber hinausgehenden Entdeckungsoperationen interessiert. Dies hätte die Kraft des nur etwa 1 1/2 Millionen starken Volkes erschöpft, die ohnehin schon sehr angespannt war.

Sintra, Gomes und Fernao Poo

Dennoch lebte in Portugal die Tradition von Heinrich dem Seefahrer weiter. Die einzige Reise, die innerhalb von zehn Jahren seit Heinrichs Tod unternommen wurde und Anspruch auf einen Entdeckungscharakter erheben konnte, wurde dann auch von einem Knappen des Seefahrers mit Namen Pedro de Sintra unternommen. Cadamosto, der immer noch in Lagos lebte, hat über diese Seefahrt berichtet, da er als Stadtschreiber bei dieser Expedition dabei war.

Im Jahre 1462 segelte Sintra mit zwei Karavellen aus Lagos aus, „um neue Länder jenseits der Negerküste zu entdecken". Er landete zuerst auf einer Insel an der Mündung des Rio Grande. In den Binsenhütten am Strand fanden die Portugiesen Figuren aus Holz, offenbar Götzenbilder.

Die beiden Karavellen setzten ihre Fahrt fort, als man sich nicht mit dieser Bevölkerung verständigen konnte, und gelangten 180 Meilen weiter nach

Süden zu einem Vorgebirge, dem sie den Namen Kap Verga (Das Gartenkap) gaben. Von hier aus stießen sie weitere 80 Meilen südlich auf ein neues Kap. Es war das höchste, das alle Afrikafahrer jemals gesichtet hatten, und war mit grünen Laubbäumen bis zum Gipfel hinauf bestanden. Sie nannten es in Erinnerung an die Residenz Heinrichs Kap Sagres.

Weiter im Süden wurden dann die Küste und das Hinterland bergig. Überall fanden die beiden Karavellen guten Ankergrund. Zwei Flüsse von mindestens vier Meilen Breite wurden passiert, und nach einer Fahrt von weiteren 69 Meilen erreichten sie abermals ein Vorgebirge, das ebenfalls bewaldet war; sie nannten es Cabo Ledo — das wonnige Kap.

Danach folgte ein hoher Gebirgzug, der die Küste etwa 50 Meilen weit begleitete; wegen des Donners, der ständig über seinem wolkenumhüllten Kap grollte, nannte de Sintra diesen Höhenzug Sierra Leone — Löwengebirge.

Jenseits davon wurde die Küste wieder flacher. Sandbänke stießen weit ins Meer hinein vor und machten die küstennahe Fahrt gefährlich. Je mehr sich die Karavellen dem Äquator näherten, desto tiefer sank der Polarstern. Am Kap Roxo, dem Roten Kap, das wegen seiner Erdfärbung so genannt wurde, schien der Polarstern nur noch etwa eine Mannshöhe über dem Horizont. Zwei weitere Vorgebirge, das Kap do Monte und Kap Mesurado, wurden passiert.

Nunmehr befanden sie sich an der Küste des heutigen Liberia. Hier flackerten plötzlich zahlreiche Feuer auf. Diese verbreiteten Kunde vom Nahen der beiden großen Schiffe. 16 Meilen von Kap Mesurado entfernt schob sich ein riesiger Wald bis zum Meeresufer vor, und als die Karavellen hier Anker warfen, näherten sich ihnen Kanus, in denen sich nackte Männer befanden, an deren Hälsen Ketten aus Menschenzähnen hingen.

Drei dieser „Wilden" wagten sich endlich nach langem Zögern an Bord. Einen von ihnen behielt Sintra auf dem Schiff, um ihn, dem Befehl des Königs gehorchend, nach Portugal zu bringen. Es fand sich auch in Lissabon eine Sklavin, die seine Sprache verstand und viel über seine Heimat erfuhr.

Einige Monate später schickte der König diesen Schwarzen, schön gekleidet und selbstverständlich getauft, mit dem nächsten Schiff in seine Heimat zurück.

Cadamostro erklärte, daß bis zum 1. Februar 1463, dem Tage seiner Abreise aus Portugal in seine Heimatstadt Venedig, kein weiteres Schiff weiter südlich vorgedrungen sei als jenes von de Sintra.

Sieben Jahre später, man schrieb das Jahr 1469, übertrug der König seine Rechte am Guineahandel für fünf Jahre und gegen Zahlung einer jährlichen Pacht an den reichen Lissaboner Kaufmann Fernao Gomes. Dieser mußte sich im Gegenzuge dazu verpflichten, jedes Jahr von Sierra Leone aus 100 Leguans weiter nach Süden vorzustoßen und die Küste und die See zu erkunden. Alles Elfenbein mußte dem König zum Preise von 1500 Reis je Quintal (100 Pfund) übergeben werden.

Fernao Gomes suchte sich einige sachverständige Mitarbeiter, und von nun an ging es wieder vorwärts. Soeiro da Costa stieß nun bis zu einem Fluß nahe Axim vor, der nach ihm benannt wurde. In Axim ließ König Manuel I. später eine Festung zum Schutz des Goldhandels errichten.

Bald darauf wurde Mina erreicht. Der Kapitän Fernao Poo stieß bis zu der Insel im Golf von Guinea vor, die seinen Namen erhielt.

Hier allerdings erlebten die Seefahrer eine herbe Enttäuschung, denn sie, die sich bereits auf dem kurzen Weg nach Indien wähnten, mußten erleben, daß sich die Küste, die bis dahin nach Osten verlaufen war, von Kap Palmas an wieder nach Süden wandte, was nicht mit ihren Berechnungen, direkten Weges nach Indien zu gelangen, übereinstimmte.

Dennoch führten die Kapitäne von Gomes ihre Forschungsaufgaben, wie es der Vertrag des Königs vorschrieb, weiter durch. Lopo Goncalves kreuzte dann den Äquator, während Ruy de Sequeira bis zum Kap Santa Catarina auf 2 Grad Süd kam. Auf der Heimfahrt entdeckte dieser noch die Inseln Sao Tomé und Principe.

Zur gleichen Zeit, da man diese großen Erfolge entlang der Westküste von Afrika erzielte, wurde auf eine Anregung von Portugal hin eine Entdeckung gemacht, die kaum ins Bewußtsein der Menschen von heute gedrungen ist.

In einem Werk des dänischen Geographen Claudius Clavus war Prinz Heinrich seinerzeit bei seinen Studien auf eine Angabe Mandevilles gestoßen, nach welcher dieser von China nach Norwegen gesegelt sein will. (Siehe: „Die Entdeckung des nordamerikanischen Kontinents 1472 bis 1473 durch die Dänen und Portugiesen" in: Bulletin der Lissaboner Akademie der Wissenschaften, Band XV, Seite 214, und: „Die Entdeckung Nordamerikas zwanzig Jahre vor Kolumbus". Kopenhagen 1925)

Diese Meldung veranlaßte Prinz Heinrich, sich auch mit dem Projekt einer nördlichen Durchfahrt nach Indien zu beschäftigen, das jedoch nicht zur Durchführung gelangte.

Zwölf Jahre nach Heinrichs Tod griff Alfons V. diese Idee wieder auf und bewog seinen Verwandten, König Christian I. von Dänemark, die arktischen Regionen erforschen zu lassen.

Führer der von König Christian I. ausgeschickten Expedition waren zwei in dänischen Diensten stehende Seeleute, die Deutschen Pining und Pothorst. Diedrik Pining, um 1430 in Hildesheim geboren, gestorben 1491 in Kopenhagen, soll 1473 von Island aus über Südgrönland die nordostamerikanische Küste wiederentdeckt haben. (Siehe S. Larsen: The discovery of North America twenty years before Columbus, Kopenhagen 1924, und Hennig, R.: Terrae incognitae, 4 Bd., Leiden 1956). Die beiden Portugiesen Joao Vaz Corte Real und Alvaro Martins Homem nahmen als Piloten an dieser Fahrt teil. Im Jahre 1477, einige Jahre nach Beendigung dieser Fahrt, wurden diese beiden Seeleute als Belohnung für eine Reise, die sie auf Alfons' Befehl nach der „terra de bacalhao“ unternommen hatten (ins Land des Stockfisches, also nach Neufundland, das damals so genannt wurde) mit der Verwaltung von Terceira betraut.

Nach Ansicht des dänischen Historikers Larsen hat die Expedition die Mündung des St. Lorenz-Stromes erreicht. Als Beweis seiner Theorie führte Larsen an, daß es eine 1551 in Paris veröffentlichte Karte gibt, auf der diese Strommündung eingezeichnet ist. Die Inschrift der 1537 von Gemma Frisius und Mercator gezeichneten Karte beweist dies ebenfalls.

Außerdem finden wir auf der Karte von Labrador im Atlas der Riccardiana-Bibliothek eine Bay, die „Joao Vaz“ genannt wird. Eine Bezeichnung, die sich unzweifelhaft auf Joao Vaz Corte Real bezieht.

Wie sich diese Geheim-Expedition zugetragen hat, ist frei nach Larsen folgendermaßen dargestellt:

Die Wiederentdeckung Amerikas

Portugals Abweisung des Vorschlages von Kolumbus, Indien zu entdecken, hatte eine besondere Bewandtnis. Die portugiesische Krone war bereits über jenes Land informiert, das Kolumbus suchen und erreichen wollte. Sie hatte bereits zwei Jahrzehnte vor Kolumbus jene Gestade erkunden lassen, die der Genuese zu erreichen hoffte.

Nicht aus Zufall hatten jene Schiffe ihren Weg dorthin gelenkt. Sie wurden auch nicht durch Unbilden der Witterung an diese Küste verschlagen, sondern sie wußten von diesem Land über jene Fischer, die sich bis dorthin vorgewagt hatten. Diese Fischer waren während ihrer Fangreisen nach Grönland gelangt und schließlich — dem reichen Fischsegen folgend — bis vor die Küste von Labrador vorgedrungen.

Und nicht nur die portugiesische Krone wußte von diesem offiziell nicht vorhandenen Land. Auch Christoph Kolumbus hatte sich während seines Aufenthaltes im Kloster la Rabida, vor allem aber in der Reederfamilie Pinzon, intensiv mit jenen spärlichen Meldungen und den üppigeren Gerüchten über diesen neuen Kontinent auseinandergesetzt, die in Portugal umliefen. Auf diese Weise hatte er sich ein Bild von jenem neuen Land zurechtgelegt und sich vorzustellen versucht, wo es liegen mochte.

Durch diese Kenntnisse und seine Vorstellungen von den großartigen wirtschaftlichen Möglichkeiten durchdrungen, die es in diesem neuen Lande geben mußte, wurde er zu seinem großen Abenteuer getrieben. Er ahnte, daß hinter jenem undurchdringlichen Wall, mit dem sich Asien umgab und den bisher nur Venedig und Genua hatten durchstoßen oder umgehen können, gewaltige Reichtümer für das kleine Europa verborgen sein mußten. Er wollte versuchen, Spanien — nachdem Portugal sein Anerbieten abgelehnt hatte — an diese Reichtümer heranzuführen.

So war es denn Spanien, das vom Vorschlag des Christoph Kolumbus profitierte.

Portugal war seit über 200 Jahren von den maurischen Eindringlingen befreit, während in Spanien erst 1492 die letzten Mauren geschlagen wurden. Portugal hatte bereits durch den Infanten Heinrich, der später der Seefahrer genannt wurde, seine Macht nach Übersee entlang der afrikanischen Küste ausgedehnt. Es wollte sich kein neues Land aneignen, das nicht seinen wirtschaftlichen Interessen dienen konnte. Die unwirtliche Küste von Labrador hatte für Portugal keinen Reiz. Die Portugiesen lehnten Kolumbus ab und verwarfen seinen Vorschlag. Der Grund für diese rätselhafte Haltung war lange Zeit unbekannt, bis man erste Karten des neuen Kontinentes Amerika fand, auf denen portugiesische Bezeichnungen standen.

Portugiesische Könige hatten bereits geheime Entdeckungsfahrten veranlaßt, die diese Küsten in mindestens einem Falle auch erreichten. Nicht von Portugal aus, denn dort saßen in jedem Hafen die Spione der Genueser, der Venezianer und anderer seefahrender Nationen.

Für Portugal brauchte Amerika also nicht mehr entdeckt zu werden. In Lissabon wußte man, daß im Westen jenseits des Atlantik ein großes Land lag und daß dort nichts anderes zu finden war als Holz und Fische. Gewürze gediehen dort nicht, Gold gab es auch keines.

Eine Reihe von Erkundungsvorstößen hatte dies bewiesen. Die einzige Expedition, über die wir heute mehr wissen, war jene des Jahres 1473, als nach langen vergeblichen Expeditionen der Versuch, auf dem Seeweg um Afrika herum Indien zu erreichen, schon fast als gescheitert angesehen werden mußte. 1472 hatte König Alfons V. von Portugal sich an seinen königlichen Vetter Christian I. von Dänemark gewandt, der zugleich auch über Island und über die christlichen Siedlungen auf Grönland regierte, um Dänemark als Absprungsort für die Erkundungsreise nach dem neuen Erdteil zu nutzen. Dänemark war ein Seefahrerland gewesen. Seine frühen Söhne, die Wikinger, hatten unter Beweis gestellt, daß sie neues Land finden und in Besitz nehmen konnten.

Dieses Volk war allen Unkenrufen zum Trotz ein Seefahrervolk geblieben und verfügte über eine zwar kleine, aber gute Flotte mit seetüchtigen Schiffen. Auf einigen von ihnen befehligten Kapitäne, steuerten Piloten, die zu den Besten gehörten, die es gab.

König Alfons V., der sog. „Afrikaner“, nahm sich dieser Frage nach einigen kleinen Abtastfahrten ganz besonders an. Er hatte sich erfolgreich Spanien widersetzt, das soeben erst eine nationale Einheit geworden war und sich auch Portugal einverleiben wollte. Er wußte sein Land als selbständigen Staat zu behaupten.

1471 wurde unter seiner Herrschaft Tanger erobert. Sein Sinn stand nach neuen großen Entdeckungen, und da er wußte, daß jedes aus portugiesischen Häfen auslaufende königliche Schiff argwöhnisch verfolgt wurde, wandte er sich an Christian I. von Dänemark und bat, ihn bei dieser Expedition mit Schiffen und Seeleuten auszuhelfen, seine Häfen in Dänemark zur Ausrüstung dieser Schiffe und die Siedlungen in Südgrönland als Zwischenstationen zur Verfügung zu stellen.

Christian I. sagte sofort zu, denn für seine Bereitschaft wurde ihm klingende Münze versprochen, die er dringend brauchte. Außerdem war die alljährlich den südgrönländischen Ansiedlungen verbürgte Schiffsreise zu deren Verproviantierung bereits wegen Geldmangels seit Monaten überfällig. Wenn

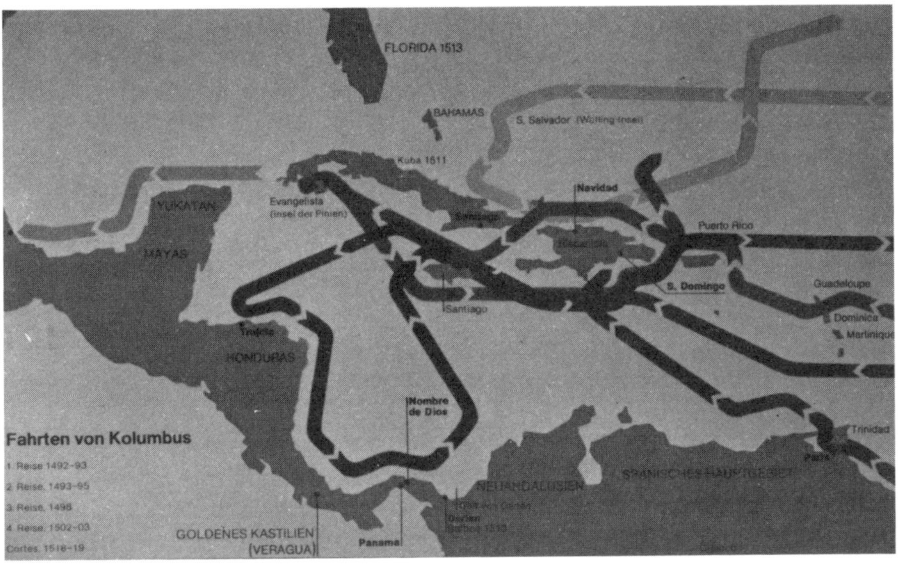

Die vier Reisen von Christoph Kolumbus.

Christian I. also Alfons V. diesen Wunsch erfüllte, schlug er gleich zwei Fliegen mit einer Klappe. Immerhin hatte Papst Sixtus IV. bereits angemahnt, die Christengemeinde auf Grönland nicht im Stich zu lassen.

Die Schiffe wurden also in Dänemark ausgerüstet und mit dänischen Seeleuten bemannt, die sich in den nördlichen Meeren gut auskannten und den Widernissen der Witterung besser standzuhalten vermochten als die an warme Meere gewöhnten portugiesischen Matrosen. Darüber hinaus würden dann die internationalen Spione, die in Porto, Lissabon und vor allem in Lagos saßen, nichts von dieser Expedition erfahren.

Die portugiesische Krone wählte den erfahrenen Kapitän Joao Vaz Corte Real als Führer der drei dänischen Schiffe und gab ihm für jedes dieser Schiffe einen erfahrenen Piloten mit. Einer von ihnen war Alvaro Martins Homem. Sie erhielten alle nautischen Instrumente und die besten vorhandenen Seekarten mit der Weisung, sie genau zu vervollkommnen.

Da aber die dänischen Schiffe nur unter dänischem Kommando segeln konnten, ernannte König Christian I. den Kapitän Diederik Pining aus Hildesheim zum offiziellen Führer der Expedition. Der Deutsche Diederik Pining stand bereits seit 18 Jahren in dänischen Diensten. Im dänisch-englischen Krieg von 1469 hatte er sich als Kommodore eines dänischen Kapergeschwaders besonders verdient gemacht, eine Reihe feindlicher Schiffe aufgebracht und in dänische Häfen bugsiert.

Als dann im Raume um Island die Schmugglerschiffe hausten, wurde Pining von Christian I. zum Befehlshaber einiger schneller Schiffe ernannt und mit der Vernichtung dieser Schmuggler beauftragt. Er entledigte sich auch dieser Aufgabe mit Bravour.

Einer seiner Begleiter auf allen diesen Fahrten war der Deutsche Pothorst. Er sollte als Stellvertreter von Kommodore Pining mitfahren.

Neben diesen beiden militärisch Verantwortlichen gab es also noch den offiziellen Führer der Expedition: Joao Vaz Corte Real. Sein Hauptpilot und königlicher Kartenzeichner war Johannes Scolvus. Dieser war von König Christian ausgewählt worden. Er stammte aus Polen und hatte an der Hochschule in Krakau, der besten im gesamten Ostseeraum, gelernt und gelehrt.

In Südgrönland angelangt, hatte diese Expedition zunächst einige Schwierigkeiten, mit den Skrälingern, wie die Eskimos genannt wurden, die inzwischen die alten, verlassenen Wikingersiedlungen in ihren Besitz genommen hatten, gut auszukommen.

Es gelang Pining, sie zum Tauschhandel zu bewegen und so einen Waffenstillstand herbeizuführen. Von dieser letzten bekannten Station aus führte Johannes Scolvus oder Jan Skolp, wie er vorher genannt worden war, die drei Schiffe weiter. Kommodore Pining waren nunmehr nur noch die kriegerischen Aktionen anvertraut. Scolvus führte die Schiffe durch eine Meerenge zwischen der später erreichten neuen Küste und einer Insel, die in die Seekarte als Fretum Arctium — Polarpassage — eingezeichnet wurde. Welche von den vielen Passagen in diesem Großraum es gewesen war, blieb unbekannt.

Die zwischen Dänemark und Portugal vereinbarte Expeditionsroute lautete jedoch „auf genauem Kurs von Osten nach Westen zu segeln". Dies läßt die Vermutung zu, daß es sich hierbei um die Hudsonstraße gehandelt haben mußte, jenen Meerarm, der die Labrador-See mit der Hudson-Bay verbindet. Diese nördliche Pasage hat zu einigen Spekulationen Anlaß gegeben.

Sollte die Expedition nicht etwa den neuen Kontinent, sondern nur nach einer Durchfahrt nördlich von Amerika in Richtung Ostasien gesucht haben? War den portugiesischen Kosmographen mehr über diese Möglichkeit bekannt, als bis dahin an die Öffentlichkeit gedrungen war. Was konnte Alfons V. darüber wissen, wenn er dieses Wagnis versucht haben sollte?

Auf alle Fälle wußte er sehr viel mehr als Kolumbus, der ja direkt in die Sümpfe Floridas geschippert wäre, wenn er seine vorher festgelegte Reiseroute durchgeführt hätte. Nur dem Zureden und den Beschwörungen des Reeders Pinzon war es zu verdanken, daß Kolumbus schließlich den Westkurs rechtzeitig aufgegeben hatte und nach Südwesten gesteuert war.

Corte Real und Pining stießen auf alle Fälle, wie S. Larsen in seinem Werk „The discovery of North America twenty years before Columbus" mitteilte, an der Hudsonstraße auf kleine Eskimosiedlungen. Nach Befragung dieser Menschen gaben sie ihren Westkurs auf und segelten nunmehr entlang der Küste nach Süden, um das von den Eskimos verheißene „Stockfischland", das heutige Neufundland, zu erreichen, das bereits portugiesischen, bretonischen und baskischen Fischern auf ihren Fangzügen in Sicht gekommen war.

So sprach denn auch der portugiesische Chronist dieser Reise nur von der Tierra de Bacalhaos (Land der Stockfische), wenn er das erreichte Ziel der Expedition beschrieb.

Sie segelten eine ganze Weile an dieser Küste entlang, zeichneten ihren Verlauf in die vorhandene Seekarte ein und kehrten schließlich, als diese Küste kein Ende zu nehmen schien, nach Dänemark zurück.

König Christian I. ernannte Kommodore Pining zum Admiral der dänischen Flotte und verlieh ihm nunmehr das Amt eines Vogtes von Island. Corte Real wurde (wie bereits erwähnt) Gouverneur auf einer der portugiesischen Atlantikinseln.

Als dann im August 1492 Kolumbus zu seiner Reise nach Westen aufbrach und die Kunde von einem reichen Land im Westen — bedeutend weiter südlich als angenommen — bekannt wurde, gab es für Gaspar Corte Real, einen Sohn von Joao Vaz Corte Real, kein Halten mehr. Nunmehr war über die Ausdehnung Amerikas dank seiner Expedition im Norden und jene von Kolumbus im Süden die Größe dieser Länder bekannt. Nunmehr wollte er jene Durchfahrt suchen, die sein Vater möglicherweise schon 1473 gesucht hatte. Im Jahre 1500 brach er zu dieser Expedition auf, von der er nicht mehr zurückkehrte.

Zwei seiner drei Schiffe waren vorzeitig von ihm nach Portugal zurückgeschickt worden. Er selbst aber blieb mit dem dritten Schiff im Nordosten Kanadas verschollen. Sein Bruder Miguel, der die Führung der beiden heimgekehrtenend-
wo im Norden.

Was Admiral Pining und Joao Vaz Corte Real und seine Söhne auch immer auf ihren Fahrten und der Suche nach einer Durchfahrt in Richtung Indien gesehen und erlebt hatten, es war bedeutend genug, die Suche eines Seeweges nach Indien auf der Südroute um das Kap der Guten Hoffnung herum weiter fortzusetzen und nicht auf die „Nordkarte" zu setzen.

Nicht zuletzt waren es die Erkenntnisse dieser geheimen Amerika-Expedition, die Portugal dazu bewogen, während der berühmten Teilung der Welt durch den Papst auf Amerika Verzicht zu leisten. Erst die später durch Papst Alexander VI. erfolgte Korrektur sicherte Portugal wenigstens den Besitz von Brasilien.

Portugal hatte sich gegen Amerika entschieden, weil es glaubte, daß das gesamte Land so unwirtlich sein müsse wie der hohe Nordosten, dessen Küstenregion Corte Real befahren hatte. Spanien aber hatte sich zu dem großen Wagnis entschlossen, weil es *nichts* über Amerika wußte.

Der Seeweg nach Indien auf der Südroute war das nächste große portugiesische Ziel, das auch erreicht werden sollte.

Beim Erlöschen des königlichen Vertrages mit dem Großkaufmann Fernao Gomes übertrug König Alfons V. alle Kolonialangelegenheiten seinem Sohn Johann. Der Initiative dieses Infanten verdankt offenbar die Welt die frühe Entdeckung des Seeweges nach Indien.

Auch die drei Gesetze von 1474, die portugiesischen Besitzungen betreffend, sind ein Werk Johanns. Das erste dieser Gesetze erhob den Afrikahandel zum Monopol des Königs und der Krone und verbot bei Todesstrafe jede private Beschäftigung in dieser Richtung.

Im zweiten Gesetz wurde für den übrigen Handel mit portugiesischen Kolonien eine besondere könglichliche Erlaubnis vorgeschrieben. Diese erlangte nur jener, der eine ausreichende Bürgschaft stellte. Damit wollte man der zunehmenden Freibeuterei ein Ende bereiten.

Das dritte Gesetz erneuerte und verbesserte noch die früheren Privilegien für alle, die Schiffe über 100 Tonnen bauten und ausrüsteten.

Im selben Jahr beauftragte Alfons V. seinen Berater, Kanonikus Fernao Martins, den Rat des florentinischen Astronomen Paolo Toscanelli einzuholen, um den besten Seeweg nach Indien finden zu können. In einem Brief vom 25. Juni 1474 empfahl dieser einen Weg in westlicher Richtung.

Dieser Brief, der in einer spanischen Fassung von Las Casas und in einer italienischen von Ferdinand Kolumbus bekannt wurde, ist viel umstritten worden, bis endlich 1871 der Originaltext auftauchte, der in lateinischer Sprache abgefaßt war. Toscanelli verließ sich in seinem Antwortschreiben auf die Angaben von Marco Polo und führte den König von Portugal in die Irre, denn 1474 gab es keinen Groß-Khan mehr in China, und China hieß nicht mehr Cathay; alle von Toscanelli aufgezählten Städte trugen andere Namen.

Der Streit um die Thronfolge

Im Jahre 1475 brach wegen der Thronfolge in Kastilien zwischen Portugal und dem unter Ferdinand und Isabella geeinigten Spanien Krieg aus, der nach vierjähriger Dauer mit einer Niederlage für Portugal endete.

Im Friedensvertrag von Alcácovas wurde Portugal der Besitz des eroberten Teiles von Nordafrika, Guinea und der südlichen Inseln zugestanden. Portugal mußte allerdings seine Ansprüche auf die Kanarischen Inseln fallenlassen.

Damit endete eine Reihe kolonialer Schwierigkeiten für Portugal, denn obgleich die verschiedenen Päpste Portugals ausschließliches Recht auf alle im Süden entdeckten Länder und Meere bestätigt hatten, forderten die kastilischen Könige unter Hinweis auf ihre fürstlichen gotischen Vorfahren, den einstigen Beherrschern der gesamten iberischen Halbinsel *und* des benachbarten Nordwestafrikas, diese stets für sich.

Heinrich IV. von Kastilien beschied sich endlich und verlangte lediglich, daß seine Untertanen im Süden ungestört Handel treiben durften, sofern sie ein Fünftel ihres Gewinns an die portugiesische Krone ablieferten.

Während des genannten Erbfolgekrieges war der alte Zwist erneut aufgelebt, und so hatten in afrikanischen und europäischen Gewässern immer wieder kleinere und größere Seeschlachten zwischen den beiden Kontrahenten stattgefunden.

Alonso de Palencia, dessen Chronik Heinrichs IV. von Kastilien darüber ausführlich berichtet, spricht von „der Frechheit der Portugiesen, die alle jenseits der Kanarischen Inseln aufgegriffenen Kastilier erschlagen oder verstümmelt hätten und sich sogar in den Besitz aller von jeher Kastilien gehörenden Inseln setzen wollten".

Ferdinand V., Nachfolger des kastilischen Königs Heinrich IV., befahl, in Andalusien 30 Schiffe bereitzustellen, die diesen brutalen portugiesischen Maßnahmen ein Ende bereiten würden.

Als plötzlich die Nachricht einging, daß ein portugiesisches Galeerengeschwader aus dem Mittelmeer heimkehre, die 30 Schiffe aber noch nicht fertig waren, wurden diesem Geschwader 30 leichte spanische Segler entgegengeschickt, um sie abzufangen und zu kapern.

Vor der marokkanischen Küste kam es zum Seegefecht. Der größte Teil der portugiesischen Kauffahrerschiffe fing bei dem Bombardement Feuer. Die beiden größten Galeeren brannten aus. 100 Mann fanden den Tod. Die Sevillaner erbeuteten 200.000 Dukaten und 600 Harnische aus Mailand, die von den Portugiesen dort gekauft worden waren.

Als schließlich auch die 30 Schiffe der andalusischen Flotte fertig waren und ausliefen, plünderten sie zunächst die Kapverdische Insel Sao Tiago und nahmen deren Bevölkerung samt dem seinerzeitigen berühmten Gouverneur Antonio de Noli gefangen.

Von Sao Tiago aus segelten sie zur Guineaküste und erbeuteten dort die beiden Karavellen des Marquis von Cadiz. Das ist auch schon alles, was der Historiker Palencia von der Flotte zu berichten wußte.

Es kam zwar zu einigen weiteren Geplänkeln. Die Männer von Palos besiegten sogar ein aus französischen und portugiesischen Schiffen zusammengesetztes Geschwader. Dann aber kehrte vorläufig Ruhe ein, und Ferdinand erteilte am 4. März 1478 den Seeleuten von Palos eine Lizenz, in der die offizielle Erlaubnis verkündet wurde, daß sie nach ihrem Belieben mit der Goldküste Handel treiben könnten.

Als portugiesische Wachschiffe nach Gültigwerden des portugiesisch-kastilianischen Vertrages von Alcacovas bei Mina 35 spanische Kauffahrerschiffe antrafen und dies meldeten, ordnete Alfons V. in einem Dekret an, daß in Zukunft die Mannschaften fremder Schiffe, die in seinem (ihm vom Papst gewährten) Machtbereich angetroffen wurden, „ins Meer geworfen“ werden sollten.

Wenig später wurde auch ein flämisches Schiff außer den vielen spanischen vor der Goldküste gestellt, wie Duarte Pacheco aus dem Jahre 1475 berichtete. Sein Bericht endete mit den dramatischen Worten:

„Gott ließ dies Schiff böse enden, denn es scheiterte, und die Neger fraßen alle 35 Mann der Besatzung auf.“

Als einige Jahre darauf abermals ein flämisches Schiff in diesen Gewässern aufgebracht wurde, enterten portugiesische Wachschiffe das Fahrzeug und warfen die Mannschaft der Flamen über Bord. Der Kapitän wurde vorher gezwungen, eigenhändig alle Waren an die Eingeborenen zu verkaufen, ehe sie ihn nach Lissabon beförderten, wo er zum Tode verurteilt und gehenkt wurde.

Auf der Versammlung der Cortes des Jahres 1482 wurde noch einmal gegen diese Eindringlinge in portugiesisches Hoheitsgebiet schärfster Protest erhoben. Im selben Jahr wollte ein englisches Geschwader ebenfalls zur Goldküste segeln. Davon erhielt Johann II., der nach dem Tode seines Vaters 1481 die Regierungsgewalt übernommen hatte, Nachricht. Er schickte eine Sondergesandtschaft nach London und verlangte von der Regierung, diesen Handel englischer Untertanen mit Guinea von Staats wegen zu verbieten.

Die weitere genealogische Entwicklung in Kurzübersicht

Mit Alfons V., der im Jahre 1438 an die Macht gelangte, als nach dem frühen Tod seines Vaters Duarte der portugiesische Thron verwaiste, trat ein noch jugendlicher König ans Ruder des portugiesischen Staatsschiffes. Alfons wurde von Adeligen erzogen und in deren Sinne beeinfußt. So konnte die Gewalt des Hochadels wieder die Vorhand gewinnen, Zug um Zug die frühere feudale Gesellschaftsordnung wiederherstellen und den Staat in ihrem Sinne „festigen".

Von seinem Vater Duarte (Eduard), der nach dem Tode Johanns I. im Jahre 1433 nur fünf Jahre an der Macht blieb und während dieser Zeit in intensive Kämpfe gegen die Mauren verstrickt war, wußte der junge Herrscher nicht mehr viel.

Alfons V. entwickelte sich zum „Rei cavaleiro" und erschien lediglich als Erster unter den Großen des Landes. Daß er seinem Onkel Heinrich freie Hand ließ und dessen überseeische Pläne förderte, war ein großes Verdienst. Aber auch er wollte sich Marokko oder wenigstens ein großes Stück dieses nordwestafrikanischen Reiches einverleiben, um weiter Absprungspunkte zu fernen Welten zu gewinnen.

Als er sich mit Juana Beltraneja verheiratete, geschah dies weniger aus Liebe denn als geschickter Schachzug. Juana war die umstrittene Tochter und Erbin Heinrichs IV. von Kastilien, deren Thronrecht allerdings von Isabella und Ferdinand von Kastilien angefochten wurde.

Wenn es Alfons V. gelungen wäre, die Erbansprüche seiner Gemahlin durchzusetzen, dann wäre die Expansion der iberischen Völker nach Übersee in *einer* Hand und unter *einer* Führung vereint und damit vor allem durchschlagskräftiger ausgeführt worden. Die Rivalitätskämpfe zwischen Spanien und Portugal hätten vermieden werden können.

Alfons V. blieb im Erbfolgekrieg gegen Kastilien nur zweiter Sieger, obgleich er beim kastilischen Hochadel große Unterstützung fand. Im Frieden von Alcacovas mußte er 1479 das kastilische Paar Isabella und Ferdinand als rechtmäßige Herrscher dieses Landes anerkennen. Damit verzichtete er auf eine territoriale Erweiterung seines Landes auf der iberischen Halbinsel.

Diese Ereignisse führten dazu, daß Portugal weiter und verstärkt auf die „Überseekarte" setzte.

Johann II., der als Nachfolger von Alfons V. 1481 an die Regierung kam, stützte sich wieder mehr auf das Bürgertum seines Landes. Er war mit allen Neigungen und Vorlieben, was man einen Renaissancefürsten nannte. Diese Bezeichnung war gerechtfertigt. Er liebte den Prunk und die rauschenden Feste.

Auf der anderen Seite aber war er ein kluger, seine Politik rücksichtslos verfolgender Herrscher. Die Macht des Feudaladels, die sich unter der Herrschaft seines Vaters gefestigt hatte, verstand er wieder zu brechen.

Spanien wurde von den Kundschaftern König Johanns II. besondes überwacht, denn König Ferdinand unterstützte jene Verschwörung, die nach der Thronbesteigung von Johann I. unter dem portugiesischen Hochadel ausbrach. Führer des Aufstandes war der Herzog von Bragança. Er war Herr über 50 Städte in Portugal und dünkte sich dem König gleich. Spaniens Guineahandel wurde von ihm begünstigt, und er verdiente nicht schlecht daran.

Es war die Cortes, die durch den Dritten Stand die Krone um Untersuchung darüber bat, mit welchem Recht der portugiesische Hochadel die Gerichtsbarkeit über einen großen Teil der portugiesischen Städte ausübe. Die Cortes verlangte Schutz gegen die Willkür dieser Herren und eine Finanzreform, bei welcher der Hochadel kräftig zur Ader gelassen werden sollte.

Johann II., dem bereits zwei Jahre vorher ein verräterischer Briefwechsel zwischen dem Herzog von Bragança und Spanien in die Hände gefallen war, griff schlagartig ein.

Der Herzog von Bragança, von dem gesagt wurde, daß ihm halb Portugal gehöre, wurde von den Häschern des Königs gefaßt, wegen Hochverrats vor Gericht gestellt, zum Tode verurteilt und hingerichtet. Dies war für alle übrigen aufmüpfigen Adeligen, so hochgestellt sie auch sein mochten, ein Zeichen, Johann II. zumindest zu respektieren.

Als dann schließlich noch der Herzog von Viseu gegen Johann II. konspirierte, ließ ihn der König zu sich bitten und — erdolchte ihn eigenhändig. Johann II. wurde also von keinerlei Skrupel geplagt, wenn es darum ging, seine Macht zu festigen.

Daß König Johann sich dieser Verräter erwehren konnte, verdankte er seiner Praxis. Er hatte von 1475 bis 1477 während der Abwesenheit seines Vaters als Regent geführt und seit dieser Zeit entscheidenden Einfluß auf die Staatsgeschäfte genommen, während sich sein Vater um die Erneuerung der portugiesischen Rechtsprechung kümmerte und die Fertigstellung der von ihm gegründeten Bibliothek in der Universität Coimbra überwachte. Die von Alfons V. und seinem Stab zusammengestellte Alfonsinische Gesetzessammlung, in welcher sämtliche seit Alfons II. in Portugal erlassenen Gesetze und gewohnheitsrechtlichen Bestimmungen zusammengefaßt wurden, waren Alfons' V. große Lebensaufgabe. Sein Sohn Johann II. ließ sie 1492 drucken.

Im Staat sah dieser König die Gesamtheit seiner Untertanen. Er war derjenige, der Recht sprach. Er war das Gesetz. Zugleich aber fühlte er sich — wenn man den zeitgenössischen Chronisten Glauben schenken will — auch in seiner Position als Herrscher immer noch als Diener des Rechts.

In der Chronik seiner Regierungszeit steht der bezeichnende Satz: „Obgleich Herr der Gesetze, machte sich Johann II. sogleich zu ihrem Diener, indem er zuerst ihnen diente." So nimmt es nicht wunder, daß seine Zeitgenossen ihn den „vollkommenen Fürsten" nannten. (Siehe R. de Pina: „Chróniqua del rey Dom Johan II.", Hrg. von A.-Martins de Carvalho, Coimbra 1950; und I. Gonçalves: „Peditos e epréstimos públicos em Portugal durante a Idade Média", Lissabon 1964).

Portugal wurde unter seiner und seines Vaters Regierungszeit zur ersten imperialistischen Macht Europas der Neuzeit, der Spanien rasch nachfolgte, als es ebenfalls — wenn auch fast 200 Jahre später — die Maurenherrschaft abgeschüttelt hatte.

Diese entscheidenden 200 Jahre kam Spanien zu spät. Portugal hatte bereits seinen Siegeszug um Afrika herum angetreten. Aber Kastilien folgte ihm dicht auf den Fersen. Portugal nahm ebenso wie Spanien wenig später die ausschließliche Souveränität auf den Meeren über alle von seinen Entdeckern erkundeten Inseln in Anspruch. Dieser Anspruch wurde dem Lande durch päpstliche Bullen gebrieft und gesiegelt.

Diese ersten Entdeckungen bereits steigertern durch ihre sofort erschlossenen Rohstoff- und Warenquellen die Einnahmen aus dem Handel. Die Gewinne wurden von den portugiesischen Herrschern in neue Unternehmungen investiert. Ein besonders frühes und treffendes Beispiel dafür war Heinrich der Seefahrer. Trotz aller seiner Erfolge und des Einsatzes größter Geldmittel war er am Ende seiner Tage immer noch bis über beide Ohren verschuldet, weil er immer größere Anstrengungen darin setzte, weitere Entdeckungen zu machen und für jede Münze, die er einnahm, zwei Münzen für weitere Forschungen ausgab. Dennoch: Sein Erfolg gab ihm — wenn auch erst später — hunderprozentig recht.

Durch Portugal wurde das Handelsmonopol der italienischen Stadtstaaten mit dem Osten tödlich getroffen. Portugal und schließlich auch Spanien traten an ihre Stelle und läuteten den Untergang von Venedig, Genua, Pisa und anderen Stadtstaaten ein.

Portugiesische und spanische Herrscher wurden zu Kaufleuten, beteiligten sich am Fernhandel, zogen aus allen erfolgversprechenden Produkten automatisch ihren Anteil. So wurde auch König Johann I. von Portugal, der den

Schiffsbau betrieb und Heinrich den Seefahrer mit diesen Schiffen schalten und walten ließ, schließlich zum Kaufmann. Er beteiligte sich mit einer Reihe der modernsten Schiffe am Handel mit Flandern, mit der Levante und schließlich mit den Inseln Madeira und Teneriffa, den Kanarischen Inseln und den Azoren sowie der gesamten westafrikanischen Küste.

Daß er im Jahre 1487 das Monopol für die portugiesische Zuckerausfuhr beanspruchte und erhielt und auch die Lederausfuhr fest im Griff hatte, kennzeichnet ihn neben seinen Qualitäten als Herrscher eines Reiches, das sich anschickte, die Welt zu erobern, wie auch als gewieften Kaufmann.

Der Kolonialhandel war der neueste Clou, und die Krone zögerte nicht, ihn an sich zu reißen. So wurde aus ihren anfänglichen Einzeloperationen schließlich ein Kronregal, in königlichen Faktoreien betrieben oder aber für ein gutes Entgelt an private Personen oder Firmen verpachtet, was wiederum Geld einbrachte, für das nicht das Geringste getan werden mußte.

Unter Johann II. wuchs sich dieser Handel zu einer Einnahmequelle erster Güte aus. Die Krone verfügte schließlich über das lukrative Monopol, aus Guinea Gold, Sklaven, Elbenbein und Gewürze einzuführen. Sie allein oder die von ihr dafür eingesetzten Händler durften Pferde, Tuche, Teppiche, Hieb- und Stichwaffen, Kupfer- und Zinnwaren und anderes in die Kolonien verschicken. Portugiesisch-Amerika schließlich sollte mit seinen ungeheuren Goldschätzen, Diamanten, Kakao und Kaffee zur wahren Goldgrube werden.

Dem privaten Handel war der An- und Verkauf von Bisamratten, Papageien, Seehunden, Affen, Baumwolle und ähnlichen Produkten gestattet, mit denen sich keine goldene Nase verdienen ließ.

So war es den finanzpolitischen Entscheidungen und Handlungen der Krone vorbehalten, den weiteren Verlauf und Erfolg der portugiesischen Entdeckungen in Übersee entscheidend zu fördern.

Kirche und Orden in Übersee

Während für Heinrich den Seefahrer der Kampf gegen die Mauren ein an sich gottgefälliges Werk war und man mit der eigenen Teilnahme an einem solchen Einsatz große Ehren und höchste Lebensfreude gewinnen konnte, vertraten seine Brüder Joao und Pedro die Auffassung, daß der Krieg gegen die Mauren noch kein Dienst an Gott sei, nur weil diese Gegner nicht Christen waren. Sie vertraten die Überzeugung, daß man die Mauren nicht wegen der einen Tatsache, daß sie eben Muslims seien, bekriegen dürfe.

Durch keinerlei Missionseifer oder Menschenfreundlichkeit haben sich die Portugiesen jedoch davon abhalten lassen, in Westafrika Hunderte und schließlich Tausende Neger zu fangen und diese als Sklaven zu verkaufen. Dabei boten sie immer wieder die Begründung an, daß die Heiden auf diese Art und Weise zu Christen bekehrt und eine höhere Zivilisationsstufe erreichen würden.

Das Geld für gefangene Sklaven nahmen sie natürlich auch in Empfang und versuchten immer den höchsten Preis herauszuschlagen. Womit diese Menschenjagden, die „zum Ruhme Gottes“ unternommen wurden, nur eine besonders schmutzige Art des Geldscheffelns waren.

Der portugiesische Klerus war auf keinen Fall damit einverstanden, daß *sein* Geld in überseeische Unternehmungen gesteckt wurde. Er beschwerte sich beim Papst und bat diesen, bei Alfons V. vorstellig zu werden und eine Senkung der hohen Abgaben für diese Zwecke zu erreichen.

Da auch der jeweilige Heilige Vater keine Notwendigkeit sah, die portugiesischen Expeditionen zu subventionieren, beschäftigte er sich selten mit diesem Problem. Lediglich sieben der insgesamt 69 päpstlichen Bullen, die zur Zeit der Entdecker erlassen wurden, befaßten sich mit den portugiesischen Entdeckungen; drei weitere mit den Kanarischen Inseln.

Die Dominikaner und Franziskaner in Portugal beschäftigten sich in dieser Zeit überwiegend mit den Versuchen, jüdische und maurische Bewohner Portugals zum Christentum zu bekehren.

Erst mit den Aktionen von Johann I. gegen Ceuta im Jahre 1415 begann auch der Einsatz der Franziskaner in Übersee. Ihr erster Vertreter, der sich dieser Sache verschrieb, war Joao de Xira, der die ausfahrenden Portugiesen 1415 nach Ceuta zum bevorstehenden Kampf gegen die Ungläubigen zu begeistern versuchte.

Franziskaner waren es auch, die nach der Eroberung von Ceuta das erste Kloster in dieser Stadt errichteten und besetzten, ohne daß von den Portugiesen im allgemeinen mehr als nur Ansätze zur Bekehrung der Mauren in Marokko getan worden wären.

Auf den portugiesischen Atlantikinseln der Azoren, auf Madeira und auf den Kapverden wurde schließlich von den Orden die Betreuung vor allem der portugiesischen Siedler übernommen. Auf den Kanaren wiederum wurden darüber hinaus auch die Guanchen „bekehrt“, oftmals mit Feuer und Schwert. Der Papst gab die Zustimmung für diese Bekehrungsversuche und ernannte den Franziskanerpater Bernardo bereits 1351 zum ersten Bischof der Kanarischen Inseln.

Johann II. von Portugal, der zwischen 1475 und 1477 bereits während der Abwesenheit seines mit seinem Heer im Kriege befindlichen Vaters Regent Portugals gewesen war, hatte die späteren Entdeckungsfahrten des Diego Diaz und Diego Cão gefördert. Mit Kastilien schloß er den Vertrag von Tordesillas. In diesem Vertrag unterwarfen sich Spanien und Portugal am 7. Juni 1494 dem Schiedsspruch von Papst Alexander VI., über den Besitz der entdeckten Gebiete und der künftigen Entdeckungsräume. Diese sollten durch eine in Nord-Südrichtung verlaufende Linie 370 Seemeilen westlich der Kapverdischen Inseln abgegrenzt werden.

Das im Jahre 1350 errichtete Kloster Santa Clara, in dem dieser Vertrag ausgehandelt wurde, sah nie wieder eine so wichtige Entscheidung.

Als Johann II. am 25. Oktober 1495 auf seiner Burg in Alvor — nur etwa 15 Kilomeer von Lagos entfernt — starb, trat Sohn Manuel an seine Stelle. Der am 31. Mai 1469 in Alcochete geborene Manuel, der später der Glückliche, aber auch der Große genannt wurde, war Helfer und Mäzen der Entdeckungsfahrer Vasco da Gama, Cabral und J. Corte Real. Auch er stärkte die Krongewalt in Portugal und reorganisierte die Finanzen. Durch seine geschickte Haltung vermied er kriegerische Auseinandersetzungen seines Landes mit anderen europäischen Staaten. Seine Rolle in der Vertreibung der Juden aus Portugal war eindeutig und klar. Andererseits aber gewann Portugal unter seiner Führung nicht nur das wichtige Indien und die Gewürzinseln von Malakka, sondern setzte sich auch auf Ceylon fest und eroberte Ormuz und Diu.

Hier nun Manuels Geschichte, die für Portugal von besonderer Bedeutung werden sollte.

Manuel der „Glückliche“

Manuel I., der von seinen Zeitgenossen der „Glückliche“ genannt wurde und später auch den Beinamen der „Große“ erhielt, hatte das arme Portugal dank seiner Vorläufer in der Regierung und vor allem dank Heinrichs des Seefahrers zu einer Weltmacht emporsteigen lassen. Er unterstützte die Entdeckungsfahrten und förderte die großen Reisen der Diaz und Cão, da Gamas, des Cabral und Corte Real entscheidend. Er gehörte wie seine Kapitäne und Entdecker zu jenen überragenden Erscheinungen, die Portugal eine neue Welt erschlossen, darin Portugiesisch-Amerika und Indien.

Darüber hinaus stärkte er die Krongewalt gegenüber dem Adel, zentralisierte die öffentliche Verwaltung und führte ein absolutistisches Regime. Unter seiner Führung wurde das Finanzwesen reorganisiert und das Steuer- und Zollwesen vereinheitlicht.

Die noch bei seinem Vorgänger vorhandenen und ausgeübten städtischen Freiheiten gegenüber der Krone wurden ausgemerzt. Die Städte verloren zu-

Die Ankunft Vasco da Gamas in Calicut am 28. Mai 1489.

Pedro Alvarez Cabral erreichte am 24. April 1500 Brasilien. (Zwei der berühmtesten Azulejos, Stadtpark Portimao.)

Portugiesische Siedlung in Brasilien.

Brasilianische Indianer auf der Vogeljagd.

Dieses Steinkreuz in Malindi wurde von Vasco da Gama aufgestellt.

Ruinen der portugiesischen Festung auf Ormuz, einer kleinen Insel im Eingang des Persischen Golfes. 1507 von Albuquerque erobert.

Fort Jesus in Mombasa: die größte portugiesische Festung an der afrikanischen Ostküste; Bauzeit 1593–1639.

Kerala an der indischen Malabarküste.

An der Ostküste Afrikas stießen die Portugiesen auf Moslems und Christen.

Der König von Cochin auf einem Kriegselefanten.

Ausritt eines portugiesischen Edlen in Indien. Der Sonnenschirm gilt als Zeichen seiner Vornehmheit.

Hier eine Variante mit Tragbett und Sonnenschirm.

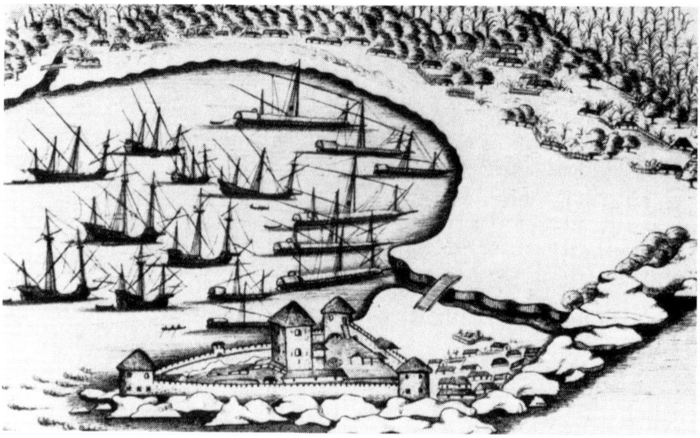

Ein portugiesisches Fort auf Ceylon. Im Hafen liegen portugiesische Karavellen.

Ein alter Stich von der Landung da Gamas in Indien.

sco da Gama als Admiral der Indischen ere.

Die „Barrio“ unter Kapitän Nicolao Coelho lief unter da Gama nach Indien.

Dieses Schiff war auch dabei. Sein Kapitän Goncalho Nunez mußte es wegen Personalmangels verbrennen.

Schloß und Stadt Vila Vicosa, Residenz der Könige von Portugal.

Johann IV., 8. Herzog von Braganza zieht in Lissabon ein.

Der Königspalast von Lissabon, zur Zeit Johanns V. und Pombals.

nächst ihre politische Bedeutung und sodann auch ihren territorialen Besitzstand.

Manuels I. Heirat mit Isabella von Spanien und nach deren Tode mit ihrer Schwester Maria, deren Tochter Isabella die Frau Karls V. und damit auch Mutter von Philipp II. wurde, waren geschickte Schachzüge, die sich allerdings zur Zeit seiner Enkel gegen Portugal richten sollten, wie an anderer Stelle berichtet werden wird. Manuel I. konnte nicht vorausehen, daß sein Reich aufgrund dieser verwandtschaftlichen Beziehungen zu Spanien im Jahre 1580 mit Spanien vereinigt werden würde und daß es erbitterter, jahrelanger Kämpfe bedurfte, um es wieder selbständig werden zu lassen und im Jahre 1668, also 88 Jahre nach diesen Ereignissen die spanische Anerkennung Portugals wiederzuerlangen.

Unter Manuel I. blühten in Portugal Wissenschaft und Architektur, Kunst und Literatur auf. Der Manuelinische Stil wurde zum Wahrzeichen dieser Epoche und des regierenden Königs. Sakrale und profane Bauwerke wurden errichtet, die diese Kunstrichtung verkörperten. (Siehe dazu. J. Osório: Da vida e feitos de El Rei Dom Manuel, Porto 1944; und D. de Gões: Crónica do felicissimo Rei D. Manuel, 4 Bd., Porto 1949—1955).

Eines jedoch fällt ebenfalls in die Regierungszeit dieses „glücklichen" Königs, das für lange Jahrzehnte seinen und seines Staates Ruf belastete. Neben seiner geschickten Außenpolitik, mit der er sich gegenüber Spanien zu behaupten wußte, konnte er es nicht vermeiden, daß er im Jahre 1496 zur Vertreibung der Juden aus Portugal schreiten mußte.

Judenverfolgung im 15. Jahrhundert in Spanien und Portugal

Als Ferdinand und Isabella von Spanien 1478 Papst Sixtus IV. darum baten, in einer Bulle die Schaffung eines Inquisitionstribunals befehlen zu dürfen, und der Papst diesem Wunsche mit seiner Bulle vom 1. November 1478 entsprach, war es dem spanischen Herrscherpaar überlassen, Inquisitoren zu ernennen. Dies war zuvor nur den Provinzialen der Dominikaner oder der Franziskaner zugestanden worden.

Damit war zunächst in Spanien, später aber auch in Deutschland und England die Kirche dem Staat unterstellt worden. Den Inquisitoren standen die Befugnisse zu, alle notwendigen weltlichen Instanzen einzusetzen. Gegen ungetaufte Juden und Mauren durfte das Tribunal allerdings nicht tätig werden.

Die Inquisition arbeitete nach eigenen Gesetzen und Regeln. Der Errichtung eines solchen Tribunals in einer Stadt vorauszugehen hatte die Verlesung eines Glaubensediktes von den Kanzeln der Kirchen. Darin erhielt die Bevölkerung den Befehl, alle Ketzereien zu melden und Freunde und Nachbarn, ja, selbst Blutsverwandte zu melden, falls sich diese der Ketzerei schuldig gemacht hatten. Verschwiegenheit und Schutz für die Denunzianten, Verfluchung und Exkommunizierung für alle jene, die diesem Befehl nicht nachkamen, wurden ausgesprochen.

Der Kalender zeigte den 10. September 1480 an, als Ferdinand und Isabella von Spanien die ersten Inquisitoren für Sevilla einsetzten. Am 6. Februar 1481 sprach das Inquisitionsgericht bereits die ersten sechs Todesurteile aus, und bis zum 4. November waren 298 Ketzer in den Flammen umgekommen.

1483 wurde durch Papst Sixtus IV. auf Bitten des spanischen Herrscherpaares der Dominikaner Thomas de Torquemada zum Generalinquisitor ernannt. Dessen Aktivitäten waren so grausam, daß Papst Alexander VI, ihm 1494 zwei Generalinquisiteure beigab, die ihn bremsen sollten. Doch Torquemada ließ sich nicht stoppen, sondern machte aus der Inquisition einen Staat im Staate.

Durch sie wurden zwischen 1480 und 1488 8800 Menschen verbrannt und 96.494 mit anderen schweren Strafen belegt. (siehe „Geschichte der Inquisition“ von Juan Antonio Llorente).

Dies geschah für das erklärte Ziel dieser Einrichtung, „alle Christen, alte und neue, beim rechten Glauben zu halten“.

Erst durch das Ausweisungsedikt vom 30. März 1491, das Ferdinand und Isabella erließen und unterzeichneten, begann der Exodus der Juden aus Spanien, denn alle ungetauften Juden mußten dieses Land vor dem 31. Juli desselben Jahres verlassen haben und durften nie wieder nach Spanien zurückkehren.

Mit diesem Schritt Spaniens setzte auch Portugals enge Verstrickung in die Judenverfolgung ein. Von den 150.000 Juden in Spanien ließen sich 50.000 taufen. 100.000 zogen den Exodus vor. Ihr Ziel war vor allen Dingen — Portugal, das ja am nächsten lag und am einfachsten, selbst zu Fuß, zu erreichen war.

Dort bestand auch bereits eine große jüdische Gemeinde, und König Johann II., der zu dieser Zeit noch Regent war, schien den Juden durchaus wohlgesonnen.

Als sich aber binnen kurzer Zeit 80.000 weitere Juden in sein Land drängten, mußte Johann I. zu schwerwiegenden Maßnahmen Zuflucht nehmen, da diese Sturzwoge fremder Menschen Portugal zu entfremden drohte. Immerhin betrug die Zahl der Einwohner Portugals seinerzeit nur etwa 1,2 Millionen. Der König setzte den Flüchtlingen eine Frist von acht Monaten, binnen derer sie das Land wieder verlassen haben und weitergewandert sein mußten.

Um ihnen die Ausreise zu erleichtern, ließ Johann II. Schiffe zu niedrigen Preisen zur Verfügung stellen. Als schließlich eine Seuche unter den wartenden Juden ausbrach und auch auf die Zivilbevölkerung übergriff, verlangte diese die sofortige Ausweisung aller Juden, die aus Spanien gekommen waren.

Die wenigen Schiffe, welche die Transporte der Juden übernommen hatten, wurden oftmals von räuberischen Kapitänen geführt, die zwar das Geld für die Passage kassierten, die Passagiere aber an den öden Küsten Nordwestafrikas aussetzten. Dort waren sie zum Hungertode oder zur Sklaverei unter den Mauren verurteilt, die sie suchten und auch fanden.

Ein Schiff, das mit etwa 250 von der Seuche befallenen Juden an Bord in letzter Sekunde aus Lissabon auslief, konnte in keinen Hafen Europas einlaufen. Überall wurde ihm das Landen verweigert. Es blieb vier Monate auf See, ehe die Seuche ausgewütet hatte und nur einige wenige Überlebende zurückließ.

Ein anderes Flüchtlingsschiff wurde in der Biskaya von Piraten geentert. Die Juden wurden ausgeplündert und schließlich das Schiff nach Málaga geschafft. 50 starben an Bord, ehe der Magistrat der Stadt Brot und Wasser an die Überlebenden verteilen ließ und dem Kapitän des Schiffes befahl, die Flüchtlinge nach Nordafrika zu schaffen und dort an einer unbewohnten Küste auszusetzen.

Nachdem die von König Johann II. erlassene Achtmonatsfrist abgelaufen war, ließ der portugiesische Herrscher die noch im Lande verbliebenen aus Spanien geflüchteten Juden kurzerhand als Sklaven verkaufen.

Kinder unter 15 Jahren wurden ihren Eltern entrissen und zu den St. Thomas-Inseln geschickt. Dort sollten sie von Christen zu Christen erzogen werden.

Nach dem Tode von Johann II., am 25. Oktober 1494 in Alvor auf seiner Burg in der Algarve verschaffte der neue König Manuel I. den Juden eine weitere Frist. Er setzte die von seinem Vater als Sklaven verkauften Juden wieder in Freiheit und verbot der Bevölkerung, gegen Juden zu agitieren, und der Geistlichkeit, ihre Gemeinde gegen sie aufzuhetzen. Er wies die Gerichte an, alle gegen Juden eingeleiteten Gerichtsverfahren einzustellen, in denen diese der Ermordung von Christenkindern — ein damals gängiges Märchen — angeklagt worden waren.

So schien zunächst Manuel I. frei von aller Schuld und bemüht, die Schuld seines Vaters wiedergutzumachen. Doch als er sich um die Hand Isabellas, der Tochter des spanischen Königspaares, bewarb, um später einmal alle Länder der iberischen Halbinsel unter seiner Herrschaft zu vereinigen, stellten ihm Ferdinand und Isabella das Ultimatum, entweder sämtliche Juden — einheimische wie eingewanderte — auszuweisen oder aber auf Isabella Verzicht zu leisten.

Diese Hürde und seinen eigenen Schatten konnte Manuel I. nicht überspringen. Er wählte Isabella und leitete damit das Drama der Juden in Portugal erneut ein. Er wollte seinen Traum unter allen Umständen wahrmachen, auch wenn dessen Verwirklichung über die Leichen von Tausenden von Juden ging. Immerhin hatten sie ja die Möglichkeit, zwischen Taufe und sofortiger Verbannung zu wählen.

Dies geschah bereits 1496, also im ersten Jahr seiner Regierung. Es stellte sich heraus, daß die portugiesischen Juden, auf Manuels I. Gnade nach wie vor hoffend, sich nicht taufen lassen wollten. Da der König nicht auf ihre handwerklichen Fähigkeiten verzichten wollte, ließ er alle fünfzehnjährigen jüdischen Kinder ihren Eltern fortnehmen und sie „im christlichen Glauben erziehen".

Die Geistlichkeit des Landes protestierte gegen diese Maßnahme. Einer der Bischöfe berichtete: „Ich habe viele Kinder gesehen, die an ihren Haaren zum Taufbecken gezerrt wurden." Auch Männer und Frauen wurden so zur Zwangstaufe in die Kirchen getrieben.

Die getauften Juden wandten sich an Papst Alexander IV. und baten um Hilfe. Dieser sicherte sie ihnen zu und schrieb Manuel einen Brief. Im Mai 1497 erklärte Manuel I., der Bitte des Papstes entsprechend, den zwangsgetauften Juden, daß sie in den nächsten 20 Jahren keinerlei Verfolgung mehr erdulden würden. Allerdings hatte er die Rechnung ohne das Volk gemacht. Einige Christen — sie waren Kaufleute wie viele der Juden — spürten deren Konkurrenz besonders stark und versuchten sich ihrer zu entledigen.

Als dann im Jahre 1506 ein Jude ein Wunder anzweifelte, das sich in einer der Kirchen Lissabons zugetragen haben sollte, riß man ihn in Stücke. Gleichzeitig wurde zur Hatz auf die Juden geblasen. Drei Tage und Nächte dauerte das Massaker an den Andersgläubigen. 200 Juden fanden hierbei den Tod. Hunderte wurden lebendig begraben.

Die kirchlichen Würdenträger verurteilten dieses Morden. Sie ließen zwei Dominikaner, die als Rädelsführer galten, vor Gericht stellen, das sie zum Tode verurteilte. Das Urteil wurde vollstreckt, und nun herrschte vorerst Ruhe.

Der Name Manuels I. war so für alle Zeit mit den Bluttaten gegen die portugiesischen Juden verknüpft. Als er am 13. Dezember 1521 in Lissabon starb, wurde auch sein Sohn und Nachfolger, Johann III., in den Strudel der Judenverfolgung hineingezogen.

Papst Clemens VII. erlaubte auf Drängen Karls V. nun auch den portugiesischen Kirchenfürsten im Jahre 1531 die Einführung der Inquisition, um die „novos cristaos" zu strengerer Religionsausübung anhalten zu können.

Von nun an wurden in Portugal auch die getauften Juden nach der Methode von Torquemada bespitzelt. Ihre Auswanderung hingegen wurde nicht nur nicht betrieben, sondern streng verboten. Soviel hatte wenigstens die portugiesische Krone aus den Verfolgungen der letzten Jahrzehnte gelernt, daß man diese Menschen nicht ohne ernstliche Schädigungen der Volkswirtschaft entbehren konnte. Den Christen wurde verboten, jüdisches Eigentum zu kaufen. Dennoch versuchten Hunderte Juden die Flucht. Sie wurden ergriffen und endeten auf den Scheiterhaufen der Inquisition.

Clemens VII. war von diesen Geschehnissen entsetzt. Er versuchte, sie durch die Begrenzung der Vollmachten gering zu halten und ordnete die Freilassung vieler Gefangener, ferner die Rückgabe ihres Vermögens an. In seiner Bulle vom 17. Oktober 1532 gab er die Richtlinien für die Behandlung solcher Neuchristen aus:

„Da sie gewaltsam zur Taufe geschleppt wurden, können sie nicht als Glieder unserer Kirche betrachtet werden; sie wegen Ketzerei oder Rückfalls zu bestrafen, wäre eine Verletzung der Grundsätze von Gerechtigkeit und Billigkeit. — — — Sie müssen mit sanfter Hand im Schoß der Kirche gehalten werden." (Siehe Graetz Heinrich: Die Geschichte der Juden, 9 Bd. Leipzig 1875).

1800 Juden erhielten durch die Eingriffe Johanns III. ihre Freiheit zurück.

Kurz vor seinem Tode bat Clemens VII. den päpstlichen Nuntius in Portugal darum, die Freilassung der inhaftierten Neuchristen zu beschleunigen.

Diesmal forderte Karl V. nach seinem erfolgreichen Angriffsschlag gegen Tunis gewissermaßen als Anerkennung seiner Verdienste vom Papst im Jahre 1536 auch von Portugal die Wiederherstellung der Inquisition.

Papst Paul III. gab scheinbar nach, stellte aber die Bedingung, daß die Angeschuldigten ihren Anklägern gegenübergestellt werden mußten. Er gab den Beschuldigten die Möglichkeit, das Appellationsrecht in Anspruch zu nehmen und den Papst zur Entscheidung anzurufen.

Durch eine geschickt geführte Hetzkampagne gegen die Juden wurde in Portugal weiter Haß geschürt. Dies gipfelte darin, daß einer von ihnen beschuldigt wurde, ein Manifest an der Lissaboner Kathedrale angeschlagen zu haben, in dem er bekundete, daß der Messias nicht der wahre Messias gewesen und das Christentum eine Lüge sei. (Siehe Graetz Heinrich: a.a.O.)

Die Kardinalskommission, die daraufhin von Paul III. zur Untersuchung dieses Vorfalles eingesetzt wurde, brachte die Tatsache ans Tageslicht, daß die portugiesische Inquisition die Festgenommenen in fensterlose Verliese schleppte und sie durch die vorgebliche Aussage von Unbekannten ohne Fakten anklagte, um die Angezeigten sodann durch einen Sachwalter zum Scheiterhaufen führen zu lassen.

„Selbst jener, dem es gelingt, seine Unschuld sonnenklar zu beweisen, wird zu einer Geldstrafe verurteilt, damit er nicht sagen kann, man habe ihn ohne Grund verurteilt. Die in Gewahrsam gehaltenen Angeklagten werden durch allerlei Marterwerkzeuge gepeinigt. Viele von ihnen sterben im Kerker, und die in Freiheit Gesetzten bleiben — sie und alle ihrigen — mit der Brandmarke ewiger Schande entehrt."

Paul III. versuchte diese Dinge in den Griff zu bekommen und die Inquisition zu mildern, doch der Terror gegen die Juden in Portugal ging weiter.

Im Jahre 1541 schiffte sich der Jesuitenmissionar Franz Xaver auf einem portugiesischen Schiff in Lissabon ein, um seine Missionierungsarbeit in Goa fortzusetzen. Dort angelangt, teilte er das Leben der Ärmsten. Er zog durch die Straßen dieser reichen portugiesischen Niederlassung, versammelte, mit Schellen läutend, die Menschen um sich und trug ihnen die christlichen Glaubenswahrheiten vor. Solcherart gewann er Tausende Hindus und Moslems für das Christentum.

Franz Xaver, zwar kein Sprachgenie, aber ein eifriger Arbeiter, trug seine Predigten in Tamil, in Malaiisch und Japanisch vor. Sein Glaubenseifer war derart stark ausgeprägt, daß er Johann III. dazu drängte, auch in Goa die Inquisition einzuführen. Dies wurde zum Glück für die „Heiden" in Goa vereitelt.

Franz Xaver, der mit bürgerlichem Namen Francisco de Jassu y Javier hießt, stammte von dem Schloß Javier bei Sangüessa. Er war als päpstlicher Legat im Auftrage von König Johann III., von Portugal 1541 nach Ostindien gefahren. Nachdem er in Goa die Menschen verschiedener Religionen kennengelernt hatte, sagte er:

„Ich will an einem Ort sein, wo es weder Muslims noch Juden gibt. Ich wünsche mir reine Heiden." (Siehe „Briefe" herausgegeben von G. Schurhammer und J. Wicki, Rom 1944—45).

Im Jahre 1549 brach Franz Xaver nach Japan auf. Auf dem Wege in dieses beinahe unbekannte Land lernte er Japanisch. Im Hafen von Kagoshima ging er mit seinen Begleitern an Land und begann dort zu predigen. Zwei Jahre darauf kehrte er nach Goa zurück und bereitete sich dort zu einer Reise nach China vor, die er 1552 antrat. Auf der Insel Tschang-tschouen unterhalb der Mündung des Kantonflusses versuchte er die Erlaubnis, an Land gehen zu dürfen, zu erhalten. Es war Europäern seinerzeit durch ein kaiserliches Edikt verboten, das Land der Mitte zu betreten. Trotz der Androhung der Todesstrafe wäre Franz Xaver dennoch an Land gegangen, wenn er eine Gelegenheit zur Überfahrt dorthin erhalten hätte. Als er auf eine solche Gelegenheit wartete, erkrankte er und starb am 2. Dezember 1552 im Alter von 46 Jahren.

GROSSE FERNFAHRTEN

Diogo de Azambuja – Diogo Cão und Bartolomeu Diaz

Nachdem König Alfons V. im Jahre 1474 den damals 19 Jahre zählenden Prinzen Johann mit der „Verwaltung von Guinea“ (der gesamten seinerzeit von Portugal entdeckten Westküste Afrikas, die so genannt wurde) „und der Erforschung der Meere, Länder und Völker, die zur Zeit des Infanten Heinrich unbekannt waren“, betraut hatte, traf Johann unmittelbar nach seiner Thronbesteigung als Johann II. im Jahre 1481 wirksame Maßnahmen, um seiner Rivalen auf diesem Gebiet Herr zu werden. Er befahl die Instandsetzung des verfallenen Forts Arguim und gleichzeitig den Bau eines starken Kastells in Mina. Hier befand sich das Goldzentrum Westafrikas.

Zwar war sein Rat dagegen und brachte eine Reihe von Einwänden vor. Doch Johann II. beharrte auf seinem Entschluß und suchte nach dem richtigen Mann, der diese Aufgabe würde meistern können. Er fand ihn in Dom Diogo de Azambuja.

Dieser hatte sich mehrfach im Krieg gegen Spanien ausgezeichnet. Garcia de Resende, einer der großen Autoren Portugals, der um 1470 in Evora geborene Dichter, schrieb später die Lebensgeschichte seines Mäzens Johann II. Darin berichtete er in seiner unter dem Titel „Vida e feitos de Dom João II.“ 1545 erschienenen „Chronik von Johann II.“ auch darüber, welche Wertschätzung Azambuja bei König Johann genoß.

Als Azambujas Tochter Cecilia sich verheiratete, gab der König dem jungen Paar zu Ehren ein großes Fest, bei dem auch getanzt wurde. Azambuja, der im Kriegsdienst ein Bein verloren hatte, stolperte im Gedränge auf der Tanzfläche hin und her und hörte darüber eine Reihe von Spottrufen. Als er in die Nähe der Estrada geriet, auf welcher der König in seinem Thronsessel dem fröhlichen Treiben zugesehen hatte, bemerkte Johann II. das Ungemach, unter der sein Kriegsheld Azambuja litt. Der König stand auf, schritt zur Estrada und reichte Azambuja stützend die Hand.

„Komm herauf!“ sagte er, „hier oben bist du sicher“! und dann, so laut, daß alle es hören konnten, fuhr er fort: „Und schere dich nicht um das, was die anderen plappern“.

Azambuja, des Königs Vertrauter, übernahm also die Fertigstellung des Kastells und den Posten als „Kommandant afrikanische Westküste“. Er versicherte sich der Hilfe einiger hervorragender Seeleute und Entdecker wie Bartolomeu Diaz und Joao Alfonso de Aveiro.

Im Dezember 1481 bereits — der neue König verlor keine Zeit — gingen die neuen Karavellen von Azambujas Kommando in See. 500 Handwerker und 100 Soldaten für das Kastell waren an Bord dieser Schiffe, die auch alles zum Bau notwendige, aber in Afrika nicht vorhandene Material mitführten. Zwei zusätzliche Transportschiffe, „Urcas“ genannt, von denen jede 400 Tonnen Ladefähigkeit hatte, mit Steinen und Holz für den Bau des Kastells beladen, waren bereits vorausgesegelt, weil sie bedeutend langsamer waren als die Karavellen. Sie hatten auch das Material zur Montierung und das schwere Geschütz an Bord. In der Bucht von Berzeguiche sollten sie sich treffen. Es war dies jene Bucht, die 1466 von Alvaro Fernandes erforscht worden war und die später unter dem Namen Gorée als Sklavenhändler-Ausgangspunkt traurige Berühmtheit erlangen sollte.

Die Karavellen waren nicht nach dem Geschmack des Königs, weil sie nicht mit schweren Geschützen bestückt werden konnten. Es gelang Johann II., der sich in bezug auf Geschütze und deren Aufstellung auskannte, große Bombarden an Bord aufstellen zu lassen, die fast in Höhe des Wasserspiegels feuerten, so daß in der Folgezeit nur wenige damit ausgerüstete Karavellen in der Lage waren, in direktem Beschuß eine große Anzahl von feindlichen Schiffen zu überwinden.

Zwölf Tage nach ihrem Auslaufen aus Lissabon traf Azambuja am vereinbarten Treffpunkt die beiden „Urcas“, und am 19. Januar 1482 erreichte seine versammelte Flotte Mina. Dort machte er sich gemäß dem ihm von König Johann II. übergebenen „Regimento“ — den Richtlinien, die der König allen Entdeckern, den Gouverneuren und anderen Herren mitgab und in dem alle wichtigen Fakten vorher geregelt und behandelt waren — auf die Suche nach einem geeigneten Standort für das Kastell von Mina. Als er die Küste absuchen ließ, stieß er auf ein portugiesisches Schiff, dessen Kapitän mit Casa Mansa dem Herrscher dieses Landesteiles befreundet war und Handel trieb. Dieser verwies Azambuja auf eine felsige Halbinsel, die leicht zu befestigen war, und erklärte, daß sich dort auch ein sicherer Ankerplatz und Süßwasser in der Nähe befinde.

Am nächsten Morgen ging Azambuja in festlicher Kleidung, begleitet von der gesamten Mannschaft, an Land und ließ im Schatten einer riesigen Baumkrone eine erste Messe lesen. Dann nahm er auf einem rasch gezimmerten Podium Platz, um Casa Mansa zu erwarten, nach dem geschickt worden war.

Als sich der Negerfürst mit einer großen Musikkapelle voraus diesem Platz näherte, wurde er von zahlreichen mit Bogen und Speeren bewaffneten nackten Kriegern begleitet. Seine Häuptlinge folgten ihm. Jeder von ihnen hatte einen Pagen dabei, der einen Holzschemel trug. Der König und seine Häuptlinge waren ebenfalls nackt. An Armen und Beinen des Königs gleißten Goldketten. In seinem Bart- und Kopfhaar hingen kleine goldene Glöckchen.

Azambuja erhob sich und schritt dem König entgegen. Während die portugiesischen Trompeten schmetterten, wurde der Portugiese von dem schwarzen Herrscher von Mina mit dem traditionellen Friedenszeichen begrüßt, indem sie einander mit den Fingerspitzen berührten. Dabei sagte der König „Bere — bere!"

Azambuja erklärte, nachdem alle Platz genommen hatten, daß sein Herr, König Johann II. von Portugal, Casa Mansa für die freundliche Behandlung der portugiesischen Händler und Seeleute danke und mit ihm ewigen Frieden halten wolle, damit diese Küste zu einem reichen Handelszentrum werde und auch der Reichtum von Casa Mansas Untertanenn wachse. Um die europäischen Waren sauber und sicher aufzubewahren, sei allerdings ein Haus notwendig. Casa Mansa möge die Erlaubnis zum Bau eines solchen erteilen, das an der Flußmündung errichtet werden sollte.

Nachdem der Dolmetscher dies übersetzt hatte, erklärte der König, daß die wenigen Weißen, die er gesehen habe, gewöhnliches Volk gewesen seien, anders aber diese Männer, die er nun vor sich sehe. Casa Mansa gab nach einigen Hin- und Herreden die Genehmigung zum Bau eines solchen „Hauses", und die Arbeit wurde sofort in Angriff genommen.

Nach drei Wochen war das Hauptbollwerk, ein in der Mitte gelegener massiver Turm, bereits erstellt. Burg, Kirche, die Wohngebäude und Schuppen waren wenige Wochen später fertig. Alles dies wurde abschließend mit einem Wall umgeben.

Nunmehr forderte das Klima seinen Tribut. Immer mehr Leute erkrankten, und so bald wie möglich schickte Azambuja die Mehrzahl von ihnen heim. Nur 60 Gesunde blieben bei ihm zurück. Er selbst blieb 31 Monate unter diesen fürchterlichen klimatischen Verhältnissen in Mina, bis sein Werk vollendet war.

Von Duarte Pacheco wissen wir, wie es ausgesehen haben mußte und wie es auf die damalige Welt wirkte:

„In dieser großen Niederlassung, die von Azambuja angelegt wurde, gedeiht der Handel durch Gottes Gnade so prächtig, daß sie jährlich 170.000 Dobaras reines Gold nach Portugal schickte. Neger aus verschiedenen Völkerstämmen kamen hierher, lieferten das Gold ab und nahmen dafür die von ihnen gewünschten Waren mit. Der Gewinn beläuft sich auf fünf zu eins und mehr. Doch das Land ist wegen seines Fiebers höchst ungesund, und die Weißen sterben hier sehr rasch. Jährlich sind zwölf kleinere und drei bis vier größere Schiffe mit diesem Handel von und nach Minas beschäftigt."

1486 gewährte Johann II. der Siedlung Minas die Privilegien einer Stadt. Er selbst fügte seinen vielen Titeln jenen eines „Herrn von Guinea" hinzu. Azambuja erhielt als Belohnung für seine Arbeit in Minas die Genehmigung, eine Burg in seinem Wappen zu führen.

Auch unter König Manuel spielte Azambuja noch eine wichtige Rolle, vor allem in den marokkanischen Feldzügen. Der Maurenfestung Mogador (heute Essauira) gegenüber errichtete er das „Castello Real". Er eroberte mit seiner Truppe Safi und wurde Statthalter dieser beiden Städte.

Als er am 15. August 1518 starb, hatte er das 84. Lebensjahr erreicht.

Da Johann II. bedeutend mehr Mittel zur Verfügung standen als dem Infanten Heinrich, gelang es ihm während seiner Regierungszeit, eine wirksame maritime Organisation aufzubauen. Die gewaltigen Goldeinnahmen aus Mina taten ein Übriges, um seine Ratgeber und die Cortes allen Expansionsplänen zustimmen zu lassen. Der Reichtum kam aus Afrika, das wußten sie, und den wollten sie mit allen Mitteln erhalten und, wenn möglich, noch mehren.

Schiffe, Piloten, Kapitäne, Kosmographen und Kartenzeichner wurden engagiert. Sie gelangten aus Portugal selbst, aus Spanien, Frankreich, Genua und Venedig an den portugiesischen Hof.

So kam es zu den sensationellen Entdeckungen, die unter seiner Regierungszeit gemacht wurden. Während Heinrich der Seefahrer und Alfons V. noch dem Kreuzfahrerideal des Mittelalters anhingen, war Johann II. bereits der Neuzeit verpflichtet und erhielt vom Volk den Namen „der vollkommene Fürst". Daß er sich auch um den christlichen Glauben kümmerte, lag weniger an seiner Frömmigkeit als daran, daß er die Wirkung und wertvolle Hilfe des Christentums für die Expansion Portugals erkannte und nutzte.

Einer der zeitgenössischen Chronisten sagte von Johann II.: „Sein Geist weilte immer in der Ferne. Er war stets gewillt, das Reich zu vergrößern."

Johann hatte selbst Kosmographie und Kartenkunde studiert. Er ernannte einen Ausschuß von Sachverständigen, zu denen auch der Mathematiker José Vizinho und Professor Zacuto, der Hofastronom Johanns II., gehörten, die gemeinsam das Verfahren entwickelten, die Höhe der Sonne zur Mittagszeit zu berechnen, und zweckdienliche Deklinationstabellen dazu ausarbeiteten. Damit folgte Johann II. Heinrichs des Seefahrers Beispiel, der ja auch den Meister Jacomo von Mallorca, den Kartographen von Abraham Cresques, in seine Dienste nahm.

Mit Diogo Cão zum Kongo und nach Angola

Im Jahre 1482 schickte Johann II. den Kapitän Diogo Cão auf eine neue Entdeckungsreise. Noch waren die Deklinationstabellen nicht vollständig. Wichtig war ja auch in bezug auf die Navigation, daß nach Überschreiten des Äquators der Kurs nicht mehr nach dem Polarstern ausgerichtet werden konnte.

Diogo Cão stammte aus dem Volk. Sein Großvater hatte unter Johann I. im Unabhängigkeitskrieg gekämpft. Sein Vater hatte unter Alfons V. das Waffenhandwerk ausgeübt. Diogo selber aber war bereits 1480 dabeigewesen, als es galt, vorher genannte flämische Schmugglerschiffe vor Mina aufzubringen. Damit galt er bereits als „alter Afrikafahrer".

Zum ersten Male wurden von Diogo Cão auch die „Padroes" mitgenommen. Diese Padroes wurden nun anstelle der von Heinrich aufgestellten Holzkreuze an den entdeckten Landstellen aufgerichtet, als Zeichen, daß hier Portugal herrschte. Es waren Steinpfeiler mit einem Kapitell, das von einem Kreuz gekrönt wurde. Auf der Vorderseite war das Wappen Portugals eingemeißelt. Die Rückseite wurde später mit einer Inschrift versehen, die Datum und Namen des Königs und des Entdeckers trugen.

Cão's beide Fahrten sind nur in wenigen Sätzen von den Geschichtsschreibern seiner Zeit übermittelt worden. Der Frankfurter Geograph Ernst Georg Ravenstein, schrieb nach intensiven Studien der Quellen eine Abhandlung, die den Titel trägt: „Die Reisen von Diogo Cão und Bartolomeo Dias" (in: Geographical Journal, London, Dezember 1900).

Selbstgezeichnete Karten veranschaulichten diese Reisen. Nach Ravenstein ging Cão im Juni 1482 in See. Er verproviantierte sich in Mina und segelte ohne weitere Zwischenlandungen bis zum Kap Santa Catarina, dem weitesten Punkt, den die Portugiesen auf dem Wege um Afrika herum bis dahin erreicht hatten.

Nach dem Wort „aguada" zu urteilen, nahm Cão unweit dieses Kaps Wasser auf, ehe er nach der Loango Bai weitersegelte. Diese Bucht nannte er wegen ihrer Schönheit „Praia Formosa de Sao Momingo".

Mit einer Notiz auf der Karte des Kartographen Seligo ist diese Station eingezeichnet. Aus ihr geht ferner hervor, daß noch fünf Leguas von der Küste entfernt Süßwasser anzutreffen war. Dies wiederum zeigte Cão an, daß er sich in der Nähe einer großen Flußmündung befand. Es war der Kongo, der später Zaire genannt wurde. (Eine Verstümmelung der einheimischen Bezeichnung Nzadi).

Am Südufer seines Mündungsbeckens wurde der erste Steinpfeiler aufgestellt. Er wurde beim Eindringen der Holländer in das Kongogebiet im Jahre 1624 von diesen zerstört.

Cão ließ den Strom ein Stück weit hinauffahren. Seine Dolmetscher erfuhren durch Zeichensprache von den Eingeborenen, daß mehrere Tagesreisen weiter landeinwärts der große König Mani Congo wohne. Nach diesem Herrscher wurde der Fluß von den Portugiesen 'Congo' genannt. Die Schwarzen kamen ohne Scheu an Bord, um Tauschhandel zu betreiben.

Nach einem Aufenthalt, der mehrerer Monate dauerte, segelte Cão weiter nach Süden und erforschte die Mündungen des Vernao Vaz (Dandefluß) und des Rio do Pablo (Catumbellafluß). Sie gingen, nachdem sie an der gesamten Angolaküste vorbeigesegelt waren, beim Kap Lobo, dem heutigen Kap Santa Maria, vor Anker. Hier wurde der zweite Steinpfeiler aufgestellt. Dieser wurde später nach Portugal zurückgebracht und steht heute im Museum der Geographischen Gesellschaft in Lissabon. Er ist ohne das Kreuz, das verlorenging, 2,16 m hoch und wiegt zwischen 400 und 500 Kilo. Seine noch immer lesbare Inschrift lautet:

„Im Jahre 6681 seit der Erschaffung der Welt und 1482 seit der Geburt Jesu Christi ließ der höchst erlauchte, höchst ausgezeichnete und mächtige Fürst, König Johann der Zweite seines Namens von Portugal, dieses Land durch seinen Knappen Diogo Cão entdecken und diesen Pfeiler errichten."

Als die Expedition auf dem Rückweg wieder am Kongo anlangte, fand Cão die Boten, die er zum Herrscher dieses Landes geschickt hatte, nicht vor, obgleich sie bereits viel länger als vereinbart fort waren.

Er nahm vier Schwarze von hohem Rang, die sein Schiff besuchten, einfach fest, um sie einmal als Geiseln für die Rückforderung seiner Boten zur Verfügung zu haben, und andererseits, weil sie Portugiesisch lernen und König Johann II. über ihre Heimat berichten sollten.

Diogo Cão teilte den anderen Schwarzen, die auf dem Schiff waren, mit, daß er diese vier Männer in 15 Monaten wieder zurückbringen werde, und ließ als Bürgen dafür einige seiner Leute am Kongo zurück.

Chronist de Pina meldete, daß diese vier Menschen gut behandelt worden seien, daß aber König Mani Congo geschworen habe, alle Weißen zu töten, wenn nicht seine vier Untertanen zur festgesetzten Zeit wieder zurückgebracht würden.

Im April 1484 lief Cão mit seiner Karavelle wieder in den Tajo ein. Der König schlug ihn zum Ritter und gewährte ihm eine Leibrente auf Lebenszeit. Er erhielt die Genehmigung, zwei Pfeiler in seinem Wappen zu führen.

Aus Rücksicht auf die am Kongo zurückgebliebenen Landsleute mußte Diogo Cão nun sehr rasch wieder aufbrechen. Er stellte auch während dieser Fahrt zwei weitere Pfeiler auf; einen am Monte Negro und den anderen beim Cape Cross (Kreuzkap). Der erste befindet sich jetzt wieder in Lissabon. Der zweite wurde im Jahre 1893 nach Kiel geschafft. Der deutsche Kreuzer „Falke" brachte diesen Pfeiler nach Deutschland mit. Er stand am Kreuzkap bereits um 45 Grad geneigt und wäre sehr bald umgefallen. Damit war er als Seemarke unbrauchbar geworden. Als Ersatz wurde eine neue Säule aus schwarzem Granit nach den Maßen der alten gefertigt, mit dem Reichswappen und folgender Unterschrift versehen: „Auf Befehl Seiner Majestät des Deutschen Kaisers und Königs von Preußen, Wilhelm II., im Jahre 1894 an Stelle der ursprünglichen, im Laufe der Jahre verwitterten Säule aufgestellt."

Seine vier Gefangenen nahm Diogo Cão auf seiner zweiten Expedition wieder mit und schickte einen davon, als er am Kongo angelangt war, zum Negerkönig Mani Congo mit der Bitte um Austausch, der auch reibungslos vollzogen wurde.

Danach stieß er weiter nach Süden vor und erreichte das Kreuzkap — 1450 Meilen jenseits vom Kap Santa Catarina.

Dort starb er, wie ein Vermerk auf der Martelluskarte zeigt. Auch in dem Bericht über den Kongreß der spanischen Astronomen und Piloten aus dem Jahre 1525 in Bajadoz werden die gleichen Angaben gemacht.

Der portugiesische Historiker Barros hingegen spricht von Diogo Cão's Heimkehr. Auch Ravenstein vertrat diese Ansicht und bezeichnete 1486 als Jahr des Wiedereintreffens der Expedition in Portugal. Wie Barros berichtete, segelte Cão während der Rückreise auch den Kongo hinauf. Eingravierungen aus dieser Zeit auf einem Felsen unweit der Einmündung des Mposo in den Kongo zeigen, daß er mindestens bis zu diesem Punkt gekommen sein mußte.

Demnach passierte er also auch Boma, Noki und die als „Höllenkessel" bezeichneten Strudel, eine Enge, durch die der Kongo mit 10 Meilen Geschwindigkeit strömt.

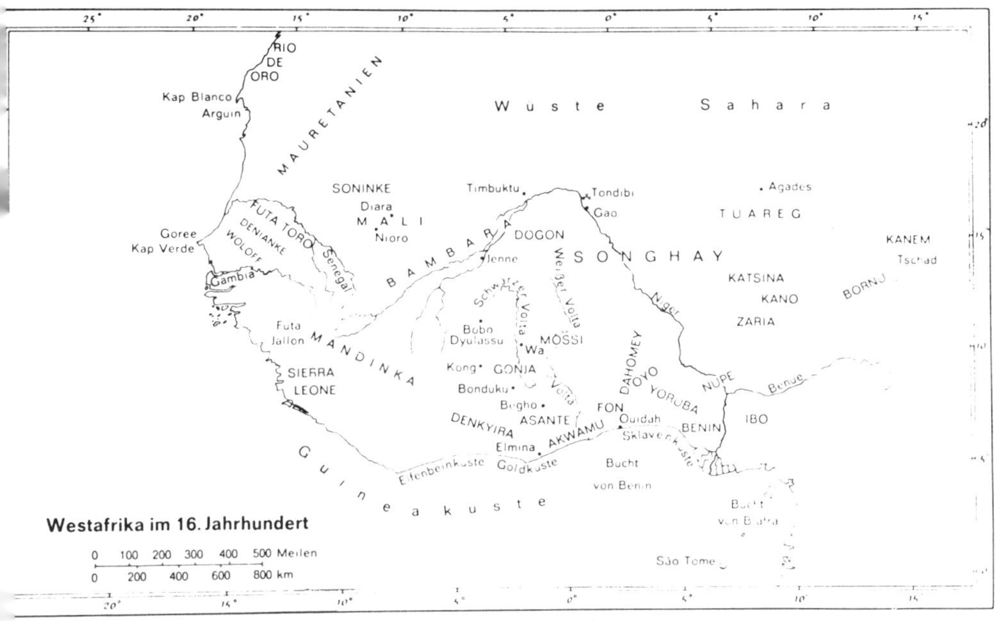

Westafrika, im 16. Jahrhundert fest in portugiesischer Hand.

Die betreffenden Eingravierungen bestehen aus dem portugiesischen Wappen und einer Inschrift, die besagt, daß „die Schiffe König Johanns II. dort anlangten“. Außer dem Namen von Diogo Cão sind jene seiner drei engsten Gefährten eingraviert: Pero de Escolar, der spätere Pilot der „Berrio“, auf der Vasco da Gama seine erste Fahrt unternahm, Joao de Santiago und Joao Alvares, die beide mit Bartolomeu Diaz das Kap der Guten Hoffnung umsegelten.

Zwischen den Portugiesen und den am Kongo lebendenden Negern herrschte nach den Bekundungen des Historikers Pina (in der Cronica de Dom Joao II.) gutes Einvernehmen. Pina berichtet:

„Mani Congo, der Herr des Landes, bat um Maurer und Zimmerleute, da er wünschte, daß es in seinem Reich ebenso aussähe wie in Portugal. Auch vertraute er Diogo Cão einige Söhne seiner Vornehmen an, damit sie in Lissabon getauft würden.“

Im Jahre 1489 kam schließlich der entthronte Negerfürst Bemoi, von Verwandten und Würdenträgern begleitet, nach Lissabon und flehte Johann II. um Hilfe an, die man ihm früher versprochen hatte, falls er sich zum Christentum bekehre.

In Lissabon nahmen Bemoi und 25 seiner Untertanen die Taufe. Daraufhin schickte König Johann II. ihn mit einem Geschwader unter Vaz da Cunha heim. Cunha wurde beauftragt, an der Mündung des Senegals ein Fort zu errichten, weil man damals noch der Überzeugung war, daß dieser Strom nach Timbuktu einem der größten afrikanischen Inlandsmärkte, führe.

Unterwegs ließ sich Vaz da Cunha einreden, Bemoi beabsichtige, Verrat zu üben. Er erschlug ihn „zum großen Kummer unseres Königs, der gehofft hatte, daß er durch Bemoi mit dem Priester Johannes in Verbindung treten könne, um von diesem Hinweise über den Weg nach Indien zu erhalten“ (Pina).

Johann II. hatte mehrfach versucht, seine Handelsbeziehungen auch auf das Innere Afrikas auszuweiten. So ließ er in dem wichtigen Karawanenknotenpunkt im Innern, Oden, (landeinwärts von Kap Branco gelegen) eine Faktorei einrichten. Er schickte Gesandte zu den Herrschern in Timbuktu, Tucurol und Mandingaland. Über Mina versuchte er eine Verbindung mit dem König von Mossi herzustellen, der nach den Aussagen einiger Negerhäuptlinge ein Vasall oder Nachbar des Priester-Königs Johannes sei.

Als Joao Alfonso de Aveiro, der in Benin westlich des Unterlaufes des Niger eine Faktorei gegründet hatte, im Jahre 1486 von seiner Erkundungsfahrt heimkehrte, hatte er einige Dinge zu melden und vorzuzeigen, die aufmerken ließen. Vor allem war es der Guineapfeffer, der die Kaufleute alarmierte. Aveiro berichtete:

„Zwanzig Monde Marsch von der Küste entfernt lebt ein Monarch, dem seine Untertanen dieselbe Verehrung erweisen wie die Katholiken dem Papst. Die Könige von Benin bitten ihn um die Bestätigung ihrer Wahl, und billigt er diese, dann sendet er ihnen einen Messinghelm, ein Szepter und ein Kreuz, ohne die das Volk sie nicht als rechtmäßige Herrscher anerkennen würde. Wenn fremde Gesandte ihm ihre Aufwartung machen, so bekommen sie sein Angesicht nicht zu sehen. Ein Vorhang verbirgt ihn vor ihren Blicken, unter dem er einen Fuß hervorstreckt, damit sie ihn bei der Verabschiedung küssen können."

Dieser Bericht Aveiros erweckte größte Aufmerksamkeit. Die Portugiesen, denen ständig der Gott-Priester Johannes im Kopf herumspukte, waren der Ansicht, daß er *dies* sei. Auch von ihm hieß es ja, daß er hinter einem seidenen Vorhang sitze und ein Kreuz trage.

Sofort studierten Johanns' II. Kosmographen diese wichtige Angelegenheit. Sie berechneten den „Zwanzig-Monde-Marsch" auf 300 Leguas. Diese Strecke maßen sie von Benin aus nach Osten ab, und nachdem sie auch noch Ptolemäus zu Rate gezogen hatten, kamen sie zu dem Schluß, daß jenes ferne Land Äthiopien sein müsse. So wurde jedenfalls von Barros berichtet.

Wahrscheinlicher als bei Ptolemäus aber holte sich König Johann II. bei Fra Mauro Rat, dessen Karte eine Passage um Südafrika herum zeigt. Nach dieser Karte lag Abessinien weit hinunter nach Süden.

Die Suche nach dem Priesterkönig Johannes

Der doppelte Zweck war es, den Priester-König Johannes zu finden *und* den Weg nach Indien zu suchen.

Die erste Expedition führten Pero da Covilhão und Alfonso de Paiva. Die zweite stand unter dem Kommando des erprobten Bartolomeu Diaz.

Nach dem Priester-König Johannes, dessen legendäre Gestalt seit dem XII. Jahrhundert durch die diversen Berichte geisterte, hatte ja auch Heinrich der Seefahrer geschickt und darüber 1442 zu seinem Kapitän Gonçalves bei dessen Aussendung zur afrikanischen Küste gesagt: „Ihr werdet mir einen großen Dienst erweisen, denn ich möchte nicht allein Kunde über jenes Land, sondern auch über Indien und das Reich des Priesters Johannes erhalten."

König Johann II. aber war nach Studium der Karte des Fra Mauro sicher, daß Priester Johannes nicht von Guinea aus gesucht werden konnte. Um diesen zu finden (dessen Reich ja in Ostafrika lag), mußte man den afrikanischen Kontinent umsegeln.

Als Covilhão und de Paiva aufbrachen, war ersterer 40 Jahre alt. Er stammte aus Beira und hatte sieben Jahre in den Diensten eines spanischen Edlen, des Herzogs von Medina Sidonia, verbracht und sprach fließend Spanisch. Als er aus Spanien heimkehrte, erhielt er eine Position in König Johanns II. Leibwache und wurde von diesem als Geheimagent nach Spanien zurückgeschickt. Dort mußte er die nach Spanien geflohene Sippe der Bragança überwachen. Ab und zu wurde Covilhão auch in geheimer Mission nach Fez geschickt. Auf diesen Reisen vervollständigte er seine Kenntnisse des Arabischen.

1487 wurde dann Covilhão vom König mit der berühmten Orientmission betraut. Der König gab ihm den von den Kanarischen Inseln stammenden Seefahrer Alfonso de Paiva zum Gefährten. Der Hauskaplan des Königs regelte die Einzelheiten dieser Expedition, sein Name war Diogo Ortiz; er war ein bekannter Kosmograph. Meister Rodrigo, des Königs Leibarzt, und José Vizinho kamen hinzu. Auch sie waren erfahrene Kosmographen und tüchtige Mathematiker. Gemeinsam mit Martin Behaim arbeiteten sie am Bau eines verbesserten Astrolabiums. Diese drei Experten zeichneten nunmehr für Kapitän Covilhão und dessen Begleiter Paiva eine „carta de marear". Die Weisungen, die ihnen vom König mündlich erteilt wurden, sind nicht bekannt. Die höchste Geheimhaltungsstufe, der diese Expedition unterlag, ließ keine schriftlichen Aufzeichnungen darüber zu. Eines aber ist sicher: Einer von diesen beiden Seefahrern sollte das Reich des Priesterkönigs Johannes suchen und finden und zu klären suchen, ob von Guinea aus eine Möglichkeit bestehe, nach dem östlichen Meer zu segeln, wie der Indische Ozean genannt wurde. Von Barros wissen wir etwas genauer, worum es bei dieser Fahrt ging:

„Der König hoffte, vermittels des Priesterkönigs Johannes eine Tür nach Indien zu finden, weil verschiedene durch Portugal reisende Mönche gesagt hatten, das Reich des Priesters Johannes erstrecke sich von Ägypten bis zur Südsee."

Da man wußte, daß abessinische Mönche auch Wallfahrten nach Jerusalem unternahmen, hatte König Johann II. bereits zwei Mönche dorthin geschickt, um von vielleicht dort eintreffenden abessinischen Mönchen Näheres über den Priesterkönig zu erfahren. Da diese Mönche kein Arabisch sprachen, blieb ihre Reise ohne Erfolg.

Am 7. Mai 1487 händigte König Johann II. den beiden Seefahrern in seiner Residenz Santarém 400 Cruzados aus. Dazu einen Kreditbrief. Damit reisten die beiden nach Lissabon, wo sie den größten Teil des Geldes dem Italiener Marchioni übergaben. Dieser war der reichste Bankier des Landes. Er stellte ihnen dafür eine Anweisung auf Valencia aus. Die beiden Kapitäne reisten über Land nach Valencia, ritten von dort weiter bis nach Barcelona und schifften sich dort nach Neapel ein, wo sie einen Segler nach Rhodos fanden.

Der Orden der Johanniter auf Rhodos war ihr Ziel, denn dort befanden sich auch zwei Portugiesen, deren Rat sie einholen wollten. Diese rieten ihnen, sich als Kaufleute auszugeben, weil sie dann besser vorankommen würden.

Covilhão kaufte auf Rhodos eine Ladung Honig. Damit fuhren sie nach Alexandria. Dort angekommen, erkrankten beide am Fieber. Als sie sich wieder erholten, war ihre Ware inzwischen vom Statthalter des Sultans mit Beschlag belegt und verkauft worden. Sie erhielten eine kleine Entschädigung in bar, kauften mit diesem Gelde neue Waren und reisten damit nach Kairo.

Eine Reihe von Händlern, denen sie unterwegs begegneten, war bereits in Indien gewesen. Andere wollten über Tor und Aden nach Indien segeln, so daß Covilhão sehr viele wissenswerte Einzelheiten über Reiseroute und Raststätten erhielt.

Zwei Moslems aus Marokko schlossen sich den beiden Portugiesen an und segelten gemeinsam mit ihnen weiter. Auf einer arabischen Dau erreichten sie im Frühjahr 1488 Aden.

Hier schlug weisungsgemäß João Alfonso de Paiva den Weg nach Äthiopien ein, während Covilhão an Bord eines Mekkaschiffes ging und mit diesem nach einmonatiger Reise in Calicut, Indien, landete.

Calicut war seinerzeit der reichste Hafen Indiens und hatte eine große Kolonie moslemischer Kaufleute, die den Auslandshandel mit Gewürzen zu ihrem Monopol gemacht hatten, aber auch alle anderen Waren führten.

Hier erfuhr Covilhão, daß regelmäßig im August und September Schiffe aus Aden kamen, die abendländische Waren brachten und im Februar des nächsten Jahres, beladen mit Pfeffer, Gewürznelken, Zimt, Rhabarber, edlen Steinen, Porzellan und anderen Erzeugnissen, wieder abfuhren. Alle diese Waren kamen aus ganz Indien, aus Ceylon und anderen Ländern des Fernen Ostens, u. a. aus China und von den Inseln. Von den Erzeugerländern wurden sie nach Calicut geschickt. Nachdem Covilhão dies alles studiert hatte, reiste er mit einem der weiter nach Osten gehenden Schiffe nach Goa, einem Zentrum des Pfefferhandels. Von hier aus wurden die Heere der indischen Fürsten mit Pfeffer beliefert. Von Goa ging die Fahrt wieder zurück nach Ormuz am Persischen Golf.

Covilhão war nun bereits länger als zwei Jahre unterwegs. 1489 segelte er nach Afrika hinüber, erreichte Sofala, wo er eine große Araberkolonie vorfand, die alles Gold aus dem Landesinnern aufkaufte und eintauschte, um es von hier aus in alle Welt zu verkaufen.

Im Oktober 1490 kehrte Covilhão schließlich nach Aden zurück. Von dort reiste er nach Kairo weiter, wo er Ende Dezember eintraf.

Hier sollte er Paiva wiedersehen, der Weisungen hatte, ihn hier zu erwarten, um dann gemeinsam wieder nach Portugal zurückzukehren. Dieser war nicht zur Stelle, und Covilhão, der nach seinem Gefährten suchte, fand heraus, daß er bereits geraume Zeit vorher gestorben war.

Covilhão traf in Kairo zwei Boten seines Königs an, die dieser ihm entgegengeschickt hatte. Einen Schuhmacher aus Lamego mit Namen José, der Bagdad kannte und den Rabbi Abraham aus Beja. Sie überbrachten ihm den

Auftrag des Königs: „Covilhão soll Rabbi Abraham nach Ormuz begleiten und danach den Priester Johannes aufsuchen."

Pero da Covilhão, der inzwischen vier Jahre unterwegs gewesen war, schrieb seinem König einen Brief, mit dem der Schuhmacher José wieder nach Portugal zurückgeschickt wurde. Nach den Aufzeichnungen des Chronisten Pater Francisco Alvares berichtete Covilhão, daß er die Handelsstädte Cananor, Calicut und Goa besucht habe. „In Calicut findet ein großer Handel mit Zimt, Pfeffer und Muskatnuß statt, die von Osten eingeführt werden. Man kann nach diesen indischen Städten vom Guineameer aus gelangen, indem man erst nach der Küste von Sofala segelt, wo ich gewesen bin, oder nach einer großen, angeblich 300 Leguas langen Insel, die die Mauren Mondinsel nennen." (Damit war Madagaskar gemeint).

„Nach Sofala bin ich nicht wegen der Goldminen im Innern gefahren, sondern weil ich dort nachforschen wollte, ob es einen Seeweg um den Süden Afrikas herum gibt."

Sofala lag also nicht, wie Fra Mauro dies auf seiner Karte angegeben hatte, auf einer östlich vom Kap liegenden Insel, die durch eine lange Straße vom Festland getrennt ist, sondern auf dem Festland. Und in Sofala war Covilhão zu der Überzeugung gelangt, daß es von hier aus einen Seeweg nach Indien gab.

Sein Urteil und das Ergebnis der Fahrt von Bortolomeu Diaz veranlaßten dann die große Indien-Expedition von Vasco da Gama.

Nachdem Covilhão den Rabbi Abraham nach Ormuz begleitet hatte, reiste er nach Jedda (Djidda) weiter und ging von hier aus in weißer Pilgerkleidung nach Mekka. Sein Schädel war wie jener der Moslems rasiert. Diese Reise war überaus gefährlich, und Covilhão war sie nicht befohlen worden, sondern seine Abenteuerlust trieb ihn zu dieser Exkursion. Von Mekka aus reiste er nach Medina weiter und von dort zum Berg Sinai. Dort kehrte er in das Kloster Santa Catarina ein. In diesem Kloster hörte er zum erstenmal nach fünf Jahren wieder eine katholische Messe.

1493 kam Covilhão schließlich nach Abessinien. Dort endete seine einmalige Reise. Möglicherweise wurde er zum Bleiben gezwungen. Aber es ist ebenso wahrscheinlich, daß er sich hier eine Frau nahm und dank seiner Kenntnisse des Arabischen als Kaufmann reich wurde. Er kehrte aber nicht wieder nach Portugal zurück.

Als erster Portugiese hatte Covilhão Indien erreicht. Und als *erster* hatte er den Priesterkönig Johannes gesehen. Sein dreißigjähriger Aufenthalt in Abessinien trug mit dazu bei, Europa eine gute Kenntnis dieses Landes im Osten Afrikas zu verschaffen. Er bereitete auch den Weg für den überragenden Einfluß, dessen sich Portugal von nun an in diesem Teil Afrika erfreute. (Siehe dazu: „Rerum Aethiopicarum scriptores occidentales inediti, 15 Bände, herausgegeben von Pater Beccari)." Covilhão blieb zeit seines Lebens mit der portugiesischen Krone durch seine Meldungen aus Äthiopien in engstem Kontakt. Um 1521 ist Covilhão in Äthiopen gestorben. (Siehe dazu: A. Kammerer: La Mer Rouge, Kairo 1929—1935).

Ihm und dann der Expedition von Cristofero da Gama im Jahre 1541 war es zu verdanken, daß Äthiopien noch heute ein christliches Land ist. Edward Gibbon bezeichnete dies so: „Äthiopien wurde durch 450 Portugiesen gerettet." (So stark war da Gamas Expedition).

Bartolomeu Diaz und seine große Reise

Die Expedition, auf der Bartolomeu Diaz den afrikanischen Kontinent umsegelte und damit jenes Ziel erreichte, das von einer Vielzahl guter Seefahrer seit hundert Jahren angestrebt, aber nicht erreicht worden war, wurde mit zwei Karavellen von jeweils 50 Tonnen durchgeführt. (Die damalige „Tonne" war etwa doppelt so groß wie die heutige). Ein Frachtschiff kam hinzu. Die Idee, ein besonders großes Schiff mitzunehmen, auf dem Proviant und die Vorräte gelagert waren, erwies sich als äußerst nützlich.

Zwar liegt — aus den bereits genannten strikten Geheimhaltungsgründen Portugals — auch über diese Fahrt kein Bericht vor, und die beiden zeitgenössischen Chronisten Pina und Resende erwähnen sie nicht einmal, so daß die Beschreibung dieses Ereignisses wieder auf Barros zurückgeht. Nach Barros brach Diaz im August 1486 auf und kehrte im Dezember 1487 wieder zurück.

Duarte Pacheco aber, der Diaz auf der Heimfahrt begegnete, bekundete, daß das Kap der Guten Hoffnung 1488 entdeckt worden sei. Pacheco schrieb sein Esmeraldo im Jahre 1505, während Barros sein großes Werk Asia erst 40 Jahre später verfaßte. Pachecos Angaben werden durch zwei Randnotizen bestätigt, die nach dem Urteil der Geschichtswissenschaftler jener Epoche in der Handschrift von Christoph Kolumbus abgefaßt worden war: Die eine steht in einem Exemplar von Pierre d'Aillys Imago Mundi, das sich heute im Besitz der Kolumbusbibliothek in Sevilla befindet, die andere in der „Historia rerum ubique gestarum", die 1577 in Venedig erschien, befindet sich in der Bibliothek von Papst Pius III.

Heute wissen wir anhand der genannten und einiger anderer Unterlagen, daß Diaz im August 1487 Lissabon verließ. An Bord befanden sich zwei von Diogo Cão aus Afrika mitgebrachte Neger und vier bereits seit längerer Zeit in Portugal weilende Negerinnen. Diese sechs sollten an verschiedenen Stellen der Küste abgesetzt werden. Alle sechs waren reich gekleidet und hatten

Muster von Gold und verschiedenen Gewürzen bei sich. Sie sollten nach diesen Dingen fahnden und weiter im Landesinnern auch nach dem Priesterkönig Johannes forschen.

Diaz nahm drei „padrões — Herrschaftszeichen — mit und die Kopie einer Landkarte, welche die Berater von König Johann II. für Covilhão gezeichnet hatten, dessen Bericht ja noch nicht vorlag.

Diaz hielt sich während dieser Fahrt dicht unter der Küste. Er benannte eine Reihe weiterer Kaps, Buchten und andere Landmarken mit Namen. In Angra do Salto (Port Alexander) schiffte er die beiden Neger aus, ließ weiter im Süden, in der Walfischbucht, sein Vorratsschiff zurück und landete in der Nähe von Angra Pequena am Kap Volta, um hier einen seiner drei Hoheitspfeiler aufzurichten.

Nachdem seine beiden Schiffe tagelang wegen der wechselnden Winde gekreuzt hatten, sprang dieser plötzlich um und wehte stark von Norden. Beide Karavellen wurden vom Sturm südwärts getrieben. Die Temperatur sank, und nach mehreren Tagen, da noch immer kein Land in Sicht kam, änderte Diaz den Kurs und segelte wieder nach Norden. Er gelangte in eine bewohnte Bucht. Da in der Nähe des Meeres Kühe weideten, nannte er diese Bucht Bahia dos Vaqueiros. Es war die heute zu Südafrika gehörende Mosselbay.

Die Dolmetscher von Diaz verstanden die Sprache der hier wohnenden Eingeborenen nicht. Diese gerieten beim Nahen der Schiffe außerdem in panische Furcht und rannten mit ihrem Vieh landeinwärts. Aber „es waren Neger wie die von Guinea!"

Von nun an segelten sie nach Osten und erreichten die Algoabay. Dort, am Kap Padrone, ließ Diaz den zweiten Hoheitspfeiler aufrichten.

Weitere Entdeckungspläne mußte er schließlich begraben, denn die wochenlangen Stürme hatten die Mannschaften beider Schiffe mürbe gemacht. Sie sprachen sich für die Rückfahrt zum Vorratsschiff aus.

Diaz ruderte mit den Offizieren und den Wortführern der beiden Mannschaften an Land. Dort wurde abgestimmt. Einstimmig waren alle für die Heimfahrt und unterzeichneten ein entsprechendes Dokument, das Diaz entlastete.

Diaz schlug nun vor, wenigstens noch einige Tage weiterzusegeln. Falls sie während dieser Zeit nichts Wesentliches entdeckten, *dann* würden sie umkehren. Mit diesem Kompromiß waren alle einverstanden.

Die Weiterfahrt verlief eintönig, und als die beiden Schiffe den Great Fish River erreichten, befahl Diaz nach einem erneuten Vorsprechen der Mannschaften die Umkehr. Seine Enttäuschung war groß, und Barros schrieb dazu:

„Er passierte den am Kap Padrone aufgestellten Pfeiler mit einem Kummer, als wäre dieser Stein ein zu ewigem Exil verurteilter Sohn." Diaz sah ihn tatsächlich nicht wieder.

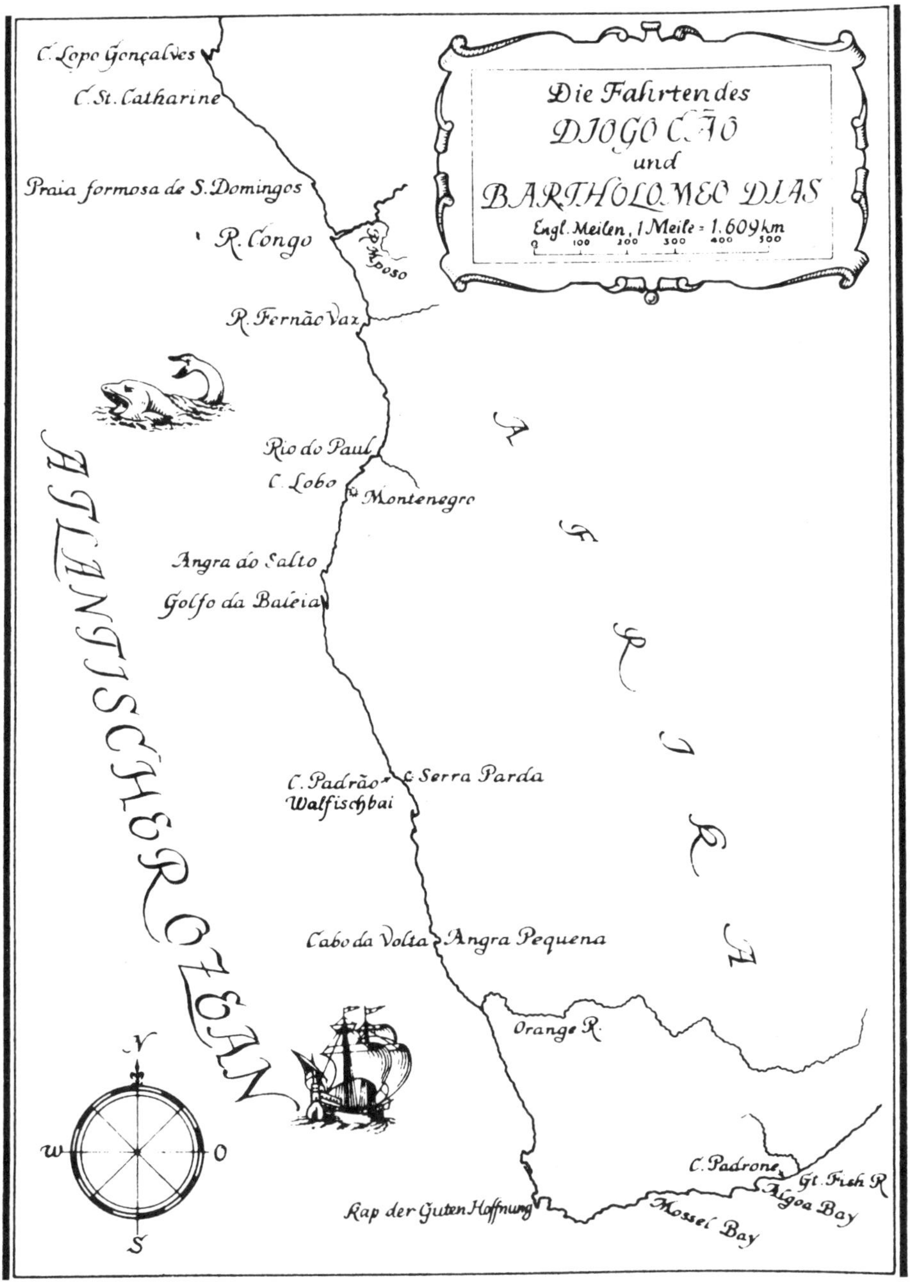

Er hatte während dieser Sturmfahrt die Südspitze Afrikas umsegelt. Auf der Rückreise kam das große Vorgebirge, an dem die südliche Küste nach Osten umbiegt, in Sicht. Wegen der unaufhörlichen Stürme, die seine Karavellen an

Er hatte während dieser Sturmfahrt die Südspitze Afrikas umsegelt. Auf der Rückreise kam das große Vorgebirge, an dem die südliche Küste nach Osten umbiegt, in Sicht. Wegen der unaufhörlichen Stürme, die seine Karavellen an diesem Felsengebirge vorbeijagten, nannte Diaz diesen Felsen das Kap der Stürme. König Johann II. änderte diesen Namen in Kap der Guten Hoffnung um, weil er in dieser Umseglung die Hoffnung auf einen Weg nach Indien sah. Duarte Pacheco, der ja Diaz an der Guineaküste traf, gab jedoch an, daß Diaz selbst dem Kap diesen Namen „Kap der Guten Hoffnung" gegeben habe.

An dieser Küste stellte Diaz seinen letzten Herrschaftspfeiler auf und segelte dann die Küste aufwärts, um sein Proviantschiff nach neunmonatiger Abwesenheit wieder zu erreichen. Von der an Bord des Proviantschiffes zurückgelassenen neunköpfigen Besatzung lebten nur noch drei Männer. Einer davon war so geschwächt, daß er bei Ankunft der beiden Karavellen starb. Die übrigen hatten die Eingeborenen getötet.

Nachdem Diaz alle Vorräte dieses Hilfsschiffes übernommen hatte, ließ er dieses Fahrzeug, das ihm ausgezeichnete Dienste geleistet und seine Fahrt um die Südspitze Afrikas erst ermöglicht hatte, verbrennen. Seine beiden Karavellen segelten weiter nach Norden und liefen im Golf von Guinea die Principe-Inseln an.

Dort traf Bartolomeu Diaz auf Duarte Pacheco, der ernstlich erkrankt war. Pecheco war von Johann II. ausgeschickt worden, die ins Landesinnere gehenden Flüsse zu untersuchen. Da er bei der Landung in der Bucht bereits erkrankt war, ließ er seine Mannschaft Handel treiben, um nicht ergebnislos zurückkehren zu müssen. Dabei war sein Schiff gestrandet.

Diaz traf noch zur rechten Zeit ein, um Pecheco und einige wenige Überlebende dieser Expedition zu retten und nach Portugal zurückzubringen.

In Mina wurde das von der dortigen Faktorei gesammelte Gold an Bord genommen, und von hier aus ging es auf der direkten Route nach Lissabon weiter, wo die Expedition im Dezember 1488 eintraf. Sie war 16 Monate und 17 Tage unterwegs gewesen und hatte 300 Leguas bisher unbekannter Küste entdeckt.

Als König Manuel I. die Expedition von Vasco da Gama vorbereitete, griff er auf die Erfahrungen von Diaz zurück und beauftragte diesen, die dazu notwendigen Schiffe einschließlich eines Proviantschiffes zu bauen.

Von den Azoren bis nach Amerika?

Nachdem die Azoren entdeckt waren, versuchte man auch von dort aus den weiteren Weg nach Westen zu „unbekannten Gestaden" zu erkunden. Es kursierte das Gerücht, daß sich weiter im Westen noch eine Reihe „verlorengegangener Inseln" befinden müßten.

Antonio Galvão, ein portugiesischer Autor des 16. Jahrhunderts, erwähnte bereits eine Fahrt, die 1447 stattgefunden hatte. Über eine zweite West-Expedition berichtete er leider ohne Zeitangabe:

„Es wird erzählt, ein portugiesisches, aus der Straße von Gibraltar kommendes Schiff sei durch einen Sturm nach Westen verschlagen worden und nach einer Insel mit sieben Städten (die sagenhafte Insel Antilia) gelangt, deren Bevölkerung unsere Sprache spricht. Einige Leute hier behaupten, daß diese Insel zu dem Gebiet gehört, das jetzt Antillen oder Neuspanien heißt."

Auf der Seekarte des Andrea Bianco aus dem Jahre 1448 ist 200 Meilen südwestlich von Kap Verde ein langer Streifen Landes eingezeichnet mit der Inschrift: „Ixola otinticha xa longa a ponente 1500 mila." Dies sollte nach den Übersetzern bedeuten: „Authentische Insel, die 1500 Meilen nach Westen entfernt ist." Die zweite Deutung: „Authentische Insel, die gen Westen 1500 Meilen lang ist."

Im Falle der Richtigkeit der ersten Fassung kann es sich um Brasilien handeln. Im zweiten Falle wird die Aussage durch eine 1471 gezeichnete Karte gestützt, die noch 1500 existierte und von der man annimmt, daß sie Brasilien darstellt.

Andere Forscher, so auch Prof. E.G. R. Raylor, identifizieren die authentischen Inseln mit dem westlichen Ende des Südgestades des Guineagolfes und berufen sich auf eine um 1450 gezeichnete Katalanische Karte (sie befindet sich im Besitz der Este-Bibliothek in Modena), die an jenem westlichen Vorgebirge einen langen Meeresarm zeigt und dadurch den Ausdruck Insel erklärbar macht.

„Daß ein Schiff so weit nach Westen abgetrieben sein konnte, daß es an die Küste von Nordamerika verschlagen wurde, liegt praktisch im Bereich der Möglichkeit und hat sich in späterer Zeit wiederholt ereignet." (Siehe Edgar Prestage: Die portugiesischen Entdecker).

Allmählich mehrten sich die Zeichen eines Landes weit im Westen. Martin Vicente, der Pilot von König Johann II. von Portugal, teilte Kolumbus mit, daß er 450 Meilen westlich von Kap Sao Vincente ein Stück Holz aufgefischt habe, das sehr geschickt geschnitzt war, „aber nicht mit einem eisernen Werkzeug". Es war mit dem Wind über das Meer getrieben worden und bestärkte die Vermutung von Inseln oder einem Festland im Westen.

Von den Azoren wurde gemeldet, daß der aus Westen kommende Sturm mehrfach Kiefern unbekannter Art an die Strände der Inseln geschwemmt habe. Einmal sogar zwei Leichen mit völlig anderem Gesichtsschnitt als dem von den Eingeborenen bekannten.

Alle diese Nachrichten bewogen König Johann II., am 3. März 1486 dem Seefahrer Fernao Dulmo eine große Insel als Lehen zu gewähren, die dieser im Westen zu finden hoffte. Die Kosten dieser Fahrt gingen zu Lasten Dulmos. Sollte er diese Länder nicht aus eigener Kraft erobern können, wollte Johann II. ihm Schiffe und Soldaten stellen und ihm hohe Ehrentitel verleihen.

Diese Abmachung ist deshalb von besonderem Interesse, weil sie ein Vorläufer des zwischen Kolumbus und den spanischen Herrschern geschlossenen Vertrages war und das Vorhandensein des nordamerikanischen Kontinents erwähnt, den der Genuese erst 1498 entdeckte. Johann II. wußte von ihm durch die Geheimexpedition des Jahres 1473.

Dulmos Mittel reichten für ein solches Vorhaben nicht aus. Er nahm sich den reichen Kaufmann Joao Alfonso de Estreito aus Madeira zum Partner. Dieser hatte die beiden Karavellen und den Proviant für die ganze Reise zu stellen. Dafür wurde ihm die Hälfte aller Einkünfte aus den entdeckten Gebieten überschrieben. Dulmo hatte die Löhnung der Piloten und der Mannschaft zu tragen. Bemerkenswert an dieser Reise ist, daß der deutsche Kosmograph Martin Behaim, der auf der Azoreninsel Fayal lebte und dort mit der Tochter des Gouverneurs verheiratet war, die Fahrt mitmachen sollte.

Diese Expedition wurde jedoch nie durchgeführt. Es herrscht aber kein Zweifel darüber, daß sie von Behaim angeregt wurde, der — wie Kolumbus auch — Indien durch eine Fahrt nach Westen erreichen wollte.

Martin Behaim, ein Schüler des Regiomontanus (= Königsberg), der mit bürgerlichem Namen Johannes Müller hieß, war 1482 nach Portugal gekommen und genoß sehr bald auch dort den Ruf eines außerordentlichen Gelehrten. König Johann II. schlug ihn zum Ritter und berief ihn in seine Junta, einen Ausschuß von Gelehrten, vor allem von Mathematikern, den er in allen Seefahrtsangelegenheiten um Rat fragte. Zwischendurch besuchte Behaim 1492 seine Vaterstadt Nürnberg und konstruierte, auf den Ideen des Ptolemäus fußend, dort seinen berühmtem Erdapfel.

Als Kolumbus von seiner ersten Reise zurückkehrte, auf der er zwar die Antillen, aber nicht das gesuchte Asien gefunden hatte, plante Behaim gemeinsam mit seinem Landsmann Hieronymus Münzer eine ebenfalls nach Westen gerichtete Expedition, um die Entdeckung von Kolumbus weiterzuführen. Dieses Vorhaben wurde von Kaiser Maximilian begrüßt, und am 11. Juli 1493 teilte Münzer dem portugiesischen König Johann II. mit:

„Der Kaiser spornt mich an, nach dem reichen Land Cathay zu segeln. Die Unternehmung wird äußerst gewinnbringend sein, da der Ozean in kurzer Zeit durchquert werden kann."

Johann II. erteilte Münzer und Behaim einen abschlägigen Bescheid. Er wollte die Einkünfte der Krone ausschließlich für den Ostweg nach Indien, der Quelle unmittelbaren Reichtums, verwenden. Schließlich wußte er ja, wohin die Schiffe gelangen würden, die nach Westen segelten.

Seine Nachfolger verfolgten die gleiche Politik, die ja auch erfolgreich war.

Eines ist sicher: Es gab schon vor Kolumbus Portugiesen, die in Amerika waren. Zitieren wir Prestage: „Vielleicht bringen die Lissaboner Archive — was durchaus möglich ist — noch weitere und schlagendere Beweise dafür zum Vorschein, daß Amerika durch die Portugiesen entdeckt wurde, noch bevor Kolumbus die Antillen erreichte.

Aber es wird lange währen, bis Kolumbus von seinem hohen Sockel gestürzt ist, denn immerhin schenkte er seinem Adoptivland eine neue Welt."

Der Franzose Vignaud hat bereits 1926 in seinem Werk „Der wahre Christoph Kolumbus und die Legende", das in Paris erschien, mit dieser Legende aufgeräumt. Aber er versäumte es, jene Fahrten nach Westen zu nennen, die vor Kolumbus von portugiesischen Seeleuten auf der Suche nach unbekannten Ländern unternommen worden waren. Kolumbus lernte aus ihren Anstrengungen, er ahmte sie nach.

Auf der Rückfahrt von seiner ersten Entdeckungsreise zu den Antillen landete Kolumbus in Lissabon und wurde von König Johann II. in dessen Lustschloß Valparaiso eingeladen. Hierbei wurde Kolumbus gegen den König derart ausfallend und überheblich, immerhin hatte er neues Land entdeckt, daß einige Hidalgos sich erboten, diesen frechen Ausländer umzubringen. Johann II. aber wollte dies nicht, sondern behandelte Kolumbus äußerst höflich.

Nachdem er erfahren hatte, daß die von Kolumbus entdeckten Inseln in seinem Hoheitsgebiet lagen, kam es zu Auseinandersetzungen mit Spanien. Durch päpstliche Bullen von Alexander VI. wurden Spanien nicht nur die im westlichen Ozean genannten Inseln, sondern auch alle noch später im Süden entdeckten Länder und Inseln zugesprochen. „Nicht allein jene gen Indien, sondern in jeder anderen Richtung ebenfalls."

Als Grenze der beiden Hoheitsgebiete bestimmte Alexander VI. eine von Norden nach Süden verlaufende Linie 100 Leguas westlich der Kapverdischen Inseln.

Damit wurden Portugals Rechte wesentlich eingeschränkt, Portugals Forschungswerke von 60 Jahren durch den Papst vernichtet und dem Land der Weg zu einem Ziel versperrt, das es in Kürze erreicht haben würde.

Johann II. ließ sich diese „Vergewaltigung seiner Schiffahrt" nicht gefallen. Zunächst legte er beim Heiligen Stuhl feierlichen Protest ein. Als dies nicht fruchtete, entschloß er sich zum Krieg gegen Spanien. Dies brachte Ferdinand endlich an den Verhandlungstisch.

Im Juni 1494 wurde der Vertrag von Tordesillas abgeschlossen. Dieser verschob die genannte Grenzlinie zu Gunsten von Portugal. Sie verlief nunmehr 370 (!) Leguas westlich der Kapverdischen Inseln.

Diese Bestimmung trat niemals in Kraft. Es wäre auch kaum möglich gewesen, sich darauf zu berufen, denn man hatte vergessen, jene der zwölf Kapverdischen Inseln zu nennen, von der aus die 370 Leguas gerechnet werden sollten. Außerdem war eine genaue Bestimmung der Längengrade noch nicht möglich. So kam es zu immer neuen echten und vermeintlichen Grenzverletzungen.

Dennoch war der Vertrag von Tordesillas ein großer Erfolg für Portugal, denn er sicherte dem Land den Seeweg nach Indien und den Besitz von Brasilien. Daß König Johann II. so fest auftreten konnte, verdankte er der Tatsache, daß seine Spione am spanischen Hof ihm genau und rechtzeitig berichteten, bis wohin die Spanier gehen würden. Mit dieser Kenntnis konnte Johann seinen Bevollmächtigten in Spanien rechtzeitig Weisungen geben.

Am Verhandlungstisch in Tordesillas saß auch Duarte Pacheco. Dieser sagte von seinem König: „Die Urteilskraft von König Johann II. und seine Intelligenz haben zu unserer Zeit nicht ihresgleichen gehabt."

Königin Isabella von Spanien nannte ihn nur „der Mann". Und das war aus ihrem Munde ein sehr hohes Lob.

Die Regierungszeit dieses Königs verlief äußerst bewegt. Sie bedeutete einen Wendepunkt in der portugiesischen Geschichte. Seine Innenpolitik erzielte die Brechung der Gewalt des Adels. Er begründet damit auch in Portugal die absolute Monarchie. Seine Außenpolitik wiederum mündete in den langwährenden Streit mit Ferdinand und Isabella von Spanien ebenso wie in eine gigantische Ausdehnung des überseeischen Besitzes seines Landes.

Um ein Haar wäre es ihm gelungen, seinen Sohn auf dem Thron einer „vereinigten iberischen Halbinsel unter portugiesischer Oberhoheit" zu sehen. Er wurde deshalb mit der ältesten Tochter des spanischen Herrscherpaares verheiratet. Die Hochzeit war eine der prachtvollsten, die es je gegeben hatte. Acht Monate darauf stürzte sein Sohn vom Pferd und starb.

Von diesem Zeitpunkt an ging es auch mit Johanns II. Gesundheit bergab. Ob er systematisch langsam vergiftet wurde, wie die Gerüchte besagten, steht dahin. Er starb jedenfalls am 25. Oktober 1495 im besten Mannesalter von 45 Jahren in Alvor in der Algarve.

25 Jahre lang stand Königin Leonor an seiner Seite. 14 Jahre nur hatte er regiert.

Vasco da Gama — Der Admiral des Indischen Meeres

Zwei Monate nach seiner Thronbesteigung eröffnete König Manuel im Kronrat die Gespräche über die Entdeckung des Seeweges nach Indien erneut. Der neue Herrscher, am 31. Mai 1469 in Alcochete geboren, war begierig darauf, jene Anstrengungen fortzsetzen, die seit 50 Jahren einigen Erfolgt gehabt hatten. Die meisten Mitglieder des Kronrates warnten ihn vor diesen Einsätzen, weil sie nach ihren Worten „die Kräfte Portugals bei weitem übersteigen".

Dieser Ansicht war Manuel nicht. Auch die beschworenen Verwicklungen mit Venedig, dessen Handelsinteressen ja durch eine Vormachtstellung Portugals im Fernen Osten gefährdet waren, fochten ihn nicht an.

Eine kleine Minderheit bekannte sich jedoch zu Manuels Plan und erklärte, daß vor allem Venedig kein Gegner sein würde, weil die Lagunenrepulik ja durch die Türkei in Schach gehalten werde. Darauf bauend, befahl König Manuel I. die Wiederaufnahme der „Indienfahrten" und beauftragte Vasco da Gama mit der Führung dieser Expedition.

Da Gama, der aus der Hafenstadt Sines in Südportugal stammte, wo er um 1460 geboren wurde, war bereits als Kapitän bekannt geworden. Er stand als Kavalier im Hofstaat des Königs, hatte in der Kriegsflotte gedient, und deshalb vertraute Manuel ihm, wie der Historiker Resende berichtete.

Im Jahre 1492 hatte er mit seinem Schiff die in portugiesischen Häfen liegenden französischen Schiffe genommen, als Vergeltungsmaßnahme für einen Piratenakt der Franzosen. Der Chronist Mariz berichtete, daß da Gama ebensoviel von der Seefahrt verstanden habe wie die besten Piloten.

Vasco da Gama erhielt von König Manuel nicht nur den Auftrag, den Seeweg nach Indien zu entdecken, sondern auch den darüber hinausgehenden Weg ins Unbekannte zu erkunden. Als seines Königs Gesandter sollte er mit dem Herrscher von Indien erste Beziehungen anknüpfen.

Unter den Kapitänen in da Gamas Geschwader befand sich eine Ansammlung erlauchter Namen. Er verfügte über vier Schiffe, sein Flaggschiff „São Gabriel", die „São Raphael", die von seinem Bruder Pablo da Gama geführt wurde, ferner die „Berrio" unter dem Befehl von Kapitän Nicolas Coelho. Hinzu kam ein großes Vorratsschiff. Die beiden ersten Schiffe für die Gebrüder da Gama waren speziell für diese Reise von Bartolomeu Diaz gebaut worden. Sie hatten nur wenig Tiefgang und führten Rahsegel. Ihre Tonnage betrug etwa 120 Tonnen. Die „Berrio" war nur etwa halb so groß und mit lateinischen Segeln ausgestattet. Sie stellte noch den Schiffstyp der Zeit Johanns dar. Die „São Gabriel" und „São Raffael" waren Dreimaster mit einem Kastell vorn und achtern und viereckigem Stern. Am Bug war die Figur ihres Schutzheiligen angebracht. Diese Schiffe waren mit jeweils 20 Kanonen bestückt, die zum größten Teil Vorderlader waren. Alle Offiziere trugen Harnisch und Schwert, die Männer lederne Wämser mit Brustplatten. Als Waffen trugen sie entweder Armbrüste oder Äxte und Piken.

Alles war bestens ausgewählt bis auf die Geschenke und Waren, die man mitnehmen wollte. Jener „Roteiro" (Reiseführer), 1838 in Portugal gedruckt und dann von dem deutschen Geographen Ravenstein übersetzt und unter dem Titel „Ein Tagebuch der ersten Reise von Vasco da Gama 1497—1499" veröffentlicht (und für die Geschichtsforschung von größtem Wert), erklärte, „daß die Waren nicht auf den indischen Markt paßten und die Geschenke nicht genügend Wert besaßen, um den reichen Machthabern des Ostens zu gefallen".

Der Bischof von Tanger, Diogo Ortiz, lieferte da Gama Karten und Bücher. Der Astronom Prof. Zacuto, ein Angehöriger des Sachverständigenausschusses König Johanns II., versorgte ihn mit astronomischen Instrumenten und Deklinationstabellen und schulte ihn auch in bezug auf ihre Anwendung.

An Bord des Führerschiffes befanden sich eine Reihe Steinpfeiler zur Markierung der neuen, erstmals erreichten Besitzungen. Sie sollten als Zeichen von Portugals Oberhoheit über das neu erkundete Gebiet am Ufer aufgestellt werden.

Die Mannschaft der Schiffe war sorgfältig ausgesucht. Auf dem Flaggschiff diente eine Reihe Matrosen, die bereits mit Diaz um das Kap der Guten Hoffnung gesegelt waren. Insgesamt betrug die Zahl der Mannschaften für alle vier Schiffe 170 Matrosen. Von ihnen starb unterwegs ein Drittel, in der Hauptsache an Skorbut.

Auf jedem Schiff befanden sich ein Priester und einige Sträflinge, die zu besonders gefährlichen Unternehmen herangezogen wurden und bei deren Erfüllung ihre Strafen erlassen bekamen.

Als die vier Schiffe auslaufbereit waren, rief König Manuel I. die Kapitäne zu sich und überreichte Vasco da Gama ein Banner aus weißer Seide mit dem darauf eingestickten Kreuz des Christusritterordens. Vasco da Gama kniete vor dieser Fahne nieder und gelobte, sie feierlich vor den Heiden und Mauren zu entfalten und sie in *jeder* Gefahr durch Feuer, Wasser oder Stahl zu schützen und sie bis in den Tod zu verteidigen.

Er erhielt seine Anweisungen und seine Beglaubigungsscheiben für den Priesterkönig Johannes und den Herrscher von Calicut. Hinzu kamen eine Abschrift von den Berichten von Covilhao und Notizen, die König Johann II. über die Fahrt in Richtung Indien und die östlichen Reiche gesammelt hatte.

Die letzte Nacht verbrachten Offiziere und Mannschaften in einer kleinen Kapelle am Ufer des Tejo, um am anderen Morgen — von einer großen Menschenmenge begleitet — zu den Schiffen zu gehen. Am 8. Juli 1497 erfolgte der Aufbruch. Genau eine Woche darauf waren die Schiffe schon an den Kanarischen Inseln. Von dort aus ging es mit direktem Kurs auf die afrikanische Küste zu, die bei Terra Alta erreicht wurde.

Die Schiffe verloren unmittelbar darauf im dichten Nebel die Fühlung untereinander, fanden sich aber auf Höhe der Kapverdischen Inseln wieder. Hier wurde die Takelage repariert, die unter schweren Winden gelitten hatte. Zwei Leguas weiter verlor die „São Gabriel" ihre große Marsrahe im wieder aufgekommenen Sturm, und das Geschwader mußte 48 Stunden liegenbleiben.

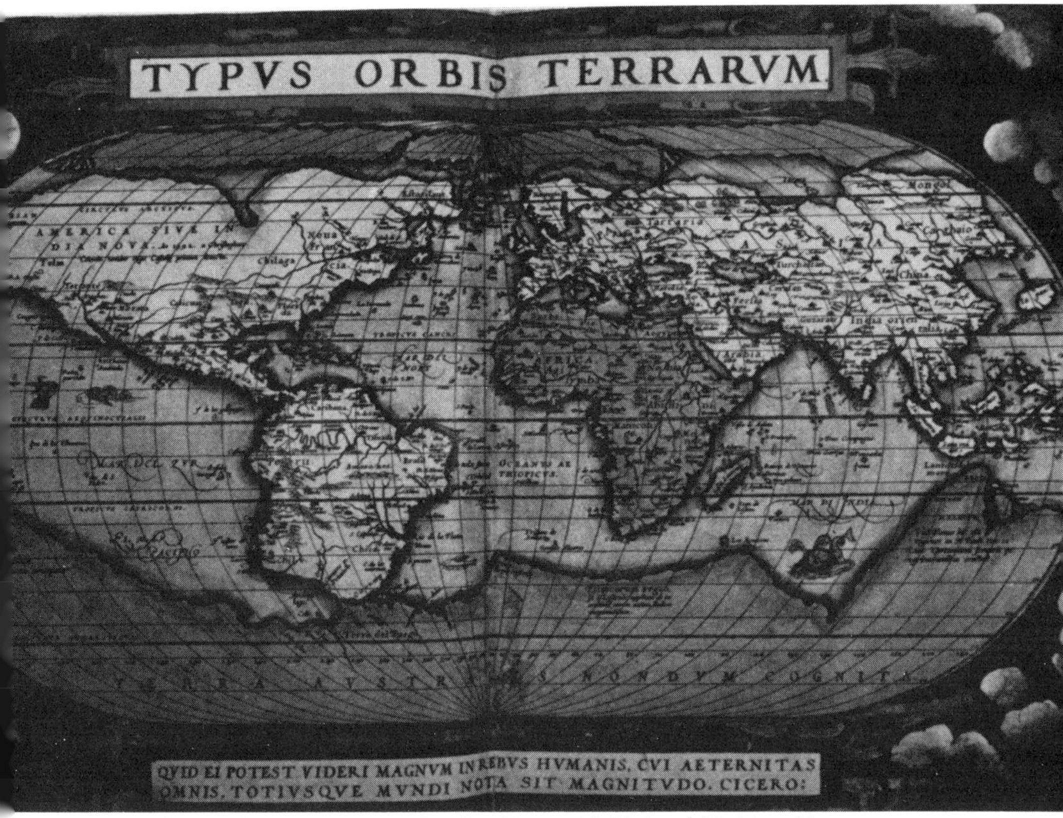

Eine Karte: Type Orbis Terrarium von Ortelius (Greenwich National Maritime Museum.

Um diesen Stürmen und den im Golf von Guinea anzutreffenden Flauten zu entgehen, entschloß sich da Gama, in einem weiten Bogen nach Westen ausholend zum Kap der Guten Hoffnung zu segeln. Sein Kurs lag nun auf Südwest.

Nachdem der Bogen zur Hälfte ausgefahren war, kam am 4. November 1497, sie segelten nunmehr nach Südosten, voraus Land in Sicht. Die Besatzung legte Feiertagskleidung an, und die Bombarden wurden abgefeuert. Sämtliche Flaggen wurden gesetzt, denn immerhin waren 96 Tage vergangen, ohne daß sie Land gesehen hatten.

Am vierten Tage fanden sie nach einigem Suchen einen geeigneten Ankerplatz, eine breite Bucht, die sie St. Helena nannten. Sie blieben hier eine Woche liegen. Mit Hilfe seines Astrolabiums errechnete Vasco da Gama, daß sie nur noch etwa 30 Leguas bis zum Kap der Guten Hoffnung zurückzulegen hatten. Er irrte sich nur um zwei Leguas.

Nach der Woche, während derer Segel und Rahen repariert wurden, brachen sie wieder auf, mußten aber sechs Tage lang kreuzen, ehe sie um das Kap der guten Hoffnung herumsegeln konnten.

Am 25. November gingen sie in der Mosselbay vor Anker. Dort wurde das Vorratsschiff geöffnet und alle Versorgungsgüter auf die drei Schiffe verteilt. Als schließlich die Matrosen das auch für die Einwohner von Mosselbay wichtige Trinkwasser wegzuschleppen begannen, kam es erstmals zu Mißhelligkeiten zwischen ihnen und den Fremden. Aber die Abschüsse zweier Bombarden genügten, um die wütend herandrängenden Eingeborenen im Galopp in den Wald verschwinden zu lassen. Als die Flotte abgesegelt war, zerschlugen die Eingeborenen den auch hier aufgestellten Hoheitspfeiler.

Acht Tage später wurde trotz eines tobenden Orkans, der sie unterwegs heimsuchte, der Great Fish River erreicht. Am Weihnachtsabend ankerten sie an einem Ufer, das sie zu Ehren dieses Festtages Natal nannten. Sie hatten 70 Leguas völlig neuer Küste entdeckt.

Von hier aus segelten sie nach Osten weiter. Als aber das Trinkwasser zur Neige ging, mußten sie ans afrikanische Ufer zurückkehren. Am 11. Januar 1498 liefen sie am afrikanischen Festland in die Mündung eines kleineren Flusses ein, dessen Ufer dicht bevölkert waren. Es fanden sich hier etwa doppelt so viele Frauen wie Männer. Die Eingeborenen brachten ihnen Kupfer und tauschten dafür Hemden ein. Der Fluß wurde also Kupferfluß genannt.

Fünf Tage darauf ging das kleine Geschwader wieder ankerauf und erreichte nacheinander die reichen ostafrikanischen Küstenstädte, in denen die Araber das Handelsmonopol besaßen, oder fuhren an diesen vorbei. Hierher gelangten aus dem Landesinnern Afrikas Gold und Elfenbein

Die Portugiesen landeten in Sofala, Mozambique, Kilwa, Mombasa und Malindi. Alle diese Städte waren zugleich von Arabern, Persern und Eingeborenen bewohnt. Sofala war von da Gama, der nördlichen Kurs steuerte, westwärts liegengelassen worden. Erst bei Kilimane stießen die Portugiesen wieder auf die Küste.

Die hier lebenden Menschen waren freundlich und friedfertig. Sie brachten ihre Waren an Bord der Schiffe, und Vasco da Gama beschloß, seine Schiffe gründlich überholen zu lassen, um den letzten Teil der Reise nach Osten und ins Ungewisse bestmöglich gerüstet anzutreten.

32 Tage dauerte der Aufenthalt in Kilimane, und während dieser Zeit starben einige Leute an Skorbut, an dem ein großer Teil der Besatzung erkrankt war.

Nach Errichtung eines Hoheitspfeilers ging es zunächst nach dem nördlicher gelegenen Mocambique weiter. Auch hier wurden sie sofort von Händlern willkommen geheißen. Auf der Reede sahen sie vier arabische Schiffe, die nach den Aussagen ihrer Besatzungen mit Gold, Silber und Gewürzen beladen waren. Sie erfuhren auch, daß der Norden noch reicher sei und daß man dort Edelsteine körbeweise sammeln könne. Ostwärts von Mocamibque liege eine Insel (Madagaskar), in deren Innern der Priesterkönig Johannes lebe, dem viele Städte an der Küste gehörten.

Auch der Sultan von Mocambique, der wußte, daß diese Männer Christen waren, kam an Bord des Flaggschiffes. Er stellte da Gama zwei seekundige Piloten.

Am 1. März fuhren die Portugiesen dann zu einer nahen Insel hinüber (dem heutigen St. George). Dort stellten sie den dritten Pfeiler auf. Auch diesmal wurden die Schiffe aus Mangel an Trinkwasser gezwungen, den Rückmarsch nach Mocambique anzutreten.

Inzwischen hatten die Moslems in Mocambique um ihre Trinkwasserquellen Palisaden errichtet. Als die portugiesische Landungsabteilung zur Quelle ging, wurde sie angegriffen. Als Vergeltungsmaßmahme ließ da Gama die Stadt bombardieren. Als die Bewohner von Panik ergriffen flohen, nutzte da Gama die Chance und versorgte die Schiffe mit Wasser.

Plan der Insel Mocambique aus einem portugiesischen Manuskript, links die Festung.

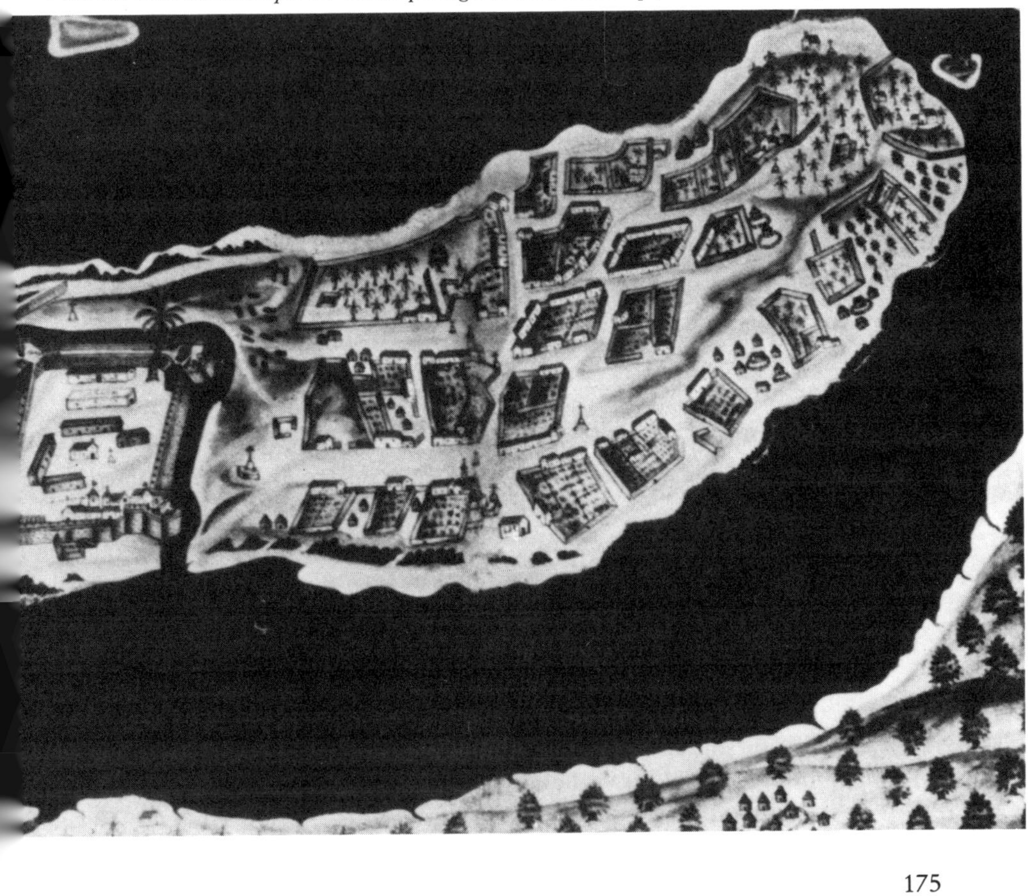

Unterwegs wurde einer der Piloten, der bei einer schweren Lüge ertappt wurde, ausgepeitscht. Aus Rache steuerte er die Schiffe so weit von Land ab, daß sie am nächsten Ziel, Kilwa, vorbeisegelten und Anfang April auf der Reede von Mombasa landeten.

In der ersten Nacht versuchten etwa 100 mit Jatagans (einer ostindischen Hiebwaffe) bewaffnete Männer das Flaggschiff zu entern. Sie wurden abgewiesen.

Am nächsten Tag — es war der Palmsonntag — überbrachten zwei Boten, angebliche Christen, dem Führer des Geschwaders im Auftrage des Sultans Geschenke und eine Einladung, in den Hafen einzulaufen, worauf da Gama, der eine Bestätigung ihrer friedfertigen Versicherungen wünschte, einige Unterhändler in die Stadt schickte. Diese bekamen den Sultan nicht zu sehen. Sie wurden in das Haus vorgeblich christlicher Kaufleute geleitet, die ihnen ein Bild mit der Darstellung des Heiligen Geistes zeigten, was offenbar auch da Gama genügte.

Die Flotte steuerte bereits den Hafen an, als ein leichter Zusammenstoß die „São Gabriel" noch einmal zum Ankern zwang. Im selben Augenblick sprang der islamische Pilot über Bord. Jetzt stutzte Vasco da Gama. Er ließ einige Eingeborene, deren sich sein Bruder Pablo beim Wasserholen bemächtigt hatte, der Folter unterwerfen. Diese gestanden, daß das portugiesische Geschwader auf Befehl des Sultans im Hafen erstürmt und geentert werden sollte.

In der folgenden Nacht versuchten einige Schwimmer, das Ankertau der „Berrio" zu kappen Aber auch jetzt noch blieb da Gama vor dem Hafen liegen, da er immer noch die Hoffnung hatte, einen neuen Piloten für seine Weiterreise zu erhalten.

Zwei Tage später aber ging er mit seinen Schiffen ankerauf. Am 14. April lief er Malindi an. Hier wurden die Portugiesen sehr herzlich willkommen geheißen. Der Sultan von Malindi hoffte, durch ein Bündnis mit dem portugiesischen König sich der Vorherrschaft entledigen zu können, die Kilwa über die Städte an der Küste ausübte.

Einige Moslems, die von den Portugiesen unterwegs aus einem angehaltenen Boot herausgezerrt worden waren, dienten da Gama als Unterhändler. Sie beteuerten dem Sultan, daß die Portugiesen mit ihren Schiffen gekommen seien, um nach Indien zu segeln, und daß sie einen wegekundigen Piloten suchten.

Der Sultan versprach, ihnen einen zu schicken. Sobald die Flotte näher an den Hafen herangekommen war, schickte er ihnen sechs Schafe und einige Säcke wertvoller Gewürze. Er schlug eine Zusammenkunft vor, die am 18. April stattfinden sollte.

Der Sultan ließ sich dazu, auf einem Bronzestuhl sitzend, zum Flaggschiff der Portugiesen rudern. Vasco da Gama stieg in eine Pinasse, und so trafen

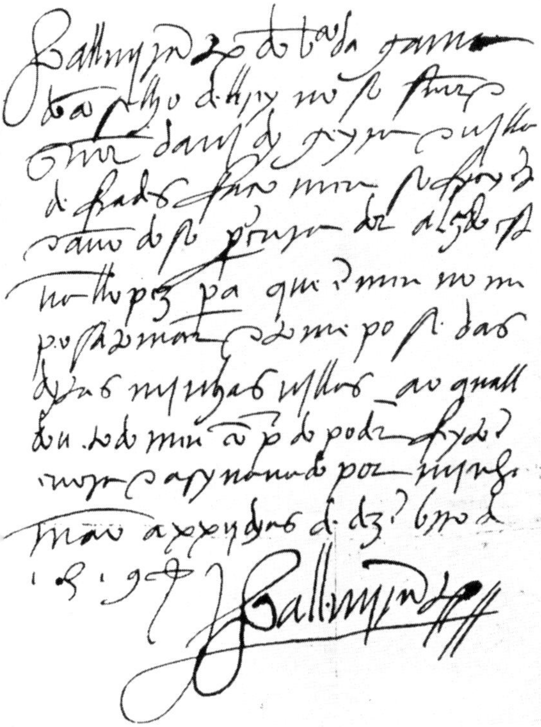

Ein Handschreiben Vasco da Gamas als Gouverneur von Indien.

Vasco da Gama, Entdecker des Seeweges nach Indien. Er brachte den Gewürzhandel in portugiesische Hände.

Salzstreuer aus den Kolonien: Portugiesische Ritter tragen eine Karavelle.

Afonso de Albuquerque: Er eroberte Indien un wurde Vizekönig.

Eine indische Fuste: Fahrzeuge dieser Art wurden von den Portugiesen als erste „Schnellboote“ der Seegeschichte eingesetzt.

lfons VI., Sohn von Johannes IV., genannt ler Sieger", war von 1656–1667 portugiesi- :her König.

Pedro II. regierte anstelle seines Bruders. 1683 wurde er zum König ausgerufen.

hann V., Sohn Pedros II. Unter ihm wurde asilien zur ertragreichsten Provinz des ıtterlandes.

Joseph I., der „Reformer". Diesen Ehrentitel verdankte er seinem Minister Pombal, der diese Reformen durchführte.

Maria I. regierte 39 Jahre. Als Tochter Josephs I. heiratete sie ihren Onkel Pedro III. Sie entließ Pombal und rehabilitierte die Eingekerkerten.

Pedro III., Gemahl Maria I. von Portugal Prinz von Brasilien.

Peter V. herrschte von 1855–1861 über Portugal.

Ludwig I. kam nach Peters V. Tod auf de Thron. Er heiratete Maria Pia von Savoyen

Iaria Pia von Savoyen, Tochter Viktor
manuels II. von Italien. Als Maria II. von
326–1853 Königin von Portugal.

ırl I. von Portugal residierte als König von
39–1908. Er wurde mit seinem Sohn, dem
onprinzen, am 1. 2. 1908 ermordet.

Die Braganza

Alfons I.
Herzog von Braganza †1461
leiblicher Sohn von Johann I. König von Portugal

Johann IV.
achter Herzog von Braganza
König von Portugal 1640–1656

Theodosius III.
Herzog von Braganza
† 1653

Katharina
Königin von
England

Alfons VI.
König von
Portugal
1656–1667
† 1683

Peter II.
Regent
1667–1683
König von
Portugal
1683–1706

Johann V.
König von Portugal 1706–1750

Joseph I.
König von Portugal 1750–1777

Peter III.
∞ Maria I.,
Prinzgemahl
1777–1786

Maria I.
Königin von Portugal 1777–1816

Johann VI.
Regent 1792–1816
König von Portugal 1816–1826

Peter I. (IV.)
Kaiser von Brasilien 1822–1831
König von Portugal 1826

Michael I.
Regent 1826
König von
Portugal
1828–1834

Michael (II.)

Maria II.
Königin von Portugal
1826, 1834–1853

Peter II.
Kaiser von
Brasilien
1831–1889
† 1891

Eduard

Peter V.
König von Portugal
1853–1861

Ludwig I.
König von Portugal
1861–1889

Isabella
† 1921

Karl I.
König von Portugal
1889–1908

Peter (III.)
† 1940

Ludwig
† 1920

Peter (IV.)

Ludwig Philipp
Herzog von Braganza
† 1908

Emanuel II.
König von Portugal
1908–1910 † 1932

Stammtafel der Braganza.

Porto, die zweistöckige Brücke Dom Luis I., die den Dourofluß überspannt.

Die Büste Heinrichs des Seefahrers in der Börse zu Porto.

Die Sala Arabe in der Börse zu Porto, im S
der Alhambra nachempfunden.

Die Sicherung des portugiesischen Kolonialbesitzes: 28. Dezember 1895.

Prinz Heinrich als junger Infant 1410 in Lissabon.

Gil Eannes, Schildknappe Heinrichs des Seefahrers und portugiesischer Seefahrer.

Der Kreuzritter von Silves.

Sie leben noch immer in ihrer alten Geschichte und fahren aufs Meer hinaus.

sie sich und unterhielten sich mehrere Stunden freundschaftlich. Die Einladung, den Palast zu besuchen, lehnte da Gama ab, da „ich Befehl von meiner Majestät dem König erhalten habe, erst in Indien den Fuß wieder auf festen Boden zu setzen."

Er entließ die Gefangenen in die Freiheit und errang damit das Wohlwollen des Sultans, der am Schluß dieser Unterredung unter dem Salut der Bombarden mit seinem Boot die portugiesischen Schiffe dreimal umrundete.

Am anderen Morgen unternahm auch da Gama eine Hafenrundfahrt, wobei ihm zu Ehren auf dem Ufer ein Scheingefecht stattfand.

Im Hafen selbst lagen vier Schiffe, die angeblich indischen Christen gehörten. Einige kamen an Bord der „São Gabriel". Als sie ein Bild sahen, das die Kreuzabnahme darstellte, warfen sie sich auf die Knie und beteten.

Der neuntägige Aufenthalt verging sehr angenehm unter allerlei Festlichkeiten. Doch der versprochene Pilot erschien nicht. Schließlich hielt da Gama einen der Höflinge fest, die an Bord kamen. Diesen tauschte er nun sehr schnell gegen den aus Guzeat (Gudscharat — Guzarat) stammenden Piloten Ibn Majid aus.

Nach Calicut

Am 24. April segelte die kleine Flotte in Richtung Calicut ab. Es ging zunächst einige Tage an der Küste entlang, bevor die Schiffe auf nordöstlichem Kurs in den Indischen Ozean hineinliefen. Am 18. Mai, nach dreieinhalbwöchiger Fahrt, kamen die Ghats (das ist ein Gebirge im Dekkan, dem südlichen Hochland von Indien) in Sicht. Aus dem Roteiro — Reiseführer — können wir nichts über die Stimmung an Bord der Schiffe angesichts dieses Ereignisses erfahren, aber Luis Vaz de Camões, der in Coimbra studierte, berichtete 50 Jahre später darüber, als er in seinen Lusiaden, einem epischen Gedicht, diese Fahrt da Gamas beschrieb. Dies konnte er um so besser tun, als er selber als Soldat in Nordafrika und Goa gewesen war und von dort als Hinterlassenschaftspfleger in die chinesischen Besitzungen Portugals nach Macao ging. Er besang in „Os Lusiadas" — nach Lusus, dem sagenhaften Stammvater der Portugiesen — diese Reise mit dem Vers:

> „Es war zuviel für Gama — schier überwältigt ihn
> die Freude, jenes Land so nah zu sehn.
> Er sinkt aufs Knie. Die Hände hoch erhoben,
> dankt er für dies der großen Güte Gottes."

Am 20. Mai fielen vor Calicut die Anker der drei Schiffe. Die grandiose Unternehmung war erfüllt. Portugals Seefahrer hatten das Land der sagenhaften Reichtümer und Schätze erreicht.

Die Macht der Moguls beschränkte sich zu dieser Zeit nur auf den Norden des Landes, während sich an der südwestlichen Küste, welche die Portugiesen erreichten, verschiedene Kleinstaaten etabliert hatten, deren Hindu-Herrscher einander befehdeten. Sie verkauften alle ihre Landeserzeugnisse an die Fremden.

Calicut, das wichtigste Handelszentrum, unterstand dem Samuri. Dieser lebte, von den Brahmanenpriestern und den Nairs — den Angehörigen der Kriegerkaste — umgeben, in einem außerhalb der Stadt gelegenen Palast.

Die Ausfuhr lag in den Händen moslemischer Kaufleute, die zwei Gruppen bildeten. Einmal zum Islam bekehrte Eingeborene und deren Abkömmlinge, zum anderen reinblütige Araber und Perser.

Beide Gruppen waren sich jedoch über die Gefährlichkeit der nun kommenden Weißen, die ihnen ihr Geschäft fortnehmen würden, einig. Sie traten sofort gemeinsam als Widersacher der Portugiesen auf. Diese mußten sich entweder dieser Aufforderung zum Kampf stellen oder unverrichteter Dinge wieder abziehen. Letzteres stand allerdings außerhalb jeder Diskussion, nachdem sie jahrzehntelang nach dieser Möglichkeit, Indien zu erreichen, geforscht hatten. Unsummen an Geld und Energie, große finanzielle und menschliche Opfer waren für dieses Ziel aufgebracht worden: Also kämpften sie!

Der Samuri, dem da Gama die Botschaft überbringen ließ, daß er als Gesandter seines Königs komme, nahm die Botschaft zunächst huldvoll auf. Er entbot den Fremdlingen sein Willkommen. Da Gama brach also zur Stadt auf. Seine Piloten lotsten die drei Karavellen aber sicherheitshalber zu einem Ankerplatz bei Panderani, einige Meilen nördlich von Calicut. Hier blieben die Portugiesen beinahe drei Monate.

Da Gama ging an Land, als er die Nachricht erhielt, daß der Samuri in Calicut eingetroffen sei. Unter dem Gefolge da Gamas befanden sich einige Offiziere. Seinem Bruder Pablo und Nicolao Coelho erteilte der Chef der Expedition strenge Weisungen, sofort heimzufahren für den Fall, daß er nicht mehr an Bord zurückkomme.

In Calicut wurden die Portugiesen zuerst in eine „Kirche" geführt. Als sie hörten, daß eine dort aufgestellte Statue die Mutter Gottes darstellte, fielen sie auf die Knie und beteten. Es war aber ein Hindutempel, und das Standbild war wahrscheinlich ein Bildnis von Devaki, der Mutter Krischnas.

In Begleitung eines hohen Würdenträgers des Samuri zog dann da Gama durch die Stadt. Es wurde getrommelt, trompetet und gepfiffen. Dazwischen krachten Arkebusenschüsse als Salut. Die Menschenmassen zwangen dazu, daß sie sich mit Gewalt einen Weg zum Palast bahnen mußten.

Dort angekommen, sah da Gama den Samuri auf einem Bett liegend und Bethel kauend. Über dem Bett wölbte sich ein vergoldeter Baldachin. Den

Fremden wurden erlesene Früchte vorgesetzt. Danach trug da Gama den Zweck seiner Reise vor und sprach über den Reichtum und die Macht seines Königs, Manuel I. Seine Rede beendet er mit der Bitte an den Samuri, er möge ebenfalls Gesandte nach Portugal schicken.

Als Vasco da Gama am nächsten Tag seine Geschenke überreichen wollte, lachte der Schatzmeister des Samuri spöttisch über diese gestreiften Stoffe, die Kapuzen, Hüte und Korallenketten, über Waschbecken, Zucker, Honig und Öl. Er riet den Überbringern, anstelle dieses Plunders Gold zu bringen. Da Gama erwiderte, daß er kein Kaufmann sei und also auch kein Gold mitgebracht habe. Er bat um eine neue Audienz, die erst nach langem Hin und Her zugestanden wurde. Diesmal wurde ihm kein huldvoller Empfang zuteil, und der Herrscher von Calicut warf ihm vor, daß er zwar von seinem reichen König berichtet, aber nur Plunder als Geschenke mitgebracht habe.

Der Samuri fragte, was denn der eigentliche Grund der Fahrt gewesen sei, ob sie edle Steine oder Sklaven holen wollten; Vasco da Gama beteuerte, daß er nur mit dem Befehl ausgesegelt sei, Entdeckungen zu machen, Der Samuri erteilte schließlich die Erlaubnis zum Verkauf der mitgebrachten Waren.

Auf dem Rückweg nach Pandarani wurde da Gama mit seiner Begleitung von der Nacht überrascht. Sie suchten eine Herberge auf, in der sie 48 Stunden festgehalten wurden. Doch der Samuri, an den sie sich wandten, billigte diese Tat der Moslems nicht. Er befahl, die Gefangenen wieder freizulassen und ihnen ihre Waren zurückzugeben.

Nach einigen vergeblichen Versuchen gelang es da Gama, vom Samuri die Erlaubnis zum Verkauf seiner Waren zu erreichen. Die hier wohnenden Hindus kamen auch an Bord und suchten sich Waren aus. Die Moslems jedoch gingen mit einer Abordnung der reichen Kaufleute zum Fürsten und erklärten diesem, daß kein arabisches Schiff künftig mehr Calicut anlaufen werde, wenn „die portugiesischen Piraten dort Handel treiben dürften. Diese Räuber wollen das Land doch nur ausrauben."

Vasco da Gama erklärte dem Samuri, daß er heimzufahren wünsche, und bat ihn um eine Ladung Gewürze für seinen König. Als Antwort erhielt er die Aufforderung, die fälligen Zollgebühren zu zahlen. Gleichzeitig wurde ein Wächter über die letzten Waren gesetzt, welche die Portugiesen noch verkaufen wollten. Der Verkehr mit den Karavellen wurde verboten. Gleichzeitig erfuhr da Gama von einem Händler aus Tunis, namens Moncaide, der ihm ergeben war, daß sich eine Verschwörung zusammenbraue und daß es ihm, da Gama, ans Leder gehen solle.

Der Kapitän nahm nun einige hochgestellte Persönlichkeiten, die das Flaggschiff besichtigten, kurzerhand gefangen und erreichte dadurch die Auslieferung eines Großteile seiner Waren und seines Verkäufers.

In letzter Minute sandte schließlich der Samuri ein Schreiben für König Manuel I. an da Gama. Darin drückte er seine Bereitwilligkeit aus, Spezereien und Edelsteine gegen Gold, Silber, Korallen und Scharlachtuch zu tauschen.

Ende August ging die kleine Flotte da Gamas mit dem Händler Moncaide an Bord, der sich nunmehr in Calicut an Leib und Leben bedroht fühlte, in See. Der Küste nach Norden folgend, ließ der Führer der Expedition an einer geeigneten Stelle den portugiesischen Herrschaftspfeiler errichten. Bei den Anjediva-Inseln wurden die Schiffe für die Heimreise ausgebessert.

Die Fahrt durch das Arabische Meer nahm — wegen der Windstille — drei Monate in Anspruch. 30 Matrosen starben unterwegs an Skorbut. Auf jeder der drei Karavellen waren schließlich nur 7 — 8 Männer einsatzbereit.

Endlich kam ein günstiger Wind auf. Dieser brachte die Flotte am 3. Januar 1499 bei Mogadischu in Sicht der afrikanischen Küste. Kurz darauf warfen sie im Hafen von Malindi Anker, wo da Gama noch einen Pfeiler aufsetzen ließ.

Da die Mannschaften nicht mehr für alle drei Schiffe reichten, ließ der Kapitän die „São Raphael“ mit Ausnahme der Gallionsfigur verbrennen. (Heute befindet sich diese Gallionsfigur in der Jeronimokirche in Lissabon).

Anfang Februar 1499 wurde Mocambique erreicht. Hier wurde der letzte Pfeiler gesetzt. Am 20. März segelten die beiden Schiffe um das Kap der Guten Hoffnung. Einen Monat darauf wurden sie voneinander getrennt, und während Coelho direkt nach Lissabon steuerte und am 10. Juli, zwei Jahre und zwei Tage nach dem Auslaufen, dort eintraf, war Vasco da Gama zur Insel São Tiago gelaufen, von wo aus er seinen schwer erkrankten Bruder Paolo in einer kleinen gemieteten Karavelle — sein eigenes Flaggschiff hatte er hier ebenfalls heimgeschickt — nach der Azoreninsel Terceira brachte. Erst nachdem sein Bruder dort gestorben war, brach auch Vasco da Gama auf und lief am 18. September 1499 in Lissabon ein.

Vasco da Gama hatte den Seeweg nach Indien gefunden. Er brachte Proben aller Erzeugnisse dieses weiten östlichen Landes mit, und nunmehr stand fest, daß es sehr bald einen ständigen Reise- und Güterverkehr nach Indien geben werde, denn: Was einmal geschafft war, das konnte leichter wiederholt werden.

Dies war eine Reise, die selbst Kolumbus' Fahrt nach Westindien weit in den Schatten stellte. Vasco da Gama hatte mit seiner einmaligen Leistung den Traum Heinrichs des Seefahrers verwirklicht und die Verbindung des Westens mit dem Fernen Osten hergestellt.

Die Nachricht, daß den Portugiesen der Seeweg nach Indien geglückt war, rüttelte alle Welt auf. Sie erschütterte den Ostasienmarkt von Venedig ebenso wie jenen Genuas und der arabischen Händler, die diese Waren aus dem Osten gebracht hatten.

Diese Eröffnung des Seeweges um Afrika herum nach Indien und China schwächte darüber hinaus den Islam ungemein. Sie brachte den islamischen Sultanen gewaltige Geschäftseinbußen und führte schießlich zu Portugals Herrschaft über den Indischen Ozean und damit — was Europa betraf — zu Portugals Monopolstellung im Gewürzhandel.

König Manuel I., dessen Wappen eine Erdkugel darstellte, fügte seinen Würden eine neue hinzu und nannte sich nunmehr auch noch „Herr der Eroberung der Schiffahrt und des Handels von Äthiopien, Arabien, Persien und Indien."

Unter Alfonso de Albuquerque, von dem noch die Rede sein wird, beherrschte Portugal tatsächlich die Schiffahrt und den Seehandel der erwähnten Länder, wenn sich auch seine Macht und seine Herrschaft zu Lande auf die Küstenregionen beschränkte.

Um Gott für diese Gnade zu danken, ließ Manuel I. die Hieronymuskirche errichten. Er verlieh Vasco da Gama den hohen Titel Dom, eine Jahresrente von 1000 Cruzados und die Stadt Sines, seinen Geburtsort.

Der Ritterorden von Sao Thiago, dem diese Stadt gehörte, weigerte sich, diese an da Gama abzutreten. So mußte sich der Indien-Fahrer schließlich mit dem kleineren Vidigueira begnügen.

Kurz vor seiner zweiten Fahrt ernannte König Manuel I. den Dom Vasco da Gama zum „Admiral der Indischen Meere". Er gewährte ihm das Recht, aus dem Fernen Osten Waren im Werte von 200 Cruzados zollfrei einzuführen; dadurch wurde Vasco da Gama schließlich zu einem der reichsten Männer von Portugal.

*

ZU NEUEN WELTEN

Die Nordamerikafahrten — Brasilien und der Orient

Im Frühjahr 1492 unternahm João Fernandes, ein Kleinbauer von den Azoren, der nach seinem Beruf „Labrador" genannt wurde, mit Pedro de Barcellos eine drei Jahre dauernde Entdeckungsreise nach dem Norden. Sie haben ohne Zweifel Grönland besucht. Ob sie noch weiter gekommen sind und das nordamerikanische Festland erreicht haben, ist ungewiß. Aber in Kretschmers Karte von 1502 sind ihre Namen angegeben.

Fünf Jahre später segelte der Venezianer Giovanni Caboto, durch die Entdeckung von Kolumbus ermutigt, von Bristol aus, um die „Gewürzländer" zu suchen. Er erreichte den nordamerikanischen Kontinent bei der Kap Breton-Insel, folgte der Küste Neufundlands und erklärte nach seiner Rückkehr, er habe das Land des Groß-Khans entdeckt und hoffe, nunmehr auch Cipango zu finden. (Seit Marco Polo der Name für Japan).

Der König von England belehnte ihn mit einer Rente und versprach, im nächsten Jahr mehrere Schiffe für seine neue Expedition auszurüsten.

Nun reiste Caboto nach Portugal. Er wollte erfahrene Seeleute anwerben, die bereits auf dieser Route gesegelt waren. In Lissabon stieß er auf Joao Fernandes, der ihm von seiner Grönlandreise berichtete. Dies bewog Caboto dazu, im Norden einen Seeweg nach Asien zu suchen.

Im Mai 1498 fuhren beide von England nach Grönland, das Caboto zu Ehren von Fernandes Labrador taufte. Weiter nach Norden vorstoßend, wurden sie durch eine Meuterei der Mannschaft schließlich an der Weiterfahrt gehindert. Auf Südkurs liefen sie zum heutigen Labrador an der kanadischen Ostküste. Sie fanden keinerlei Gewürze und kehrten schließlich nach England zurück. Englands König verzichtete nun auf weitere Forschungsaufträge für Caboto.

Die Portugiesen aber, die seit einigen Jahrzehnten immer wieder Nachrichtensplitter von der fernen Küste erhalten hatten, rüsteten eine neue Expedition aus. Gaspar Corte Real, ein Sohn *jenes* Corte Real, der mit Admiral Pining vor der Amerikaküste gesegelt war, ein erfahrener Seemann und ebenso wie Fernandes auf der Azoreninsel Terceira zu Hause, erhielt von König Manuel I. die Erlaubnis, den Nordwesten zu erkunden. Alle Inseln, die er innerhalb der portugiesischen Hemisphäre entdeckte, wurden ihm am 15. Mai 1500 anläßlich einer Audienz vom König als Lehen zugesichert.

Im Sommer 1500 segelte Gaspar Corte Real los. Zwei Karavellen führte er nach Grönland, fuhr an der Ostküste dieses unwirtlichen Landes entlang nach Norden, bis Eisberge und Packeis seine Weiterfahrt stoppten.

Er kehrte um, steuerte um die Südküste Grönlands herum und lief nun die Westküste hinauf. Jene Landmarken, denen er seinen Namen gab, sind im Atlas von Vaz Dourado verzeichnet.

Auf dieser Reise kam er mehrfach mit Eskimos zusmamen. „Sehr barbarische und wilde Menschen, fast so wie die Bewohner Brasiliens“, bemerkte er. Dies wurde in der Chronica Dom Manuels von Goes aufgezeichnet. Er wurde abermals durch das Eis gestoppt. In die Heimat zurückgekehrt, rüstete er wenige Monate später eine zweite Expedition aus, an der sich auch sein Bruder Miguel beteiligte.

Im Mai 1501 verließ die Expedition Lissabon. Als sie nach wochenlanger Fahrt auf Packeis stieß, gab sie ihre Absicht, nach Grönland zu segeln, auf. Sie drehte nach Nordwesten ab und sichtete schließlich ein Land von riesiger Ausdehnung, das heutige Labrador. Den Fjord, den sie anliefen, tauften sie auf den Namen Bahia das Gamas wegen der vielen Rentiere, die sie hier trafen. Heute heißt er Hamilton Inlet.

Weiter südlich gingen sie abermals vor Anker und fanden hier riesige Kiefern. Sie gingen an Land, ergriffen etwa 60 Männer und eine Frau und schleppten sie an Bord ihrer Schiffe.

Sie nahmen dann mit ihren drei Karavellen Kurs nach Süden, durchquerten die Belle-Isle-Straße und gelangten zur Küste von Neufundland. Dort haben sich einige Namen, die Corte Real den Landmarken gab, bis heute erhalten, so Kap Boa Vista und die Concepcion Bay.

Hier angekommen, trennten sich die drei Schiffe. Sie hatten bis dahin etwa 600 Meilen der Küste erforscht. Nun wollten sie versuchen festzustellen, ob das Festland bis zu den von Kolumbus entdeckten Antillen reiche. Dieser Aufgabe unterzog sich Gaspar Corte Real. Die beiden anderen Karavellen steuerten mit den gefangenen 60 Indianern und der Frau in Richtung Lissabon zurück, wo sie im Oktober 1501 eintrafen.

König Manuel I. war mit dem Ergebnis dieser Expedition sehr zufrieden. Die Indianer wurden in Lissabon auf das höchste bestaunt, und Cantinho, ein Chronist dieser Zeit, schrieb, daß sie größer als Europäer und gut gebaut seien und das Haar lang und zu Locken gedreht trügen. Sie seien sanft und lachten viel.

Die Expedition brachte auch eine zerbrochene Schwertklinge mit, die anscheinend in Italien gefertigt worden war. Zwei Ohrringe aus Silber, die einer der Indianer trug, stammten offenbar ebenfalls aus Venedig. Möglicherweise Überreste von Cabotos Fahrt im Jahre 1498 oder von der Fahrt jener Dänen zweieinhalb Jahrzehnte vorher.

Gaspar Corte Real aber blieb verschollen. Sein Bruder Miguel beschloß, Nachforschungen nach ihm anzustellen, und segelte Anfang Mai 1502 los, um ihn vor der Küste von Neufundland zu suchen. Drei Karavellen waren ihm von König Manuel I. ausgerüstet worden. Dort, wo sich die drei Kapitäne nach ihrer Suche nach Gaspar vereinbarungsgemäß wieder einfinden sollten, in der heutigen St. Johns-Bay, fanden sie Gaspar nicht. Von hier aus segelte ein Schiff nach Norden, das andere nach Süden und das dritte zur westlichen Küste von Neufundland. Alle drei Fahrzeuge durchforschten zahlreiche Buchten und umschifften viele Kaps. Sie fanden Flüsse und gaben ihnen Namen.

Die „Planisphäre" des Juan Vespucci, einem Neffen des Seefahrers Amerigo Vespucci: Süd- und Mittelamerika.

Am 20. August trafen sich dann zwei der drei Schiffe, ohne daß sie eine Spur des Gesuchten gefunden hätten. Das dritte Schiff, mit Miguel Corte Real als Kapitän, kam nicht, und nachdem man hier einige Wochen vergebens gewartet hatte, fuhren die beiden anderen Karavellen wieder heim nach Portugal.

Dem König ging das Schicksal der beiden Brüder sehr nahe. Er ließ noch einmal zwei Karavellen auf eigene Kosten ausrüsten und im folgenden Jahr nach den verschollenen Brüdern suchen. Im Herbst kehrten diese beiden Schiffe nach langer erfolgloser Suche nach Portugal zurück.

Dem Schicksal dieser beiden Brüder der Seemannsfamilie der Corte Real wurde in der „Historia Tragico-Maritima" ein besonderes Kapitel gewidmet. Labrador wurde später auf einigen der vielen Karten das „Land der Corte Reais" (Reais = Mehrzahl von Real) genannt.

PORTUGIESISCH-AMERIKA

Amerika und der Vertrag von Tordesillas

Nachdem Kolumbus seine Indienfahrt erfolgreich durchgeführt hatte, welcher König Johann aus den genannten Gründen jegliche Unterstützung versagte, erhob der Herrscher Portugals Besitzansprüche auf die von Kolumbus entdeckten Inseln und Länder. Die portugiesische Krone berief sich auf die 1479 im Abkommen von Alcácovas vereinbarte Grenzlinie, laut welcher die afrikanischen Gewässer südlich der Kanarischen Inseln als portugiesischer Schiffahrts- und Entdeckungsbereich galten. Setzte man diese Linie nach Westen fort, dann fielen ganz Mittelamerika und die entdeckten Inseln an Portugal.

Diese Ansprüche auf den westlichen Ozean wurden Portugal von Kastilien energisch bestritten. Die Spanier forderten vielmehr, einem Vorschlag von Kapitän Kolumbus folgend, die portugiesische und kastilische Entdeckungszone nicht mehr durch einen Breitengrad, sondern durch einen von Pol zu Pol führenden Längengrad bestimmen zu lassen.

1493 erwirkten die Spanier vier aufeinanderfolgende päpstliche Bullen, nach denen sämtliche Entdeckungen jenseits einer Längengradlinie 100 Seemeilen westlich der Azoren und der Kapverdischen Inseln Spanien gehörten. Als päpstliche Schenkungen wurden sie mit der Verpflichtung übertragen, die Heidenmission in den entdeckten Ländern zu betreiben.

Damit schien Portugal aus dem Rennen geworfen. Es protestierte heftig. Die Lage wurde kritisch. Alles steuerte in dieser Prestigeangelegenheit auf eine militärische Auseinandersetzung zu.

Im Staatsvertrag von Tordesillas, der nach langem Gezänk unterzeichnet wurde, gelang es, diesen Streit beizulegen. Portugal gab seinen Anspruch auf das westliche Weltmeer auf, weil es nach wie vor davon überzeugt war, daß die Ergebnisse der Geheimexpedition des Jahres 1473 nach Amerika zutreffend seien und dieses Land keine Reichtümer zu bieten habe. Kastilien stimmte einer Verlegung der Grenzlinie bis auf 37° Seemeilen westlich der Kapverdischen Inseln zu. Damit lag Brasilien und ein Teil Südamerikas im portugiesischen Herrschaftsbereich.

Cabral und die brasilianische Küste

Um den entdeckten Seeweg nach Indien auszunutzen, ließ König Manuel I., unmittelbar nachdem Vasco da Gama ihm über seine erste Reise dorthin Bericht erstattet hatte, eine neue Expedition ausrüsten.

Eine Flotte von 13 Schiffen wurde zusammengefaßt und für 18 Monate mit Versorgungsgütern versehen. Zum Admiral dieser Flotte wurde Pedro Alvarez Cabral ernannt. Er hatte den Oberbefehl während dieser Forschungsexpedition. Um diese Unternehmung mit größtmöglicher Sicherheit zum Ziele zu führen, wurden Cabral die erfahrendsten Piloten und Kapitäne unterstellt. Es waren dies vor allem Bartolomeu Diaz, Duarte Pacheco und Nicolao Coelho.

Zwar fehlt der erste Teil der Anweisungen, die Cabral für dieses Unternehmen erhalten hatte, doch es scheint sicher, daß er Befehl erhielt, zuerst die brasilianische Küste anzulaufen. (Von dieser Fahrt an führte übrigens jede der folgenden Indienreisen über Brasilien. Dieses weite Ausholen in den Westatlantik hinein erfolgte wegen der dauernden Windstillen vor der Guineaküste, die bisweilen die Schiffe über Monate in diesen Gewässern festhielten.)

Wann und durch wen Brasilien in Wirklichkeit entdeckt worden ist, entzieht sich exakter Kenntnis. Auf alle Fälle muß diese Küste vorher schon einmal erreicht worden sein. Der englische Geschichtsforscher Robert Thorne datiert beispielsweise die Entdeckung Brasiliens auf das Jahr 1494. *Dies* würde auch die starken Bemühungen Portugals in Tordesillas erklären, die Grenzlinie zwischen den Entdeckungsphären so weit wie möglich nach Westen zu verschieben.

Im „Esmeraldo" ist beispielsweise zu lesen, daß König Manuel I. seinen Kapitän Duarte Pacheco bereits 1498 nach Brasilien entsandte. Eine formale Besitzergreifung Brasiliens durch Portugal wäre allerdings zur damaligen Zeit unklug gewesen, bevor die Portugiesen das für sie bedeutend wichtigere Indien erreicht hatten. Deshalb unterblieb die Veröffentlichung dieser und anderer Reisen in Richtung Brasilien.

Am 8. März 1500 gingen die Schiffe Cabrals in See. Zwischen den Kanarischen Inseln wurden sie durch Windstille aufgehalten. Am 22. März jedoch sichtete der Mann im Mastkorb des führenden Schiffes die Kapverdische Insel Sao Nicolao. Am anderen Morgen fehlte eines der Schiffe. Es blieb trotz aller Suche und Nachforschungen für immer verschollen.

Die starken westlichen Winde brachten diese Indienfahrer nun sehr rasch und weit nach Westen und damit hinaus aus dem bis dahin gelaufenen Kurs um Afrika herum. Auf dieser neuen Route wurden tatsächlich die Windstillen von Guinea und die starken südöstlichen Gegenwinde am afrikanischen Südkap umsegelt.

Cabral ließ noch weiter als seine Vorgänger nach Westen ausholen. Nach dem Erreichen der Kapverdischen Inseln ließ er den Kurs auf Südsüdwest legen, wie ihn auch Kolumbus genommen hatte, ohne aber — wie Kolumbus — auf dem 10. Breitengrad wieder nach Westen einzudrehen. Damit hatte Cabral die günstige Segelroute nach dem Kap der Guten Hoffnung gefunden. Darüber hinaus aber mußte auch er die Erfahrung machen, daß es notwendig war, *noch* weiter an der brasilianischen Küste nach Süden entlangzusegeln und erst dann nach Osten zu schwenken, um die Sturmzentren zu umlaufen und gute Westwinde anzutreffen. Bei der ersten Fahrt hatte er diese Erfahrungen mit starken Sturmschäden und dem Verlust von vier Schiffen im Sturm bezahlt.

Vier Wochen später stießen die Schiffe, die übriggeblieben waren, 660 Leguas von São Nicolão entfernt auf Anzeichen von Land: Langes Gras, Geäst und Baumstämme trieben auf der See. Am nächsten Tag wurden die Schiffe von Landvögeln umschwärmt, die von den Kennern „Fura-buchos" genannt wurden. Gegen Abend tauchte ein hoher runder Berg im Gesichtsfeld der Späher auf. Dann trat ein flaches, bewaldetes Ufer hervor, das Cabral Vera Cruz taufte.

Sechs Leguas vor der Küste ankerten die Schiffe bei Einfall der Dunkelheit, um mit Sonnenaufgang des nächsten Tages weiterzusegeln und sich unter dauernden Lotungen näher an das Land heranzutasten. Gegenüber einer Flußmündung gingen die Schiffe abermals vor Anker.

Sehr bald zeigten sich hier die ersten Eingeborenen am Strand. Als Coelho in einem Boot in Richtung Flußmündung fuhr, um diesen auf Weisung von Cabral zu erkunden, tauchten auf dem Strand immer mehr Eingeborene auf. Sie trugen Bogen und Pfeile und eilten jener Stelle entgegen, an der das Boot anlegen würde. Coelho gab den Menschen ein Zeichen, ihre Waffen abzulegen. Sie folgen dieser Aufforderung und legten die Waffen auf den Sand.

Coelho landete und schenkte den Männern drei Mützen. Einer von ihnen gab ihm ein Häuflein kleiner weißer Kugeln als Gegengeschenk. Damit erschöpfte sich Coelhos Fühlungsnahme, da eine starke Brandung das Halten des Bootes dicht unter dem Strand erschwerte.

Nach einer stürmischen Nacht mit Regenschauern ging die Flotte ankerauf und lief mit voll gesetztem Tuch an der Küste entlang südwärts. Die Mastkörbe waren mit Ausgucks besetzt. Diese hatten Weisung erhalten, nach Trinkwasser Ausschau zu halten.

Zehn Leguas weiter stießen die kleineren Fahrzeuge der Expedition, die dichter an Land herangehen konnten, auf eine Bucht, die durch ein Riff geschützt wurde. Ihr breiter Eingang bot auch den größeren Karavellen keinerlei Schwierigkeiten. Dennoch ankerten diese aus Vorsicht vor dem Riff auf elf Faden tiefem Wasser. Einer der Piloten des Führerschiffes lief mit einem

Boot zum Loten in die Bucht hinein. Aus einem Kanu, das ihm entgegengerudert wurde, nahm er zwei junge Leute an Bord, die sich zunächst sträubten, dann aber alles über sich ergehen ließen. Sie waren nackt und in ihren durchbohrten Unterlippen trugen sie lange weiße, an den Enden zugespitzte Knochen.

Als Coelho an Bord der Führer-Karavelle anlegte, hatte sich Cabral „landfein“ gemacht und saß auf einem Sessel. Die Planken des Schiffes waren mit einem Teppich bedeckt worden, und um den Admiral hockten die Kapitäne und Piloten der anderen Schiffe im Halbkreis auf Kissen.

Einer der Eingeborenen wies nach der Begrüßung durch Cabral auf die Kette, die der Admiral um den Hals trug, und deutete dann landeinwärts, als wollte er zeigen, daß es dort im Landesinnern auch Gold gebe. Das gleiche tat er beim Anblick eines silbernen Leuchters.

Mit dem ersten Tageslicht des kommenden Tages — die beiden Eingeborenen waren an Bord geblieben und hatten auf Deck geschlafen — lief die gesamte Flotte in die Bucht ein und fand hier einen ruhigen und sicheren Hafen, „groß genug für mehr als 200 Schiffe“, wie der Chronist dieser Reise berichtete.

Nachdem alle Schiffe geankert hatten, schenkte Cabral den beiden Indianern Hemden, rote Mützen, Rosenkränze und einige Glöckchen. Dann ließ er sie in Begleitung des Sträflings Ribeiro in einem nach Trinkwasser ausgeschickten Boot an Land rudern.

Die Indianer führten Ribeiro in einen Palmenhain. Von hier aus eilten sie mit einer Reihe herbeikommender Stammesgenossen zum Strand zurück, beluden sich mit den leeren Wasserfässern, füllten sie und schleppten sie zu den Booten zurück.

Sie erhielten einige Geschenke. Ribeiro aber, der bei ihnen bleiben und ihr Leben studieren sollte, wollten sie nicht haben. Ein alter Krieger lieferte den Sträfling mitsamt den ihm mitgegebenen Geschenken wieder am Ufer ab.

Zu Ehren des Osterfestes zelebrierte ein Priester an diesem Ort eine Messe. Nach dieser Feier wurden sämtliche Kapitäne an Bord des Flaggschiffes befohlen. Hier beschlossen sie zunächst, daß das mitgeführte Vorratsschiff ausgeräumt und dann verbrannt werden solle. Dann aber entschloß sich Cabral, es mit einer kleinen Besatzung und einem Bericht über die neue Entdeckung nach Portugal zurückzuschicken und König Manuel I. zu informieren.

Die Flotte aber sollte nach Indien weitersegeln. Drei Sträflinge wurden an diesem Landeplatz zurückgelassen, um sich über Land und Leute zu unterrichten. Im Sinne einer guten Ausgangsposition für diese Mission der Sträflinge wurden von hier keine Menschen mitgenommen.

Am Strand wurde nun ein großes Holzkreuz aufgestellt, welches das Wappen König Manuels I. trug. Am 1. Mai zog die Mannschaft, von den Schiffsgeistlichen angeführt, in feierlicher Prozession zu dem Kreuz, unter dem die

Messe gefeiert wurde. Die Eingeborenen, die in großer Zahl herbeigekommen waren, um dieses farbenprächtige Schauspiel zu betrachten, ahmten die Bewegungen und Gebärden der Fremden nach und knieten nieder, wenn diese knieten.

Nach der Messe setzte sich einer der Priester unter das Kreuz und verteilte kleine Zinnkreuze an die herbeikommenden Menschen.

Der Schiffssekretär Cabrals, Pedro Vaz de Caminha, schrieb noch am selben Tage — dem 1. Mai 1500 — an seinen König, daß „die Insel Vera Cruz als Anlegeplatz und Etappenstation für die Reise nach Calicut wertvoll" sei. Von Gold und Silber und anderen Schätzen des Landes konnte er noch nichts berichten. Aus diesem Grunde nahm Manuel I. die Meldung von der großen Entdeckung nicht besonders begeistert auf. Aber er berichtete den Katholischen Königen über die Reise Cabrals und davon, daß dieser Land entdeckt habe, das er Santa Cruz (nicht wie Cabral Vera Cruz) genannt habe. Seine Mitteilung gipfelte in dem Satz:

„Es scheint, unser Herr wollte durch ein Wunder, daß dieses Land aufgefunden würde, denn es ist sehr nützlich und notwendig für die Schiffahrt nach Indien."

Caminha, dessen Brief an König Manuel auch die vorher gemachten Ausführungen entnommen sind, kam zu folgendem Schluß:

„Wenn wir uns mit diesen Menschen verständigen können, dann werden die Unschuldigen, die keinerlei Glauben zu haben scheinen, ohne weiteres Christen." (Siehe Alguns: Documentos).

Das Leben und Treiben der Eingeborenen wurde von Caminho ebenso beschrieben wie die Landschaft:

„Von der Küste haben wir 25 Leguas gesehen. Sie ist flach und mit großen Bäumen bewachsen. Fürwahr eine sehr schöne Insel. Metalle haben wir nicht gefunden, doch die Luft ist gut und mäßig warm wie in unserer Heimatprovinz Minho, und an Wasser mangelt es ebenfalls nicht. Die schönste Frucht indes, die uns hier winkt, ist die Bekehrung der Bevölkerung.

Dieser Brief wurde am 1. Mai 1500 in Porto Seguro auf Eurer Insel Vera Cruz geschrieben."

König Manuel sah sich durch Cabrals Nachricht dazu veranlaßt, gleich eine weitere Expedition auszusenden, um dieses Land zu sichern. Der Befehlshaber der zweiten Flotte erhielt die Weisung, sich insbesondere über die Handelsmöglichkeiten mit Brasilien zu erkundigen. Wer der Befehlshaber war, ist nicht bekannt. Antonio Galvão, der als einziger Historiker der betreffenden Zeit darüber aussagte, schrieb:

„In diesem Monat Mai des Jahres 1501 verließen auf Befehl des Königs drei Schiffe Lissabon. Sie sollten die Küste Brasiliens erforschen. Vorbei an den Kanarischen Inseln segelten sie nach Kap Verde und nahmen in Bezeguiche

Proviant auf. Von hier aus steuerten sie Südwestkurs, kreuzten den Äquator und stießen beim 5. Breitengrad auf die brasilianische Küste. Sie folgen ihr bis zum 32. Breitengrad hinunter. Stürme und Kälte ließen ihnen sodann im April 1502 die Umkehr ratsam erscheinen. Anfang September trafen die Schiffe nach fünfzehnmonatiger Entdeckungsfahrt wieder in Lissabon ein."

Damit war der größte Teil der See vor der brasilianischen Küste vom Kap San Roque bis zum Rio Grande do Sul zum erstenmal befahren worden.

Im Torro do Tombe, dem portugiesischen Nationalarchiv, lagern noch Tausende von Dokumenten, die nicht oder nur flüchtig durchgesehen wurden. Auch über diese Reise wird möglicherweise noch Material vorhanden sein, das bisher nicht ausgewertet ist.

Der Name Amerigo Vespucci, der 1501 an dieser Expedition teilgenommen haben soll, ist ebenfalls nicht genannt worden. Man nimmt an, daß Vespuccis „Mundus Novus" Dichtung und nicht Wahrheit ist. Jene drei Briefe aber, die er an Lorenzo und Piero Francesco de Medici schickte, sollen echt sein. Sein Brief über die Reise von 1501 gibt eine genaue Beschreibung der Landschaft Brasiliens und über das Leben der Eingeborenen. Allerdings sind die Schiffe nach Vespuccis Angaben bis zum 50. Breitengrad hinunter gelangt. Dies würde die genannte „Kälte" erklären, die diese Expedition angeblich zur Umkehr zwang.

In welcher Eigenschaft Vespucci an dieser Expedition teilnahm und warum König Manuel I. ihn zu dieser Fahrt einlud, ist ebenfalls unklar und mit einigen Theorien versehen worden.

Sicher ist nur eines: Vespucci war ein Agent der Medici und sollte sich in deren Auftrag über die Handelsmöglichkeiten mit Brasilien erkundigen. Immerhin war Vespucci auch Ojedas Begleiter während der Fahrt entlang der Küste Venezuelas gewesen. In seinem Brief über diese Fahrt schreibt er im Jahre 1499, daß „der König von Spanien drei Schiffe ausrüstete, mit denen ich die Insel Taprobane (gemeint ist Ceylon) im Indischen Meer zu entdeckten hoffte."

Der Historiker Magnaghi vermutet, daß Manuel I. Vespucci die Erlaubnis zur Mitfahrt nach Brasilien nur gab, um die von diesem geplante Fahrt nach Indien zur Wahrnehmung spanischer Interessen zu verhindern. Wenn dem so war, dann war dies einer der geschicktesten Schachzüge des portugiesischen Königs.

Als Vespucci 1502 nach Portugal zurückkehrte, wartete er erst einige Wochen ab, ob König Manuel I. seine Dienste auch weiterhin in Anspruch nehmen und er damit die Gelegenheit erhalten würde, für seine Auftraggeber zu spionieren. Als er nicht aufgefordert wurde, reiste er nach Spanien, um der spanischen Krone zu dienen.

Dies wiederum bringt Magnaghi zu der zweiten Theorie, daß sich Vespucci im Auftrag der spanischen Krone über die Pläne Portugals orientieren sollte. Der Florentiner stand denn auch als Spion in spanischen Diensten. Vespuccis bittere Bemerkungen über die portugiesischen Kapitäne und deren Hochmut lassen den Verdacht aufkommen, daß diese von seinen Qualitäten als Pilot und Kapitän nicht sehr viel hielten.

Vom Handelsmonopol für Brasilholz und der Küstenerkundung

In den nächsten Jahren wurden weitere Expeditionen nach Brasilien geschickt, von denen die Chronisten nur wenig überlieferten. Allerdings wissen wir, daß die portugiesische Ostindienflotte unter João da Nova 1501—1502 die Küste Brasiliens ebenfalls anlief.

An eine Besiedlung dieses riesigen Landes, von dem zunächst nur die Küstenregionen angekratzt waren, konnte die Krone nicht denken. Das Interesse richtete sich vielmehr auf den Handel und hier insbesondere auf die Verschiffung von Brasilholz. Dieses Farbholz gab dem ganzen Lande seinen endgültigen Namen: Brasilien. Dieser wurde 1511 zum erstenmal schriftlich fixiert. Lediglich die Kirche hielt bis zur Mitte des 16. Jahrhunderts an dem Namen Santa Cruz fest.

Die Krone nahm das Monopol für Brasilholz selbst in Anspruch und verpachtete den Farbholzhandel in der neuen Kolonie 1502 auf zwei Jahre und dann für weitere Jahre an einen Bürger von Lissabon. Fernão de Loronha hatte dafür jährlich 4000 Dukaten an die Krone zu zahlen. Darüber hinaus mußte er sich verpflichten, jedes Jahr sechs Schiffe auszuschicken, um die Küste 300 Seemeilen weiter zu erkunden und in dem neuentdeckten Gebiet ein Fort zu errichten. Ferner mußten alljährlich 20.000 Quintals Farbholz abgeliefert werden.

Dieser Vertrag ließ Gonçalo Coelho 1503 im Auftrage der Loronha-Handelsgesellschaft nach Brasilien segeln. Coelho folgte der brasilianischen Küste nach Süden bis zur Mündung des Cananea. Dabei gingen vier Schiffe seiner Expedition verloren. Die übrigen aber brachten Farbholz „und ein wildes Gewimmel kreischender Papageien und Affen" nach Portugal zurück. In der Begleitung des bekannten Kapitäns befand sich auch der Chef der Gesellschaft, Fernão do Loronha.

Die auf dieser Fahrt neu entdeckte Insel wurde auf seinen Namen getauft.

Das Brasilholzmonopol erlosch im Jahre 1512. Aber erst 1532 wurde der Handel damit zum ausschließlichen Kronmonopol erhoben. Bis dahin hatte sich die Krone nicht unmittelbar als Kaufherr in diesen Handel eingeschaltet, weil sie sich außer dem Holzeinschlag keine größeren anderweitigen Erträge versprach.

Im Jahre 1519 stieß auch der größte aller Seefahrer, Fernão de Magelhães, als Führer einer Expedition, die das erstemal die gesamte Welt umsegeln sollte, auf die brasilianische Küste.

Diese Weltumseglung war ebenfalls von portugiesischen Kartographen und Kosmographen geplant worden. Die besten portugiesischen Piloten standen auf Magalhães' Schiffen. Das war die einzige logische Folgerung aus jenen Erfolgen, die portugiesische Seeleute seit Heinrich dem Seefahrer errungen hatten. Auch dies bewies einmal mehr Portugals Überlegenheit in der Schiffahrt. Es sollte 75 Jahre dauern, ehe der Engländer Sir Francis Drake mit Hilfe portugiesischer (!) Karten und eines portugiesischen Piloten ebenfalls die Südspitze Südamerikas umsegelte, aber unter weit weniger schwierigen Bedingungen, als dies Magalhães gelungen war. Doch zurück zu Brasilien!

Bahia und Pernambuco waren die Zentren des brasilianischen Farbholzhandels. Da sich immer mehr ausländische Konkurrenz in diesen Städten sammelte, entschloß sich König Johann III., der 1521 nach Manuels Tod neuer Herrscher in Portugal wurde, 1530 zur Ausrüstung und Entsendung einer Expedition nach Brasilien. Die Führung wurde einem Adeligen am Hofe übertragen. Sein Name: Martim Afonso de Sousa. Dieser wurde am 20. November 1530 zum Flottenkapitän ernannt und mit weitgehenden Vollmachten ausgestattet. Sein Auftrag lautete:

„Weitere Entdeckungsfahrten entlang der Küste, soweit sie nach der Demarkationslinie von Tordesillas zum portugiesischen Einflußbereich gehört."

De Sousa war ermächtigt worden, im Auftrage des Königs Hoheitszeichen aufzustellen, Gouverneure einzusetzen sowie Richter und andere Beamte der Krone zu ernennen.

Es ging nunmehr um die effektive Inbesitznahme der neuen Entdeckungen und um die Errichtung der portugiesischen Staatsgewalt darin. De Sousa gab seinem mitfahrenden Bruder Pero Lopes den Auftrag, die Küste des heutigen Staates Uruguay zu erkunden, in den La Plata-Fluß einzulaufen und auch an dessen Ufer portugiesische Hoheitszeichen zu setzen.

Auf der Fahrtroute von der Küste Brasiliens zum Kap der Guten Hoffnung entdeckten portugiesische Kapitäne im Südatlantik mehrere Inseln, so bereits 1502 Trinidade. 1506 entdeckte der Kommandeur der achten Ostindien-

Expedition, Tristão da Cunha, eine Inselgruppe, die nach ihm benannt wurde. Die Gough-Insel, etwa 400 Seemeilen südostwärts davon, wurde 1505 entdeckt. Sie erhielt zunächst ihren Namen nach dem Oberpiloten der Flotte, Goncalvo Alvares.

Die Indianer von São Salvador

Im Jahre 1516 wurde der junge portugiesische Edelmann Alvarez Corrêa bei einem Schiffbruch an die brasilianische Küste gespült. Hier wurde er von Indianern des Stammes der Tupinambâs gefunden und in die Familie des Häuptlings aufgenommen. Er wurde rasch gesund, heiratete die Tochter dieses Häuptlings und errang dank seiner Klugheit eine Vertrauensstellung im Stamm. Sein guter Ruf als Ratgeber war bald in die fernsten Winkel des Stammesbereiches gedrungen.

Als hier Francisco Pereira Coutinho an der Küste eintraf, um das Lehen anzutreten, das König Johann III. ihm verliehen hatte, stieß er ebenfalls auf die Tupinambâs, bei denen er sich rasch unbeliebt machte. Seine Soldaten brachen eine Reihe Händel vom Zaun, als sie mit Indianerinnen schliefen, was deren Männern offenbar nicht genehm war. Diese brachten einige der ungebetenen Beischläfer um. Das wiederum veranlaßte eine Strafexpedition.

Alvarez Corrêa, der sich für seine Stammesbrüder verwandte, wurde sehr rasch von Coutinho auf die schwarze Liste gesetzt. Schließlich wurde er in einer Blitzaktion bei Nacht aus seiner Hütte geholt und auf die Festung des Statthalters geschafft.

Corrêas Frau aber, die berühmt gewordene Paraguassú, wollte ihren Mann zurück. Es gelang ihr, die Tupinambâs aufzuwiegeln, so daß sie mit ihr zur Festung des Statthalters zogen, um diesen und seine Knechte zu beseitigen.

Francisco Pereira Coutinho konnte mit seinen Getreuen bei Nacht aus der umzingelten Festung entkommen. Sie flohen unter Mitnahme ihrer Geisel nach der Capitania dos Ilheos.

Einige der Tupinambâs, die im Dienste Coutinhos gestanden hatten und an den dort herrschenden Überfluß gewöhnt waren, baten diesen, doch zurückzukommen. Coutinho war so dumm, dieser Bitte zu folgen. Als er in die Bucht der Tupinambâs einlaufen wollte, wurde er im einsetzenden Sturm an die Insel Itaparica geworfen. Zwar konnte er sich mit seinen Gefährten und der Geisel an Land retten, aber er fiel den „wilden“ Indianern in die Hände, die ihn und seine Soldaten in den Kochtopf steckten und fraßen. Alvarez Carrêa entging diesem Schicksal; er kehrte zu seiner Frau zurück und wurde wenig später der Führer des Stammes.

Nach dem jähen Ende des Statthalters durch die Indianer fiel die Capitania wieder an die Krone zurück. In Portugal war man jetzt aber von den Vorteilen überzeugt, die São Salvador do Bahia bieten konnte. Johann III. beschloß nunmehr, in dieser Bucht die Hauptstadt des Landes Brasilien zu errichten, „damit die übrigen Ansiedlungen eine Hilfe finden, die ihrer Schwäche aufhelfen könnte."

Fünf Schiffe, darauf 600 Freiwillige, 1.500 Verurteilte und eine Handvoll Familien, die sich freiwillig gemeldet hatten, bildeten den Kern der neuen Expedition. Thomas de Souza wurde zum Expeditionsleiter bestimmt und in den Rang eines Generalstatthalters Brasiliens erhoben; er erhielt die Machtbefugnisse, seine Gerichtsbarkeit über ganz Brasilien auszuüben.

Als diese starke Gruppe in der Bucht von São Salvador landete, fanden sie dort noch Alvares Corrêa vor, der zwar alt geworden war, aber immer noch als Führer dieser Indianergruppe galt. Alvarez veschaffte dem Generalgouverneur die notwendige Basis bei den Indianern. Die ersten Häuser der neuen Hauptstadt wurden dort angelegt, wo sich heute noch die Kirche „Unserer lieben Frau von Ajuba" erhebt. Sie erhielt den Namen São Salvador.

Das kluge Paktieren des neuen Generalgouverneurs de Souza ließ diese Siedlung sehr rasch aufblühen, dies nicht zuletzt dank der Unterstützung durch Corrêa, der die Indianer dazu brachte, den weißen Siedlern zu helfen.

Vier Jahre später erbat de Souza seine Abberufung und Rückkehr nach Portugal. Er legte die Führung in die Hände von Duarte da Costa, der mit sieben Jesuiten im Gefolge — unter ihnen dem berühmtem Pater Anchieta — in Brasilien eintraf.

Diese Jesuiten versuchten die Eingeborenen zu bekehren und sie im christlichen Glauben zu unterweisen.

In der Bucht von Santos steht auf einem Sockel aus Granit ein steinernes Kreuz zum Andenken daran, daß auf der Insel Sao Vicente die Geschichte Brasiliens begonnen hat. In dieser Bucht warfen die Karavellen des Martin Afonso de Souza 1531 Anker und eröffneten die Besiedlung von Mittelbrasilien.

Vorher war de Souza bereits in die Guanabarabucht eingelaufen und dort vor Anker gegangen. Da er der Annahme war, daß die langgestreckte Lagune eine Flußmündung sei, nannte er sie Rio de Janeiro.

Die hier lebenden Indianer verhielten sich ihm und seiner Mannschaft gegenüber abweisend, ja feindlich. In dieser Lage trat ein Mann in den Vordergrund, der als erster Bandeirante gelten dürfte. Sein Name lautete João Ramalho. Er war ein Marane, wie die zwangsgetauften Juden in Portugal genannt wurden. Dieser war irgendwann vorher einmal von einem der portugiesischen Schiffe in der Nähe abgesetzt worden und zu den Indianern gelangt, die ihn aufgenommen und als einen der ihren akzeptiert hatten.

Diesem Ramalho gelang es, die Portugiesen gegen die vielfache Übermacht der Indianer zu schützen. Darüber hinaus brachte er es fertig, seine braunen Brüder zur Hilfeleistung für die wenigen Siedler zu überreden, so daß sie gemeinsam die ersten Hütten der aus dem Mutterland gekommenen Menschen errichteten.

Mit Ramalho, der mit einer Indianerin verheiratet war und nebenbei noch einige Dutzend Indianerfrauen zur Verfügung hatte, soll die Rasse der Mamelucos entstanden sein. Zeitgenössische Meldungen wissen zu berichten, daß er im Laufe der Zeit etwa 300 Frauen gehabt haben soll. Mit seinem ständig neu aufgefüllten Harem soll er 700 Kinder gezeugt haben, die später für ihn arbeiteten. Außer diesem fruchtbaren Manne gab es in der weit verzweigten Indianersiedlung noch einige weitere potente Portugiesen, die ebenfalls vorher schon an die Küste geschafft und dort ausgesetzt worden waren. Wenn diese auch nicht *die* Lendenkraft besaßen wie Ramalho, so waren doch auch sie für einige Dutzend Nachkömmlinge gut, so daß sich die Mamelucos, wie die Mischlinge zwischen Weißen und Indianern genannt wurden, sehr rasch ausbreiteten.

Sehr bald schon zeigte es sich, daß die mitgebrachten Zuckerrohr-Stecklinge in dieser Gegend sehr gut gediehen. Der Anbau von Zuckerrohr steigerte sich ebenso rasant wie die Bevölkerung. Die ersten Felder entstanden in Brandrodungen. Sie wuchsen von Jahr zu Jahr. Eine erste primitive Zuckerrohrmühle wurde gebaut und stand den Herren der Felder zur Verfügung.

Die zum Zuckerrohranbau und zur Ernte und Vermarktung des Zuckers notwendigen Arbeiter wurden von den Mamelucos beschafft. Diese streiften durch die Wälder des Hinterlandes; sie suchten und entdeckten auf ihren ausgedehnten Streifzügen Indianersiedlungen und weite Regionen des Hinterlandes. Im weiteren Verlauf dieser Sklavenjagden kamen sie schließlich auch zu den Indianer-Reduktionen im Süden des Landes. Dort stießen sie auf jene 30 Völker, die von den Vätern Jesu dort versammelt, zivilisiert und christianisiert wurden.

Während ihrer Überfälle über Jahrzehnte hinweg fingen sie dort etwa 100.000 Indianer, die sie in der Serra von Rio Grande in ein riesiges, von ihnen streng bewachtes, Camp brachten. Von dort aus wurden die Sklaven entweder auf Flößen und Booten den Rio Paraná hinauf zu den Plantagen gebracht, oder sie traten den langen und verlustreichen Marsch durch die Gebirgswälder von Sao Paulo an. Sie alle wurden auf den rasch wachsenden Plantagen benötigt.

Diese Menschenjagden auf die ihrem Schutz anvertrauten Indianer machten die Jesuiten zu wehrhaften Männern, die sich einiges einfallen ließen, um den Schutz ihrer Siedlungen sicherzustellen. Sie bildeten die Indianer zu Soldaten aus, machten sie mit dem Bau von Befestigungsanlagen vertraut und setzten sie auf Pferde. Kanonen fertigten sie aus besondes dicken Bambusrohren. Diese wurden mehrfach mit Ochsenhäuten umwickelt, bis sie eine Pulverexplosion aushielten, die notwendig war, um Steine in Kokosnußgröße einige hundert Meter weit zu schleudern.

Diese Lederkanonen wurden auf Flößen montiert. Als die Paulistaner Bandeirantes — die Nachfolger der Mamelucos als Sklavenjäger — das nächste Mal den Rio Paraná herunterkamen, um neue Sklaven zu fangen, kamen ihnen einige hundert solcher Flöße entgegen. Auf Schußweite herangekommen, eröffneten diese das Feuer und schossen die Paulistanerboote in Grund.

Diesem „Geschützfeuer“ entgingen nur sieben Bandeirantes. Sie brachten Kunde von der Auseinandersetzung, die als Schlacht bei Mbororé in die brasilianische Geschichte einging. (Darüber mehr im Abschnitt über die Jesuiten in Brasilien).

Binnen weniger Jahrzehnte waren die Menschenreservoire in Brasilien total erschöpft. Nun hieß es, auf Neger zurückzugreifen, wenn sich die lukrative Plantagenwirtschaft weiterentwickeln sollte.

Die Sklavenjagd und die Ausdehnung der Fanggebiete gehörten ja zu *den* Antriebskräften auch der portugiesischen überseeischen Expansion. Die Sklavenverkäufe finanzierten zum großen Teil die Entdeckungsfahrten.

Die Theologie der damaligen Zeit, ebenso die Sprüche der Juristen vertraten den Grundsatz, daß alle in einem gerechten Krieg unterworfenen Gegner zu Sklaven gemacht werden konnten. Ohne den Einsatz der Sklaven hätten weder die Spanier noch die Portugiesen in Mittel- und Südamerika ihre Position festigen und Gewinne aus ihren Erwerbungen ziehen können.

Allerdings hatten sich die Jesuiten in Brasilien — wie das dargestellte Beispiel zeigt — entschieden gegen die Wegnahme vorher freier Menschen zur Wehr gesetzt. Die Errichtung der Reduktionen zeigt dies deutlich auf. Durch ihre Haltung in dieser Frage zogen sie sich die Feindschaft vor allem der Pflanzer-Aristokratie, der Fazendeiros, zu, die Sklaven benötigten. Aber auch die Masse der weißen Einwanderer war ja auf die Hilfeleistung durch Sklaven angewiesen, wenn sie zu einem bescheidenen Reichtum kommen wollten.

Für die rasche Entstehung des Mestizentums in Brasilien gab es einen schwerwiegenden und entscheidenden Grund. Dieser lag darin, daß sowohl Spanier als auch Portugiesen in den Tropen eine Form des freien Zusammenlebens kannten, die sogenannte Barragania. (Siehe dazu: Ellis, Alfredo jr.: Os primeiros troncos paulistas e o cruzamente euro-americano, Sao Paulo 1936).

Es handelte sich hierbei um einen Freundschafts- und Gemeinschaftsvertrag zwischen ledigen Personen beiderlei Geschlechtes, der nach dem Willen der Beteiligten zwar auflösbar war, aber auch auch Lebenszeit Gültigkeit haben konnte.

Ein solches Konkubinat war im ausgehenden Mittelalter durch gesetzliche Bestimmungen geregelt. In diesen Bestimmungen war auch die Rechtsstellung der Frau und jene der aus einer solchen Gemeinschaft hervorgehenden Kinder vorgeschrieben.

Zwar hatten die katholischen Könige befohlen, daß alle Heiraten nur durch die Kirche geschlossen werden durften. Damit aber konnten sie die alte Sitte der freien Ehe nicht abschaffen. Die Barragania von Personen weltlichen und geistlichen Standes fand in Brasilien, weit entfernt von den Heimatbehörden und unter den moralisch lockeren Einflüssen, die sich aus dem Kontakt mit jungen Indianerinnen ergaben, weiteste Verbreitung. Sie blieb bis in die späte Kolonialzeit bestehen. Dies war zweifellos die allgemein anerkannte ursprüngliche Form portugiesisch-indianischen Familienlebens.

Die Versuche der wenigen im Lande amtierenden Geistlichen, diese Ehen durch eine christliche Besiegelung zu festigen, fanden wenig offene Ohren. Dies war nicht verwunderlich, da sich oftmals auch die Geistlichkeit mit indianischen Frauen zusammengetan hatte und ein gesundes Familienleben vollzog, dem eine Reihe Kinder entsproß.

Das Eingehen einer formalen Ehe mit einer Indianerin hingegen war für einen Portugiesen aus dem Mutterland ein unmöglich erscheinender Abstieg. Bereits 1551 schrieb der bekannte Jesuitenpater Nóbrega, dem Brasilien viel verdankt, in einem Brief an seine Oberen:

„Die meisten Kreise der besseren Gesellschaft halten es für eine Schande, sich mit einer Indianerin zu verheiraten."

Die Jesuiten bemühten sich darum, das Widerstreben der Kolonisten zu überwinden. Sie hatten damit auch Erfolg, wie die späteren Zeiten zeigen sollten, in denen es selbst ein vornehmer Portugiese nicht mehr für einen Abstieg hielt, eine indianische Frau zu heiraten.

Eine Verheiratung der Töchter reinblütiger Portugiesen mit Indianern oder Mestizen kam jedoch nur in Ausnahmefällen in Frage. Die vornehmsten Familien schickten ihre Töchter — soweit sie nicht Söhne ebenso vornehmer Pflanzer heirateten — lieber ins Kloser, bevor sie sie der Gefahr einer Ehe mit einem Partner unreinen Blutes aussetzten.

Die Mehrzahl der Mestizen tammte dieser und auch anderer Gründe wegen (beispielsweise war oft in den weit entlegenen Gebieten kein Priester zur Stelle) aus außerehelichen Vereinigungen.

Was die Mischehen oder Blutmischungen mit schwarzen Frauen anging, so hatten Besteller von Sklaven verlangt, daß in jeder „Lieferung" die Hälfte, mindestens aber ein Drittel Negerinnen sein mußten, so daß sich die Sklaven Negerinnen aussuchen, diese heiraten konnten und so für die Fazendeiros Sklavennachwuchs aufzogen.

Eine dadurch beabsichtigte Rassentrennung ließ sich jedoch weder in Spanisch-Amerika noch in Portugiesisch-Amerika durchsetzen.

In Brasilien zogen vielmehr die dort lebenden Portugiesen schwarze Frauen den weißen Frauen vor. Vor allem Soldaten und Seeleute nahmen schwarze Frauen. Darüber hinaus hatte die schwarze Sklavin auch dem weißen Plantagenherrren in sexueller Hinsicht gefügig zu sein.

Die Casa-Grande, das Herrenhaus der Plantagenbesitzer, wurde so oftmals zur Stätte vieler Rassenmischungen und grausamer Racheakte der weißen Ehefrauen der untreuen Fazendeiros, die sich gegen die von ihren Männern bevorzugten Sklavinnen mit allen Mitteln zur Wehr setzten und sie durch Gift oder gedungene Meuchler und Entführer entweder umbringen oder fortschaffen ließen.

Heiraten eines Fazendeiros oder seiner Söhne mit Negerinnen waren sehr selten, weil sie den Sklavenstand verachteten.

Die Frühgeschichte Portugiesisch-Amerikas

Die entdeckten Küsten Brasiliens verlockten die Portugiesen zunächst nicht besonders, dieses Land in Besitz zu nehmen. Man wußte lange Zeit hindurch nichts von jenen Schätzen, die sich irgendwo im Landesinnern befanden und nur darauf zu warten schienen, gehoben und geborgen zu werden.

Es waren vor allem die Jesuiten, die sich dazu bekannten, daß Gott den Lusitaniern „mit dem Geschenk, das er den Entdeckern gemacht hatte, auch eine Pflicht auferlegte, das Land zu besiedeln, es zu entwickeln und die Eingeborenen dem rechten Glauben zuzuführen."

Einer der ersten Jesuiten war Padre Nóbrega, der mit einigen seiner Priester ins Landesinnere eindrang, um das Bekehrungswerk in Angriff zu nehmen. Die Franzosen dachten in bezug auf Brasilien ganz anders. Sie schienen zu ahnen, daß der Besitz dieser langen Küste einmal für die Schiffahrt von entscheidender Bedeutung werden mußte. Ebenso hofften auch die Engländer und Holländer, in der neuen Welt zu Reichtum und Ehre zu gelangen.

So verwandelte sich die brasilianische Küste sehr bald in einen Tummelplatz von Freibeutern aller Flaggen, die von europäischen Ländern ausgeschickt wurden, um Geld zu machen.

Auf ihren schnellen Schiffen liefen diese Freibeuter und Piraten entlang der Küste und brandschatzten und raubten, was ihnen in die Hände fiel.

Noch bevor die Bucht von São Salvador besiedelt wurde, war bereits bei Pernambuco in einer der Lagunen eine Versorgungsstation für die Ostindienfahrer eingerichtet worden, aus der die erste Vorsiedlung entstand. Diese wurde 1526 — etwa drei Jahrzehnte vor der intensiveren Erschließung dieses riesigen Landes — von Franzosen zerstört. Erst 1548 wurde dieses Dorf wieder aufgebaut und von Fischern bewohnt. Es zählte nun aber bereits 2800 Menschen, die unmittelbar nach der Wiedererrichtung aus der weiteren Umgebung in diese Siedlung zogen, weil die Hütten hier nunmehr von drei kleinen portugiesischen Forts gesichert wurden.

Martin Afonso de Sousa brachte die ersten größeren Mengen an Zuckerrohrpflanzen aus Madeira nach Brasilien und richtete 1533 in seiner Kapitanie S. Vicente die erste mit Wasserkraft betriebene Zuckerrohrmühle ein. Dazu bediente er sich deutscher und niederländischer Fachleute und Geldgeber, die das Handwerk des Mühlenbaues und ihres Betriebes verstanden.

In Pernambuco wurde erst 1542 die erste Zuckerrohrmühle errichtet.

Bereits ab 1530 erfolgte in den Praias und Lagunen und in dem guten Humusboden bei Pernambuco auf leicht ansteigenden Terrassen der Anbau von Zuckerrohr. Die Plantagen zogen sich sehr bald bis nach Paraiba hinüber. Die Breite des Zuckerrohranbaugebietes betrug in diesem Raum bis zu 70 Kilometer. In Rio Grande del Norte war dieses Anbaugebiet immerhin noch 50 km breit. Es verjüngte sich an einigen Stellen auf nur noch 30 km Breite.

Dieses Gebiet war jener Waldstreifen gewesen, der bereits unmittelbar nach der Landung Cabrals als erster abgeholzt worden war, als Brasilien Lieferant für das Brasilholz wurde.

Zug um Zug, Meter um Meter fraß der Zucker den Wald, nachdem das Pernambucoholz verschwunden war. Damit kam der Großraum um Pernambuco nach dem Verschwinden des Pernambuc genannten Rotholzes (der Daesalpinia echinata) abermals ganz groß ins Geschäft.

Im Jahre 1534 belehnte König Johann III. seinen Kapitän Duarte Coelho Pereira mit dem Kapitanant Pernambuco und befahl ihm, die Franzosen aus Nordost-Brasilien hinauszujagen und Olinda zu gründen. Damit wurde Olinda ein Vorort von Pernambuco. Von hier aus wurde schließlich der gesamte Norden Brasiliens erforscht und besiedelt.

Zugleich mit dieser Belehnung hatte Johann III. 1534 das System der lehnsrechtlichen Landschenkungen (der Donatárias) mit der Weisung eingeführt, die ersten zunächst noch kleinen Siedlungen zu gründen.

Der mit dem Landstück beschenkte Donatário teilte den mit ihm nach Brasilien gegangenen Siedlern das Land zu. Die Kolonisten erbauten zunächst ein Fort und einige Wohnhäuser und umgaben diese Ansiedlung mit einem Schutzwall. Auf dem Lande wurden außerhalb dieses Schutzwalles zweierlei Arten von Ackerbau betrieben. Zunächst wurde ein Stück Urwaldland niedergebrannt und der Anbau von Nahrungsmitteln, überwiegend Maniok, betrieben, um die Siedlung zu ernähren. Neben diesen Rocas etablierten sich die Fazendeiros auf den ihnen vorbehaltenen riesigen Ländereien, auf denen zunächst Zuckerrohr, später aber auch Baumwolle angebaut wurde.

Der Anbau von Zuckerrohr begünstigte sehr rasch die Bildung agrarischer Großbetriebe. Die Zuckerrohrplantagen mit den dazu gehörenden Herrenhöfen — den Casas-Grandes — wurden zu einer typischen Siedlungsform in den vorher genannten Gebieten Brasiliens.

Im nordöstlichen Brasilien entwickelte sich der Zuckerrohranbau derart rasant, daß es in diesem riesigen Gebiet bereits im Jahre 1612 nicht weniger als 170 Zuckerrohrmühlen gab. Über 150 Jahre sollte der Zuckerrohranbau fast die einzige Grundlage des brasilianischen Wirtschaftslebens bleiben, wenn man vom immer noch betriebenen Einschlag des Brasilholzes absehen will.

Nachdem der Anbau von Zuckerrohr während des großen Goldrausches bis zum Ende des 18. Jahrhunderts enorm zurückging, schnellte er von diesem Zeitpunkt an wieder empor und erlangte eine zweite große Blütezeit.

Der Anbau von Tabak und Baumwolle und schließlich von Kaffee eröffnete in der zweiten Hälfte des 18. Jahrhunderts neue Quellen des Reichtums für Brasilien. Doch zurück zu den geschichtlichen Ereignissen in den ersten 65 Jahren seit Cabral!

Im Jahre 1550 übernahm das Handelshaus Erasmus Schetz die Ländereien und die Zuckermühlen des neuen Statthalters von Brasilien, Eugenho de S. Jorge dos Erasmos. Die Mühlen wurden von dem Deutschen Peter Roesel verwaltet und betrieben.

Im selben Jahr 1550 versuchte Frankreich, sich durch einen geschickten Trick in Brasilien festzusetzen. Zu einem großen Fest in Paris waren 50 brasilianische Häuptlinge eingeladen worden. Französische Schiffe brachten sie nach Frankreich, um den Bourbonenherrschern gegen „Bares" ihr Land zu übereignen, was sie auch bereitwillig taten, ohne ihre Untertanen zu fragen.

Damit hatte Frankreich sehr unkonventionell, aber nicht minder spektakulär offiziell seine Ansprüche auf Brasilien erhoben. Diese raffinierte Art des Landkaufes konnte Portugal jedoch nicht davon abhalten, auch dieses Land in Besitz zu nehmen oder den früher darauf erhobenen Besitzanspruch noch einmal zu bekräftigen.

Als die Franzosen sich 1555 in der Guanabarabucht festsetzten und unter Kapitän Villegaignon Hunderte hugenottischer Familien dort angesiedelt wurden, protestierten die Portugiesen energisch, obgleich sie bis dahin kein besonderes Interesse an dieser Bucht bekundet hatten. Allerdings stand dort seit 1531 ein portugiesisches Fort als Zeichen der Landnahme. 1560 griffen die Portugiesen die hugenottischen Siedler an, konnten diese bis zum Jahre 1567 vertreiben und die französischen Piraten in die Flucht schlagen, die hier ihren Schlupfwinkel besaßen.

Die von Marinho de Sá vertriebenen Franzosen zerstörten auf ihrem Rückzug Pernambuco.

Noch während der Kämpfe um den Besitz dieser großen und schönen Bucht siedelten sich ab 1565 portugiesische Kolonisten dort an, und bis 1567 entstand die Stadt Rio de Janeiro, die 1608 zum Hauptort der Kapitanie Rio de Janeiro wurde.

Mit dem Einsetzen eines königlich-portugiesischen Generalgouverneurs in Brasilien ab 1549 wurde das portugiesische Gesetz für Agrarsiedlungen aus dem Jahre 1375 — das Lei das sesmarias — auch in Brasilien eingeführt. Dadurch sollte das zugeteilte Land — die sesmarias — nicht größer sein, als es tatsächlich bewirtschaftet werden konnte. Doch diese Vorschrift wurde sehr bald infolge der Plantagenwirtschaft über Bord geworfen. Es entstanden Latifundien von ungeheuren Ausmaßen, und die Großgrundbesitzer breiteten sich in den nördlichen Provinzen immer weiter aus. Erst im 17. Jahrhundert wuchs der portugiesische Siedlungsraum auch ins Hinterland hinein. Die zahlreichen Fronhöfe der großen Plantagen lagen weit im Land verstreut.

Eine planmäßige Lenkung der portugiesischen Wanderbewegungen durch den Staat nach Übersee gab es damals noch nicht. Zunächst hatte ja die brasilianische Küste für Portugal lediglich als Flottenstützpunkt und Faktorei für den Farbholzhandel gedient.

Das entdeckte Land selber galt auch in der Mitte des 16. Jahrhunderts noch als arm und barbarisch, von ebenso barbarischen Indianern bewohnt, die Angehörige fremder Stämme, wenn sie sie fingen, einfach verspeisten. Es gab offenbar weder Gold noch Silber noch Edelsteine, die es lohnend erscheinen ließen, ins Landesinnere einzudringen und sein Leben auf Spiel zus setzen.

Erst als es darum ging, die Flottenstützpunkte und Faktoreien gegen die Einfälle der Franzosen zu verteidigen, erfuhr die Besiedlung und Kolonisation einen weiteren starken Impuls.

Die Durchführung dieser Aufgaben wurde den Donatarios übertragen. Der wirtschaftliche Nutzen für sie sollte im Zuckerrohranbau bestehen, denn der Zucker wuchs hier sehr gut, wie die ersten Pflanzungen zeigten, und Zucker war eine begehrte Handelsware.

Die Siedler, die von den Donatarios mitgebracht wurden, waren meistenteils von diesen abhängige Landarbeiter. Hier griff dann die Krone das erste Mal ein und versuchte durch Zwangsausweisungen und Deportation von Strafgefangenen und anderen mißliebigen Personen weiße Menschen nach Brasilien zu schaffen. Für bestimmte Vergehen wurde in Portugal die Verbannung nach Brasilien als Strafe festgelegt. Daß dies für die ersten Herren des Landes nicht immer ein willkommener Zuzug war, wird aus einem Brief bekannt, den der Donatario Duarte Coelho an seinen König schrieb und in dem es hieß:

„Ich bitte Eure Majestät, aus Liebe zu Gott mir in meine Kapitanie nicht mehr dieses Gift der Verbrecher zu schicken."

Alle Donatarios, die sich eine Zuckerrohrplantage aufbauten, wurden zu jener Oberschicht der Fazendeiros, die im Laufe der Jahrzehnte eine eigenständige Kultur entwickelte; sie breitete sich vor allem im Großraum São Paulo aus und strahlte von dort aus über das ganze Land. São Paulo wurde zum Schwerpunkt Brasiliens. Alle fremden Einflüsse, die sich auf diese Fazendeiro-Kultur übertrugen, wurden von ihr aufgesogen und vereinnahmt. So entstand nach und nach über einen Zeitraum von etwa 250 Jahren eine einheitliche kulturelle Entwicklung aus Fazendeiros, Landarbeitern und Sklaven, ein Volk, das brasilianische. Bis es dazu kam, hatten das Land, seine Bewohner und alle jene, die es sich anzueignen suchten, noch schwere Zeiten zu durchlaufen.

Weitere Auseinandersetzungen

Als König Philipp II. von Spanien die Tochter König Manuels des Großen heiratete und aufgrund der im Ehevertrag ihm zugestandenen Rechtstitel Portugal 1580 seinem Reich einverleibte, begannen für Portugal 60 Jahre der schwersten Verluste. Nicht nur daß dieser Zusammenschluß es sogleich die Molukken, später auch die Sundainseln und Ceylon kostete, drohte nunmehr auch der Verlust von Brasilien, denn Spanien wollte diese riesige Kolonie offenbar nicht.

Allerdings entsandte Philipp II. auf besonderen portugiesischen Wunsch ein Expeditionskorps nach Brasilien, das sich in der Hauptsache aus portugiesischen Freiwilligen zusammensetzte. Dieser Verband wurde nach Brasilien geschickt, um es mit den Holländern aufzunehmen. Es galt zunächst, die Holländer aus dem Mündungsgebiet des Amazonas hinauszuwerfen. Diese waren nach Gründung der Niederländisch-Westindischen-Kompanie 1602 dorthin vorgestoßen und hatten ihre ersten Faktoreien angelegt.

Jene Kontore in Rotterdam und Amsterdam, welche die Ausbeutung weiter Teile Asiens seit langem betrieben, wollten nun auch in Portugiesisch-Amerika Fuß fassen.

Im Jahre 1616 landete der Portugiese Castelo Branco mit 200 Soldaten und eroberte die beiden niederländischen Stützpunkte in diesem Raum. Er ließ ein Fort errichten und brachte auch die ersten Kolonisten an Land. Eine Reihe Kanonen wurden in diesem Fort untergebracht, das heute noch bei Belem als Ruine zu sehen ist. Ihnen folgten sehr rasch Kapuzinermönche nach, die ein Kloster gründeten und das erste Hospitz anlegten. Weitere portugiesische Siedler kamen hinzu. Diese ernteten die wilden Kakaobäume ab, wie sie es von den Indianern der Region lernten.

Ein Portugiese mit Namen Caldeira gründete schließlich Belém do Parà. Die erste Kirche, die erbaut wurde, war die von Santo Antonio. Die etwas früher bereits entstandene Kapelle erhielt den Namen Nossa Senhora da Graca.

Im Raume Pernambuco hatte Coelho Pereira, dem die Kapitanie Pernambuco verliehen worden war, 1584 bereits eine Niederlassung gegründet. Die hier sitzenden Caietas-Indianer wurden vertrieben und die dort sitzenden Franzosen hinausgeworfen, die die wilden Stämme gegen die Portugiesen aufzuwiegeln versuchten.

Um dieser wilden Gegner Herr zu werden, verbündete sich Pereira mit den Tabira-Indianern. Der Anführer Tabóias führte nun die Gemetzel gegen die übrigen kleineren Stämme an, die sämtlich vernichtet oder vertrieben wurden. Diese Niederlassung erhielt den Namen Olinda.

Nachdem 1621 der zwölfjährige Waffenstillstand der Holländer mit Spanien abgelaufen war, nahmen die Generalstaaten ihren Eroberungskrieg in Übersee wieder auf. Diesmal wählten sie Pernambuco zum Kriegsschauplatz und die Westindische Handelskompanie zum Instrument ihres Machtkampfes, der sich aus Handel, Piraterie und offenem Krieg zusammensetzte.

Dies waren die allgemein üblichen Mittel aller damaligen Großmächte, wenn es darum ging, sich einen schönen Teil der Erde zu unterwerfen und diesen für sich zu beanspruchen und auszubeuten.

1624 erschien eine holländische Flotte von 23 Schiffen vor Südamerika, die mit insgesamt 500 Kanonen bestückt waren. An Bord befanden sich 1.580 Matrosen und 1.700 Soldaten. Geführt wurde dieser für die damalige Zeit große Verband von dem holländischen Admiral Jakob Willeken, der mit dieser Flotte von Amsterdam ausgelaufen war. Sein Ziel war Brasilien.

Die Flotte erreichte die Küste von São Salvador, der Hauptstadt von Portugiesisch-Amerika. Die ausgeschifften Soldaten eroberten die Stadt und setzten sich darin fest. Die hier zusammengeraffte Beute betrug 49 Kanonen und 4000 Kisten mit jeweils 500 Kilogramm Zucker. Hinzu kam eine Menge

Tabak, Mehl, Wein, Häute, Pernambucoholz und andere Güter, die hier gestapelt waren und auf den Abtransport nach Portugal warteten.

Dies war das Zeichen für Portugal, den spanischen König entschieden um Hilfeleistung für Brasilien anzugehen.

Doch zunächst geschah nichts. Erst als die holländische Flotte 1630 vor Pernambuco auftauchte und Soldaten mit dem Befehl ausschiffte, auch diese Stadt zu erobern, wurde es ernst. Der Bischof von São Salvador rief die Bewohner der Stadt zum Widerstand auf. Über das Geschehen berichtete Robert Southey, einer der bekannten britischen Geschichtsschreiber:

„Die Einwohner von São Salvador flüchteten nach dem Eindringen der holländischen Soldaten in die Stadt auf ihre noch kaum bebauten Felder. Dort wählten sie ihren Bischof Markus Teixeira zum Oberhaupt. Dieser feuerte sie zum Widerstand gegen die Holländer an. Sie griffen die holländischen Truppen im Gegenstoß an, bei dem auch der holländische Truppenführer fiel. Die Holländer schienen am Ende." (Siehe: Southey, Robert: History of Brazil, London 1822).

Der Bischof fiel in einem der nächstern Gefechte. An seine Stelle trat Marinho de Sá, der einen erfolgreichen Guerillakampf gegen die Holländer führte.

Die portugiesischen Familien von Stand sahen es als ihre Pflicht an, die verlassene Kolonie zu retten. Sie erreichten die Zustimmung Spaniens zur Entsendung eines Expeditionskorps nach Brasilien. Dieses erzwang knapp einen Monat nach seiner Landung in der Kolonie den Einzug in die Stadt São Salvador, die der Feind nicht länger zu halten vermochte.

Als sich die Holländer ergaben, mußten sie einen Eid ablegen, nie wieder gegen Spanien (unter dessen Herrschaft Portugal ja immer noch lebte) Waffen zu tragen. Jene, die diesen Schwur ablegten, wurden entwaffnet und auf ihren eigenen Schiffen nach Holland zurückgeschickt.

Daß die Holländer bemüht waren, diese Scharte so rasch wie möglich wieder auszuwetzen, lag in der Natur der Sache. Es ging hier um eine aufstrebende Kolonie, aus der viel herauszuholen war. Man versuchte wieder einmal, sich Pernambucos zu bemächtigen. Initiator dieses Planes war die Westindische Kompanie, die Nutznießerin dieses Vorhabens. Sie gab die Mittel, die zur Aufstellung einer schlagkräftigen Söldnertruppe und der Ausrüstung der Transportschiffe benötigt wurden.

Trotz aller Geheimhaltung konnte die Statthalterin in den Niederlanden dem spanischen Hof mitteilen, wohin die holländische Expedition führen sollte: nach Brasilien und dort direkt nach Pernambuco.

Spanien erlaubte nun den Portugiesen, ihrerseits eine Expedition auszurüsten, Mathias d'Albuquerque, der Enkel des berühmten Eroberers von Indien, wurde mit der Führung der Streitmacht beauftragt. Diese Truppe, die sich überwiegend aus portugiesischen Freiwilligen rekrutierte, war allerdings zu schwach, um sich gegen die mehrfach überlegenen Holländer durchsetzen zu können. Dennoch kämpfte sie tapfer. Bevor sie aber in Brasilien angelangt war, hatten die dort ansässigen Portugiesen einige schwere und verlustreiche Kämpfe zu überstehen. Einer der jungen Portugiesen, Antonio Vieira, verteidigte mit 37 Kameraden das Fort des Heiligen Georg in Pernambuco. Er konnte sich gegen den in Stärke von 4000 Mann angreifenden Feind, der zudem noch starke Artillerietruppen einsetzen konnte, sechs Tage lang halten. Dann war er gezwungen, das Fort zu verlassen.

Er richtete sich mit seinen Getreuen und den ihnen zulaufenden weiteren Verteidigern des portugiesischen Besitzes auf der Ebene zwischen São Salvador und Olinda in einem befestigten Lager zur Verteidigung ein und versperrte dort den Holländern die Verbindung zu den beiden Städten.

Indianer, die ihm anhingen, konnten unter der Führung ihres Generals Camarâo in einem Gefecht einen größeren niederländischen Truppenverband aufreiben. Der holländische General kam als einziger mit dem Leben davon und entging nur durch einen glücklichen Zufall der Gefangennahme.

Den Portugiesen fehlte es insbesondere an Munition und Versorgungsgütern. In seinen Hilferufen an den spanischen Hof konnte der inzwischen auf dem Gefechtsfeld angelangte Mathias de Albuquerque zwar immer wieder geringe Verstärkungen erreichen, ohne allerdings so stark zu werden, daß er den Holländern eine entscheidende Schlacht hätte antragen können. Allerdings waren die Hilfen entscheidend, sich gegenüber einem hartnäckigen Gegner zu halten, diesen immer wieder in die Defensive zu drängen und ihn mehr als einmal an den Rand einer Niederlage zu bringen.

Dennoch: Auf Dauer war dieser Kampf nicht zu gewinnen. Brasilien schien für Portugal verloren. Es sah so aus, als sollte diese Kolonie, deren ganzer Reichtum noch gar nicht erfaßt worden war, für immer verlorengehen.

Doch dann erhielten die Spanier aus den Niederlanden Nachrichten, daß die Holländer, die fünf Jahre vorher die alljährlich aus Mexiko in die spanische Heimat fahrenden Schatz-Galeonen aufgebracht hatten und die reichste Beute schnappten, die jemals auf See gemacht wurde, eine starke Kriegsrüstung gegen Spanien unternahmen. Dazu mußte das spanische Silber ebenso wie das Gold aus diesen Galeonen herhalten.

Es stand zu befürchten, daß von nun an der freie Teil der Niederlande versuchen würde, alljährlich diese Goldsendungen an sich zu bringen. Um dies zu verhindern, *mußte* Spanien seine Stützpunkte an der Küste Brasiliens verstärken, um die feindliche Flotte von dort aus abzufangen.

Mit tatkräftiger portugiesischer Unterstützung wurde eine starke Flotte ausgerüstet und diese unter dem Kommando eines bekannten portugiesischen Admirals nach Pernambuco geschickt.

Als dieser Verband eintraf, lag die holländische Flotte unter Admiral Hadrian Patry bereits dort auf der Reede. Die spanische Flotte war in letzter Sekunde erschienen.

Eine Seeschlacht, wie sie dieser Seeraum bisher noch nicht erlebt hatte, begann. Die Portugiesen siegten. Als Admiral Patry die eigene Niederlage vor Augen sah, stürzte er sich mit den Worten ins Meer: „Nur der Ozean ist das für einen batavischen Admiral würdige Grab!"

Damit schien den Holländern endgültig der Appetit auf Portugiesisch-Amerika ausgetrieben worden zu sein, denn die nun angelegten Stützpunkte waren nur schwer von einer Flotte zu knacken. Doch diese Zuversicht trog.

Am 23. Januar 1637 betrat Graf Hans Moritz von Nassau, der Sohn des Statthalters der Niederlande und Enkel Wilhelms I. von Oranien und Annas von Sachsen, dessen Vater in den Kämpfen zwischen 1591 und 1594 die Spanier aus den nördlichen niederländischen Provinzen vertrieben hatte, bei Pernambuco den brasilianischen Boden. Er hatte Befehl erhalten. dort die Führung zu übernehmen und die Niederländisch-Westindische-Kompanie zu sichern, die sich in Guayana, Neu-Niederland, bereits festgesetzt hatte und nun dabei war, auch Brasilien für sich zu annektieren.

Mit dem Grafen Hans Moritz von Nassau, dem späteren Prinzen von Oranien und Gouverneur der Kolonie Neu-Holland, waren Hunderte von Fachleuten dorthin gekommen, darunter solche Kapazitäten wie der Naturwissenschaftler und Astronom Georg Markgraf aus Liebstadt in Sachsen, der Verfasser der ersten Geschichte der brasilianischen Botanik, die 1648 bei Elzevir erschien.

Der Ingenieur und Geometer Commerstein und die auf gleichem Gebiet tätigen Experten Büren und Andreas Longesaltensis, die erstmalig die Nord- und Nordostküste Brasiliens vermaßen und kartographisch aufnahmen und bei dieser Arbeit bis zu 100 Meilen tief ins Landesinnere eindrangen, waren für Brasilien tätig.

Der Leibarzt des Grafen, Piso, der Architekt Pieter Post und sein Bruder Frans, der als Maler einige der besten Bilder der brasilianischen Frühzeit schuf, der Geograph Clalitz und eine ganze Reihe weiterer Experten gehörten zu seinem Stab.

Sie errichteten Mauritzstad, auf der Ilha de Santo Antonio gelegen. Dies ist heute der Hauptteil der Stadt Recife (Pernambuco). Hier schuf Pieter Post jene Bauten, die Hans Moritz von Nassau vorschwebten. So auch dessen beide Paläste Friburgo und Boa Vista.

Beide Brüder ließen sich nach ihrer Rückkehr aus Brasilien in Haarlem nieder, wo Frans seine Arbeit fortsetzte und brasilianische Landschaften von einmaliger Schönheit malte. Sein Bruder baute von 1645 bis 1652 das Schloß Huis ten Bosch und 1659—64 das Rathaus zu Maastricht.

ʼie Burg von Obidos dient heute als Hotel
Pousada do Castelo“.

Die Kirche Santa Maria in Obidos.

Das Kloster von Alcobaca.

Der Dianatempel in Evora.

Die Kirche Sao Francisco.

Die Casa dos Ossos bei der Kirche.

ie Templerkirche (Christusritterkirche) von omar.

Kreuzgang und Glockenturm derselben.

Die Christusritterkirche im manuelinischen Stil.

Der Eingang zur Christusritterkirche.

Das manuelinische Fenster im Kreuzgang Santa Barbara.

Tomar: Manuelinische Arbeit mit der Nachbildung des Hosenbandordens.

Das Kastell von Silves.

Conimbriga, im 1. Jahrhundert nach Christus von den Römern gegründet.

Coimbra, Villa der 400 Springbrunnen.

Der Fischerhafen von Cascais.

Fischer beim Flicken der Netze.

Nazarè, alter Hafen: Schiffe werden an Land gezogen.

Die Kirche von Lagos.

Das Arkadenhaus, in dessen Schatten die Sklaven verkauft wurden.

Die wilde Küste bei Lagos.

Bootsfahrt durch eine verzauberte Welt.

Bizarre Wunderwelt der Natur.

Lagos: Eingang zur Zitadelle.

Unter dem Schutz und Schirm der holländischen Truppen füllten sich zunächst die Kassen der Westindischen Kompanie. Der Zucker machte nun auch niederländische „Pfeffersäcke" reicher, als sie dies ohnehin schon waren. Prinz Hans Moritz zog die Zuckerkönige an seinen Hof, und die reichen Herren aus Olinda kamen sehr gern zu ihm, um sich in seinem Glanze zu sonnen und sich seiner Hilfeleistung zu versichern. Moritz gestand ihnen für sich und für ihre Kompanie die Selbstverwaltung zu und erließ ihnen auch jene Steuern, die an und für sich für die Staatskasse, aber auch für die Kompanie bestimmt waren.

Die Herren der Westindischen Kompanie, deren Gewinne durch die Kanonen und Forts des Prinzen gesichert und beschützt wurden, gingen nun gegen diesen zur Sache.

Sie schafften es, daß Prinz Hans Moritz im sechsten Jahr seiner Tätigkeit in Brasilien abberufen wurde. Der Prinz kehrte nach Europa zurück. Seine Position in Brasilien als Gouverneur übernahm ein Dreierkollegium, das die Kolonialregierung bildete.

Das war *jener* Zeitpunkt, auf den die portugiesischen Brasilianer gewartet hatten. Sie verbündeten sich mit den Negersklaven und den Indianern und eröffneten den Befreiungskampf gegen die Holländer.

João Fernandes Vieira und Antonio Cavalvanti traten auf den Plan, um die Aufständischen zu führen. Vieira wurde zum Befehlshaber aller Streitkräfte ernannt. Als man ihm den Befehl vom spanischen König brachte, alle Feindseligkeiten gegen die Holländer einzustellen, antwortete er:

„Wenn ich Eurer Majestät die schönste Apanage Ihrer Krone wiederverschafft habe, *dann* will ich gern die Strafe für meinen Ungehorsam auf mich nehmen."

Wenig später wurde Vieira aus der Spitzenführung herausgelöst. Spanien setzte ihm einen General vor die Nase, der seine Meriten im Mutterland und im Krieg gegen Holland erworben hatte. Als Vieira bemerkte, daß dieser General sein Handwerk verstand, unterstellte er sich ihm gern.

Am 3. August 1645 erfolgten die ersten portugiesischen Überfälle auf die holländischen Befestigungen und Truppenstandorte. Der Neger-General André Vidal de Negreiros *und* der Indianerführer Philippe Camarão stießen mit ihren Hilfstruppen zu den regulären Verbänden und unterstützten sie.

Am 9. November 1645 wurden die holländischen Truppen vernichtend geschlagen. Mauritzstad wurde erobert und dem Erdboden gleichgemacht. Was folgte, waren noch eine Reihe weiterer Gefechte, die aber nur noch ein letztes Aufbäumen der Holländer brachten. Der 23. Januar 1654 war jener stolze Tag für Portugal, an dem sich der letzte Holländer auf brasilianischem Boden ergeben mußte.

Portugal hatte unter Johann IV., der 1640 ans Ruder des portugiesischen Staatsschiffes trat und dieses bis 1656 führen sollte, in einem vierjährigen Ringen gegen Spanien seine Unabhängigkeit zurückgewonnen, mußte aber weiterkämpfen, weil Spanien immer noch nicht auf dieses Nachbarland Verzicht leisten wollte. Als aber der 24 Jahre dauernde Guerillakrieg gegen die Holländer in Brasilien beendet war und sich diese portugiesische Kolonie von den Fesseln eines fremden Jochs befreit hatte, konnte Alfons IV., der 1656 nach Johanns IV. Tod neuer König geworden war, den Rest besorgen. Er lehnte sich stark an England an, weil dieses Land Portugal in seinem Freiheitskampf gegen Spanien tatkräftig beigestanden hatte. Diese Verbindung wurde enger geknüpft, als Alfons' VI. Schwester im Jahre 1661 König Karl II. von England heiratete. (Siehe Kapitel: „Das portugiesische Mutterland" im 17. Jahrhundert).

Im befreiten Pernambuco begann ein neues Leben. Die 8000 Bewohner dieser Stadt setzten sich überwiegend aus Kaufleuten, Händlern und einigen Handwerkern zusammen. In dem nahegelegenen Olinda hingegen hatten sich die „Senhores de Engenho os Nobres da Terra", also die Landaristrokraten niedergelassen, die sich bereits zu dieser Zeit ganz als Brasilianer fühlten und mit dem Mutterland nur sporadische Verbindungen knüpften, soweit diese für den Absatz ihrer Produkte notwendig waren.

Durch diese Zweiteilung baute sich drohender Zündstoff auf. Die Parolen der Pflanzer „Nieder mit den Mascates — Nieder mit den Krämern!", von denen sie sagten, daß sie den „Schweiß der Pflanzer soffen", hallte immer lauter durch das Land. Was nunmehr begann, ging in die Geschichte als Krieg der Mascates ein.

An der Stelle einer portugiesischen Handelskompanie wünschten sich die reichen Herren in Olinda eine pernambucanische Republik nach dem Muster von Venedig, in der *sie* das Sagen haben wollten. Ihre Vorstellungen gingen dahin, aus ihren Reihen einen „Dogen" zu wählen und eine Senatsdiktatur zu errichten, bei der die Kaufleute und Handwerker keine andere Pflicht und kein höheres Recht haben sollten, als ihre Steuern und Abgaben zu zahlen und die Erzeugnisse der Pflanzer zu *den* Preisen zu akzeptieren, den die Pflanzer setzten.

Die Kaufleute, Händler und Handwerker erhielten aus Lissabon Hilfe. Binnen kurzer Zeit waren die Versuche, auf brasilianischem Boden eine formale Republik zu errichten, im Keime erstickt.

Solche Versuche sollten sich in den beiden folgenden Jahrhunderten noch einige Male wiederholen. Aber alle waren sie zum Scheitern verurteilt, weil die Masse des brasilianischen Volkes diese Bemühungen nicht mittrug.

Während dieser Zeit der stürmischen Entwicklung und der Vertreibung der Holländer aus Brasilien war bereits 1650 das Seestädtchen Laguna von einem

Bandeirante gegründet worden. Der Gouverneur in Rio de Janeiro gab diesem tollkühnen Manne den Titel eines Capitão-mor, eines Großkapitäns, mit der Auflage, daß er dafür zu sorgen habe, daß kein fremdes Schiff südlich von Laguna landen dürfe.

Als sich Spanien im Jahre 1676 insgeheim zu einem neuen Handstreich gegen Brasilien rüstete, erhielt König Johann IV. sehr rasch darüber Nachrichten seiner Spione am spanischen Hof. Er ließ Dom Manuel Lobo, den neuernannten Generalgouverneur Brasiliens, in die Residenz kommen und erteilte ihm gleichzeitig mit seiner Ernennung die Weisung, nicht allein die Führung in der Kolonie anzutreten:

„Wir befürchten, daß unser Vetter von Kastilien insgeheim daran denkt, seine Hand auf das Niemandsland zwischen Laguna und dem La Plata zu legen. Deshalb sollt Ihr Euch nicht lange in Rio de Janeiro aufhalten, sondern von dort aus nach dem Ausschiffen der Beamten weitersegeln und alles Land südlich Laguna für Unsere Krone in Besitz nehmen. Hinunter bis zum Fluß La Plata, der die natürliche Grenze unserer Kolonie Brasilien ist."

Wie befohlen wurde verfahren. Das Land südlich Laguna wurde in Besitz genommen und im Jahre 1680 auf dem linken La Plata-Ufer nördlich der heutigen Stadt Montevideo das Fort São Sacramento errichtet. Damit war das bisher unerforschte Gebiet fest in portugiesischer Hand. Spätere Landungen in diesem Bereich konnten mühelos abgewehrt werden.

Herkunft und Zahl der schwarzen Sklaven

Die brasilianischen Indianer, die als Sammler und Jäger lebten und in dieser Eigenschaft durch den Urwald nomadisierten, waren nur schwer in die Seßhaftigkeit von Plantagenarbeitern und in eine geregelte Arbeitszeit zu verpflanzen. Auf den Plantagen wurde sehr bald klar, daß es unmöglich war, mit ihnen und den heranwachsenden Mestizen die Zuckerrohrfelder zu bebauen und die Mühlen in Betrieb zu halten.

Die afrikanischen Kulturen hingegen, aus denen schließlich Negersklaven nach Brasilien kamen, waren den Indianern in der Entwicklung des Ackerbaues ebenso wie in der Aufzucht und Pflege der Viehs weit überlegen.

Es mußten also Neger her, und die hatte man genügend in jenen Ländern Afrikas zur Verfügung, die von portugiesischen Seefahrern entdeckt und erkundet worden waren. Ihrer Herkunft nach waren die nach Brasilien „exportierten" Neger in der Mehrzahl Bantus aus dem Kongo und später aus Angola. Hinzu kamen Sudanesen aus dem gesamten westafrikanischen Raum. Die Bantus, kleiner als die Sudanesen und dazu arbeitsamer und gefügiger, wurden im Großraum Bahia angesiedelt, während die kräftigeren Sudanesen, die zudem auch intelligenter, aber dementsprechend „aufsässiger" waren, in den Großraum Pernambuco gelangten.

Diese Negertransporte nach Brasilien begannen später als jene, welche die Spanier nach Spanisch-Amerika verschifften. Zwar nahmen bereits die ersten Kolonisten und insbesondere die Plantagenherren ihre Haussklaven mit, die sie auf dem Sklavenmarkt in Lagos gekauft hatten, aber noch im Jahre 1539 und dann wieder 1541 lehnte die portugiesische Krone dem Donatario von Pernambuco die erbetenen Lizenzen ab, in Guinea eine Anzahl Sklaven anzukaufen, um damit dem Arbeitermangel auf den Plantagen beizukommen. Erst 1559 wurde jedem Besitzer einer Zuckerplantage erlaubt, 120 Sklaven aus dem Kongogebiet nach Brasilien einzuführen.

Im Jahre 1570 lebten etwa 3000 afrikanische Sklaven in Brasilien. Dreißig Jahre später, also im Jahre 1600 wurden bereits 15.000 gezählt. Die meisten portugiesischen Negertransporte liefen im 16. Jahrhundert jedoch nach Spanisch-Amerika.

Eine genaue Statistik der „Negereinfuhren" nach Brasilien konnte nicht mehr aufgestellt werden, seit im Jahre 1891 die betreffenden Akten in den Archiven verbrannt wurden, um die Erinnerung an diese schmachvolle Einrichtung der Sklavenjagden mit ihren fürchterlichen Begleitumständen und der Verkäufe mit den nicht minder schrecklichen Transportproblemen aus dem Gedächtnis zu löschen.

Dennoch gelang es der neueren Forschung, den Umfang des gesamten Sklavenhandels nach Spanisch- und Portugiesisch-Amerika von 1570 bis 1600 mit etwa 50.000 Sklaven ziemlich exakt zu errechnen. Von 1600 bis 1650 sollen etwa 200.000 Afrikaner aus ihrem Mutterland herausgerissen und nach Amerika verschleppt worden sein. Vn 1650 bis 1670 waren es allein 150.000 Neger, die auf die Schiffe geschleppt und nach Amerika geschafft wurden. Wie viele jeweils unterwegs umgekommen sind und dem Meer überantwortet wurden, ist unbekannt geblieben.

Diese Sklaven wurden zunächst für die Zuckerplantagen benötigt. Je mehr die Casas-Grandes ihre Plantagen ausweiteten, desto gewaltiger wurde der Arbeitskräfteeinsatz. Da diese nicht mehr aus dem Land rekrutiert werden konnten, *mußten* Neger her. In der portugiesischen Staatsführung ebenso wie bei den Kolonisten in Brasilien kristallisierte sich die Überzeugung heraus, daß ohne afrikanische Sklaven ganz Brasilien nicht mehr lebensfähig sein würde.

Mit der Entdeckung der reichen Goldlager in Minas Gerais zu Ende des 17. Jahrhunderts setzte erneut eine starke Nachfrage nach Sklaven ein. Die Preise für kräftige Arbeitssklaven vervielfachten sich. Damit wurde schließlich die Landwirtschaft durch die steigenden Arbeitskosten gefährdet.

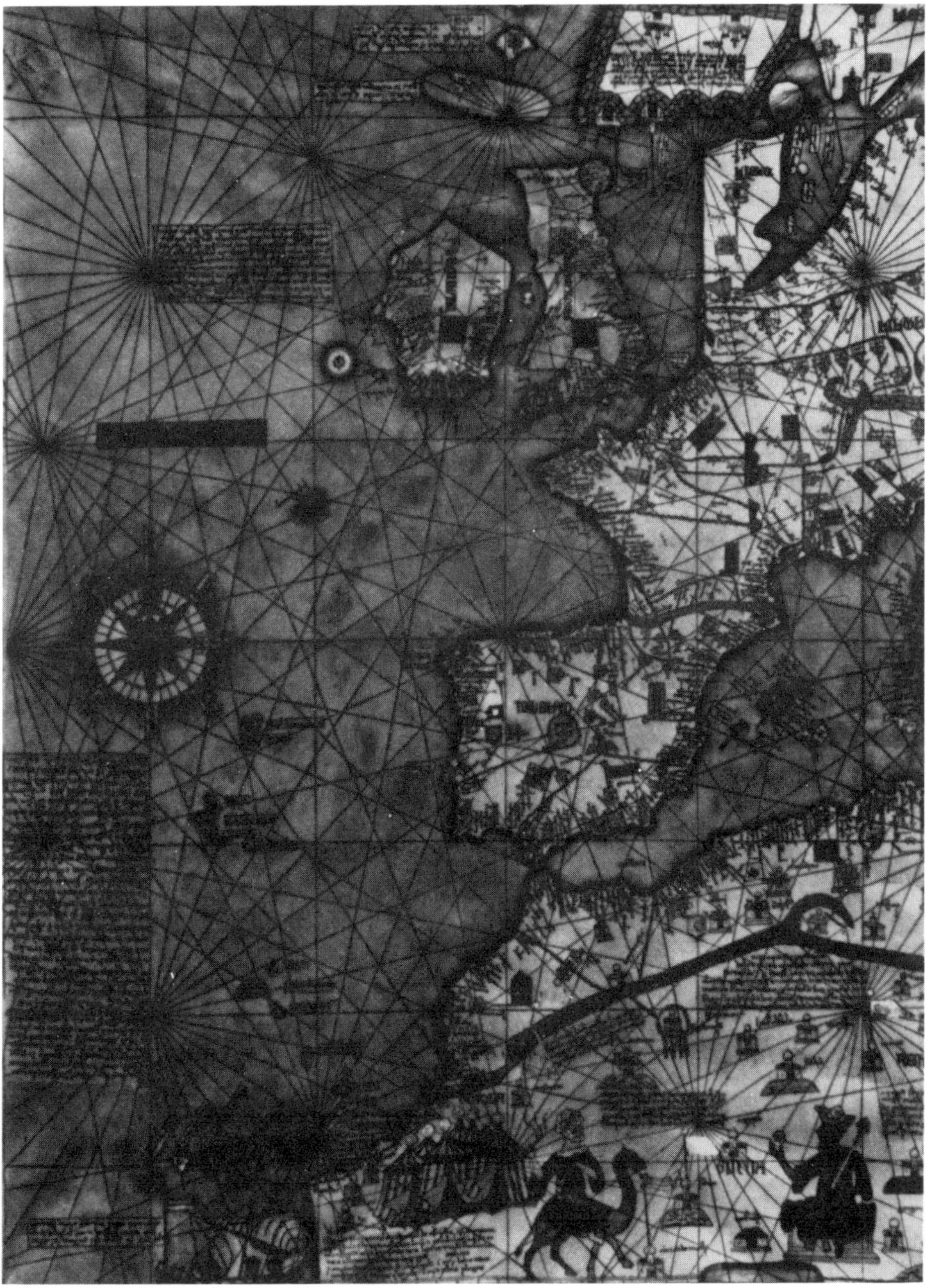

Westeuropa und Nordafrika nach einer Karte des 17. Jahrhunderts.

Mit königlicher Erlaubnis, besonders aber auch im Schmuggelhandel kamen immer größere Schiffsladungen gefangener Afrikaner nach Brasilien. In Minas Gerais lebten bereits 1735 etwa 100.000 Negersklaven. Die Einwanderung von Negern — wenn man diese willkürlichen Verschleppungen so bezeichnen will — blieb auch im 18. Jahrhundert beträchtlich. Von 1759 bis 1807 sollten Sklavenaufkäufer über 700.000 Negersklaven aus Afrika nach Brasilien verschifft haben.

Die Schätzungen über die Gesamtzahl der Afrikaner, die bis zum Verbot des Negerhandels 1850 nach Brasilien verschleppt worden sind, schwanken zwischen drei und 18 Millionen Menschen. Sicher und verbürgt ist, daß vier Millionen Neger nach Brasilien eingeschleust wurden. Die Dunkelziffer dürfte noch einmal so hoch sein.

Zahlreiche Negersklaven sind während dieser Sklavenzeit von den Zuckerrohrplantagen oder aus den Goldbergwerken entflohen. Sie gingen in die undurchdringlichen Wälder des Landesinnern, um sich dort in Gemeinschaften — den Quilombos — zusammenzuschließen und isoliert von der Außenwelt zu leben. Bandeirantes, die sich hierher verirrten, kamen nicht wieder in die Zivilisation zurück.

Dennoch gelang es den aufgestellten Milizen und Polizei-Fanggruppen immer wieder, Gruppen geflohener Gefangener aufzuspüren und zu den Arbeitsplätzen und zu ihren Herren zurückzuschleppen. Die Quilombo-Siedlungen wurden kurzerhand niedergebrannt, deren Äcker und Pflanzungen zerstört. Lediglich in Algoas am Rio Mandaú konnte sich eine solche Siedlung lange halten. Sie wurde durch weiteren Zulauf größer und größer und baute sich zu einem richtigen Negerstaat auf. Angehörige dieser Siedlung gaben ihrer neuen Heimat den Namen „República dos Palmares".

Diese Republik bestand 50 Jahre, bevor sie von den Bandeirantes aus São Paulo 1694 angegriffen, erobert und dem Erdboden gleichgemacht wurde.

Gilberto Freyre hat in seinem berühmten Werk „Casa-Grande e senzala" (Rio de Janeiro 1954) die menschlichen Beziehungen zwischen den Bewohnern der Sklavenhütten und des Herrenhofes auf den großen Plantagen Brasiliens beschrieben. Es ist ein erschütterndes Werk, das in eindringlichen Szenen und Bildern sowohl die Segnungen als auch die Schrecken dieses Miteinanders und Füreinanders aufzeigt und mehr als alle nüchternen Aufzählungen beweist, daß schließlich aus diesen himmelweit voneinander entfernten Gruppen eines Landes ein homogener Staat wurde, in dem vor allem auch die europäisch-indianischen Rassenmischungen ihren Anteil haben, die vor allem die ersten Siedlungen der zentralbrasilianischen Staaten Minas Gerais, Mato Grosso und Goyaz besiedelten und erschlossen.

DIE JESUITENPROVINZ PARAGUAY

Manuel da Nóbrega

Wenn im vorausgegangenen Abschnitt über Portugiesisch-Amerika bereits mehrfach die Arbeit der Jesuiten angeschnitten und auch der Name des Paters Nóbrega genannt wurde, so muß doch an dieser Stelle einmal ausführlich über die Arbeit der Jesuiten in Paraguay berichtet werden, weil sie im Verlauf der Geschichte Portugals noch eine entscheidende Rolle spielen sollte, die Minister Pombal für die Jesuiten und ihr „Königreich" zum Fallstrick erwählt hat.

Manuel Nóbrega wurde am 18. Oktober 1517 in Südportugal geboren. Im Alter von 32 Jahren gelangte er nach Brasilien und gründete 1549 in São Salvador ein erstes Jesuitenkolleg in Portugiesisch-Amerika.

Als erster Provinzial des Ordens sorgte er in Brasilien für die Ausbreitung des Christentums und wandte sich mit einigem Erfolg gegen die Versklavung der Indianer.

Nach der Vertreibung der Franzosen aus Südbrasilien, an der dieser Pater beteiligt war, gründete er die erste Indianermission. Darüber hinaus war er einer der Mitbegründer von Rio de Janeiro.

Pater Nóbrega versammelte zunächst etwa 200 Indianer in einer Siedlung um die kleine Kapelle, die er mit Hilfe seiner Ordensbrüder errichtet hatte. Die religiöse Unterweisung der Erwachsenen und der Kinder schien sehr bald an der unzureichenden Beschaffung von Versorgungsgütern zu scheitern. Die Almosen der Kolonisten allein ohne die Unterstützung durch die Behörden reichten zur Versorgung dieser Siedlung nicht aus.

Zunächst verfielen die Jesuiten auf die Idee, wie andere Kolonisten auch Indianer- und Negersklaven zu kaufen, welche die Felder bestellen mußten, auf Fischfang und Jagd zu gehen hatten. Bald aber gaben sie diese Art der Erhaltung der Mission durch Sklavenarbeit auf und nahmen das System der Reduktionen an. (Reduktion = Absonderung und geschlossene Zusammenfassung).

Eine bestimmte Anzahl Indianer wurde in Dorfsiedlungen zusammengefaßt. Die Patres leiteten sie in den landwirtschaftlichen und handwerklichen Tätigkeiten an und übernahmen daneben die religiöse und wirtschaftliche Betreuung ihrer Schutzbefohlenen. Geistliche Belehrung und Arbeit wechselten in diesen Reduktionen miteinander ab, und zwar nach einem ganz genauen Stundenplan. So entstanden durch die Missionsarbeit der Jesuiten straff organisierte Indianergemeinden, die unter geistlicher Autorität und Führung ein Sonderleben entwickelten.

Auf diese Weise schufen die Jesuiten allmählich eine Reihe von Gemeinwesen, die zur politischen Autonomie und wirtschaftlichen Autarkie tendierten, woraus sich schließlich auch ein gewisses Machtbewußtsein und Herrschaftsehrgeiz entwickelte.

Daher blieb es nicht aus, daß die Jesuiten sehr bald einer theokratischen Haltung und der Errichtung eines ebensolchen Herrschaftssystems in Brasilien verdächtigt wurden. Damit wären sie in Portugal eine Gefahr für die gesamte Staats- und Gesellschaftsordnung geworden; dementsprechend wurden sie bekämpft. Zunächst erfolgten die Angriffe gegen sie noch verdeckt, doch schließlich auch in aller Offenheit.

Die Jesuiten hatten seit 1570 einiges in bezug auf die Freiheit der Indianer erreicht. Im genannten Jahr konnten sie den König dazu bringen, die Versklavung der Indianer in Brasilien zu verbieten, „soweit sie nicht Menschenfresser sind oder in einem gerechten Krieg gefangengenommen wurden."

Dieses Gesetz rief unter den Kolonisten Empörung hervor. Dennoch blieb es dabei, und 1609 wurde ein neues Gesetz erlassen, das grundsätzlich *alle* Indianer zu freien Menschen erklärte.

Die Proteste der Kolonisten, die sich auch in Gestalt von Verminderung ihrer Abgaben und Steuern an die Krone niederschlugen, waren so stark, daß dieses Gesetz bereits 1611 widerrufen werden mußte. Das einschlägige neue Gesetz lautete, daß die Sklaverei in einem gerechten Krieg gegen die Indianer erlaubt sei.

In der Folgezeit war es Sache der jeweiligen Generalgouverneure, wie weit und ob überhaupt Indianer vor Sklavenjägern geschützt waren. Eine päpstliche Bulle aus dem Jahre 1639 untersagte die Versklavung der Indianer Brasiliens unter jedem Vorwand.

In der königlichen Anordnung des Jahres 1653 wurde die rechtmäßige Versklavung der Indianer, die im Besitz weißer Herren waren, einer Überprüfung unterzogen. Kriegszüge gegen Eingeborene waren von nun an nur noch zugelassen, wenn sie ausdrücklich von der Krone erlaubt wurden.

Für den Estado do Maranho erreichten die Jesuiten 1680 das totale königliche Verbot der Versklavung von Indianern.

Die endgültige Beseitigung der Indianersklaverei hat dann der portugiesische Minister Pombal durch eine neue Gesetzgebung durchzusetzen versucht. Ein von ihm initiierter königlicher Erlaß aus dem Jahre 1758 verfügte die absolute Freiheit aller Indianer ohne jede Ausnahme. Die Eingliederung der Indianer in den Staat Brasilien, der sich langsam in seinen Umrissen formte, sollte durch ihre völlige rechtliche Gleichstellung mit den Weißen und der Begünstigung von indianisch-portugiesischen Mischehen gefördert werden.

Aber nach 1808 griff die portugiesische Regierung — dies sei vorgetragen — wieder auf das System des Offensivkrieges gegen wilde Indianer und deren Versklavung — wenn auch in abgeschwächter Form — zurück.

Parallel zu diesen Ereignissen war im Jahre 1604 die Jesuitenprovinz Paraguay gegründet worden. Ein Jahr später wurde Diego de Torres als Ordensprovinzial mit zwölf Ordensbrüdern dorthin geschickt. Der spanische Gouverneur von Paraguay, Hernandarias, berichtete darüber sofort seinem König, doch zunächst wurde diese Gründung nicht angegriffen, so daß die Jesuiten aus bescheidensten Anfängen die große Guaraní-Reduktion aufbauen konnten. Hieraus erwuchs dann jener Jesuitenstaat am Mittellauf des Rio Paraná und des Uruguay-Flusses. Der Staat wurde nach der spanischen Gesetzgebung regiert. Die Guaraní-Indianersprache wurde zur Umgangssprache gewählt. Das allgemeine Leben in der Reduktion paßte sich ebenfalls den Guaraní-Gebräuchen an, lediglich die Christianisierung wurde vorangetrieben.

Zwei von de Torres nach Guairá geschickte Ordensbrüder errichteten 1610 am Paranapanema-Fluß, der die beiden heutigen Staaten São Paulo und Paraná trennt, die Missionssiedlungen Loreto und San Ignacio. Weitere Jesuiten folgten nach und bis 1628 gab es in Guairá insgesamt 13 Reduktionen mit zusammen über 100.000 Indianern.

In diese Menschenreservoire fielen die São Pauloer Bandeirantes immer wieder ein. Sie waren beinahe ununterbrochen im brasilianischen Hinterland unterwegs, um Sklaven für die Arbeit auf den Plantagen zu fangen und an die Facendas zu verkaufen. Verbote irgendwelcher Art interessierten sie nicht. In den Jesuitenmissionen gelang es ihnen immer wieder, größere Mengen an Menschen zu fangen, die zudem noch von den Jesuiten zivilisiert und mit einigen Sprachkenntnissen versehen worden waren, wodurch sie einen höheren Preis erzielten als wilde Indianer.

Von 1628 bis 1631 sollen von diesen bereits zum Christentum bekehrten Indianern der Reduktionen etwa 60.000 verschleppt worden sein. Sie wurden auf den Sao Pauloer und anderen Sklavenmärkten mit gutem Gewinn verkauft. Die Siedlungen wurden zuerst geplündert und dann eingeäschert.

Lediglich die Hauptmissionsorte Loreto und San Ignacio konnten sich gegen alle Angriffe behaupten. Da aber ihre Positionen auf Dauer nicht gehalten werden konnten, wenn das gesamte Umfeld vernichtet war, räumten die Jesuiten ihre Stellungen und fuhren mit über 10.000 Indianern, die mit ihnen gehen wollten, auf Flößen und Booten den Paraná abwärts bis zu den Iguazú-Wasserfällen. Von da zogen sie unter großen Entbehrungen zu Fuß nach Süden.

Die Überlebenden dieses Gewaltmarsches erreichten die Jesuiten-Reduktionen in der argentinischen Provinz Misiones.

Mit dem Rückzug der Jesuiten aus Guairá waren auch die dahinter liegenden Städte Ciudad Real del Guairá und Villa Rica nicht mehr lebensfähig. Sie wurden 1632 von ihren Bewohnern geräumt.

Damit hatte Spanien ein weiteres Gebiet in diesem Raum an die Portugiesen verloren, die sich darin festsetzten und es zu einem Teil Brasiliens machten.

Unter den Guaraní-Indianern gelang es den portugiesischen Jesuiten, ihr Bekehrungswerk weit nach Osten über den Rio Uruguay bis zum Rio Grande do Sul auszudehnen. Hier organisierten sie selber ihre Verteidigung der Reduktionen. Ein Laienbruder des Ordens, Domingo de Torres, ein jüngerer Bruder des Ordensprovinzials, bildete die Guaranís militärisch aus.
Als 1641 eine starke Abteilung der Paulistaner mit 400 Weißen und etwa 2000 indianischen Hilfssöldnern erneut in den Raum zwischen dem Rio Uruguay und dem Alto Paraná mit dem Ziel eindrangen, die Reduktionen zu vernichten, erlitten sie bei Mbororé nach blutigen Gemetzeln eine schwere Niederlage.

Die Jesuitenmissionen konzentrierten ihre Heidenbekehrung nunmehr auf den Raum des südlichen Paraguay und die argentinische Provinz Misiones. Von dort aus griffen sie über den Rio Uruguay nach Brasilien hinüber.

Als sich geraume Zeit später so etwas wie ein neuer Staat zu bilden schien, sah sich auch der portugiesische Minister Pombal zu einschneidenden Maßnahmen gezwungen. Durch Vorschriften wurden die Machtbefugnisse der Jesuiten beschnitten. Als diese nichts bewirkte, weil das Mutterland fern war und nicht in die Wildnis des brasilianischen Hinterlandes hineinlangen konnte, sann Pombal auf wirksamere Mittel, den Jesuiten das Handwerk zu legen.

Er gab ein Pamphlet heraus mit dem Titel „Relacao abbrevida“ (Kurzer Bericht), in dem alle Anschuldigungen zusammengetragen worden waren, die Portugals Staatsführung gegen die Jesuiten erhob. Darin heißt es:
„So haben sie unter dem Vorwand der Verbreitung des Evangeliums in Paraguay ein souverändes Reich gegründet.“

Von allen Polemiken, die gegen einen Jesuitenstaat in Paraguay geführt wurden, hat sich die Legende über den angeblichen Jesuitenkönig Nikolaus I. am weitesten verbreitet. Als die Geschichte von Nikolaus I. herauskam, wurde damit der Höhepunkt der Feindschaft Portugals gegen die abtrünnigen Jesuiten erreicht.

Dieses Werk erschien 1756 in Lissabon in einer unbekannt gebliebenen Druckerei. Die Fama weiß zu berichten, daß diese Streitschrift von Pombal persönlich verfaßt worden sei, um die Jesuiten endgültig in den Griff zu bekommen. Andere Quellen wiederum deuten an, daß Pombal dieses Werk lediglich initiiert und finanziert habe.

Das Buch zum Beweis, daß die Jesuiten tatsächlich im Herzen von Südamerika einen eigenen Staat gegründet hatten, trägt den Titel „Histoire de Nicolas I. Roy du Paraguay et Empereur des Mamelus.“

Diese Veröffentlichung war Wasser auf die Mühlen aller Jesuitengegner im Mutterland, und das waren nicht eben wenige. Es ließ sich daraus in Portugal eine Waffe schmieden, mit deren Hilfe die Jesuiten vernichtet werden konnten. Und Pombal, der Minister mit königlicher Machtbefugnis, war bereit, dies mit allen Konsequenzen zu tun.

REICHER SEGEN

Die Kolonien als Finanzierer des Mutterlandes

In der portugiesischen Kolonialherrschaft war das Bestreben der Krone — wie die vorangegangenen Abschnitte unter Beweis stellten — vor allem darauf gerichtet, für die königliche Hofhaltung und die politischen und militärischen Aufwendungen des Mutterlandes beträchtliche Mittel herauszuholen. Zu diesem Zweck nahmen die portugiesischen Könige eine Anzahl Monopole auch in der neuen Kolonie Brasilien für sich in Anspruch.

Der Krone standen zunächst zehn Prozent der Zuckerernte und der Viehzucht zu. Die gegerbten Rinderhäute waren zu fünf Prozent Staatseigentum. Im Jahre 1603 wurde das Tabakmonopol eingerichtet, das bis 1798 bestand. Das Salzmonopol wurde 1658 beschlossen und war bis 1801 im Besitz der Krone.

Als schließlich das Gold- und Diamantenmonopol hinzukam, wurden diese beiden Staatsmonopole zu Geldquellen von unvorstellbaren Ausmaßen. Beide Gebiete, sowohl die Goldlagerstätten, aber insbesondere die Diamantenschürfstellen, wurden hermetisch von der Außenwelt abgeschnitten. Ein unablässiger Strom an Reichtümern floß nun aus Brasilien ins portugiesische Mutterland, mit dem die Herrscher dieses kleinen Landes am Westrand Europas selbst Päpste in ihren Bann ziehen und ihren politischen Machenschaften gefügig machen konnten.

Dennoch griff in Portugiesisch-Amerika der Mutterstaat weniger stark in das Wirtschaftsleben dieses Landes ein, als dies bei den Spaniern in Spanisch-Amerika der Fall war. Der Handel der Kolonisten war zu Beginn frei und sogar mit dem Ausland gestattet. Erst mit der Angliederung Portugals an Spanien (siehe Kapitel „Portugal wird spanisch") begannen einschneidende Handelsbeschränkungen wirksam zu werden.

1591 verbot Portugal ausländischen Schiffen ohne besondere Erlaubnis das Anlaufen brasilianischer Häfen. In einem Erlaß aus dem Jahre 1605 wurde auch die Einreise von Ausländern auf portugiesischen Schiffen nach Brasilien verboten.

Nach der Erlangung der portugiesischen Unabhängigkeit von Spanien im Jahre 1640 erhielten ausländische Kaufleute wieder die Chance zum Erwerb königlich portugiesischer Privilegien, auch die Erlaubnis, mit brasilianischen Faktoreien in den Haupthäfen des Landes Handel zu treiben sich in diesen brasilianischen Städten niederzulassen und Handelshäuser zu errichten. Solche Privilegien wurden vor allem englischen Handelshäusern gewährt, weil England sich an der Losreißung Portugals von Spanien tatkräftig beteiligt hatte.

Erst als dreiviertel aller nach Portugal eingeführten Waren von ausländischen Handelshäusern kamen, wurde 1711 ein königliches Dekret erlassen, daß ausländische Schiffe nur noch im Geleit portugiesischer Flotten brasilianische Häfen anlaufen durften, es sei denn, ein Schiff habe Sturmschäden oder andere Havarien erlitten, die das Anlaufen des nächsten Hafens notwendig machten.

Premierminister Pombal war es, der auch in dieser Hinsicht wirkte und alle Anstrengungen unternahm, die Engländer aus dem brasilianischen Handel mit Portugal hinauszudrängen. Doch auch ihm, der sich nicht scheute, zu den brutalsten Mitteln zu greifen, gelang dies nicht völlig.

Als schließlich in Brasilien Gold gefunden wurde, wurde für mehr als 75 Jahre der Goldabbau zum Mittelpunkt aller wirtschaftlichen Betätigung. Die Agrarwirtschaft ging zurück, sie verfiel in dem Maße, wie der Goldabbau zunahm.

Alexander von Humboldt schätzte den Wert der in Brasilien gewonnenen Edelmetalle während des 18. Jahrhunderts auf 194 Millionen englische Pfund.

Aber auch die Diamantengewinnung schlug binnen kürzester Zeit kräftig zu Buche. Der Wert der von 1729 bis 1801 aus Brasilien exportierten Diamanten wird auf 10 Millionen Pfund Sterling geschätzt. Dies war im Jahre 1801 eine unvorstellbar hohe Summe Geldes.

Wie aber und durch wen wurden diese Schätze entdeckt? Wer waren die Ersten, die das Glück hatten, solche Schätze zu finden? Welche Veränderungen riefen die Gold- und Diamantenfunde in Brasilien hervor, und *was* bedeuteten sie für das Mutterland Portugal, das an jedem Goldnugget und an jedem Diamantenfund mit einem Fünftel beteiligt war?

Gold — Gold — Gold!

Die Gerüchte von sagenhaften Gold- und Edelsteinfunden auf der Serra do Espinhaco kamen in den letzten Jahren des 16. Jahrhunderts auf, als immer mehr abenteuerlustige, harte Männer ins Hinterland eindrangen und dort auf Indianer stießen, die Gold als Schmuck trugen.

Von 1600 an versuchten deshalb immer neue Expeditionen ebenso wie Einzelgänger oder kleine Trupps, den Rio San Francisco oder den Rio Doce hinaufzufahren, um auf diesem Wege das Gebiet der sagenhaften Goldschätze zu erreichen.

Im Jahre 1638 soll ein Mann mit Namen Garcia Paes das erste Minas-Gold aus einem halb ausgetrockneten Flußlauf ausgewaschen haben. Weitere kleinere Funde wurden in den folgenden Jahren gemacht.

Im Jahre 1650 aber drang Bartolomeo Bueno, begleitet von einer Handvoll abenteuerlustiger Männer und von seinem zwölfjährigen Sohn, der ebenfalls Bartolomeo hieß, in das Hochland von Goias ein, das als Zentrum Brasiliens gilt.

Bei dieser Expedition ging es ebenfalls um Gold, von dem es angeblich in Goias eine Menge geben sollte. Bartolomeo Bueno fand die Goldlagerstätten jedoch nicht, hatte aber das Glück, auf Indianer vom Stamme der Goias zu stoßen, deren Frauen Goldklumpen als Schmuck um den Hals trugen. Als er in sie drang, ihm zu sagen, woher sie dieses Gold hätten, stieß er auf eine Wand des Schweigens.

Bueno war ein schlauer Fuchs und bei seinen Überlegungen, wie er die Indianer zum Sprechen bringen könnte, ohne handgreifliche Gewalt anzuwenden, verfiel er auf einen raffinierten Trick. Er ließ alle Häuptlinge und Stammesältesten zusammenrufen, und als sie auf jene Lichtung kamen, die er für dieses Spektakel ausgesucht hatte, sahen sie Bueno mit seinen Männern um eine Blechschüssel herumstehen, in die dieser aus einer großen Flasche Wasser schüttete. Dann baute sich Bueno vor der Schüssel auf, wandte sich den Indianern zu und eröffnete ihnen eine besondere Überraschung:

„Seht ihr dieses Wasser hier?“ fragte er sie. Als sie nickten, fuhr er fort: „Ich werde dieses Wasser jetzt in Brand setzen. Und wenn ihr mir nicht das Versteck eures Goldes zeigt, werde ich das gleiche mit euren Flüssen tun, damit das Land ausdörrt und ihr keine Fische mehr fangen könnt.“

Die ungläubigen und spöttischen Rufe der Männer machten völliger Verblüffung Platz, als Bueno nun ein Zündholz anstrich und es über das Wasser hielt.

Kleine blauweiße Flämmchen züngelten aus dem Napf heraus und wurden größer und größer, sehr zum Entsetzen der Indianer, die sich nun verhandlungsbereit zeigten und dem „Anhanguera — dem alten Teufel“, wie sie ihn von nun an nannten, eines der Goldverstecke preisgaben.

Bartolomeo Bueno und seine Kameraden rafften an Gold zusammen, was sie auswaschen konnten und zogen dann im Triumphzuge in die Zivilisation zurück. Aber sie waren übereingekommen, nichts von diesem Goldvorkommen zu verraten.

Noch einige Male wuschen sie aus diesem „Claim“ Gold aus, bis es erschöpft war. Und ein anderes wollten die Indianer ihnen nicht mehr verraten. Inzwischen hatten sie auch den Trick mit dem brennenden Wasser durchschaut und lachten den alten Teufel aus, als er es noch einmal versuchte.

20 Jahre später zog Bartolomeo Bueno der Jüngere abermals in diese Gegend, in seiner Begleitung etwa 200 Abenteurer, die er angeworben hatte. Zwei Mönche befanden sich ebenfalls in dieser halboffiziellen Expedition, die erkunden sollte, ob nicht doch noch weitere Goldlager dort zu finden seien.

Einige alte Indianer vom Stamme der Goias, die den jungen Bartolomeo noch gekannt hatten, führten diesen zu einem anderen Goldvorkommen, das ungleich größer war als das erste, das sie preisgegeben hatten.

Sehr rasch wurden zwei Arrobas (etwa 30 Kilogramm) zusammengetragen. Danach kehrte Bartolomeo Bueno nach São Paulo zurück, um seinen Auftraggebern zu zeigen, daß es doch etwas mit den Goldfunden auf sich hatte, die sein Vater in Goias gemachte hatte.

Jetzt wurden Truppen in Marsch gesetzt, um das neuentdeckte Goldland in Besitz zu nehmen. Die Indianer zogen sich zurück oder wurden zurückgetrieben, wenn sie nicht freiwillig gingen. Bartolomeo Bueno hatte die Truppen als Scout geführt und war an den nunmehr getätigten Funden beteiligt. Nach und nach wurden weitere Lagerstätten von ihm gefunden, und 1670 waren alle wesentlichen Goldminen in vollem Betrieb. Überall dort, wo Gold in größerem Umfange gefunden wurde, entstanden Ansiedlungen, aus denen manchmal, wenn die Umstände besonders günstig waren, Städte wurden.

Bartolomeo Bueno wurde erster Unterstatthalter von Goias. Er starb in der Ortschaft Barra, dicht bei der alten Hauptstadt. Dort steht heute noch ein Kreuz, das er selber aufgestellt haben soll.

Das ganze Land wurde umgewühlt. Überall, wo die äußeren geologischen Gegebenheiten vorhanden waren, die auf Gold hindeuteten, begann das fieberhafte Suchen und Schürfen. Dort, wo eine zutage tretende Goldader entdeckt wurde, gruben sich die Garimpeiros in den Boden ein und wurden oftmals von den über ihnen lastenden Stollenwänden erschlagen, wenn diese — hastig vorgetrieben und nur unzulänglich gesichert — in sich zusammenstürzten.

Der Staat Goias aber nahm den Napf, aus dem Bartolomeo Bueno die Flamme hatte emporzüngeln lassen, zu seinem Wappenzeichen.

Ebenfalls um 1670 stieß der Paulistaner Bandeirante Antonio Rodrigues im Gebiet von Ouro Preto auf zwei Landsleute, die sich wie er für Gold interessierten und offenbar auch schon etwas gefunden hatten. Es waren dies Manuel Garcia und Salvador Fernandes. Diese drei Bandeirantes taten sich zusammen und wurden sehr rasch zu Beherrschern des Landes, weil sie es als erste Europäer erreicht hatten. Sie begannen damit, das Land weiter systematisch abzusuchen, und etwa 20 Jahre nach ihrem ersten Treffen war auch hier der Goldabbau in vollem Gange.

Zuerst wurde das Schwemmgold aus den Riberoes de Garcia und do Carmo — zwischen Ouro Preto und Marianna gelegen — ausgewaschen.

Um 1696 fand ein weiterer Bandeirante in diesem Gebiet reiche Goldlager. Er nannte sich Borba und war Schwiegersohn von Dias Pais Leme. In den Schwemmfeldern eines kleinen Flusses, der früher einmal bedeutend breiter gewesen sein mußte, fand er die ersten ziemlich großen Klumpen Goldes. Nun begann auch in dieser Region die systematische Suche.

Um 1699 wiederum entdeckte ein Mann aus Taubaté, daß der schwarze Sand im Raum um den Itacolomi-Berg Gold enthielt. Sein Name war Antonio Dias de Oliveira, Nach ihm erhielt die erste Vorsiedlung von Ouro Preto den Namen Antonio Dias.

Die Kunde von den Funden pflanzte sich in kürzester Zeit über ganz Brasilien fort. Der Zuzug an Goldgräbern, Abenteuern und Händlern in diese Gebiete wurde so stark, daß die dort greifbaren Vorräte an Verpflegung rasch dahinschwanden. So begann die Geschichte der später so reichen Stadt Ouro Preto mit einer Hungersnot, der jene zum Opfer fielen, die kein Gold besaßen, um diese Lebensmittel zu bezahlen.

Die Paulistaner erreichten bei der Regierung in Lissabon, daß der Goldabbau durch königliches Dekret allein ihnen zugestanden wurde und daß alle Wege aus dem Osten von Bahia nach Minas Gerais gesperrt wurden. So wollten sie auch hier den Wettlauf um das Gold verhindern, der in Goias eingesetzt hatte.

Daraufhin bewaffneten sich diejenigen, die aus den nordöstlichen Küstenregionen heruntergekommen waren. Der Guerillakrieg um das gelbe Metall setzte ein und flammte immer wieder und an den verschiedensten Orten auf.

Die den Goldsuchern folgenden Bandeirantes, die infolge der weiten Entfernung von ihrer Basis den Krieg nicht organisieren konnten, wollten dennoch dieses Gebiet für São Paulo erwerben. Sie wurden in einer Reihe unbarmherziger Gefechte niedergemacht. Es kam zu Gefangennahmen und zur Verwendung der weißen Gefangenen als Sklavenarbeiter.

Der Paulistaner Versuch, das östliche Hochland in das Gebiet von Sao Paulo einzugliedern, war damit gescheitert. Minas Gerais blieb unabhängig und nahm einen völlig anderen Entwicklungsweg als Sao Paulo.

Dennoch waren die Kämpfe nicht zu Ende. Auch die gegenteilige Entscheidung der Heimatregierung wurde nicht anerkannt. Nach wie vor betrachteten die Paulistaner dieses Land — das sie zuerst entdeckt und besiedelt hatten — als *ihre* Kolonie. Aber die Zahl der Goldwäscher, die keine Paulistaner waren, sondern aus Espirito Santo, Rio de Janeiro oder Bahia kamen, überwog, so daß die heftigen Auseinandersetzungen, die oftmals zu wilden Schießereien ausarteten, stets zu Ungunsten der Paulistaner ausgingen. So wandelte sich der zunächst als Kampf um die ergiebigsten Goldfelder angesehene Guerillakrieg zu einer politischen Auseinandersetzung, die schließlich in einen grausigen Krieg mündete. Der Rio das Mortes — Fluß des Todes —, das Capao de Traicao — Wäldchen des Verrats — und andere Namen erinnern noch heute an Dschungelkämpfe und Massaker, die durch das Gold entbrannten.

Um 1706 war das Morden in vollem Gange. Im folgenden Jahr wurde in Lissabon ein Urteilssprch gefällt, der gegen die Inbesitznahme des Landes durch São Paulo entschied. Die Bergwerke wurden nicht zu Minas Paulistas, sondern zu Minas Gerais gemacht, zu allgemeinen Minen also. Sie sollten nicht nur von den Paulistas, sondern von allen Menschen Brasiliens ausgewertet werden können.

1709 erschien als erster Gouverneur Antonio d'Albuquerque, ein überaus energischer Mann und Nachkomme einer der größten Familien des Landes, in Minas Gerais, um dort im Namen der portugiesischen Krone für Recht und Ordnung zu sorgen und die allgemeine Sicherheit wiederherzustellen. Vor allem hatte er die Aufgabe erhalten, der Krone den Quinto — das ihr zustehende Fünftel am Goldertrag — zu sichern.

Um dies durchsetzen zu können, schuf der neue Gouverneur die notwendigen Polizei- und Kontrollorgane. Aus der kleinen Siedlung Antonio Dias wurde nunmehr ein Ortsviertel einer größeren, rasant aufsteigenden Stadt, die am 8. Juni 1711 den Namen Villa Rica de Nossa Senhora do Pilão Albuquerque erhielt.

Diese Stadt wurde der neue und bleibende Mittelpunkt des Staates Minas Gerais. Hier brach 1720 die „Revolta dos Conjurados" aus, jene *erste* Revolution der Brasilianer gegen Portugiesen.

Die Revolte der Verschwörer

Die Goldgräber in den Camps von Minas Gerais hatten schließlich die Kämpfe gegeneinander, die ihnen nichts anderes als Verluste einbrachten, bis „oben hin satt", weil sie fühlten, daß sie selber dabei stets die Leidtragenden waren. Nunmehr schlossen sie sich zusammen und wandten sich, derart gestärkt, direkt gegen die Vertreter des Mutterlandes. Ihnen war klar, daß *dies* die wirklichen Unterdrücker waren, die Gegner, die nur gekommen waren, ihnen das sauer erworbene Gold wieder zu entreißen. *Das* waren die ausgebufften Unterdrücker, die Plünderer Brasiliens im allgemeinen und des Staates Minas Gerais im besonderen.

Der Führer dieses Aufstandes hieß Felippo dos Santos. Er verkündete auch als erster den Schlachtruf der Revolution: „Nieder mit den Schmelzhäusern! — Fort mit dem Quinto de Ouro!"

Es war nach dem Gesetz verboten, Gold in Form von Goldstaub oder Klumpen zu besitzen, denn das zeigte der Ordnungsmacht ja an, daß dieses Gold noch nicht den Quinto abgegeben hatte.

Alle Goldfunde mußten im königlichen Schmelzhaus abgeliefert werden. Dort wurde es in Barren gegossen und quintiert. Dies bedeutete, daß die Barren um das Fünftel gekürzt wurden, das der Krone gehörte. Ein so gekürzter Barren war dann allgemein als Zahlungsmittel zugelassen, weil sichergestellt war, daß das königliche Fünftel davon abgenommen worden war.

Nur gestempeltes Barrengold also durfte in Umlauf gebracht und als Zahlungsmittel verwandt werden. Wer gegen dieses Gesetz verstieß, der wurde nach Indien deportiert.

Allerdings waren diese Maßnahmen ebenso absurd, wie sie für den Staatsschatz wirksam zu sein schienen. Die Garimpeiros, die das Gold schürften oder auswuschen, hatten ja kein anderes Zahlungsmittel als dieses ausgewaschene Gold, um sich Lebensmittel und Werkzeuge zu kaufen. Hätte man dieses System exakt verfolgt, wäre halb Brasilien entvölkert worden.

Der Aufstand der Garimpeiros unter Felippe dos Santos begann zunächst mit einem Protestzug zum Hause des Generalstaatsanwaltes, der allerdings nicht anwesend war. Die aufgebrachte Menge (die sich in nichts von heutigen Massenaufläufen unterschied, was ihren Drang zum Vandalismus anlangt) zündete das Haus an, zerstörte die Gartenanlagen und marschierte anschließend nach Marianna, dem Sitz des Gouverneurs von Minas Gerais, dem Grafen von Assumar.

2000 bewaffnete und wutgeladene, voll aufgeheizte Gestalten umringten schließlich das festungsartig ausgebaute Gouverneursgebäude, in dem etwa ein Dutzend Musketenträger Wache hielten. Der Graf war geschickt genug, es mit Verhandlungen zu versuchen. Er versprach Felippe dos Santos die Aufhebung aller Bestimmungen, die sich gegen die Minheiros richteten.

„Ich gebe Ihnen mein Ehrenwort“, rief er in die Menge, „daß alles in Ihrem Sinne geregelt wird, meine Herren!“

Die Minenarbeiter waren es zufrieden. Hatten Sie nicht sehr viel erreicht, ohne daß Blut geflossen war? Geführt von Felippo dos Santos, marschierten sie nach Villa Rica zurück.

Noch während sie unterwegs waren, hatte Graf Assumar einen reitenden Boten zur nächsten Garnison geschickt und alles alarmieren lassen. In Gewaltmärschen zogen wenig später die Soldaten und Polizeieinheiten in Richtung Villa Rica.

In der folgenden Nacht nahmen die Häscher des Grafen alle Rädelsführer dieser Revolte gefangen. Sie wurden größtenteils aus ihren Hängematten hinausgezerrt und ins Gefängnis getrieben. Die Truppen, die den Stadtrand erreicht hatten, schirmten die Goldsucher-Camps ab.

Nun wurde Gericht gehalten und Felippo dos Santos und seinen „Spießgesellen“ ein sehr kurzer Prozeß gemacht. Dos Santos wurde von vier weißen Pferden durch die Stadt geschleift und anschließend gevierteilt. Seine Gliedmaßen wurden auf vier Pfählen aufgesteckt und an den vier markanten Stadtteilen ausgestellt als Zeichen dafür, was Revolutionären bevorstand. Das gleiche geschah mit den anderen Rädelsführern, nur in abgekürzter Form.

Damit war die Revolte für immer vorbei. Gold aber wurde weiter produziert und in das Schmelzhaus gebracht, um dort quintiert zu werden. Immer mehr Gold wurde es. Es gab kaum ein Gebiet im Landesinneren, das nicht die Fülle diess gelben Metalls barg, nach dem alle Welt gierte.

Von 1690 bis 1770 wurde Portugiesisch-Amerika der Welt bedeutendster Goldproduzent, der größte, den die Geschichte jemals gesehen hatte.

1724 wurde die Imperial Cicade Rica do Ouro Preto zur Hauptstadt der Capitana Minas Gerais ernannt.

Erst viel später plante und errichtete man in der unmittelbaren Nähe der Schmelzöfen die Casa dos Contos. Der Bau war im Jahre 1783 fertig: Ein wahres Kastell des Goldes mit einer großen Halle, in der sich die breite Treppe um eine freistehende Säule herumschwang. Ein Kamin füllte eine Seitenwand dieses Saales aus, und eine Clarabóia (ein großes Oberlicht) spendete der Halle Helligkeit.

In diesem „Goldhaus" schleppten Sklaven den Goldstaub in Säcken oder Fässern heran. Hier wurden auch die gegossenen und quintierten Goldbarren hinter dicken Mauern und eisenbeschlagenen Türen mit gewaltigen Riegeln und Sperren verstaut oder aus den Gewölben herausgeholt und nach Rio de Janeiro oder Lissabon abtransportiert, stets unter einer großen Eskorte, die mit schußbereiten Waffen über dieses Gold wachte.

Ein einziger großer Angriff auf das Goldhaus wurde bekannt. Er endete in einem Blutbad der Banditen, die in Stärke von 90 Mann versuchten, das hier lagernde Gold im Handstreich zu gewinnen. Aus sicheren Stellungen schossen die Wächter von einer Art Galerie aus die eindringenden Banditen zusammen.

Hier gab sich auch Manuel da Costa, einer der bedeutendsten portugiesischen Richter, den Tod.

Nahe dem Goldhaus stand übrigens noch ein weiteres großes Gebäude, palastartig mit zwei schönen geschwungenen Freitreppen und stattlichen Fensterreihen. Allerdings waren diese Fenster mit kunstvollen schmiedeeisernen Gittern versehen. Der wie ein Rathaus aussehende Palast war das — Gefängnis und wurde 150 Jahre lang als solches genutzt. Später erfolgte seine Umwandlung in ein Museum.

Hier ließ Gomes Freire de Andrade, der Graf von Bobadella, den Palacio dos Governadores errichten. Der erste Gouverneur, der diesen Palast bewohnte, war der Bruder von Gomes, Antonio Graf Bobadella.

Gomes Freire de Andrada, der Schöpfer des kolonialen Brasilien, wurde in der Kirche von Santa Terezinha am Aquädukt des Arcos, der das Quellwasser des Theresienberges zum Largo Carioca leitete, begraben. Er war der Mann, der Brasiliens Hauptstadt geschaffen hatte, die Cidade maravilhosa Rio de Janeiro, die zur bedeutendsten Hafenstadt von ganz Brasilien werden sollte.

Diamanten, Smaragde und andere Edelsteine

Im Jahre 1714 wurden in der Chapada Diamantina im Gebiet von Minas Gerais die ersten Diamanten gefunden. Wenig später kamen jene Savras hinzu, die im Gebiet von Diamantino im Mato Grosso und in anderen Gebieten des weiten Landes entdeckt wurden.

Als 1729 ein besonders großer Diamant gefunden wurde, erfolgte die Benachrichtigung Lissabons über diesen glücklichen Fund. Die Fama weiß zu berichten, daß vorher einer der Gouverneure die hübschen Kiesel, die man ihm brachte, als Rechenperlen benutzt hatte.

Nun aber griff die Krone ein, nachdem mit der Entdeckung der Lagerstätten in Minas Gerais die große Diamantenperiode eingesetzt hatte. Gold und Diamanten, das waren nunmehr die strahlenden Stars des Handels mit dieser Kolonie, die sich aus ihrem Dornröschenschlaf herausgewunden hatte und im wahrsten Sinne des Wortes eine einzige Goldgrube geworden war.

König Johann V. erließ ein Gesetz, nach welchem alle Diamanten, die über 20 Karat groß waren, der Krone direkt zufielen und unter keinen Umständen verkauft werden durften, auch wenn das Fünftel des Verkaufserlöses erlegt wurde.

Da sich die Ausbeute sehr rasch steigerte, wurde die Diamantenförderung von Lissabon monopolisiert, um alles fest in den Griff zu bekommen. Dies hatte das Aufblühen des Diamantenschmuggels zur Folge.

Im Jahre 1729 wurden von Fonseca Lobo in Minas Gerais Diamanten gefunden. Diamanten, das wußte Lobos ebenso wie viele andere Goldsucher, mußten dort zu finden sein, wo es Gold gab. Er ließ nicht nach und kam nach jahrelangem Suchen zum Ziel.

Auch hier nahm die Ausbeute sehr rasch zu, und Brasilien wurde nach dem Zucker- und Goldland zum Diamantenland für die ganze Welt.

Alle geschürften und gewaschenen Diamanten gelangten zunächst zur staatlichen Sammelstelle nach Pernambuco. Dort wurden jene Steine, die nicht Portugal direkt zufielen, an reiche indische Nabobs verkauft, die entweder auf dem Wege von Portugal nach Indien hier Station machten oder aus Indien nach Portugal unterwegs waren und hier die übliche Zwischenstation machen mußten, weil die Schiffe, die diese Route fuhren, sich nach wie vor hier neu verproviantierten und Wasser übernahmen.

Diese Käufer und andere brachten ihre Steine nach London oder Paris, später auch nach Amsterdam, wo die Schleifereien lagen.

In dieser Position als Halterin von drei Monopolen, denen sich später das Kaffeemonopol hinzugesellte, blieb Brasilien bis ins 19. Jahrhundert hinein eine Quelle ständigen Reichtums für ganz Portugal.

Im Jahre 1772 war es Minister Pombal, der den Diamantenabbau verstaatlichte, weil er erkannte, daß Portugal nur noch mit Hilfe des Goldes und der Diamanten aus Brasilien lebensfähig war.

Die Förderung erfolgte in der Trockenzeit aus alluvialen Lagerstätten, aus den Flußläufen und deren Rändern und Ausläufern. Die Garimpeiros leiteten das letzte dort fließende Wasser ab, räumten auf dem Flußboden die erste Geröllschicht fort, die cascalho bravo genannt wurde, und wuschen die auf diese Weise freigelegte Schicht, die cascalho velho, mit der Bateia durch.

Das erste Hauptgebiet der Diamantenfunde, die Chapada Diamantina, zieht sich bis zu 400 Kilometer von der Küste entfernt parallel zu dieser hin. Um in die Förderungsstätten zu kommen und diese versorgen zu können, wurde später die Jaozeiro-Strecke der Eisenbahn gebaut. In einer Reihe weiterer Gebirgsgegenden wurden weitere Lavras aufgemacht und Diamanten gefördert.

Schließlich waren es 30.000 Garimpeiros, die alljährlich etwa 400.000 Karat Diamanten aus dem Geröll wuschen.

Neben Diamanten wurden bereits seit langer Zeit auch Turmaline, Smaragde, Saphire, Opale, Amethyste, Topase und andere Steine gefunden. *Das alles* war, wie das nächste Kapitel eindeutig darlegt, der Reichtum, der Portugal am Leben erhielt und es dem Land gestattete, 90 % aller zum täglichen Leben gehörenden Dinge, vor allem auch Lebensmittel, einzuführen.

Zur gleichen Zeit, da im portugiesischen Mutterland Pombal anstelle des Königs regierte und mit eiserner Hand versuchte, den Gold- und Diamantensegen fest in den Griff zu bekommen, tat die portugiesische Kolonialverwaltung in seinem Namen alles, um vor allem das Gebiet von Minas Gerais von der Außenwelt abzuschneiden und einen unkontrollierten Abfluß des Goldes oder der Diamanten in fremde Kanäle zu verhindern. Seit der Zeit Heinrichs des Seefahrers war die Suche nach dem Gold eine der Hauptantriebskräfte gewesen. Nun, da man es gefunden hatte, wollte man es nicht wieder hergeben.

Der Handel mit und von Brasilien ging einzig und allein zum Mutterland oder von diesem dorthin. Industrien durften nicht errichtet werden. Das Mutterland wünschte diese ertragreichste Kolonie ausschließlich selbst auszubeuten. Brasilien mußte, wenn das portugiesische Volk weiter bestehen bleiben sollte, Portugal fest zur vollen ausschließlichen Verfügung stehen.

Eine totale Nachrichtensperre ließ nichts aus Brasilien hinaus und ebenso nichts herein. Der erste Eiserne Vorhang der Welt senkte sich an den brasilianischen Küsten nieder. Daß dies so gemacht werden durfte, war gesetzlich verankert worden.

Brasilien und das Mutterland

In Brasilien galten nicht nur für die dort eingewanderten Kolonisten und Donatários, sondern für alle die allgemeinen portugiesischen Gesetzbücher, die Ordinaciões Manuelinas von 1514. Die Ordinaciões Felipinas des Jahres 1603 ergänzten diese Gesetzte; die Grundsätze und Einrichtungen der portugiesischen Kolonialverwaltung waren in den königlichen Regimentos enthalten. Sie wurden bereits seit 1548 den Generalgouverneuren und später den Vizekönigen mitgegeben und von diesen als Dienstvorschriften angewandt.

Als Grundstatut diente der Regimento mit 61 Kapiteln für den Generalgourverneur Costa Barreto von 1667. Auf königlichen Befehl ergänzte und kommentierte der brasilianische Vizekönig Fernando José de Portugal diesen Regimento und gab damit die beste Zusammenfassung des portugiesischen Verwaltungsrechts in Brasilien. (Siehe: Documentos Históricós, Bd. 6; Rio de Janeiro 1928).

Der Aufbau der staatlichen Verwaltung in Brasilien begann, als König Johann III., unter dem alle portugiesische Arbeit sich auf die Erschließung von Brasilien konzentrierte, im Jahre 1549 Tomé de Sousa zum Generalgouverneur ernannte, der die neugegründete Stadt São Salvador da Bahia zu seinem Amtssitz manchte. Die de Sousa erteilte Instruktion gilt als Grundlage für die administrative Einheit Brasiliens. Sie übertrug ihm die Anordnung und Durchführung aller Maßnahmen zur Erschließung des Landes und zur Ausrüstung und Aussendung von Expeditionen ins Landesinnere, zur Entdeckung von Edelmetallen und Edelsteinen.

Die Auffindung der Silberschätze Perus durch Spanien hatte die portugiesische Krone in der Hoffnung bestärkt, auch in Brasilien reiche Edelmetallfunde machen zu können. Dies wiederum zwang sie dazu, Brasilien auch in eigene straffe Verwaltung zu nehmen und die Zügel anzuziehen, die man bisher hatte schleifen lassen.

Im Jahre 1587 erfolgte die Einrichtung eines obersten Gerichtshofes — des Relação — in Pernambuco. Der oberste Richter für die Rechtsprechung, der Oidor, wurde in sein Amt eingeführt.

Eine zweite Relação wurde 1751 für die südlichen Gebiete Brasiliens eingesetzt. Der Generalgouverneur war zugleich auch Präsident dieses Appellationsgerichtes. Er ließ die lokale Gerichtsbarkeit durch die Entsendung von Richtern der Relação überwachen.

Dem Generalgouverneur unterstanden die Gouverneure der einzelnen Provinzen des Landes. Sie wurden die Capitaes-mores der Capitanien.

An der Spitze der Finanzverwaltung stand der Provedor-mor. Diesem war in jeder Capitanie ein Provedor da capitania unterstellt.

Im Jahre 1769 traten Juntas (Ausschüsse) an die Stelle der Provedores zur Verwaltung der königlichen Finanzen.

Bereits im Jahre 1622 war für die entlegenen nordbrasilianischen Gebiete der Estado do Maranhão als besondere Verwaltungsstelle eingerichtet worden. Dieser unterstand nicht dem Generalgouverneur in Pernambuco.

Der Provedor-mor, der als königlicher Oberaufseher der Finanzen die Kolonie bereiste, hatte in allen Häfen, Zollämtern und in jeder Capitanie einen Rechnungshof einzurichten. Diese Casas dos Contos wurden mit einem geschulten Stab von Beamten aus dem Mutterlande besetzt, die die wirtschaftliche Produktion überwachen mußten und die Abgaben an den König festzusetzen und sicherzustellen hatten.

Der Plantagenbesitzer durfte beispielsweise von seiner Zuckererzeugung nichts eher verkaufen oder verbrauchen, bis einer dieser Beamten das königliche Zehntel in Abzug gebracht hatte. Die amtliche Buchführung verfolgte den Weg des Zuckers von der Zuckermühle zur Lagerstelle, von dort zu den Verladestellen und bis nach Portugal hinein.

Nach spanischem Vorbild wurde 1640 erstmalig der Titel Vizekönig für den brasilianischen Generalgouverneur eingeführt. Definitiv aber wurde die Herrschaft der Vizekönige erst im Jahre 1714 eingeführt. Im Jahre 1763 wurde dann Rio de Janeiro der Sitz des brasilianischen Vizekönigs.

In den Capitanien, die nicht von der Krone zurückerworben wurden, konnten sich die Donatários behaupten und ihre weitgehende Autonomie beibehalten. Erst die Reformpolitik des Ministers und wirklichen Herrschers des Mutterlandes, Pombal, konnte die Verwaltung Brasiliens vereinheitlichen. Durch seine Reformen wurde auch das Intendantensystem in Brasilien angewandt. Gegen Entschädigungen in großer Höhe übernahm die portugiesische Krone schließlich auch die letzten selbständigen Capitanien und gewann so die an Privatpersonen veräußerten Hoheitsrechte zurück.

In den brasilianischen Städten, die schließlich mehr und mehr an Bedeutung gewannen, nachdem sie Sitze von Behörden geworden waren, wurden Stadträte eingesetzt. Diese Senados da Camara bestanden aus zwei Laienrichtern und bis zu sechs Ratsmitgliedern. Wahlen fanden alle drei Jahre statt. Wahlberechtigt waren nur die sozial höhergestellten Bürger, die Homens bons, auch republicanos genannt. Sie wählten sechs Wahlmänner. Jeweils zwei von ihnen, die nicht miteinander verwandt sein durften, stellten eine Liste von 21 Mitbürgern auf, die sie für die zu vergebenden Ämter prädestiniert hielten.

Der Wahlleiter, in der Regel ein königlicher Richter, ein Ovidor, stellte dann die Namen zusammen, die auf den drei Listen am häufigsten genannt worden waren, und suchte 21 davon heraus, die er wiederum in drei Listen eintrug. So war in jeder der drei Listen der Stadtrat für jeweils ein Jahr eingegeben. Sie wurden eingerollt, und jeweils am 1. Januar eines neuen Jahres kamen sie zur Verlosung. Die Personen, die auf der gezogenen Rolle namentlich eingetragen waren, wurden dann für ein Jahr in ihre Ämter eingesetzt.

Schließlich fanden auch Angehörige der städtischen Handwerkerschaft Zugang zum Stadtrat. Die Feudalherren und reichen Plantagenbesitzer waren nicht in den Stadträten vertreten, weil sie meistenteils außerhalb dieser Städte auf ihren Casas-Grandes saßen.

Der Senado da Cámara entfaltete ein reges Treiben. Er reglementierte das Wirtschaftsleben und konrollierte das gesamte, meistensteils weit ausgedehnte Stadtgebiet. Er mischte sich auch in kirchliche und politische Fragen ein und berief zu besonderen Vorgängen Versammlungen ein — die juntas gerais —, die schwierige Probleme gemeinsam zu lösen versuchten. Sie scheuten nicht davor zurück, auch Bischöfen und Gouverneuren mit Entschiedenheit entgegenzutreten, wenn es zum Wohle ihrer Stadt geschah.

Woraus aber setzten sich die Bürgergemeinden zusammen? Handelte es sich nur um die wenigen bisher genannten Kolonisten und Händler, die Seeleute und Soldaten?

Einwanderer aus dem Mutterland

Nach dem Ende des Kampfes gegen die Holländer in Brasilien brachte wirtschaftliche Not und persönliches Mißgeschick viele Portugiesen zur Auswanderung.

Bereits im Jahre 1649, als die portugiesische Companhia do Brasil gegründet wurde und diese das Handelsmonopol für verschiedene Waren erhielt, mußte eine größere Zahl portugiesischer Kaufleute und Helfer nach Brasilien übersiedeln. Jene 36 Kriegsschiffe, die für den Schutz des Handelsverkehrs aus Brasilien nach Portugal unter Segel standen, mußten in brasilianischen Häfen versorgt werden. Dies alles löste eine weitere Auswanderungswelle aus.

Der Handel von Portugal nach Maranhão und Pará wurde von der Companhia do Maranhão organisiert, was einen weiteren Zustrom portugiesischer Menschen zwischen 1678 und 1679 zur Folge hatte. Staatschef Pombal schuf für die Reorganisation des portugiesischen Handels im Jahre 1759 die Companhia de Pernambuco e Paraibo, nachdem er bereits 1755 die Companhia Geral do Grão Pará ins Leben gerufen hatte. Beide Gesellschaften wurden zwar 1778 bis 1779 wieder aufgelöst, doch die zu diesem Zwecke nach Brasilien ausgewanderten Portugiesen bleiben in ihrer neuen Heimat.

Die meisten Auswanderer und Kolonisten stammten aus dem unterentwickelten Nordportugal mit seinen Provinzen Minho und Douro. Auch ein Teil der Bewohner Lissabons zog die Auswanderung nach Brasilien einem ungewissen Schicksal in der Landeshauptstadt vor. Eine weitere größere Zahl an Auswanderern jedoch stammte von den übervölkerten Atlantikinseln Portugals, von Madeira und von den Azoren.

Dort hatten sich immer mehr Menschen niedergelassen, während die Kapverdischen Inseln nicht so starken Zuspruch fanden.

Zunächst also brachte der Kampf gegen die großen Widersacher des Landes Spanien, Frankreich und Holland, deren Freibeuter abgewehrt werden mußten, sobald sie die Küsten Brasiliens heimsuchten, Portugiesen in dieses Land jenseits des Atlantik. Sie hatten für die Erhaltung dieser riesigen Kolonie zu sorgen, und in dem Maße, wie sie dies taten, verlor das Mutterland an Substanz.

Eine ungezügelte Massenauswanderung aber setzte erst dann ein, als die reichen Goldlager von Minas Gerais entdeckt wurden. Von diesem Zeitpunkt an verließen jährlich 3000 — 4000 Portugiesen ihre Heimat, um in Übersee ihr Glück zu machen.

Am 25. November 1709 sah sich die portugiesische Regierung gezwungen, die Ausreise nach Brasilien ohne einen von ihr ausgestellten Paß zu verhindern. Als auch dies noch nichts fruchtete, wurde 1720 die Ausreise aus dem Mutterland nach Brasilien völlig gesperrt.

Wie sah es aber zu dieser Zeit beispielsweise in Lissabon aus, daß sich Menschen zu Tausenden aufmachten, um dieser Stadt und ihrer Heimat den Rücken zu kehren? William Beckford, der im Jahre 1787 Lissabon besuchte, als bereits nach dem verheerenden Erdbeben die Stadt durch Pombal zum Teil wieder aufgebaut und mit Prachtstraßen versehen worden war, schreibt über die portugiesische Metropole:

„Keine Bettler kommen jenen von Portugal an Lungenstärke gleich, nicht an schwärenden Wunden und wimmelndem Ungeziefer, an malerischen Lumpen und an ihrer furchtlosen Hartnäckigkeit. Sie sind einfach unzählbar, blind und taub und erbärmlich." (Siehe Beckford, William: Travel Diaries Bd. 2).

Zwar war in Portugal seit langem der Reichtum „ausgebrochen“, doch daran partizipierten nur eine Handvoll reichster Familien und einige wenige Kaufmanns-Dynastien. Der Reichtum, der die feinsten Luxusgüter aus dem Ausland in purem Golde aufwog, die Nahrungsmittel, die dank dieses unerschöpflichen Goldes aus Frankreich, Holland und England ins Land flossen, waren kein Segen für die Arbeiter des Landes, die Handwerker und Bauern.

Auf den Plantagen im Lande wurden Negersklaven beschäftigt, und so waren sehr viele der im Grunde so wenigen Portugiesen ohne Beschäftigung und irrten arbeitslos in den Städten umher. Portugal und seine Reichen waren auf eine einfach unvorstellbare Weise noch reicher geworden. Die Armen aber blieben arm, und *das* war der Nährboden für den übermächtig wachsenden Wunsch vieler Armer, diesem Lande den Rücken zu kehren, in dem die Sklaven besser lebten als freie Menschen.

Portugal war durch die verschiedenen Verträge, die es 1654, 1661 und 1703 mit England abgechlossen hatte, an das Inselreich gebunden. Das Land war, was Wirtschaft und Außenpolitik anlangte, mit England gleich, aber England führte. Was die Lebensweise der Menschen und ihren Glauben anging, so konnte es kaum weiter auseinanderstrebende Staaten geben.

England hatte sich verpflichtet, Portugals Unabhängigkeit zu schützen und den portugiesischen Wein aus dem Raume Porto einzuführen und diesen nicht mit Zoll zu belegen, wie dies für Waren galt, die aus dem Ausland nach England eingeführt wurden.

Im Gegenzuge verpflichtete sich Portugal, englische Tuche und Textilien zollfrei einzuführen und in jedem Krieg, den England führte, an dessen Seite zu treten und dessen Kampf zu dem seinen zu machen.

Die Portugiesen betrachteten alle Engländer als Ketzer, die aber eine gute Flotte besaßen, was auch für Portugal gut war. Für die Engländer wiederum waren die Portugiesen unwissende Fanatiker, die aber andererseits über strategisch wichtige Häfen verfügten, wie die englische Flotte sie brauchte.

Britisches Kapital kaufte die portugiesische Industrie auf und schlich sich in die Spitzenpositionen des portugiesischen Handels hinein.

Ministerpräsident Pombal war es, der diese Tatsache das erste Mal von offizieller Seite beklagte:

„1754 erzeugte Portugal kaum etwas für den eigenen Unterhalt. Zwei Drittel seiner Lebensbedürfnisse wurden von England befriedigt. England verfügte über unseren gesamten Handel, und unser Außenhandel wurde ebenfalls zur Gänze von englischen Agenten abgewickelt.

Alle Schiffsladungen, die von Lissabon nach Brasilien gingen, und damit selbstverständlich auch die im Austausch dafür zurückkommenden Reichtümer gehören englischen Kaufleuten. Nichts war mehr portugiesisch, vom Namen einmal abgesehen.“

Dies war der Preis, den ein Zweimillionenvolk zu zahlen hatte, das die Hälfte seiner Menschen — und nicht die schlechtesten, sondern jene, die Unternehmungsgeist besaßen — an die Kolonien und hier überwiegend an Brasilien abgegeben hatte.

Erst in der Mitte des 18. Jahrhunderts, also zur Regierungszeit Pombals, wurden weitere Auswanderungswünsche gestattet. Es galt wieder einmal, ein brasilianisches Gebiet zu schützen: den Raum Santa Catarina und Rio Grande do Sul. Hierfür kamen insbesondere Bewohner der Azoren in Betracht.

1769 wurden die portugiesischen Bewohner der nordafrikanischen Stadt Mazagoa — die den Mauren in die Hände gefallen war — geschlossen nach Pará umgesiedelt. Dies alles, um den Strom des brasilianischen Reichtums nicht versiegen zu lassen.

Zu den Reformen des großen Pombal aber gehörte auch ein Plan zur Besiedlung des Amazonasgebietes, doch war dies selbst für so einen Mann, der alle seine Ideen mit brutaler Gewalt durchzusetzen wußte, ein zu großer Brocken. Zwar erwirkte er einen königlichen Erlaß, daß alle Sträflinge überwiegend in diese Gebiete Brasiliens deportiert wurden, doch die Deportierten hielten sich nicht daran, sondern wanderten in die ertragreicheren Minengebiete ab. In der unendlichen Weite Brasiliens mit über acht Millionen Quadratkilometern Landes, in das Portugal über neunzigmal hineinpaßte, war niemand, der dies nicht wollte, an einem Ort zu halten.

Nach einem königlichen Edikt wurden auch die Fahnenflüchtigen der Truppe für den Transport nach Brasilien und dort ins Amazonasgebiet vorbereitet. Sie mußten vorher junge Frauen heiraten, die in den Besserungsanstalten des Landes lebten, um dann als Familie in den Urwald zu gehen.

Im Jahre 1797 wurden auch zahlreiche Zigeunerfamilien aus Portugal ins Amazonasgebiet und in andere Gebiete Brasiliens zwangsumgesiedelt.

In diesem Abschnitt wurde bereits einige Male der Name Pombal eingeflochten, eines portugiesischen Staatsmannes, der mehr als jeder andere Portugiese vergöttert und gehaßt worden ist. Er prägte die Geschicke des Mutterlandes ebenso wie jene der überseeischen Besitzungen und wurde schließlich zum bestgehaßten Menschen in ganz Portugal.

Seine Amtszeit fiel in die Regierungszeit zweier Könige und einer Königin. Seine großen Reformpläne werden heute gewürdigt, sein Kampf gegen die Jesuiten und gegen den Heiligen Stuhl verschwiegen. Gehen wir zurück ins portugiesische Mutterland, lassen wir diesen Zeitabschnitt im folgenden Teil des Werkes Revue passieren!

DER FERNE OSTEN

Cabral in Indien — Das Gemetzel von Calicut

Pedro Alvarez Cabral hatte mit seinen Schiffen am 2. Mai 1500 die brasilianische Küste mit Kurs auf das Kap der Guten Hoffnung verlassen. Drei Wochen später wurde die Flotte von einem plötzlich ausbrechenden Sturm erfaßt. Vier Schiffe kenterten in diesem wilden Wirbel aus Sturm und Wellengang. Unter ihnen auch das Schiff von Bartolomeu Diaz. Von den Besatzungen konnte nicht *ein* Mann gerettet werden.

Das Wetter blieb schlecht, auch wenn sich der Sturm etwas legte. Ein weniger heftiger Sturm war um so ausdauernder; er währte 20 Tage. Die Karavellen waren gezwungen, ganz ohne Segel zu fahren.

Am 16. Juli tauchte endlich Sofala auf. Die restlichen sechs Schiffe waren stark beschädigt aus diesen Stürmen herausgekommen. Sie wurden notdürftig repariert und liefen dann nach Mocambique und Kilwa weiter, durften aber in keiner dieser Städte Handel treiben.

In Kilwa wurden sie gar als Seeräuber behandelt, aber Malindi war wieder der freundliche Hafen, der sie aufnahm. Hier fanden sie auch einen einheimischen und seekundigen Piloten, der die Indienfahrt bereits einige Male gemacht hatte. Er wurde in Dienst genommen.

Die Fahrt durch den Indischen Ozean verlief glatt, und Ende August 1500 ließ die Flotte nahe der Insel Anjediva bei der Küstenstadt Goa die Anker fallen.

In zwei Wochen Liegezeit wurden die sechs Schiffe überholt, die Wasservorräte ergänzt und auch neue Holzvorräte beschafft.

Am 13. September erreichen sie Calicut und segelten in den Hafen hinein. Seit ihrer Abreise aus Lissabon waren sechs Monate vergangen.

Nach Austausch von Geiseln ging Cabral and Land und erhielt beim Samori-König eine Audienz. Diesmal hatte König Manuel I. wirklich wertvolle Geschenke vorgesehen, die dann auch unter den kritischen Augen des Schatzmeisters Gnade fanden.

Abermals versuchten die Moslems — die ihren Handelsgegner erkannten — Cabrals Flotte zu schaden und die Portugiesen zu diskreditieren. Es war Cabral nicht möglich, in einem Vierteljahr mehr als zwei Schiffe mit Handelswaren zu beladen. Er erhob nunmehr Beschwerde, und der Samori erließ den Befehl, daß kein maurisches Schiff Ware übernehmen dürfe, bevor nicht alle portugiesischen Schiffe beladen seien.

Als einige Tage darauf eine arabische Dhau in See stach, segelte Cabral ihr mit seinem Schiff nach und kaperte sie noch in Sichtweite der Stadt. Dies hatte böse Folgen, denn nun stürmten — offenbar mit der Genehmigung des Samori — etwa 3000 Moslems die portugiesische Faktorei im Hafen und erschlugen deren Leiter und 50 seiner Arbeiter.

Cabral ging sofort und entschlossen zur Sache. Er enterte zehn vor Anker liegende arabische Schiffe, ließ deren Besatzungen bis auf den letzten Mann niedermachen und die Ladungen auf die portugiesischen Schiffe umladen.

Danach bombardierte er die Stadt und segelte anschließend nach Cochin und Cananor ab, wo er seine Fracht ergänzte. Im Juli 1501 traf er mit dem Rest seiner Flotte, jenen sechs Schiffen, die vollbeladen waren, wieder in Lissabon ein. Die großartige Ladung, die er mitbrachte, deckte nicht nur die enormen Kosten, sondern brachte noch Gewinn ein. Cabral war es damit gelungen, als erster von Südamerika nach Indien zu segeln.

Nach Cabrals Meldung wurden im Kronrat Zweifel daran geäußert, ob diese gefährlichen Abenteuer fortgesetzt werden sollten. Aber die Aussicht auf riesige Gewinne und die Möglichkeit zur Ausbreitung des Christentums schufen schließlich eine Mehrheit für die Fortsetzung der Fahrten.

Vor allem mußte nach einhelliger Meinung des Kronrats den Mauren, die Vasco da Gama und nun auch Cabral so feindselig behandelt hatten, nunmehr eine harte Lektion erteilt werden.

Im Februar 1502 gingen daher 15 Schiffe ankerauf, und im April folgten ihnen fünf weitere; alle standen unter dem Gesamtbefehl von Vasco da Gama.

Ein Teil der Flotte sollte im Indischen Ozean bleiben, um die in Cochin und Cananor errichteten eigenen Faktoreien zu schützen und gleichzeitig die zum Roten Meer segelnden maurischen Frachtschiffe zu kapern.

Die Strafaktion begann bereits an der afrikanischen Küste und traf als ersten den Sultan von Kilwa. Dieser mußte einen Tribut von 2000 Miticals in Gold zahlen. Daraus ließ König Manuel eine Monstranz fertigen, die er der Jeronimokirche in Belém schenkte.

Das nächste Opfer war ein aus Mekka zurückkehrendes arabisches Pilgerschiff, das Vasco da Gama mit allen an Bord befindlichen Menschen, ein paar Kinder ausgenommen, den Flammen überantwortete.

Als diese schlagkräftige Flotte Indien erreichte, sagte da Gama Calicut die Fehde an, bombardierte Hafen und Stadt und vernichtete eine ihm entgegengeschickte indische Flotte.

Diese Greueltaten entsprachen den Gepflogenheiten der damaligen Zeit *und* wurden auch dadurch noch verstärkt, daß die Portugiesen das Gefühl trieb, als eine Handvoll Männer unter Armeen von ihnen feindselig gesinnten Fremden den Gegner einschüchtern zu müssen, um ihn niederzuhalten.

Im nächsten Jahr segelten drei voneinander unabhängige Geschwader nach Indien. Zwei von diesen wurden von jeweils einem Kapitän Albuquerque geführt. Sie kamen rechtzeitig an, um den ihnen freundlich gesinnten Radja von Cochin vor dem Samori von Calicut zu schützen. Die Portugiesen bauten ein Fort und legten eine kleine Garnison hinein. Es war der erste Schritt zur dortigen Herrschaft.

Als sie die Heimfahrt angetreten hatten, erschien der Samori mit seinen Truppen abermals vor Cochin. Duarte Pacheco, der als Kommandeur des Forts zurückgeblieben war, schlug den Angriff der feindlichen Flotte ab. Durch diese Leistung gewannen die Portugiesen in ganz Indien besonderes Ansehen. Die eingeborenen Fürsten waren darauf bedacht, mit ihnen Handel zu treiben und Bündnisse abzuschließen.

Dem Fortkommandanten Pacheco verlieh der Radja von Cochin ein Wappenschild. Die Heimat nannte den Sohn des Schatzmeisters von Ceuta von diesem Zeitpunkt an den „lusitanischen Achill" (Das heutige Portugal entspricht etwa der alten römischen Provinz Lusitania).

Bereits 1501 gingen die ersten indischen Gewürzladungen von Lissabon nach Antwerpen. Bald darauf richteten deutsche und italienische Häuser, die im Kupferhandel führend waren, Zweigstellen in Lissabon ein, um dieses Metall, das Portugal benötigte, gegen indische Waren einzutauschen.

Venedig, das erkannt hatte, daß die neuen portugiesischen Entdeckungen seine Jahrhunderte bestehende Monopolstellung im Gewürzhandel ernstlich erschüttern würde, schickte eine Reihe von Geheimagenten nach Lissabon. Diese sahen sehr bald drohende Gefahren heraufziehen. Venedig steckte sich hinter den Sultan von Ägypten. Dieser stand auf der Seite Venedigs, weil er durch die entgangenen Durchgangszölle stark in seinen Einkünften geschmälert wurde.

Der Sultan drohte Portugal, daß er die heiligen Orte in Palästina zerstören werde, wenn die Portugiesen ihren Indienhandel nicht einstellten.

Angesichts dieser Lage eilte der Prior des Klosters von St. Katharina auf dem Berg Sinai 1504 nach Rom und drängte Papst Julius II., er möge die Reisen der Portugiesen nach Indien verbieten.

Noch im selben Jahr erfuhr König Manuel I., was sich in Rom hinter den Kulissen abspielte. Er reagierte sofort, aber nicht im päpstlichen Sinne, sondern indem er Truppen nach Indien schickte, die ständig dort bleiben und den Handel schützen sollten. Manuel I. wußte nur zu genau, daß er sich auf einen Machtkampf eingelassen hatte, seitdem alle Welt wußte, daß er das Monopol des Gewürzhandels anstrebte. Die Moslems im allgemeinen und darüber hinaus auch die Inder, Ägypter, Türken, Genueser und Venezianer waren nun seine Gegner.

Manuel I. ernannte Francisco de Almeida zum Führer des 1505 entsandten großen Kampfverbandes. Dieser bestand aus 22 Schiffen mit 2500 Mann an Bord, darunter 1500 Soldaten. Sie verließen Lissabon im März 1505.

In diesem großen Schiffsverband befanden sich auch einige ausländische Kauffahrer, die sich unter den Schutz der portugiesischen Flagge stellten. So auch Schiffe der Fugger, der Welser und anderer großer deutscher Handelshäuser, die die Zeichen der Zeit erkannt hatten und auf der Seite Portugals standen, weil dort das große Geld winkte.

De Almeida sicherte den Weg nach Indien zuerst durch den Bau eines Forts in Kilwa. „Es war so stark, daß es sogar den König von Frankreich in Schach halten" würde, wird berichtet.

Mombasa mußte sich ebenfalls den portugiesischen Waffen beugen. Von dort aus segelte die Flotte nach Indien weiter.

In Indien nahm Francisco de Almeida auch offiziell den Titel eines „Vizekönigs von Indien" an, den der König ihm verliehen hatte. Er machte Cochin zum Sitz seiner Regierung. Anstelle jener Palisaden, die Duarte Pacheco um sein altes Fort hatte errichten lassen, ließ Almeida feste Steinwälle erbauen und daneben noch in Anjediva und Cananor starke Befestigungen anlegen, die jeder Belagerung standhalten würden.

Während er nun seinen Krieg gegen das widerspenstige Calicut führte, mußte sein Sohn Lourenço die Stadt Quilon von See aus mit den Schiffsgeschützen bombardieren. Die Einwohner dieser Stadt hatten den dortigen portugiesischen Leiter der Faktorei und seine Gehilfen umgebracht.

Von Quilon aus fuhr der junge Almeida als erster nach Ceylon. Er hatte Auftrag, den dortigen Zimthandel zu sichern und für Portugal einzukassieren. So wurden die Portugiesen nach und nach Herren des ganzen Landes und blieben es auch, bis 150 Jahre später die Holländer versuchten, sich dort einzunisten, und die Inseln eroberten, die heute große und kleine Sundainseln genannt werden.

In den beiden Hafenstädten Cochin und Cananor, mit deren Radjas sich die Portugiesen gut verstanden, konnten die portugiesischen Handelsschiffskapitäne in schnellster Zeit soviel Pfeffer und andere Gewürze laden, wie ihre Karavellen faßten.

Islamische Schiffe bedurften zur Betreibung des Handels in diesen Häfen einer besonderen Erlaubnis der Radjas. Damit hatte Lissabon sich binnen kurzer Zeit zur Weltmacht der Erzeugnisse des Ostens aufgeschwungen. Neben Gewürzen wie Pfeffer, Ingwer, Muskatnuß und Gewürznelken lieferte der Osten noch Arzneimittel wie Sandelholz, Wermut, Narde, Borax, Kampfer, Rhabarber, Aloe, Moschus und Zibet.

Duarte Pacheco berechnete, daß alljährlich 30.000 Quintals (Zentner!) Spezereien und Heilmittel aus Indien ausgeführt wurden. Der weitere Versand und Verkauf nach Nordeuropa erfolgte durch die portugiesischen Faktoreien in Antwerpen, die in die Geschichte des Handels als berühmteste ihrer Art eingingen.

Entscheidungskämpfe in Indien

Im Jahre 1507 beschloß der Sultan von Ägypten, eine mit Levantinern und Türken bemannte Flotte an die indische Küste zu schicken. Als diese Flotte dort ankam, stieß sie auf das Geschwader des jungen Almeida. Es kam zu einem erbitterten Seegefecht. Lourenco de Almeida erlitt eine schwere Niederlage. Nun ging es für Portugal in diesen Gewässern um Sein oder Nichtsein.

Der Vizekönig von Indien, Francisco de Almeida, griff daher die aus über 100 Schiffen bestehende (indische Segler hatten sich den Ägyptern zugesellt) ägyptische Flotte mit den 19 ihm zur Verfügung stehenden Schiffen an. Die Kanonen seiner Schiffe feuerten in schärftem Salventakt und zerschmetterten die moslemischen Segler.

In dieser Schlacht bei Diu an der Südspitze der indischen Halbinsel Kathiawar kam es zu wilden Gemetzeln. Schiffe wurden gerammt und geentert, die Besatzungen niedergemacht. Die Entschlossenheit und der bedingungslose Einsatz aller Portugiesen „für König Manuel und die Jungfrau Maria" errang den Erfolg.

Die Geschichte Asiens hatte mit diesem portugiesischen Seesieg eine entscheidende Wende erfahren. Ein Jahrhundert lang wagte sich niemand mehr an die in indischen Gewässern befindlichen portugiesischen Schiffe heran. Jeder Überfall auf portugiesische Kauffahrer wurde kompromißlos geahndet. Die einzige Strafe für Feinde Portugals war der Tod.

Bereits im Jahre 1505 hatte Tristão da Cunha die dem Golf von Aden vorgelagerte Insel Socotra angelaufen und das dort befindliche Fort der Araber erstürmt. Er wollte es selbst besetzen und den islamischen Schiffen die Einfahrt ins Rote Meer verwehren. Doch bald erkannte er, daß der wirkliche Schlüssel zum Roten Meer Aden war; daher gab er das damit nutzlose Fort wieder auf.

Die Albuquerque

Zur selben Zeit nahm Afonso d'Albuquerque die Stadt Ormuz, die Pforte zum Persischen Golf. D'Albuquerque, seit 1509 Vizekönig von Indien, begründete während seiner sechsjährigen Amtszeit die portugiesische Oberhoheit im Osten.

Zuerst eroberte er Goa, das später wegen seines Reichtums als das „goldene Goa“ bekannt wurde, und machte es zu seiner Hauptstadt. Danach eroberte er Malakka und beherrschte dadurch die Meeresstraße zwischen Hinterindien und Sumatra, der größten der großen Sundainseln. Durch diese Seestraße lief der Handel des Fernen Ostens nach dem Westen, den er damit kontrollierte.

Von Malakka aus trat Albuquerque mit Java, Siam, Burma und Cochinchina in Verbindung. Er tauschte mit dem Schah von Persien Gesandtschaften aus. Königin Helena von Abessinien suchte seine Freundschaft zu gewinnen.

Aden aber konnte er nicht erobern. Er flößte dem Mamelukken-Sultan Kansaw II. al Ghuri von Ägypten jedoch genügend Furcht ein, daß sich dieser in Zukunft nur noch auf die Verteidigung seines eigenen Landes beschränkte, zumal er bereits zu dieser Zeit mit den Türken im Clinch lag.

Albuquerque selbst nannte seine Operation „den größten Schlag, der das Haus Mohammed in 100 Jahren getroffen hat.“

Als Albuquerque 1515 starb, waren die Grundlagen für die europäische Beherrschung des Ostens gelegt. Portugals Könige fühlten sich um so mehr als Kreuzfahrer und Bekehrer, als sie in diesen Weltgegenden unzählige „Heiden“ vorfanden. Sie wollten nunmehr jenen Krieg, den sie im Westen seit Jahrhunderten gegen die Ungläubigen geführt hatten, auch im Osten fortsetzen.

Dies war das Signal für viele Missionare, unter der Kreuzfahne hinauszufahren und im Fernen Osten Gemeinden zu gründen. So an der Malabarküste und auf Ceylon. Mutige Priester wandten sich sogar bis nach Japan.

Dieses Bekehrungswerk ist mit den Namen des heiligen Franziskus Xavier eng verknüpft. Francisco de Jassu y Javier, ein Jesuit, wurde der Apostel Indiens und Japans. Geboren auf Schloß Javier bie Sangüessa (Navarra), gehörte er zum Kreis des Ignatius von Loyola. Im Auftrag Johanns III., König von Portugal, fuhr er als päpstlicher Legat 1541 nach Ostindien, wirkte dort unter Portugiesen, Neubekehrten und Heiden, zunächst an den bekannten Plätzen, dann auf den Molukken und den Moro-Inseln. 1549 fuhr er nach Japan, kehrte 1552 nach Goa zurück, wo er ebenfalls gelehrt hatte, und starb auf der Insel Sancian bei Kanton am 3. Dezember 1552. Am 3. Dezember 1622 wurde er heiliggesprochen. Er ist der Patron der Seefahrer und Glaubensboten sowie aller Missionen.

Zuvor war es allerdings notwendig, das portugiesische Kolonialreich aufzubauen. Diese Aufgabe wurde Afonso de Albuquerque anvertraut. Dessen erste Aufgabe bestand in der Vertreibung der Moslems aus den feindlich gesinnten Staaten am Indischen Ozean. Danach übernahm er die Regelung des Handelsverkehrs und schlug völlig neue Wege ein. Er setzte beispielsweise durch, daß alle fremden Schiffe portugiesische Passierscheine haben mußten, wenn sie ein bestimmtes Seegebiet aufsuchen wollten. Für den Bereich des Roten Meeres jedoch wurden keine Passierscheine ausgestellt.

Vier Grundsätze waren für die Festigung und Erhaltung der portugiesischen Herrschaft in diesem fernen Raum notwendig:

1. Unmittelbare Herrschaft über die bedeutenden Handelszentren wie Ormuz, Malakka und Goa.

2. Errichtung von Festungen oder Forts an strategisch entscheidenden Positionen der Ostküste Afrikas und in Indien. Diese hatten zugleich als Flottenstützpunkte zu dienen und den Schutz der Faktoreien, die in ihrer unmittelbaren Umgebung angesiedelt waren, zu sichern.

3. Die Hauptforderung Albuquerques war: Anerkennung der portugiesischen Oberhoheit durch Tributzahlung der eingeborenen Landesfürsten. Darüber hinaus wurde die Kolonisation des besonders wichtigen Gebietes von Goa durch Heiraten zwischen Portugiesen und indischen Frauen vorangetrieben.

Diese Maßnahme war nach Überzeugung Albuquerques die einzige Methode, Portugiesen in Indien seßhaft zu machen, denn portugiesische Frauen konnten diesem Klima nicht lange widerstehen. Durch die Heirat der Portugiesen mit indischen Frauen hoffte er eine zuverlässige, treu zu Portugal stehende Bevölkerung zu schaffen.

Die portugiesischen Kaufleute, Seeleute und Soldaten sträubten sich nicht, indische Frauen zu heiraten. So zog sich Albuquerque einen Stamm an Kaufleuten, Handwerkern und Kanonieren für seine Artillerie heran und machte sie seßhaft, so daß er sie stets zum Wehrdienst aufrufen konnte, wenn dies notwendig war.

Es gelang ihm nach der endgültigen Inbesitznahme von Goa, einige hundert seiner Männer zur Heirat mit Inderinnen zu bewegen. Er wohnte selbst diesen Hochzeiten bei und gab jedem Paar eine Aussteuer mit. Aber er traf gleichzeitig auch eine sorgfältige Auswahl unter seinen Männern, wie er betonte. Es kamen nur solche in Frage, die sich in seinen Diensten ausgezeichnet hatten.

Als sich anfangs nur Sträflinge als Heiratskandidaten meldeten, wurde Albuquerque von den Hidalgos in der Heimat ausgelacht. Später erwies sich diese Maßnahme jedoch als durchaus wirksam.

In Anbetracht der sehr stark abgesunkenen Bevölkerung Portugals war dies der *einzige* Weg, die in Besitz genommenen Landstriche wenigstens halbwegs zu bevölkern. Zu viele Portugiesen hatten bereits die Heimat verlassen und in aller Welt Siedlerstellen übernommen. Ein weiterer Aderlaß in der Heimat war nicht zu verkraften.

Für den Bezirk Goa setzte Albuquerque einen aus Portugiesen bestehenden Senat nach dem Muster des Lissaboner Senats ein. Es war die erste Senatsregierung im Osten überhaupt. Justiz und Verwaltung wurde loyalen farbigen Beamten anvertraut. Die Sitten und Bräuche des Ostens wurden von ihm anerkannt, freilich mit *einer* Ausnahme: Die hier übliche Witwenverbrennung beim Tode des Mannes unterdrückte er sofort. Er ließ die alten gewachsenen Dorfgemeinden bestehen, beschäftigte in der Zollverwaltung und in den Faktoreien viele Hindus und ließ Schulen errichten, die es den Kindern der eingeborenen Bevölkerung ermöglichten, die portugiesische Sprache zu lernen und damit auch in eine höhere Dienststellung aufzusteigen.

Der Mangel an Geld war für Albuquerque ein großes Hindernis. Von der einen Million Cruzados, die König Manuel I. aus dem Osten bezog, floß kein Cruzado nach Indien zurück. Alles Geld wurde zu dieser Zeit für die Flotte *und* den Festungsbau in Marokko benötigt. Bauten, Gesandtschaften und Renten verschlangen einen weiteren Teil dieser riesigen Summe.

Mit seinen kleinen Truppenkontingenten, die niemals mehr als 4000 Mann stark waren, und den wenigen Schiffen gelang es Albuquerque dennoch, große Erfolge zu erzielen. Diese beruhten auf der Überlegenheit der Weißen im Krieg, auf ihren guten Waffen und auf dem unbekümmerten Draufgängertum der Conquistadores. Ihre Schiffe waren den leichten Seglern der Gegner weit überlegen, und die Bestückung mit Kanonen wurde ständig verbessert. Die Karavellen waren entsprechend ihres langen Einsatzes um das Kap der Guten Hoffnung herum sehr fest gebaut, und die Portugiesen erwiesen sich als die besseren, disziplinierteren Seeleute. Sie fühlten sich auch im Sturm auf See wohl, während Türken und Levantiner, die vor allem das Mittelmeer und die Küstenregionen Ostasiens und Ostafrikas befuhren, bei jedem Sturm Häfen und Buchten anlaufen mußten.

Die portugiesischen Luntenbüchsen und Armbrüste wirkten verheerender und auf größere Distanz als die Bogen ihrer Gegner. Die Harnische der Ritter und Reiter waren so, daß einzelne Männer gegen einen Haufen Gegner anreiten und diesen in die Flucht schlagen konnten. Die Truppen-Moral war einmalig.

Vor allem *und* über allem stand die Persönlichkeit dieses Gouverneurs von Indien. Albuquerque war bereits bei seinem Amtsantritt ein gestandener Mann mit Weitblick und Zähigkeit im Verfolgen seiner Ziele. Sein Können beschränkte sich nicht nur auf die militärische Führung von See- und Landtruppen, in der er Meister war, sondern er war auch ein Mann der Verwaltung, denn er führte überraschende Neuerungen ein, die sich bestens bewährten. Als Diplomat benutzte er geschickt die Gegensätze der in Indien miteinander wetteifernden Religionen und eingeborenen Fürsten. So regierte er nach dem alten Grundsatz „divide et impera."

Afonso de Albuquerque beherrschte mit seiner Flotte und der Truppe jenen gigantischen Ozean, dessen Ufer sich in einem weiten Halbkreis von der afrikanischen Küste bis zu den Molukken erstreckten und mit Forts und Festungen versehen waren, in denen jeweils eine Handvoll Portugiesen standen, die bereit waren, sie bis zum letzten Blutstropfen zu verteidigen.

Erst 150 Jahre nach seinem Tode kriselte es im portugiesischen Kolonialreich des Ostens, weil Portugal nicht mehr die Mittel besaß, um seine Monopolstellung gegen die Angriffe der Holländer und Engländer zu behaupten. Daß es sich aber so lange gegen die Welt des Islams hielt, ist ein bleibender Ruhm für Portugal. Der Name Albuquerque aber steht in der Geschichte der portugiesischen Expansion im Fernen Osten ebenso wie im Indischen Ozean ungefährdet an der Spitze.

Sir William Hunter verlieh dieser Tatsache Worte, als er schrieb: „Die Heldentaten der Portugiesen würden einer Großmacht zur Ehre gereicht haben; von einem kleinen Volk vollbracht, lesen sie sich wie ein Roman."

Nach der Besetzung von Malakka 1511 schickte Albuquerque drei Schiffe zur Erforschung der Molukken aus. Hier beginnt bereits die Geschichte der Männer, die Albuquerque umgaben.

Männer um Albuquerque — Unterwegs zu den Molukken

Die drei Schiffe, die ausgeschickt wurden, die Molukken zu erforschen, standen unter dem Kommando von Antonio de Abreu und Francisco Serrão. Sie liefen Java und Amboina an, errichteten auf beiden Inseln die bekannten Steinpfeiler, Portugals Hoheitszeichen, und segelten dann nach Banda weiter. wo Abreu Muskatnüsse und Gewürznelken einhandelte und an Bord nahm.

Serrãos Schiff scheiterte unterwegs an einer unbewohnten Insel. Eine malaische Prau eilte dem Wrack zur Hilfe und brachte es nach Ternate, eine der Molukkeninseln, die als „Paradies der Gewürznelken" bekannt war. Die Insel wurde von dem 1722 m hohen tätigen Vulkan Gamalama überragt. Hier gewann Serrão die Gunst des dortigen Radjas, dessen langwieriger Krieg gegen den Herrscher der Nachbarinsel er durch siegreiche Schlachten zu dessen Gunsten beendete. Dadurch konnte sich das Sultanat Ternate die Molukken unterwerfen.

Serrão schrieb seinem Freunde Magalhães gelegentlich, er habe eine neue Welt entdeckt, größer und reicher als jene Vasco da Gamas.

Aufgrund der sehr genauen Beschreibung der Gewürzinsel, die Magalhães dadurch erhielt und weitergab, vertraute die spanische Regierung Magalhães jene Expedition an, die als erste die Erdkugel umrundete. So wurde dieses große Ereignis ebenso wie jenes von Kolmbus nicht portugiesisches Gemeingut, obgleich es dies hätte werden können.

Als die Nachricht von der Entdeckung dieser Gewürzinsel nach Spanien gelangte, reklamierte man dort dieselbe sofort als innerhalb des spanischen Hoheitsbereiches liegend. König Ferdinand von Spanien ließ erklären, daß er sie durch seine Flotte in Besitz nehmen werde. Als König Manuel I. von Portugal davon erfuhr, wandte er sich an Rom. Er schickte nach Rom seinen Gesandten Tristão da Cunha mit einem Gefolge, das an Pracht alles überstrahlte, was jemals beim Heiligen Stuhl aufgetaucht war.

Selbst der derzeitige Papst Leo X., ein Sohn Lorenzos des Prächtigen, war geblendet von den Geschenken, die Tristão da Cunha ihm aus dem Osten mitgebracht hatte. Leo X. akzeptierte das Gesuch Manuels. Damit war Malakka ebenfalls portugiesische Kolonie.

Die Eroberung von Malakka war der Gipfelpunkt aller portugiesischen Leistungen in Übersee. Niemals hatten seit den Tagen Alexanders des Großen die Waffen Europas in Asien einen derartigen Sieg errungen. Jetzt mußte ja der ganze Osten der Welt dem Bekehrungswerk Christi offen daliegen.

Jenem König, welcher der Kirche solche Kleinodien zu Füßen legte, durfte der Heilige Vater nichts abschlagen, und so sprach er durch seine persönliche Bulle vom 3. November 1514 Portugal *alle* den Ungläubigen entrissenen Länder zu.

Die Spanier beriefen sich auf den Vertrag von Tordesillas und weigerten sich, diese Bulle anzuerkennen.

Drei Jahre später übersiedelte Fernão Magelhães, weil man ihm in Portugal die Kriegsrente nicht aufstocken wollte, nach Spanien. Das war — im nachhinein gesehen — einer der schwersten Schläge, den sich Portugal selbst zufügen konnte.

Von Karl V. wurde Magelhães mit der Führung einer Expedition nach Indien betraut. Er erreichte 1521 die Molukken, lud Gewürze und schloß mit den dort residierenden Radjas Handelsverträge. Die dort ansässigen Portugiesen gingen nun zu offener Feindseligkeit über.

Bei der Rückkehr der „Victoria" nach Spanien — dieses Schiff war das einzige, das die Weltumseglung vollendete — begannen erneut Verhandlungen zwischen Spanien und Portugal. Man kam schließlich überein und unterzeichnete darüber am 19. Februar 1524 ein Abkommen, nach welchem jede der beiden Parteien drei Astronomen und drei Piloten nach Badajoz entsenden sollte, die eine Trennungslinie ziehen würden. Doch die nautischen Kennntisse der Beteiligten reichten damals noch nicht aus, diese schwere Aufgabe zu lösen.

Fünf Jahre später, als der in ständigen Geldnöten steckende Anwarts-Kaiser Karl V. für seine Kaiserkrönung in Rom eine große Geldsumme benötigte, fand diese schwebende Grenzangelegenheit eine rasche Erledigung. Karl V. verpfändete für eine Summe von 350.000 Dukaten Spaniens Ansprüche auf die Gewürzinseln seinem portugiesischen Gegenüber.

Die Molukken blieben im portugiesischen Besitz, bis die Holländer ihnen im 17. Jahrhundert diese Inseln entrissen. Sie hatten mit ihrer Ostindien-Kompanie den Aufbau eines territorialen Imperiums auf den Molukken begonnen. Es gelang ihnen, die Portugiesen bis 1609 von Ambon, Banda und Ternate zu vertreiben.

Wie die große Weltumseglung des Fernão de Magelhães verlief, wird im folgenden Abschnitt dargelegt.

Fernão de Magalhães – ein folgenschwerer portugiesischer Fehler

Mit der Flotte des ersten Vizekönigs von Indien, Francisco d'Almeida, die bald nach Vasco da Gamas zweiter Indienreise Lissabon verließ, ging auch ein junger portugiesischer Hidalgo zur indischen Armee. Es war Fernão de Magalhães.

Ganz Portugal war von diesen indischen Entdeckungen und Eroberungen in einen wahren Freudentaumel versetzt worden. Auf dieser großen Woge der Begeisterung wollte es auch der fünfundzwanzigjährige Magalhães wissen. Er sollte reichliche Erfüllung finden.

Als das Flaggschiff des Vizekönigs, gefolgt von 21 Kriegskaravellen die Reede von Lissabon verließ, war auch Magalhães dabei. Er war am Hofe erzogen worden. König Manuel selber und der Nürnberger Martin Behaim, der als portugiesischer Reichsastronom am Hofe lebte, waren seine Lehrer. Unter d'Almeida und Albuquerque diente er in Indien.

Im Sommer 1505 näherte sich die Armada, die Handelsschiffe der Araber und Hindus vor sich herjagend, der Malabarküste. Hafenstädte, die sich nicht sofort unterwarfen, gingen in Flammen auf. An ihrer Stelle wurden portugiesische Forts gebaut.

Könige und Fürsten Indiens mußten fliehen. Haß und Verrat forderten auch unter den Portugiesen hohe Opfer, die wiederum mit Strafexpeditionen vergolten wurden.

Gold und die vielen Wunder, die dieses „Neuportugal" versprach, ließen die großen Condottieri ausziehen.

Der Samorin von Calicut war die Seele des Widerstandes gegen die Portugiesen. Er wollte Rache nehmen für jene 50 seiner Untertanen, die an den Rahen der portugiesischen Schiffe ihr Leben ausgehaucht hatten. Zur Ausübung dieser Rache schickte er seine Flotte, die aus 84 großen indischen und arabischen Seglern und 125 Kriegsbarken bestand, gegen die elf portugiesischen Karavellen, welche ihm die Späher gemeldet hatten.

1506 stießen beide Flotten bei Cananor aufeinander. Almeidas Sohn befehligte die portugiesischen Schiffe. Drei Tage lang tobte die Schlacht, die blutigste Verluste kostete. Aber die Portugiesen siegten. Unter den Verwundeten befand sich auch Magalhães. Er wurde an die Küste in eines der Forts geschafft, wo eine kleine Abteilung diesen Vorposten hielt.

Währenddessen brach schließlich das Unheil über den jüngeren Almeida herein. Der Samorin hatte den großen Gegenschlag geschickt eingefädelt und den Tag der Rache bei Cananor bestimmt. Von Ägypten hatte er alle Unterstützung erhalten, denn auch dort war klar, daß nach Errichtung einer festen portugiesischen Herrschaft in den Rohstoffländern des Indischen Ozeans seine Zeit als Handels- und Zwischenhandelsstaat vorbei war und damit auch riesige Einkünfte verschwinden würden.

So entsandte der Sultan von Ägypten seinen ersten Admiral, Emir Hoseyn, mit einer mächtigen Flotte, die von venzianischen Schiffsbauern gebaut und teilweise mit Matrosen aus Venedig bemannt war. (Auch Venedig war von dem Wunderland Indien abhängig und arbeitete mit Ägypten Hand in Hand bei der Auswertung der Handelslinien. Für die Inselrepublik war mit Portugal ein Todfeind auf den Plan getreten.) Diese ägyptischen Kampfschiffe stießen zur Flotte des Samorin, der damit über die besten Schiffe verfügte, welche die damalige Welt kannte.

Diese vereinigte Flotte segelte nach Süden, um den Feind zu suchen. Im Hafen von Chaul vollzog sich im Januar 1508 das Schicksal der Portugiesen.

Lourenço d'Almeida, der Sieger von Cananor, sah sich plötzlich mit seinen wenigen Schiffen von einem mehrfachen Ring feindlicher Schiffe eingekreist. Sein Geschwader wurde fast vollständig vernichtet. Er selbst fiel nach erbitterter Gegenwehr auf seiner gestrandeten Karavelle, über die sich die Schar der enternden Araber ergoß.

Almeidas Vater Francisco erfuhr fast gleichzeitig mit der Nachricht von der vernichtenden Niederlage seines Sohnes und dessen Tod auch von einem Gerücht, daß Alphonso d'Albuquerque, dessen Ruhm durch die Welt ging, als sein Nachfolger zum Vizekönig von Indien ernannt worden sei.

Es war jener Albuquerque, der mit seinen fünf Schiffen — mehr hatte er nicht — angesichts einer mächtigen Feindflotte, einer gewaltigen Feindartillerie und 20.000 Soldaten die „Königin aller Städte des Orients, den Edelstein der Welt“, Ormuz, angegriffen und binnen dreier Tage erobert hatte.

Für Francisco d'Almeida war das Erscheinen der Flotte von Albuquerque trotz der Tatsache, daß dieser sein großer Rivale war, die einzige Chance, mit den Resten seines Expeditionskorps zu überleben. Der Schlag von Chaul hatte die portugiesischen Kräfte sehr geschwächt.

Dennoch gelang es ihm noch einmal, einen großen Schlag zu landen und den Tod seines Sohnes und die Vernichtung seiner Schiffe zu rächen.

Im Dezember 1508 ging er mit allen Schiffen, die verfügbar waren — das waren 21 Karavellen, auf denen 1.500 Soldaten standen — in See. Sie landeten bei der Stadt Dabul, erstürmten diese und hieben alles nieder, was dort noch lebte. Sämtliche Häuser wurden in Brand gesteckt. Das war die grausige Rache für Chaul. Sie war so fürchterlich, daß der damals geprägte Ausspruch noch heute dort gebraucht wird: „Möge der Zorn der Franken über dich kommen, wie er Dabul gezüchtigt hat."

Wenige Wochen später landete Almeida einen zweiten, noch härteren Schlag, als er in einer mörderischen Seeschlacht, die noch schlimmer gewesen sein soll als jene von Cananor, die ägyptische Flotte im Hafen von Diu vernichtete.

Unmittelbar vor dem Auslaufen dieses „Rachegeschwaders" war auch Magalhães wieder zu Francisco d'Almeida gestoßen. In dieser Schlacht wurde er ein zweites Mal verwundet, als er mit einigen anderen Offizieren und einigen freiwilligen Haudegen das ägyptische Admiralsschiff geentert und Emir Hoseyn zur Übergabe gezwungen hatte.

Aber sehr bald schon gab ein allzu offenes Wort des jungen Magalhães dem neuen Vizekönig Albuquerque gegenüber, als dieser einen Angriff gegen Goa plante, Anlaß zu Maßnahmen gegen Magalhães. Albuquerque sann darauf, den unbequemen Mann loszuwerden. 1512 mußte Magalhães daher den portugiesischen Überseedienst in Indien, in dem er sicherlich große Karriere gemacht hätte, quittieren. Er ging mit dem nächsten Schiff nach Lissabon zurück. Vorher hatte er noch an der Expedition gegen Malakka, den Hauptort des Gewürzhandels, teilgenommen. Dazu waren 1.600 Mann auf 19 Schiffen in See gegangen. Am St. Jakobstag des Jahres 1511 wurde diese Stadt, die angeblich von 8.000 Kanonen und 30.000 Soldaten verteidigt worden sein soll, erobert. Auf diesen Erfolg baute d'Albuquerque seine Handelspolitik mit Siam und China auf.

Magalhães war einer der ersten, wenn nicht der erste überhaupt, der als Teilnehmer an diesem Einsatz die Nachricht von der Eroberung von Malakka nach Portugal brachte. Er berichtete dem König von der Pracht der „auswendigsten Morgenländer". Auf seinen Schilderungen und jenen Unterlagen und Berichten, welche die offizielle Kommission Albuquerques mitbrachte, basierten Wissen und Informationen, die jene Gesandtschaften König Manuels I. im Vatikan vortrug.

Dem Papst wurden Edelsteine und Geschmeide, seltene Gewürze und Früchte, kostbare Gewebe, Teppiche und Felle, goldene Gefäße und bronzene Skulpturen aus diesem fernen Land übergeben. Dabei waren solche Schmuckstücke, auf denen Wundertiere wie ein indischer Elefant, ein auf einem persischen Zelter reitender Jagdleopard und seltsame Vögel zu sehen waren.

Nach Lissabon zurückgekehrt, nicht mehr im dauernden Kampf gegen den Feind, wandte Fernão Magalhães sich nautischen und geographischen Problemen zu und erhielt dazu — eine seltene Gunst — König Manuels Erlaubnis, in den königlichen Archiven zu arbeiten.

Der besondere Forschungsauftrag, den Magalhães sich stellte, war der Versuch, die Molukken auf westlichem Wege zu erreichen. Er erhielt zu dieser Zeit eine wertvolle Anregung von einem Kriegskameraden; dieser hatte an der Expedition Albuquerques teilgenommen, die dieser auf den Weg geschickt hatte, um die Gewürzinseln zu erobern. Der Kamerad forderte ihn in einem langen Brief auf, auch nach den Molukken zu kommen und dort mit ihm gemeinsam sein Glück zu machen.

Magalhães kam nach intensivem Kartenstudium zu der Überzeugung, daß jene Inseln von Westen her leichter zu erreichen sein müßten, als durch die Umsegelung von Afrika und den weiten Ostweg.

Nicht zuletzt aufgrund der Tatsache, daß sein Kriegskamerad die Distanz von den Molukken nach Malakka enorm übertrieb und sie sehr viel länger machte, als sie in Wahrheit war, kam Magalhães nach Studium der Karten im Kronarchiv, wo sie alle unter Verschluß lagen, zu der Überzeugung, daß der westliche Weg kürzer sein und daß darüber hinaus die Gewürzinsel ostwärts der festgesetzten Demarkationslinie von Tordesillas liegen müßten.

Zunächst aber schloß er sich jener Flotte an, die vom Herzog von Bragança gegen die Mauren von Nordafrika geschickt wurde. Er hatte dabei ein drittes Mal Pech und erlitt eine Knieverletzung, als deren Folge er seit diesem Tage hinkte. Ein Handel mit erbeutetem Vieh und die Tatsache, daß er sein Kommando aus gekränkter Eitelkeit verlassen hatte, ließen ihn bei der Krone in Ungnade fallen. Als er sich bei König Manuel I. zu rechtfertigen versuchte, hatte dieser bereits einen Bericht von Albuquerque über Magalhães vorliegen, in dem der Gouverneur gegen den unbotmäßigen Mann vom Leder zog.

Dies gab den Ausschlag zu einer Fehlentscheidung Manuels I., welche die schwerwiegendsten Folgen für ganz Portugal haben sollte.

Der König beschuldigte den Offizier, daß er seine Knieverwundung übertreibe, nur um dem gegen ihn angestrengten Prozeß zu entgehen, der wegen des Viehverkaufs eingeleitet worden war.

Im Prozeß wurde Fernão Magalhães zwar freigesprochen, aber seine Laufbahn in Portugal war damit beendet.

Mehrfach in seiner Ehre gekränkt und immer wieder hinter Männer ohne jedes Verdienst zurückgesetzt, faßte Magalhães den Entschluß, seine undankbare Heimat Portugal zu verlassen, ebenso wie Kolumbus nach Spanien zu gehen und der spanischen Krone seine Dienste anzubieten. Da er der Überzeugung war, daß die Gewürzinsel in jenem Teil des Weltmeeres lag, der Spanien zugesprochen war, erschien sein Schritt auch von dieser Seite her logisch.

Er beriet sich mit seinem Freund Ruy Faleiro, der ein bekannter Astrologe war. Beide kehrten schließlich Portugal gleichzeitig den Rücken und erreichten am 20. Oktober 1517 Sevilla. Von nun an nannte sich Magalhães Fernando de Magallanes.

Sevilla, seinerzeit Sitz des spanischen Indischen Amtes und gleichzeitig Zentrum für den Überseeverkehr, schien den Freunden der günstigste Startplatz zu sein, wo sie auch entsprechende Hilfe erwarten durften.

Magallanes wurde bei einem dort wohnenden Landsmann einquartiert, dessen Tochter er bald darauf heiratete. Durch seinen Schwiegervater erhielt er Verbindung mit einem der höchsten und einflußreichsten Beamten der Krone, dem Faktor des Indischen Amtes, Juan de Aranda. Dieser nahm die Pläne von Magallanes begeistert auf und vermittelte ihm eine Einladung an den spanischen Hof in Valladolid. Sein Freund Faleiro ging mit ihm.

In Valladolid unterbreitete Magallanes dem Vizepräsidenten des Indischen Amtes seine Vorschläge. Dieser wiederum trug König Karl I. (dem späteren Kaiser Karl V.) vor, daß sie, auf westlichem Kurs zu der Gewürzinsel segelnd, die Gewürze billiger als die Portugiesen nach Europa bringen könnten.

Karl I. war interessiert, und Ende Februar 1518 stand Magallanes vor dem spanischen König und dessen Beratern und trug ihnen an einem Globus seine Theorie vor. Der Rat von Valladolid kam nach Einholen einiger Gutachten zu der Überzeugung, daß die Gewürzinsel tatsächlich im spanischen Machtbereich liege, und knapp zwei Monate nach der Audienz bei König Karl erhielt Magallanes seinen Vertrag über die Entdeckung der Gewürzinseln. Mit diesem Vertrag wurden Magallanes und sein Astronom Faleiro zu Kapitänen der spanischen Flotte ernannt. Der König versprach den beiden Kapitänen (und das ist für alle Entdeckungen und deren spätere Publizierung von großem Interesse), während zehn Jahren keinem Seefahrer zu erlauben, der Fährte ihrer Entdeckungen zu folgen. Den beiden Kapitänen wurde je ein Zwanzigstel aller gewonnenen Reichtümer als ihr Anteil zugesichert.

Unter Artikel IV ist zu lesen: „Magallanes und Faleiro ebenso wie ihre in Spanien geborenen Nachkommen erhalten den Titel 'Adelantados y Gobernadores über alle jene Länder, die auf dieser Fahrt entdeckt werden'."

Auf Befehl des Königs sollten fünf Schiffe ausgerüstet werden, auf denen 234 Mann Besatzung stehen würden. Magallanes erhielt die oberste Befehlsgewalt über das Geschwader sowie über Leben und Tod der gesamten Besatzung.

An den für die Ausrüstung benötigten Mitteln und den allgemeinen Reisekosten beteiligte sich auch die goldene Schreibstube der Fugger in Augsburg.

Trotz vieler Intrigen und des massiven Einspruchs des portugiesischen Gesandten in Valladolid, der Magallanes als „Deserteur und Überläufer" bezeichnete, hielt Spanien an diesem Kapitän fest. Nachdem Karl I. am 28. Juni 1519 in Frankfurt zum Kaiser des Hl. Römischen Reiches Deutscher Nation gewählt worden war und nun Karl V. hieß, waren die Würfel endgültig gefallen. Magallanes erhielt ein kaiserliches Handschreiben, in dem er „zum unumschränkten Befehlshaber der Expedition" ernannt wurde. Anstelle Faleiros, mit dem sich Magallanes überworfen hatte, wurde Juan de Cartagena, ein spanischer Edelmann, als Generalinspekteur des Geschwaders und Vizeadmiral eingesetzt. Zwar wurde Magallanes noch einmal vom Indischen Rat „angeschossen", weil er zu viele Portugiesen als leitende Offiziere eingestellt habe. Aber Kaiser Karl V. gestattete ihm dies, nachdem Magallanes deren großartige Qualitäten in den Vordergrund gestellt hatte.

Am Dienstag, dem 20. September 1519, gingen die fünf Schiffe dieser Expedition von S. Lucar, der Mole von Sevilla, aus in See. Eine Reise begann, die nach drei Jahren am 8. September 1522 wieder in San Lucar endete.

Die Darstellung der Weltumsegelung von Fernao de Magalhaes.

Zum erstenmal in der Geschichte der Menschheit hatten Schiffe den ganzen Erdball umsegelt. Diese Schiffe hatten 46.270 Seemeilen zurückgelegt und die gesamte Erde von Osten nach Westen umrundet.

Spanien hatte den Ruhm eingeheimst, der an und für sich Portugal zugefallen wäre. Zum zweitenmal in der großen Geschichte der Weltentdeckung war dies der Fall gewesen. Zuerst Kolumbus und nun Magallanes. Wie sich die Bilder glichen; und wie der ohnmächtige Zorn der portugiesischen Herrscher auch aufbrauste: Sie hatten die Geschichte verschlafen und Spanien die Chance geboten, mit ihnen gleichzuziehen.

„Und wenn die Welt noch größer wäre ...“

China war inzwischen auch in den portugiesischen Erkundungs- und Durchdringungsfeldzug einbezogen worden. Bei der Eroberung Malakkas hatte Albuquerque im dortigen Hafen einige chinesische Dschunken angetroffen. Er stellte mit ihnen ein gutes Einvernehmen her. Sie boten ihm bei künftigen kriegerischen Verwicklungen sogar ihren Beistand an und waren darüber hinaus bereit, die Boten des Gouverneurs nach Siam zu bringen.

Wie groß der gute Eindruck war, den sie von Albuquerque hatten, das zeigte sich, als der entthronte Sultan von Malakka in China Zuflucht suchte und um Hilfe gegen die weißen Eindringlinge bat. Man schenkte ihm kein Gehör. Der Gouverneur, den Albuqerque in Malakka zurückließ, hatte allerdings in seinen ersten Amtsjahren immer wieder gegen die Aufständischen zu kämpfen. Mit der Ausdehnung des portugiesischen Handels konnte er sich kaum befassen. Erst 1514 schickte er einige Schiffe nach China, die allerdings dort nicht landen durften. Sie konnten aber ihre Waren mit gutem Gewinn verkaufen.

Der nächste Europäer, der China besuchte, war Raphael Perestrello, ein Italiener, der in portugiesischem Dienste stand. Von Malakka aus segelte er auf einer Dschunke dorthin und kehrte ebenfalls mit großem Gewinn von dieser Reise zurück. „Die Chinesen sind gute Leute“, berichtete er. „Sie wünschen Frieden und Freundschaft mit Portugal.“

Aufgrund dieser günstigen Berichte erhielt Albuquerques Nachfolger aus dem Mutterland die Weisung, durch einen offiziellen Gesandten mit dem Kaiser von China in Kontakt zu treten. Die Wahl des neuen Vizekönigs Fernão de Andrade fiel auf Thomé Pirez, der schon einige kritische Missionen erfolgreich durchgeführt hatte.

Pirez war von Beruf Apotheker. Dies legt die Vermutung nahe, daß er in China auch nach verschiedenen Heilpflanzen Ausschau halten sollte.

Für diese Fahrt stellte Andrade, der die Expedition führte, acht portugiesische und einheimische Schiffe zusammen. Alle waren mit Kanonen bestückt und wurden von chinesischen Piloten geführt. Sie sollten zuerst in Sumatra Pfeffer laden.

So geschah es auch, und im Juni 1517 segelten sie nach China weiter. In Tamau, an der Mündung des Kantonflusses ließ Andrade einige Schiffe unter Simon d'Alcacova zurück und fuhr, nachdem ihm die Landeerlaubnis erteilt worden war, hinauf bis zur gleichnamigen Stadt, deren Behörden sich sehr entgegenkommend zeigten und dem portugiesischen Gesandten Pirez eine gute Unterkunft zuwiesen, die seinem Rang entsprach.

Sie versprachen ihm, dem Kaiser über seine Mission Bericht zu erstatten. Außerdem wurde Andrade für die portugiesischen Waren ein Lagerhaus zur Verfügung gestellt.

Bald darauf brach an Bord der Schiffe ein Fieber aus, dem neun Männer der Besatzung zum Opfer fielen. Als zu allem Überfluß auch noch die Nachricht eintraf, Alcacova sei von Piraten überfallen worden, trieb die Sorge um die Schiffe und ihre Besatzungen Andrade nach Tamau zurück, Pirez blieb in Kanton.

Hier trieb er intensiven Handel, bis man ihn benachrichtigte, daß der chinesische Kaiser eingewilligt habe, den portugiesischen Gesandten Pirez zu empfangen. Da Andrade damit den Hauptzweck der Expedition geschafft hatte und seine Schiffe mit wertvoller Ladung vollgepackt waren, ließ er Anker lichten und fuhr heimwärts.

Der nächste Expeditionsführer betrug sich so anmaßend und frech, daß der Erfolg der vorangegangenen Expedition wieder dahinschwand und vier Jahrzehnte vergingen, ehe beide Länder erneut freundschaftliche Beziehungen miteinander aufnahmen. Erst 1557 durften sich die Portugiesen in Macao niederlassen, das heute noch in ihrem Besitz ist.

Dem unglücklichen Thomé Pirez gelang es leider nicht, den chinesischen Kaiser zu sehen. Statt ihn nach Peking zu bringen, steckten ihn die Kantoner Behörden ins Gefängnis. Erst der Tod befreite ihn aus dieser mißlichen Lage. Die Geschenke des Königs von Portugal an den Kaiser von China verschwanden in Kanton spurlos.

Obgleich den Portugiesen nach diesem Desaster der Handel mit China zunächst verboten war, versuchten sie dennoch einige Male nach China vorzudringen, um die Bedingungen zu testen.

1542 waren es die drei Kaufleute und Kapitäne Antonio da Mota, Francisco Zeimoto und Antonio Peixoto, die von Siam aus eine Ladung Häute nach Chincheu bringen, sie dort verkaufen und andere Waren einkaufen wollten. Unterwegs gerieten sie in einen Taifun, der 24 Stunden anhielt. Danach blies ein so starker Wind, daß ihre Dschunke 15 Tage lang vom Wind getrieben dahinlief, bis vor ihnen eine Küste auftauchte. Hilfsbereit kamen ihnen von der Küste her Boote entgegen, in denen zu ihrem größten Erstaunen „Männer mit kleinen Augen und spärlichem Haar saßen, deren Haut weißer war als die der Chinesen". Das Land nannten diese Männer Nippon.

Die Handelsleute wurden gut aufgenommen. Sie tauschten an Ort und Stelle die Häute gegen Silber ein, überholten ihr Fahrzeug und kehrten mit Gewinn nach Malakka zurück.

Dies ist der erste nach den Quellen belegte Besuch der Portugiesen, ja der Europäer überhaupt, in Japan.

Auch die Landexpeditionen erzielten große Fortschritte in der Erkundung dieses fernen Erdteils. Anselmo d'Andrade beispielsweise drang bis tief nach Tibet hinein vor. Bento de Goes brach von Indien her auf und zog fünf Jahre kreuz und quer durch China. Jeronimo Lobo widmete sich der Erkundung des Inneren Afrikas und versuchte die sagenhaften Quellen des Nil zu entdecken.

Sie alle nahmen die größten Gefahren auf sich, die diese fremden unbekannten Länder ihnen bereiteten. Camões schrieb über sie: „E se naus mundo houvera, la chegara — Und wenn die Welt noch größer wäre, so gelangten sie auch dorthin."

Die Streitfrage, ob die Portugiesen wirklich auch Australien entdeckt haben, ist noch immer nicht entschieden. Einer der bekanntesten Australienforscher, Georg Collingride, schrieb in seinem Werk „The Discovery of Australia" (Sydney 1895), daß dem so sei. Auf jeden Fall war den Portugiesen dieser Kontinent bekannt, denn in einem Reisebericht über die Molukken aus dem Jahre 1569 kommt Gabriel Rebello auch auf den Papua-Archipel zu sprechen. Es heißt dort:

„Nach allem, was wir von diesen Inseln wissen, liegen sie parallel zu einem großen Land. Anscheinend ist es dasselbe, das uns im Süden vorschwebt und bis zur Magalhães-Straße reicht."

Mit dem, „was uns im Süden vorschwebt", meinte er die australische Küste, die schon auf einigen Karten des 16. Jahrhunderts angedeutet wurde.

Die Portugiesen ließen sich 1521 auf Java nieder. Die Ruinen ihrer großen Festung Djapara sind heute noch zu sehen. Auf einer Reihe portugiesischer Karten ist Australien eingezeichnet und mit portugiesischen Namen versehen. So auf jener von Jean Roz aus dem Jahre 1542 sowie auf den drei Karten von Pierre Descelliers. Auch auf der Dauphinkarte von 1530 ist dies der Fall.

Es blieb der Karte von Mercator vorbehalten, die Inseln Java, Sumatra und Australien, die alle zusammenhängend gezeichnet waren, voneinander zu trennen. In seiner Karte von 1569 hat Mercator Australien von Neuguinea durch eine breite Meeresstraße getrennt, und an die Stelle von Java setzte er den Golf von Carpenteria, was annähernd richtig war. Wie oft und ob überhaupt Portugiesen die Küsten Australiens — auf ihren Fahrten nach den Molukken die Westküste, auf jenen nach Timor und Neuguinea die Nordküste — gesichtet haben, ist nicht erkennbar. Daß sie diese Küsten kannten, ist auf alle Fälle sicher.

Eine riesige Menge wertvollen Materials — die Urkunden aus Portugals großer Zeit — lagern noch in den Archiven. So hat der deutsche Pater Schürhammer am Anfang der dreißiger Jahre noch in der Torre de Tombo Hunderte bisher unbekannter Dokumente gefunden, die von der Geschichte der Singhalesen handeln. Die weitere Suche in staatlichen und privaten Archiven Portugals wird möglicherweise auch bald den Beweis dafür erbringen, daß die Portugiesen auch Australien entdeckt haben und vieles andere mehr.

UNTER SPANISCHER HERRSCHAFT

Die Zeit nach Manuel I. und Johann III.

Mit dem Regierungsantritt von König Sebastian, des am 20. Januar 1554 geborenen Enkels von Johann III., im Jahre 1557 begann in Portugal jener kurze Zeitabschnitt, in welchem die Freiheit des Reiches verspielt wurde. Anstelle des dreijährigen Knaben übernahm dessen Großmutter und Witwe des verstorbenen Johann III. Katharina, die Schwester Karls V., die Regentschaft. Ihr zur Seite stand sein Großonkel, der Kardinal Heinrich.

Der sehr begabte Knabe wuchs in den Traumvorstellungen seiner Erzieher heran. Die Ideen des christlichen Glaubenskrieges gegen den Islam, der ihm von seinen Erziehern, den Jesuiten, aufgeprägt worden war, erfüllten ihn ganz. Er wollte die portugiesische Vormachtstellung in Marokko erneuern, die unter seinen beiden Vorgängern in die Brüche gegangen war.

Im Portugal dieser Jahre waren die Menschen von einer ungeheuren Begeisterung erfüllt. Sie wollten in die Ferne, in unbekannte geheimnisvolle Welten vordringen, wo Reichtum und Ehren nur aufgehoben zu werden brauchten.

Die portugiesische Bevölkerung war in den vergangenen 100 Jahren um ein Drittel zurückgegangen, was allein auf den Drang nach außen zurückzuführen war. Die rasante Schnelligkeit, mit der diese Entwicklung vor sich ging, drohte das Land von Menschen zu entvölkern.

Der Ackerbau, früher eine der Haupteinnahmequellen, wurde sträflich vernachlässigt. Fürs Grobe gab es ja Sklaven, die in immer größerer Zahl auch ins portugiesische Mutterland „eingeführt“ wurden.

In Lissabon wimmelte es von Staatsbeamten, die so korrupt waren, daß ihre Geldgier schon als Spaß empfunden wurde. Es gab Kaufleute, die nur auf einen schnellen Gewinn aus waren und bei der Erzielung eines solchen über Leichen gingen. Vor allem aber füllten sich die Straßen und Plätze mit Menschen, die ohne Arbeit waren, und jenen, die als erstes Proletariat dieses Landes alle Arbeiten verrichteten, die getan werden mußten in den Häfen, den Werkstätten und im Außenhandel.

Als König Sebastian, der im Jahre 1568 die Regierung übernahm, seinem Onkel Philipp II., von Spanien die gemeinsame Eroberung und Christianisierung von Marokko vorschlug, äußerte dieser zunächst Bedenken, denn er hatte in seinem eigenen Lande genug zu tun. Nun dachte Sebastian diesen Feldzug auf eigene Faust durchzuführen, um seinen Erziehern zu beweisen, daß er ein Christ war, dem die weitere Christianisierung der Welt am Herzen lag.

Auch diesmal warnte Philipp II. den jungen Monarchen und erklärte, daß seine und seines Landes Mittel zu einer solchen Großoperation nicht ausreichen würden. Sebastian bestand auf seinem Plan. Als Achtzehnjähriger und auch später glaubte er noch die Welt aus eigener Kraft aus den Angeln heben zu können.

Bemerkenswert und bezeichnend dazu sind die Worte, die Philipp II. seinem Rat zu diesem Vorwärtsdrang seines Neffen sagte:

„Wenn Sebastian gewinnt, dann werden wir einen guten Schwiegersohn bekommen. Wenn er aber verliert, werden wir ein gutes Königreich erlangen." (Siehe: Stephens, H. M.: Story of Portugal, New York 1913).

Sebastian ließ ein Heer zusammenstellen und fiel in Marokko ein. Das Heer des Sultans al-Mansur stellte sich ihm bei Al-Kasr-al-Kabir (Alcazarquivier) entgegen. In der am 4. August 1578 entbrennenden Schlacht wurden die Truppen Sebastians vernichtend geschlagen.

Der junge König, der an diesem Tage einige Monate über 24 Jahre war, fiel mit seiner Leibwache, als er sich in das dichte Getümmel stürzte.

Das portugiesische Volk, das den jungen König verehrte, wollte nicht an dessen Tod glauben und hoffte immer wieder, daß der junge Monarch sich aus dem Heidenland auf abenteuerliche Weise zurückmeldete, sooft sich einer von zahlreichen Abenteurern in Lissabon einfand und vorgab, der König zu sein. Daß diese Kerle immer wieder rasch entlarvt wurden, verstand sich.

Noch heute werden dann und wann Stimmen laut, daß Sebastian nicht in Marokko zu Tode gekommen sein könne. In seinem Werk „Dom Sebastian", das 1945 in Lissabon erschien, hat J. M. Queiroz Velloso das kurze Leben dieses Königs geschildert. Über den Sebastianismus vefaßte J. Lucio de Azevedo das interessante Werk „A evolucão do Sebastianismo". Dieses Buch erschien 1947 ebenfalls in Lissabon.

Da Sebastian unverheiratet war und auch keine vorehelichen Kinder hatte, mußte Kardinal Heinrich, Sebastians Onkel, einspringen.

Kardinal Heinrich, der den verwaisten Thron nach Sebastians Tod besetzt hatte, starb im Jahre 1580. Da auch er keine Nachkommen hinterließ, war nunmehr das Haus Aviz, das Portugal seit 1385 regiert hatte, im Mannesstamme ausgestorben.

Nun war die Stunde König Philipps II. von Spanien gekommen. Gegen den Kronprätendenten Antonio vorgehend, ließ er seine Thronanwartschaft verkünden. Nach Kardinal Heinrichs Tod marschierte er in Portugal ein. Die Cortes von Lissabon anerkannte seine Ansprüche als zukünftiger König Portugals. Jene rivalisierenden Anwärter auf den Thron, die dies nicht anerkennen wollten, wurden durch die Truppen des allseits gefürchteten Herzogs von Alba besiegt, und 1581 konnte Philipp II. als Philipp I. von Portugal feierlich in Lissabon einziehen.

Das Mosteiro do Jéronimos in Lissabon (Hieronymuskloster) mit einem Teil des Kreuzganges.

Das Reiterstandbild José I. auf der Praca do Comércio. Auf der Höhe das Kastell Joao Jorge.

Auf dem Mittelstreifen der berühmten Avenida da Liberdade.

Die Brücke des 15. April über den Tejo ist 2278 m lang. Sie schwebt an zwei Pfeilern 70 m hoch über dem Tejo.

Der Torre de Belem: Wahrzeichen der Stadt.

*as Denkmal dos Descobrimentos (der Ent-
cker und der Entdeckungen). Vorn: Hein-
h der Seefahrer.*

Die Christusstatue überragt Lissabon. Errichtet zum Dank dafür, daß Portugal vom Zweiten Weltkrieg verschont blieb.

Im Jardim Botanico von Lissabon.

Die Kirche von Alvor, dem Begräbnisort von Dom Joao II.

Der kleine Fischerhafen von Alvor: Bilder der Romantik.

Das Hotel Dom Joao II. mit Teilansicht des Gartens.

In der Hotelanlage des Dom Joao II.

Einer der prächtigen Schornsteine in Minarettform.

Das erste Hotel in Praia da Rocha.

Der „jungfräuliche“ Strand von Alvor am frühen Morgen.

Und am Nachmittag auch noch erträglich.

Blick vom Balkon des Dom Joao II. auf Pool und Meer.

Pool der Feriensiedlung Prahina Vilas, über einen Weg mit Treppe gut zu erreichen.

Um das Volk für sich zu gewinnen, scheute er weder vor plumpen Bestechungen noch vor falscher Höflichkeit gegenüber dem Adel und den Kaufleuten zurück. Um auch auf dem Lande geachtet zu werden, verbot er den Truppen Albas, die Dörfer zu plündern und sich an portugiesischen Mädchen zu vergreifen.

Da dies bei einem solchen Heer ein Ding der Unmöglichkeit war, mußte Herzog Alba einige Henker in Dienst nehmen, die genug damit zu tun hatten, alle jene Soldaten, die sich solche Übergriffe zu Schulden kommen ließen, zu hängen. Es geht das Gerücht um, daß sich schließlich im spanischen Heer ein Mangel an Stricken bemerkbar machte.

Um seine Widersacher zu besänftigen, versprach Philipp II. den bisher Regierenden in Staat und Verwaltung, daß er den portugiesischen Teil seines Reiches unter eigener Verwaltung belassen werde. Keiner seiner Berater, kein spanischer Fachmann für die Staatsgeschäfte werde sich in die portugiesischen Belange einmischen. Alle Privilegien des Adels und die Vorteile der Bevölkerung würden genau eingehalten, niemand brauche sich um seine weitere Existenz zu sorgen, weil alles beim alten bleiben werde, auch wenn er nun der Neue war.

Diese Versicherungen, die auch bis auf einige wenige Verstöße eingehalten wurden, besänftigten das Volk. Jene Teile des Großadels, die um ihre reichen Pfründe gebangt hatten, konnten sich beruhigt wieder zurücklehnen; ihnen wurde nichts genommen.

Die Spanier erbten mit diesem Handstreich nicht nur ein Land mit einer unendlich langen Küste und mehreren Welthäfen, sondern auch die portugiesische Flotte sowie die portugiesischen Kolonien in Afrika, Asien und Südamerika. Die Besitzstände und die Teilungslinien, die von Papst Nikolaus und schließlich von Papst Alexander VII. verkündet und im Vertrag von Tordesillas im Juni 1494 ausgesprochen worden waren, erwiesen sich jetzt als unnötig, denn Spanien besaß nun alles.

Philipp, dessen Vater Karl V. das spanische Reich gefestigt hatte, war nun wirklich der mächtigste aller europäischen Könige. Er sann darauf, wie er seine Macht mit einem weiteren Schlage und dem damit besiegelten Untergang von England krönen könne.

Während noch Spanien dies alles einsackte, was portugiesische Entdecker und Eroberer gewonnen und aufgebaut hatten, fielen weitere Aasgeier über die portugiesischen Überseebesitzungen her. Einer davon war Holland. Frankreich und England versuchten ebenso auf portugiesische Kosten in Übersee zu leichtem Gewinn zu gelangen.

Gerade während dieser Zeit besang Vaz de Camões, der größte Dichter Portugals, den welkenden Ruhm der portugiesischen Eroberer. Zu einer Zeit, da das Reich in Scherben zu fallen drohte, war er es, der die Erinnerung an die großen Ereignisse der letzten 150 Jahre im Liede festhielt.

Seine Großmutter war eine Verwandte von Vasco da Gama gewesen, jenes Helden, der auch Held der Lusiaden des Camões wurde. Sein Vater war vor Goa beim Untergang seines Schiffes ertrunken.

Vaz de Camões' Leben und Wirken sei an dieser Stelle, den Werken von A Lopes Vieira, Visconde de Juromenha, J. Mendes dos Romedios und anderer nachempfunden, eingeblendet.

Die Dichtung, die Pest und der Tod

Niemand weiß genau, wann und wo Luis oder Vaz de Camões geboren wurde. Die einen nennen den Dezember 1524 in Lissabon, während die anderen Coimbra als seine Geburtsstadt bezeichnen und den Tag seiner Geburt in den Januar 1525 verlegen.

Eines ist jedoch zweifelsfrei festgestellt: Er studierte in Lissabon, und die Autoren, vor allem seine Biographen, die sich mit dem Schicksal des Dichters befaßten, fanden heraus, daß er in der Kathedrale Sé in der Altstsadt von Lissabon eine schöne Frau mit einem schneeweißen Antlitz, goldfarbenem Haar und großen blauen Augen erblickte. Sie soll ihn lange angeschaut haben. Diese Frau wurde zum Gegenstand seiner ersten Gedichte. Als schließlich bekannt wurde, daß die Dame, die er gesehen und besungen hatte, am Hofe bekannt war und man der Überzeugung war, daß sie und der Hof selber durch diese Gedichte beleidigt worden seien, erfolgte seine erste Verbannung in ein Dorf im oberen Tal des Tejo.

Camões schrieb nun Gedichte auf Bestellung, war Gebrauchsschriftsteller, wie man dies heute nennen würde, verfaßte aber auch Dramen, in denen er sich die Hauptrolle auf den Leib schrieb. Wovon er träumte, was sein großes dichterisches Ziel war, das verriet er seinen engsten Freunden.

Er wollte ein neuer portugiesischer Homer werden und ein großes Epos schreiben, dessen Hauptfigur sein Mutterland Portugal sein würde. (Siehe L. Bacon in der Einleitung zur englischen Übersetzung des Lusiaden, XXIX. Buch).

Im Jahre 1549 wurde er als Soldat zum Militärdienst gezogen und zunächst in Nordafrika eingesetzt, wo er bis zum Jahre 1551 blieb. Hier erlebte er die Kämpfe gegen die Mauren und das Leben und Treiben in den portugiesischen Garnisonen. In dieser Zeit verlor er während eines Streites mit einem anderen Soldaten ein Auge. Aber dies hielt ihn nicht davon ab, weiter zu schreiben, Verse zu dichten und auch Nordafrika in seine Schöpfungen einzubeziehen.

Eben nach Lissabon zurückgekehrt und mit seinen Freunden durch die Stadt ziehend, immer auf eine Rauferei bedacht und keiner Unannehmlichkeit aus dem Wege gehend, geriet Camões in einen Streit und warf sich an der Seite seiner Freunde ins Getümmel. Es waren Höflinge, die sie durch spöttische Verse gereizt hatten und die nun mit gezogenen Degen auf die Gruppe der Spötter eindrangen.

Im Kampfgetümmel wurde Camões von einem dieser Höflinge mit der blanken Waffe bedroht. Er zog seinen Dolch, den er seit Afrika ständig bei sich trug, und erstach diesen Widersacher.

Vaz de Camões wure acht Monate lang in den Kerker geworfen. Während einer Befragung durch einen Abgesandten der Ostindiengesellschaft, die in den Gefängnissen Freiwillige für den Dienst in Übersee anwarben, erklärte sich Camões bereit, in den Dienst dieser Gesellschaft zu treten. Da diese einen außerordentlichen Mangel an geschulten Kräften hatte, die nicht nur lesen und schreiben, sondern auch denken konnten, wurde ihm zugesichert, daß er nach einer kurzen Probezeit einen guten Posten erhalten werde. Es hänge von ihm allein ab, sich aus der Misere der dauernden Händel nach Übersee zu retten und dort zu arbeiten, aber auch seine Dichtkunst weiter zu betreiben. Aus Mangel an anderen Belustigungen sei ihm dafür genügend Zeit geboten worden.

Camões ließ sich anwerben. Er wurde eingekleidet, besuchte ein letztes Mal seine Freunde. Sie brachten ihn in aller Frühe des 26. März 1553 als Soldaten zum Flaggschiff des diesjährigen Indienkonvois, der unter der Führung von Fernão Alvares Cabral stand, einem Sohn von Pedro Alvares Cabral, dem Entdecker Brasiliens.

Die Reise dauerte mit den üblichen Unterbrechungen unterwegs sechs Monate. Während dieser Zeit begann Camões damit, sein großes Opus zu schreiben, mit dem er sich bereits vor seiner Soldatenzeit in Afrika beschäftigt hatte. Es gelang ihm — besessen von der Vorstellung, dieses große Werk so schnell wie möglich zu vollenden — während der feuchtwarmen Nächte und unter der glutenden Sonne dieser Reise, die beiden ersten Gesänge der Lusiaden fertigzustellen.

Als das Schiff im September 1553 Goa erreichte, das als portugiesisches Sodom in Indien bekannt war, diente Camões in der Truppe des Gouverneurs. Er nahm an einer Reihe von Feldzügen und Strafaktionen teil und erwarb sich hierbei unter seinen Kameraden den Ruf eines Trincaforta — eines Säbelraßlers. In den Pausen zwischen den einzelnen Expeditionen, die ihn nach Mombasa ebenso wie nach Macao, dem portugiesischen Sodom in China, an die Malabarküste und an die arabische Halbinsel brachte, schrieb er weiter an seinem großen Werk. In seinem Tagebuch finden wir die Worte:

„Ich fahre durch dieses ferne Meer von Gestade zu Gestade, in meiner einen Hand das Schwert und in der anderen die Feder."

Allerdings hatte er immer noch Zeit zu feuchtfröhlichen Gelagen und Liebesbeziehungen aller Art, die in Goa wohlfeil waren. An hübschen Frauen war hier kein Mangel.

1556 wurde Vaz de Camões aus dem Militärdienst entlassen; er erhielt sofort eine Stellung als Hinterlassenschaftspfleger in allen chinesischen Besitzungen. Dazu reiste er nach Macao. Von nun an hatte er mehr Zeit für sein Werk. In Macao wird heute noch jene Grotte gezeigt, in die sich Camões zur Arbeit an den Lusiaden zurückzog.

Daß er in dieser Eigenschaft als Hinterlassenschaftspfleger mit viel Geld und reichen Gütern in Berührung kam und nicht eben zimperlich war, was die Frage von mein und dein betraf, geriet er sehr rasch ein weiteres Mal mit der Staatsgewalt in Konflikt.

Zu einem Prozeß gegen ihn wurde er von Macao aus in Ketten nach Goa gebracht, dem Sitz des Vizekönigs und des höchsten fernöstlichen Gerichtes. Er wurde der Untreue an den von ihm zu verwaltenden Gütern bezichtigt und zu einer geringen Gefängnisstrafe verurteilt. Das Gericht konnte nicht beweisen, ob er diese Untreue wissentlich begangen oder ob er ihr nur durch Unachtsamkeit Vorschub geleistet hatte.

Als er wenig später seine berühmt gewordene Reise nach Kambodscha unternahm, war auch eine seiner chinesischen Konkubinen mit an Bord. Camões war kein Freund von Traurigkeit und hatte in allen größeren portugiesischen Niederlassungen seine Quartiere, in denen junge Frauen auf ihn warteten.

Sein Schiff erlitt vor der Küste Schiffbruch, und die Fama weiß zu berichten, daß seine schöne Geliebte unterging, weil Camões sich nicht um sie kümmerte, sondern jenen Teil der Lusiaden retten mußte, den er während dieser Reise geschrieben hatte. (Siehe Penrose Boies Jr., Travel und Discovery in the Renaissance, Harvard 1952).

Als er nach Monaten endlich einen Weg nach Goa zurückfand, wurde er dort ein weiteres Mal ergriffen und ins Gefängnis geworfen. Während seiner Abwesenheit von dort waren Unterschleife festgestellt worden, die man ihm anlastete, was um so leichter getan werden konnte, weil er sich ja nicht dagegen zur Wehr setzen konnte.

Es gelang ihm, seine Bekannten um Geld anzugehen und dafür einen guten Anwalt der Krone zu seiner Verteidigung zu gewinnen. Er sicherte diesen Geldgebern zu, daß sie unmittelbar nach seiner Entlassung zu ihrem Geld samt Zinsen kommen würden. In der Hoffnung, daß Camões genügend Werte irgendwo in sicheren Verstecken untergebracht haben müßte, wurde ihm das Geld zur Verfügung gestellt.

Dem war jedoch nicht so, und so warteten die Geldgeber einige Wochen auf ihre Belohnung, bis sie, des Wartens überdrüssig, Camões wegen seiner Schulden ein weiteres Mal ins Gefängnis werfen ließen.

Diesmal griff der Vizekönig von Indien ein, der dem Soldatendichter gewogen war und seine Dichtungen besonders schätzte. Er bürgte für Vaz de Camões. Dieser wurde auf freien Fuß gesetzt und genoß zunächst einmal das bunte Leben in Goa, dem indischen Sodom Portugals. Verschiedenfarbige junge Mädchen und Frauen waren stets in seiner Begleitung zu sehen. Auf seinen Festen tanzten die schönsten Tänzerinnen. Camões brauchte diese Abwechslungen für seine Arbeit, versicherte er.

Einige seiner reichen Freunde, die mit ihm feierten und tranken und die sein Mühen um die Lusiaden und andere Werke schätzten, bezahlten seine Schulden und sorgten dafür, daß er nicht in Goa versumpfte, sondern eine gute Passage nach Lissabon erhielt. Sie beschworen ihren Freund, das Schreiben nicht den Lustbarkeiten zu opfern, sondern sich seinem großen Werk — den Lusiaden — in seiner Heimat zu widmen.

Im Jahre 1567 trat Camões die Überfahrt in die europäische Heimat an. In Moçambique war das Geld aufgebraucht, das an und für sich für die ganze Überfahrt gut gereicht hätte.

Hier schlug er sich zwei Jahre lang, oftmals von der Hand in den Mund lebend, durch. Er machte Liebesgedichte auf Bestellung, fand einen neuen Freundeskreis, der seine geschliffene Zunge und seine frivolen Erzählungen liebte und bekam auch von diesem wieder Geld für die endgültige Rückkehr in die Heimat.

Ende 1569 traf Vaz de Camões in Lissabon ein. 16 Jahre hatte er im Fernen Osten gelebt und sich unter oftmals mehr als abenteuerlichen Umständen durchs Leben geschlagen. Er war nun zu Hause und hatte kein Heim. Ohne einen Pfennig stand er auf der Straße.

König Sebastian ließ ihm eine bescheidene Rente ausschreiben, so daß er seine Lusiaden beenden und alles noch einmal überarbeiten konnte.

Im Sommer ging dieses einmalige Epos in Druck, aber der Ruhm, den sich Camões davon erhofft hatte, wollte sich nicht einstellen. Acht Jahre lang lebte der größte Dichter Portugals unter ärmlichen Verhältnissen in Lissabon.

Am 10. Juni 1580 starb Vaz de Camões an der Pest, die in Portugal wütete. Sein Grab ist nirgendwo zu finden. Es steht heute fest, daß er mit vielen seiner ebenfalls an der Pest zugrunde gegangenen Mitbürger in einem Massengrab verscharrt wurde.

Der 10. Juni wird heute in Portugal als ein besonderer Gedenktag des Dichters jenes Werkes gefeiert, das „Die Portugiesen" heißt und als „Die Lusiaden" in aller Welt bekannt wurde. Vaz de Camões war ein dichtender Soldat, der für Portugal im Fernen Ostasien und zuvor in Nordafrika gekämpft und gelitten hatte. Sein Werk wurde wenig später hoch gelobt, und es blieb Lope de Vega vorbehalten zu erklären, daß die Lusiaden noch über die Ilias und de Aeneis zu setzen seien. (Siehe Bell, Aubrey: Portuguese Literature, Oklahoma 1947).

Seine letzten Gedanken, die sich mit der Tatsache beschäftigten, daß Spanien Portugal in Besitz genommen hatte, wurden mit den Worten umrissen, die er sagte: „Ich liebe mein Land so sehr, daß ich mit ihm sterben werde." (Siehe L. Bacon: a.a.O.).

Philipps II. Nachfolger und Portugal

Nach dem Tode Philipps II. am 13. November 1598 in El Escoril bei Madrid änderte sich das Verhalten Spaniens gegenüber Portugal. Philipp III., Sohn Philipps II. von Spanien, machte 1604 dem Krieg mit England ein Ende, in dessen Gefolge sich Engländer und Holländer über die wehrlosen portugiesischen Übersee-Besitztümer hergemacht hatten. Unter seiner Herrschaft wurden mehr und mehr hohe portugiesische Ämter von Spaniern besetzt.

Spanische Geistliche schwangen sich auf portugiesische Bischofsstühle. Portugiesische Literatur und portugiesisches Denken wurden von der spanischen Inquisition unterdrückt. Den Höhepunkt der Demütigung Portugals aber ersann Gaspar de Guzman, Graf von Oliveras, Herzog von Sanlúcar, der ein Günstling von Philipp IV. war und im Jahre 1621 leitender Minister Spaniens wurde. Dieser schlug allen Ernstes vor, die portugiesische Nation mit der spanischen zu verschmelzen und zum raschen Gelingen dieser endgültigen Vereingigung die portugiesische Sprache abzuschaffen und statt dessen Spanisch zur allgemeinen Landessprache zu erheben.

König Sebastian von Portugal hatte in seinem jungen Leben vergeblich versucht, Portugal frei zu halten. Sein Oheim, der Kardinal Heinrich, hatte Portugal an Spanien übergeben müssen, nachdem die Cortes Philipp II. von Spanien als neuen Herrscher Portugals anerkannt hatte.

Philipp II. hatte sich mit dem Plan der Eroberung von England selbst zu Fall gebracht, und die spanische Armada, die Philipp II. im Jahre 1588 gegen England aussandte, ging in der Schlacht im Englischen Kanal, die vom 31. Juli bis zum 8. August 1588 andauerte, unter.

Von den 130 Kriegsschiffen, die mit 2.630 Kanonen bestückt waren und von dem Herzog von Medina Sidonia als Admiral der Flotte geführt wurden, ging ein Großteil verloren. Die Hälfte der überlebenden Flotte mußte sich um Schottland und Irland herum zurückziehen. Sie wurde von den wüsten Septemberstürmen erfaßt und verlor eine weitere Hälfte der Schiffe.

Mit dem Untergang der Armada, deren Vernichtung in den Augen der anderen Staaten als ein Gottesurteil gegen das größenwahnsinnig gewordene Spanien angesehen wurde, war auch der Untergang Spaniens vorgezeichnet.

Portugal verlor während dieser Zeit der spanischen Herrschaft einen Teil seiner Besitzungen. 1607 fielen die Molukken an die Holländer, und 1636 ging Ceylon verloren. Die niederländischen Versuche, sich in Brasilien festzusetzen, wurden in langen und verlustreichen Kämpfen durch die Portugiesen abgewehrt. Zwar ging Nordbrasilien 1630 verloren, konnte aber bis zur Mitte des 17. Jahrhunderts zurückgewonnen werden. (Siehe Abschnitt „Portugiesisch Amerika").

1641 ging Malakka verloren. Und die Küstengebiete von Malabar fielen Portugals Gegnern 1669 zu.

In Portugal selbst aber erwachte der Widerstand gegen die fremden Eindringlinge, die das Land zu zerstückeln trachteten. Die Unzufriedenheit des Volkes wuchs in dem gleichen Maße, in dem die sonst ins Land fließenden Reichtümer versiegten. Adel und Klerus, die sich bis dahin mehr oder weniger passiv verhalten hatten, gingen nun ans Werk der Befreiung. Sie wiegelten das Volk gegen die fremden Herrscher auf und führten es schließlich zum Aufstand.

Nicht zuletzt dank der aus England kommenden Ermutigung, es mit den Besatzern aufzunehmen, und durch die Zusage Richelieus, Hilfe zu senden, traten die Patrioten des Landes zusammen. Sie ernannten den Herzog von Bragança, Johann II., im Jahre 1640 zum König von Portugal.

Die Dynastie Bragança, die von nun ab die politische Bühne betrat, führte sich auf Alfons I., Herzog von Bragança zurück, der ein natürlicher Sohn Johanns I. von Portugal war. Bereits 1580 hatte ja Herzog Johann von Bragança gegenüber Philipp II. den portugiesischen Thron für sich in Anspruch genommen, unterlag aber nicht zuletzt durch die Entscheidung der Cortes für Philipp II. von Spanien.

Johann II. von Bragança nahm die ihm angetragene Königswürde an und ließ sich als König Johann IV. krönen.

Frankreich und Holland schickten Schutzflotten zum Tejo, während sich Frankreich darüber hinaus verpflichtete, so lange keinen Frieden mit Spanien zu schließen, bis dieses die Unabhängigkeit Portugals wieder anerkenne und das Land aus seiner Zwangsunterwerfung befreie. Frankreichs Hilfeleistung hörte 1659 auf, als Mazarin den Pyrenäenfrieden mit Spanien schloß.

Johann IV. war 1656 verstorben, und Alfons VI., der beim Tode seines Vaters erst 13 Jahre alt war, gelangte beim Tode seines Vaters auf den Thron. Zuerst unter der Vormundschaft seiner Mutter, Luisa de Guzman, stehend, übernahm er 1662 mit 19 Jahren die Regierungsgeschäfte und lehnte sich wie sein Vater vor ihm eng an England an.

Inzwischen hatte seine Schwester Katharina König Karl II. von England geheiratet. Mit ihr waren in einer „hübschen" Mitgift in Gestalt der „Immobilien" Bombay und Tanger sowie einiger anderer kleinerer Stützpunkte, 500.000 Pfund in Gold und anderer Werte nach England geflossen.

Spanien verhielt sich zunächst abwartend. Als es aber wieder etwas Luft bekam, stellte es zwei Armeen auf, die eine Gesamtstärke von 35.000 Mann hatten. Diese Truppen sollten gegen die neue portugiesische Herrschaft ankämpfen und das Land zur Raison bringen.

Einer so erdrückenden Kriegsmacht konnte das Ein-Millionen-Volk der Portugiesen nur 13.000 Mann entgegenstellen. Aber da war ja noch England, und weil sich Alfons VI. mit seinem Wort dafür verbürgte, daß England einen Freihandelsvertrag erhalten würde, und zwar nicht nur für die portugiesischen Heimathäfen, sondern für alle Häfen im großen Weltreich Portugals, war England bereit, dem Bruderland zu helfen.

Unter General Friedrich Schomberg, einem gebürtigen Deutschen, wurde ein Heer zusammengestellt, das sich im Verein mit den portugiesischen Streitkräften mit jenem des Gegners messen konnte. Dieses Heer marschierte unmittelbar nach dem spanischen in Portugal ein, nachdem es in den Häfen der Westküste des Landes gelandet war.

Bei Evora kam es 1663 zur ersten Schlacht. Die Spanier erlitten eine vernichtende Niederlage. Ein Teil des spanischen Heeres zog sich in die Montes Clares zurück. Hier erlitt es zwei Jahre darauf erneut eine gleich totale Abfertigung. Die Überlebenden flüchteten über die Grenze nach Spanien zurück.

Der Krieg war entschieden, und Alfons VI. galt in aller Augen als Held der Stunde. Dennoch wurde er sowohl von seiner eigenen Gattin als auch von einigen Rivalen streng unter die Lupe genommen. Sein Hauptkritiker war sein Bruder Peter, der sich der Gattin Alfons VI. auch mehr als nur durch die verwandtschaftlichen Bande verbunden fühlte.

Peter und Alfons' VI. Frau, Maria Franziska Elisabeth von Savoyen, sannen darauf, wie sie den Herrscher vom Thron stürzen könnten.

Als sich wenige Jahre später bei Alfons VI. erste Anzeichen einer geistigen Verwirrung zeigten (einige seiner engen Vertrauten sprachen von Gift), wurde er von seinem Bruder und seiner eigenen Frau 1668 zum Thronverzicht gezwungen und in die Verbannung geschickt.

Noch im selben Jahr heiratete Elisabeth von Savoyen ihren Schwager Peter, der als Peter II. Regent des Staates und damit nächster Anwärter auf den portugiesischen Thron war. Ein geschickt gesponnenes Komplott war auf diese Weise erfolgreich geworden. Elisabeth hatte sich von ihrem ungeliebten Manne getrennt, ihn vom Thron gestoßen und den Helfer und Geliebten geheiratet, dem sie zum Thron verholfen hatte.

Noch im selben Jahr seines Regierungsantritts als Regent konnte Peter II. 1668 die Streitigkeiten mit Holland, die Ostindien galten, beilegen, wobei Portugal wieder Federn ließ. Dabei erlangte er im selben Jahr dank englischer Vermittlung die spanische Anerkennung Portugals.

Nach dem Tode des verbannten Alfons IV. am 12. September 1683 in Cintra wurde Peter II. auch offiziell zum König von Portugal gewählt und gekrönt.

Als 1693 in Minas Gerais die brasilianischen Goldfelder entdeckt wurden, erhielt Peter II. binnen kürzester Zeit soviel Gold, daß er von 1697 an ohne die Einberufung der Cortes regieren konnte. Er hielt einen der glänzendsten Höfe Europas.

Als schließlich Peters II. Hofhaltung, sein Lebensstil und seine Willkür gegenüber der Cortes ihren Höhepunkt erreichten, wurde er auf dasselbe Abstellgleis geschoben, auf das er seinen Bruder Alfons VI. gebracht hatte.

An seine Stelle trat seine Schwester Katharina, die nach dem Tode ihres Gatten Karl II. von England Witwe war. Sie kehrte nach Portugal zurück und nahm das Steuer des Staatschiffes bis zum Jahre 1706 fest in ihre Hände.

Bereits 1703 hatte noch Peter II. die Verbindung mit England durch den Methuen-Vertrag gefestigt. In diesem Vertrag gaben beide Länder einander in ihren Herrschaftsbereichen besondere Vorzugstarife im Zollwesen. Portugal führte Waren aus England ein, England kaufte vor allem portugiesischen Portwein. Dieses Wirtschaftsabkommen verschaffte Portugal und seinen noch zum Mutterland gehörenden Kolonien den Schutz, den sie brauchten. Spanien und Frankreich waren damit ausgeschaltet worden. Doch hatte dieser Vertrag die Vernichtung des portugiesischen Wollgewerbes zur Folge.

Die weitere Geschichte Portugals, die sehr eng mit jener von Portugiesisch-Amerika verbunden war, ist in den Abschnitt über Portugiesisch-Amerika eingeflossen.

Bliebe nur noch nachzutragen, daß unter der Herrschaft von Johann V. von Portugal das Land sich in einem wilden Goldtaumel befand und seine vierundvierzigjährige Regierungszeit demgemäß als ein einziges Fest wirkte, auf dem der Monarch selbst als eine Art Sultan „mit Kultur und Frömmigkeit und seiner Vielweiberei“ lebte, dem Papst mit gigantischen Summen den Mund stopfte und von diesem den Titel „Seine Allergläubigste Majestät“ erhielt, was die tollste der vielen tollen Blüten war, die dieses halbe Jahrhundert kennzeichneten.

Wenden wir uns nunmehr der portugiesischen Kunst zu!

KUNST UND LITERATUR IN PORTUGAL

Frühe literarische Entwicklung

Die lyrische höfische Dichtung hatte zum Ende des 12. Jahrhunderts, aus Frankreich kommend, auch am portugiesischen Hof Einzug gehalten. Sie erlebte dort im 13. und 14. Jahrundert ihren ersten Höhepunkt, mit dem sie sich deutlich an die französischen Vorbilder der Provençalen anlehnte.

Am Hofe von León lebten provençalische Dichter, deren Lieder rasch in Portugal bekannt wurden und portugiesische Autoren zur Nachahmung und Vervollkommnung anregten.

Die ersten Dichter Portugals waren Könige und Ritter; fahrende Spielleute, Bürger und Seefahrer kamen hinzu. So gilt beispielsweise König Sancho I. als einer der ersten Dichter seines Landes.

João Garcia de Guilhade lebte und wirkte in der ersten Hälfte des 13. Jahrhunderts. König Dinis, der von 1261 bis 1323 lebte, gehörte ebenfalls zu jenen 200 Dichtern des Landes, deren Kunstwerke in den drei „Cancioneiros" enthalten sind, in welchen etwa 2000 zeitgenössische Lieder festgehalten wurden.

Die drei Hauptgattungen dieser Lieder waren einmal die „Cantigas de amor", die Liebeslieder, mit denen Könige, Ritter und fahrende Sänger ihre Herzdamen umwarben. Zum anderen waren es die „cantigas de escarnho e maldizer", die Spott- und Rügelieder, in denen in oft burlesker und satirischer Form Menschen und Gewohnheiten aufs Korn genommen wurden. Diese Gattung wurde insbesondere von den fahrenden Sängern bevorzugt.

Als dritte Gattung kamen die vielgeübten cantigas de amiga zu Wort, die Frauenlieder, in denen die Klage der Frau um einen fernen ungetreuen Geliebten zum Zentralthema wurde.

In der Prosadichtung begann es ab dem 14. Jahrhundert zunächst mit den mehr oder weniger trockenen Geschlechterbüchern und den Adelslisten, an denen Sekretäre der Herzöge und Grafen arbeiteten. Es handelte sich überwiegend um sehr einfache Chroniken; die jedoch dann und wann auch literarische Einsprengsel enthielten, die durchaus lesenswert waren. Eine Reihe von Ortos do esposos – Beispielsammlungen – kamen hinzu.

Die erste bekannte portugiesische Trojageschichte und ein Gralsroman gingen jedoch auf französische Quellen zurück und waren Nachdichtungen. Der höchstwahrscheinlich in Portugal entstandene Ritterroman „Amadis de Gaula" ist leider nur in einer spanischen Übersetzung aus dem Jahre 1508 erhalten geblieben. Er gilt als ältestes Literaturerzeugnis dieser Art in Portugal.

Erst während der Zeit der beginnenden überseeischen Aktionen Portugals und des damit verbundenen Aufstieges dieses unbekannten Landes am Rande Europas drangen die aus Spanien und Italien kommenden Gedanken des Humanismus bis dorthin vor. In ihrem Gefolge entstand die „Palastdichtung", eine vielgestaltige Poesie, mit der man sich am Hofe unterhielt und unterhalten wurde.

Ihre ersten Vertreter waren Garcia de Resende, der diese Dichtungen im „Cancioneiro geral" sammelte, ferner Bernardim Ribeiro und Christovão Falcão, die in der ersten Hälfte des 16. Jahrhunderts wirkten.

Die portugiesische Geschichtsschreibung, die sich seit Beginn der Expansion dieses Seefahrervolkes explosionsartig entwickelte, sah das Werk eines Unbekannten mit dem Titel „Crónica do Condestabre" am Anfang. Frei João Alvares schrieb die Geschichte des Prinzen Dom Fernando unter dem Titel „Crónica do Infante Santo", die 1827 auch in deutscher Sprache erschien.

Fernão Lopes und Gomes Eanes de Zurara waren die großen Chronisten des 15. Jahrhunderts, Ruy de Pina gesellte sich ihnen kongenial hinzu. Er gilt in der Fachwelt als der künstlerisch Bedeutendste dieses Triumvirats der Geschichtsschreibung.

Von der Escola Velha zu den Quinhentistas

Während der Zeit König Manuels I. und seines Nachfolgers König Johann III. entwickelten sich Kunst, Architektur und Literatur in Portugal mit schnellen Schritten. Die Entdeckungsreisen der Seefahrer und der wachsende wirtschaftliche Nutzen, den Portugal aus seinen Ländereien in Portgiesisch Amerika und Indien zog, ließ die Schönen Künste aufblühen.

In Coimbra und Lissabon, wo bereits vorher Wissenschaftler und Humanisten wirkten, wurden Wissenschaft und Kunst durch die Krone reich gefördert. Die Dichtung gewann an Aussagekraft und sollte denn auch bald in den Lusiaden von Camões gipfeln.

Zwischen der Alten Schule (Escola Velha) unter Gil Vicente, in der volkstümliche Themata und alte überlieferte Formen aufgegriffen und angewandt wurden, und jenen Männern, die den Quinhentistas, den „Fünfzehnhundertern", als dem 16. Jahrhundert angehörten, kam es zu Wettstreiten, die beide Seiten beflügelten, das Beste zu geben.

Einer der führenden Männer der Fünfzehnhunderter war Sá de Miranda. Aber noch war es Gil Vicente, der portugiesische Shakespeare, der von 1502 bis 1636 über dreißig Jahre lang die Kunstszene beherrschte und für das Theater wirkte. Dieser Dramatiker war vielsprachig. Er konnte seine Stücke in portugiesisch ebenso wie in spanisch schreiben und war auch in der Lage, sie im bäuerlichen Dialekt der Landbewohner zu verfassen. Und Vicente war – wie sein großes Vorbild Shakespeare – zugleich auch sein eigener Regisseur, Schauspieler und Bühnenbildner. So ganz nebenbei war er einer der besten Goldschmiede des Landes.

Als Francisco Sá de Miranda 1524 aus Italien nach Portugal zurückkehrte, war er davon überzeugt, die portugiesische Literatur zu einer neuen Blütezeit verhelfen zu können. Er war es denn auch, der die Kunstform des Sonetts in Portugal bekannt machte. Darüber hinaus schrieb er die ersten portugiesischen Tragödien in der allen Menschen bekannten Umgangssprache des Landes. Sie erschienen im Jahre 1550. Allerdings hatte er bereits 1527 die erste portugiesische Prosakomödie in klassischer Form verfaßt und veröffentlichen lassen.

Einer seiner Freunde war Vernardim Ribeiro, Verfasser bukolischer Lyrik nach dem Vorbilde Vergils. Er schrieb u. a. den Liebesroman „Saudades", der auch unter dem Titel Menina e Moca bekannt wurde. Für eine Dame des Hofes in toller Leidenschaft entbrannt, fiel er unrühmlich auf und wurde verbannt. Er durfte später nach Portugal zurückkehren. 1552 starb er im Wahnsinn.

Daß sich die Taten der Entdecker als dramatische und geschichtliche Stoffe vorzüglich eigneten, wurde sehr bald erkannt. Hier boten sich grandiose Heldentaten, Tragödien und Mordgeschichten an, die eines breiten Publikums sicher sein konnten. Der erste Autor, der sich dieser Stoffe annahm, hieß Caspar Correa. Er wollte am Ort der Ereignisse recherchieren, reiste nach Indien und trat als Sekretär in den Dienst des Viezekönigs Albuquerque. Als er sich daran machte, die korrupte Beamtenwirtschaft in Portugiesisch-Indien anzuprangern, machte er sich damit eine Macht zum Feind, vor der er bis nach Malakka fliehen mußte. Aber die gedungenen Schergen dieser Männer erreichten ihn auch dort und ermordeten ihn im Jahre 1565.

Trotz aller Verfolgungen war er in der Lage, einen „Kurzen" Überblick der Geschichte der portugiesischen Eroberung Indiens zu schreiben, der im Umfang von acht Bänden durchaus nicht als wirklich „ kurz" zu bezeichnen ist. Der Titel dieses Werkes lautete: „Lendas da India".

Fernão Lopes de Castanheda wiederum war jener „rasende Reporter" seiner Zeit, der sein Leben lang unterwegs war. Im ganzen Orient zu Hause, arbeitete er 20 Jahre lang an seinem Lebenswerk: „Historia do descobrimento e conquista da India pelos Portuguezes". Er wurde Anfang des 16. Jahrhunderts in Santarém geboren und starb am 23. März 1559 in Coimbra. Die acht Bände seines Lebenswerkes wurden von 1551 bis 61 gedruckt.

Ein Dritter im Bunde der geschichtlichen Autoren war João de Barros. In Lissabon 40 Jahre lang im Ministerium für Indien tätig, hatte er es stets abgelehnt, die sich ihm durch seine Tätigkeit bietenden Möglichkeiten der Bereicherung auszunutzen.

Da er Zugang zu allen Archiven hatte und selbst die geheimsten Urkunden zu Gesicht bekam, gewinnt sein Werk mit dem Titel „Asia", die Geschichte der portugiesischen Expansion in Indien, besondere Bedeutung. Die drei ersten Bände dieses vierbändigen Werkes umfaßten einen Berichtsbereich von jeweils zehn Jahren portugiesischer Asienpolitik. So wurde Barros in den Augen seiner Landsleute der „portugiesische Livius".

Geboren im Jahre 1496 in Viseu, hatte er zunächst einen Ritterroman mit dem Titel „Crónica do Imperador Clarimundo" geschrieben, der bereits 1522 erschien. Sein Hauptwerk „Asia" erschien in den Jahren 1777–78 in acht Bänden neu. Dessen deutsche Übersetzung in fünf Bänden erschien 1821. Sie ist eine wichtige Quelle für die Geschichte der portugiesischen Expansion in Indien. Barros starb am 20. Oktober 1570 bei Pombal. Damião de Gois würdigte in seinem Lebenswerk vor allem Manuel I. und nannte ihn bereits den Großen.

Im 16. Jahrhundert wurde aber neben den geschichtlichen Werken auch erbauende Prosa geschrieben. Francisco de Morais verfaßte ein Nachfolgewerk des Amadis-Romans unter dem Titel „Palmeirim de Inglaterra", das 1544 erschien.

Gil Vicente wurde zum Schöpfer des portugiesischen Dramas, und mit Sá de Miranda hielt auch die klassizistische Komödie Einzug in die portugiesischen Theater. Das wichtigste Stück dieser Gattung ist die „Eufrosina" des Jorge Ferreira de Vasconcellos. Antonio Ferreira schrieb in Anlehnung an die klassische Tragödie sein vielbeachtetes und noch heute aufgeführtes Stück „Ines de Castro", das 1577 entstand.

Nach der Übernahme Portugals in den spanischen Staatsverband durch Philipp II. von Spanien gelangte die portugiesische Literatur mehr und mehr unter spanischen Einfluß. Bezeichnend dafür ist die meisterhaft von Frei Luis de Sousa verfaßte Geschichte der Dominikaner.

Unter der Leitung von Frei Bernardo de Brito wurde im Zisterzienserkloster Alcobaca die patriotische Geschichtsschreibung betrieben, die in dem Gemeinschaftswerk „Monarchia Lusitana" gipfelte, das 1597 in insgesamt acht Bänden erschien und 1806 eine Neuauflage erlebte.

Francisco Manuel de Melo, der von 1608 bis 1666 lebte, hat sowohl als Historiker als auch als Lyriker gearbeitet. Sein Spiel „Fidalgo aprendiz" gewann für das portugiesische Theater besondere Bedeutung. Die Briefe und Predigten des Jesuitenpaters Antonio Vieira sind für diese Literaturgattung charakteristisch.

Malerei: Von Nuño Gonçalves bis Francisco Vieira

Während sich die Literatur in Portugal bereits unmittelbar nach der Entstehung des Königreiches regte und einen steilen Aufschwung nahm, dauerte es auf dem Gebiete der Malerei bis zum 15. Jahrhundert, ehe sich die Maler des Landes von den verschiedenen Vorbildern und Schulen freigemacht hatten und eigenständige große Kunstwerke schufen. Die erste Künstlerpersönlichkeit, der dieses gelang und die ihr Können zu einsamer Vollkommenheit entwickelte, war Nuño Gonçalves.

Die Kunstgeschichte weiß von ihm lediglich, daß er als Hofmaler Alfons V. in Lissabon arbeitete. Zwischen 1450 und 1472 datieren die Werke, die während seiner Stellung bei Hofe entstanden.

Gonçalves gilt als der Begründer der portugiesischen Malerschule. Zwar studierte er die niederländischen Meister, wie es auch seine Vorgänger taten, und arbeitete in deren Manier, ohne jedoch Nachahmer zu sein. Seine Sujets und deren Ausführung waren eigenständig und portugiesisch.

Als Hauptwerk dieses begnadeten Künstlers gilt der Vincent-Altar, den er für den Konvent St. Vincenz in Lissabon malte. Auf den sechs Flügeln dieses Kunstwerkes schilderte Nuño Gonçalves die Verehrung des Heiligen Vincenz von Saragossa. Er läßt ihn einmal durch die königliche Familie anbeten, dann aber durch den Adel und die Großen des Heeres ebenso wie durch Angehörige des Volkes. Nicht weniger als 60 Porträts dieser Menschen sind auf den sechs Flügeln detailliert dargestellt. Die Ausdruckskraft dieser Gesichter ist überwältigend. Ganz besonders eindrucksvoll hat er die Persönlichkeit des königlichen Leibarztes und jene des königlichen Chronisten verewigt.

Auf Hintergrundmalereien, also auf Landschaft und Architektur hat er verzichtet, das wiederum stellt die Porträts voll und ausschließlich in den Blickpunkt des Betrachters.

Auch unter der Regierungszeit König Manuels I. und Johanns III. blieb der niederländische Einfluß in der portugiesischen Malerei erhalten, denn nach wie vor waren Niederländer und Flamen am Hofe und arbeiteten dort in der seinerzeit bevorzugten Manier. Daneben aber war es unter anderen Jorge Affonso in Lissabon und Vasco Fernandes im Raume Visieu, aus deren Werkstätten ausgezeichnete Bilder und vor allem auch weitere gute Maler hervorgingen.

Während der Regierungszeit Johanns III. von 1525 bis 1550 schuf Gregorio Lopes in Tomar das Bildnis der Salome und den heiligen Augustin. Letzter befindet sich heute in Lissabon im Museu Nacional de Arte Antiga.

In Coimbra schuf der dort von 1515 bis 1550 tätige Künstler Cristovão de Figueiredo das Hochaltar-Retabel und die Grablegung, die beide heute ebenfalls im Nationalmuseum für antike Kunst in Lissabon zu sehen sind.

Der Meister von Santa Auta schuf die Marter der 11.000 Jungfrauen, und zu Ende des 16. Jahrhunderts war es Cristovão Lopes, der italienische Einflüsse in die Bildnismalerei einbrachte, die bereits eine lange Tradition hatten.

Cristovão do Morais malte 1570 den jungen König Sebastian. A. Sanchez Coello ging nach seinen Studienjahren in Portugal an den spanischen Hof, wirkte dort als Hofmaler und schuf eine Reihe hervorragender Meisterwerke, die als „spanische Malerei" bekannt wurden.

Im 17. Jahrhundert verlor die Malerei in Portugal an Brillanz. Dieser Abschwung ließ sich auch im 18. Jahrhundert nicht stoppen, sondern hielt weiter an. Besonderes Ansehen genossen dennoch Francisco Vieira, der nur 40 Jahre alt wurde und 1805 starb, sowie Domingo Antonio de Sequeira, der 1768 geboren wurde und bis zu seinem Tode im Jahre 1837 eine Reihe von Meisterwerken schuf.

Die Baukunst

Alle Genres künstlerischer Gestaltung entwickelten sich in Portugal zu besonderer Größe und schufen dem Lande eine Reihe unvergeßlicher Werke.

Die ältesten Bauwerke Portugals sind jene römischen Ruinen, die an verschiedenen Stellen der römischen Provinz Lusitanien noch heute zu sehen sind. So beispielsweise der Dianatempel in Evora und die ausgegrabene große antike Siedlung Aeminium in Coimbra.

Die Kapelle S. Frutuoso in Braga ist aus westgotischer Zeit erhalten geblieben. Sie stammt aus dem 7. Jahrhundert nach Christus, während die Kirche von Lourosa, die 912 geweiht wurde, dem mozarabischen Stil aus der Zeit der ersten Reconquista des Landes entstammt.

Im 12. Jahrhundert begann in Portugal die rasche Ausbreitung der Romanik, und ab dem 13. Jahrhundert pflanzte sich diese vom Westen nach Südwesten und Norden fort. Die Kathedralen von Braga und Porto sind beeindruckende Zeugnisse dieser Epoche. Hinzu kommt die Sé Velha in Coimbra. Letztere überragt alle anderen an Ausdruckskraft und gebieterischer Wucht. Ihre Bauzeit wird von 1162 bis 1184 datiert.

In Lissabon wurde bereits im spätrömischen Stil gebaut. Zu Ende des 12. Jahrhunderts entstand dort die Kathedrale. Ein Jahrhundert später erhielt auch Evora eine solche Kathedrale.

Die Zisterzienser, von Alfons Heinrich ins Land gerufen, begannen mit dem Bau ihrer Abteikirchen in gotischem Stil. So S. Maria in Alcobaca, deren Bauzeit die übliche Spanne von etwa 20 Jahren um weit über das Doppelte überschritt. 1153 begonnen, war sie erst im Jahre 1222 fertig und konnte geweiht werden.

Die Abteikirche S. Maria von Batalha, deren Bauzeit von 1388 bis 1402 dauerte, ist mit ihrem Hauptteil in der Gotik des 14. Jahrhunderts errichtet, wie man unschwer an den reichen Zierformen erkennen kann. Die mehrschiffige Kirche San Francisco in Evora entstand zu Ende dieses Jahrhunderts.

Im ersten Drittel des 16. Jahrhunderts baute man auf der iberischen Halbinsel noch in spätgotischem Stil, in Portugal zeitgleich mit dem Aufkommen des Manuelinischen Stils, der nationale Züge in die Baukunst flocht. In den Bauhütten der Spezialisten von Batalha wurden sie zuerst angewandt und erprobt.

Dieser erste nationale Baustil fand in den großartigen Portalen der Capelas Imperfeits von Batalha seine Vollendung. Die Deckengestaltung dieser Kapellen ist bereits im weiterentwickelten Manuelinischen Stil gehalten, wie er von dem grandiosen Baumeister Matheus Fernandes gehandhabt wurde.

Der Chor der Christuskirche zu Tomar, der von Diego Arruda erbaut wurde, ist bereits im überseeischen Manuelinischen Stil mit seinen arabischen und indischen Kunstelementen verwirklicht worden. Gewölbe und Eingang dieser Kirche sind jedoch 1515 in einer von Italien beeinflußten Art von Joap Castilho gestaltet worden.

Das Hieronymuskloster in Lissabon ist das hervorragendste Bauwerk der Manuelinischen Stilepoche. Begonnen wurde es 1502 und von Diogo Boitac bis 1516 fortgesetzt. Als dieser schwer erkrankte, setzte Joao de Castilho dessen Werk fort und baute das Kloster in seiner ganzen Schönheit zu Ende.

Von Diego Arrudas Bruder Francisco wurde schließlich der Torre de Belém errichtet. Ihn hatte König Manuel I. in Erinnerung an die große Entdeckungsfahrt Vasco da Gamas in Auftrag gegeben und von 1515 bis 1519 verwirklicht. Sein Standort im vornehmen Westviertel von Lissabon zeigt ihn heute noch in strahlender Größe am Ufer des Tejo.

Im ersten Viertel des 16. Jahrhunderts setzte in Portugal die Renaissance ein. Einige der hervorragendsten Künstler dieser Übergangsperiode waren die Gebrüder João und Diego Castilho, von den João in Tomar wirkte, während Diego seine Wirkungsstätte in Coimbra hatte.

Das Kloster von Tomar, das erste portugiesische Bauwerk im klassisch antiken Sinne wurde 1557 von Diego Torralva erbaut. Die neue Kathedrale von Coimbra wurde 1598 errichtet, während S. Vicente de Fora in Lissabon bereits einige Jahre vorher beendet werden konnte. Diese schuf der Italiener Filippo Terzi.

Während der portugiesischen Eingliederung in das spanische Reich verflachte für beinahe ein Jahrhundert die künstlerische Aussagekraft der portugiesischen Künstler und Baumeister. Ausländer kamen als Schöpfer neuer Bauwerke ins Land. Einer von ihnen war der Deutsche Johann Friedrich Ludwig, der in Portugal Joao P. F. Ludovice genannt wurde. Dieser 1673 in Schwäbisch Hall geborene Künstler hatte vorher am spanischen Hof gewirkt. Er errichtete und baute das Kloster Mafra, lebte und wirkte danach in Portugal, fühlte sich als Portugiese und starb 1752 in Lissabon.

Mit dem Wiederaufbau des vom Erdbeben des Jahres 1755 schwer zerstörten Lissabon war eine Reihe bekannter Künstler befaßt, die von Pombal, dem geheimen portugiesischen Regenten, beauftragt wurden, seinen Ruhm zu singen (siehe dazu Abschnitt über Pombal). Einige der bekannten Meister, die in diesem Wiederaufbau eine Lebensaufgabe sahen, waren Eugénio dos Santos de Carvalho, Carlos Mardel und Reinaldo Manuel dos Santos.

Die Bildhauerei

Mit dem Grabmal des Egas Moniz, der 1144 in Paco de Sousa starb, ist die älteste guterhaltene Plastik in Portugal bekannt. Die weitere Entwicklung der gotischen Plastik und Bildhauerei wurde durch die Kunst der Zisterzienser gehemmt. Lediglich in Coimbra, der früheren Hauptstadt Portugals und dem Standort einer der ersten Universitäten, bildete sich bereits im 13. Jahrhundert ein Zentrum der Bildhauerei heraus, das sich im folgenden Jahrhundert entscheidend entwickelte.

Von dort kamen auch die ersten kräftigen Impulse nach Lissabon. Beide Städte wetteiferten in der Folgezeit miteinander um die besten Ergebnisse der Grabmalkunst.

In Coimbra wurde das Grabmal der 1367 gestorbenen Königin Elisabeth geschaffen, in Braga jenes des Erzbischofs Gonzalo Pereira, der 1336 starb. Alcobaca sah die Entstehung des Grabmals von Pedro I. im Jahre 1367 und der Ines de Castro 1355.

Während der Zeit der Anwendung des manuelinischen Stils gewann die Bauplastik in Portugal ihre größte Bedeutung. In Coimbra entwickelte sich der Mittelpunkt zweier Bildhauergruppen. Die französische, aus Rouen kommende Gruppe führte die Renaissance-Arbeiten ein. Ihr prominentester Vertreter war N. Chantereine, der 1517 das Nordportal der Kirche von Belém schuf und vier Jahre darauf das Grabmal Sanchos I. in der Kirche Santa Cruz in Coimbra entwarf und errichtete.

Jean de Rouen wiederum schuf 1522 in dieser Kirche die Kanzel des Konvents. In der Porta Especiosa fand sein späteres Schaffen beredten Ausdruck.

Die zweite nationale Gruppe, als deren markanteste Persönlichkeit Diogo Pires der Jüngere galt, arbeitete nach dem traditionellen Geschmack. Davon legen die Madonna mit Kind in der Kathedrale zu Braga und Heinrich der Seefahrer im Kloster Belém Zeugnis ab.

Auch die Bildhauerkunst ging im 16. und 17. Jahrhundert zurück. In Marfa, das von vielen französischen Plastiken überschwemmt wurde, wirkte um 1753 Alexandre Giusti, einer der hervorragendsten Künstler seiner Zeit. Sein bester Schüler, Joaquim Machado de Castro, entwarf und baute das Reiterstandbild von König Joseph I. in Lissabon, von dem im Text noch die Rede sein wird.

Dieser hoffnungsfrohe Künstler stab im frühen Alter von 31 Jahren 1822 in Lissabon.

Portugiesen in der lateinamerikanischen Kunst

In Portugiesisch Amerika waren die Franziskaner und Jesuiten die ersten Förderer einer sakralen Kunst. Ihre Arbeit setzte jedoch erst im 17. Jahrhundert ein. Zentren dieser Kunst befanden sich an der atlantischen Küste im Raume Bahia, das ja bis 1763 Hauptstadt war und zunächst den Namen Ciudade do Salvador da Bahia de Todos Santos – die Stadt des Erlösers an der Allerheiligenbucht – erhalten hatte. Weitere Zentren bildeten sich in Recife, Olinda und Rio de Janeiro heraus.

In den Küstenstädten entstanden im 18. Jahrhundert Werke von großer dekorativer Wirkung, wenn sich auch ihr künstlerischer Wert nach Ansicht der Experten in Grenzen hielt. Es gibt eine Reihe prägnanter Beispiele dafür. So entstand in Bahia nach der Gründung dieser Stadt 1549 durch Thomé de Souza, dem ersten Generalgouverneur für Brasilien, eine rege Bautätigkeit.

Erst nach den riesigen Gold- und Diamantenfunden im Landesinnern fanden sich auch dort eigenständige Werke dieser Art. Aus der Schule des brasilianischen Rokoko stammte Frei Araujo, der 1784 die Rosenkranzkapelle in Ouro Preto schuf. Frei Lisboa, genannt El Aleijadinho, arbeitete als Architekt und Bildhauer. Er schuf großartige Meisterwerke der Skulpturkunst und der Architektur. So die Skulpturen von S. Francisco in Ouro Preto. Die hölzernen Kreuzwegstationen in der Kirche Bom Jesus in Congonhas do Campo und die zwischen 1750 und 1805 entstandenen steinernen Apostelfiguren auf der Freitreppe dieser Kirche sind von einmaliger Schönheit.

Die portugiesische Literatur in Brasilien entwickelte sich parallel zu jener des Mutterlandes und war eng an diese angelehnt. Vorwiegend wurden geschichtliche Werke von Portugiesen geschrieben, die es – auf welche Weise auch immer – nach Portugiesisch-Amerika verschlagen hatte. A. Torres Rioseco hat die vielen Verzweigungen und Verknüpfungen der Literatur des Mutterlandes mit jener in Brasilien in seinem 1965 in New York erschienenen Buche „Historia de la literatura ibero-americana“ dargestellt.

Die Romane, die im Nordosten Brasiliens spielen, zeigen eine Reihe von Verwicklungen auf, denen sich die Autoren zwar stellten, die sie aber nicht zu lösen vermochten, wenn auch ihre Werke darüber für das Verständnis der Lage in Portugiesisch Amerika von großem Wert sind. Torres Rioseco schrieb neben seiner literarischen Abhandlung auch das Werk Grandes novelistas de la America hispana“ und „La novella iberoamericana“, das in Albuquerque 1952 erschien. Die Bibliographien der iberoamerikanischen Literatur zeigen die ganze Fülle dieser Veröffentlichungen auf. Das große Werk von L. A. Sanchez „Repertorio bibliografico de la literatura latinoamericana“ erschien in einer deutschen Übersetzung 1965. Der Herausgeber D. Reichardt wies sich damit als Kenner und Bewunderer der schöngeistigen Literatur lateinamerikanischer Autoren aus, die in ihre Werke immer auch die heimatliche Landschaft, die Hochgebirge der Anden ebenso wie die Urwälder Amazoniens und ihre Menschen einbezogen und ihnen so das Bild gutgestalteter Schilderungen des Lebens und Treibens in ihrer Heimat Südamerika geben.

Die Latifundienwirtschaft und die Schicksale des Landproletariats in Südamerika wurden durch einige Autoren in diesem Jahrhundert in den Vordergrund gerückt. Hinzu kam die Ausbeutung der natürlichen Ressourcen vor allem Brasiliens durch ausländisches Kapital.

Auch in Portugiesisch Amerika lebten Autoren, die jene Dinge anprangerten, da sie nicht in Ordnung waren. Die brasilianische Literaturgeschichte zeigt sie auf. Von José Anchieta, der auch in der Tupi-Sprache schrieb, über Frei Manoel de Santo Maria Itaparica, Ignacio José de Alvarenga Peixote bis zu Joao Guimaraes Rosa geht ihre Schar.

Domingos Conçalves de Magalhães begründete die romantische Poesie in Brasilien. Die Escola Condoreira – die Condorschule – unter Antonio de Castro Alves nahm sich der nationalen Probleme an.

Die modernistische Schule der Lyrik wandte sich 1922 unter Führung von Mario de Andrade gegen den Akademismus dieser Zeit, während der realistische Roman in Julio Cesar Ribeiro, Joaquim Maria Machado de Assis und Henrique Coelho Neto seine besten Vertreter fand.

Mit Euclides da Cunha erreichte die brasilianische Prosa, in portugiesischer Sprache geschrieben, um die Wende zum 20. Jahrhundert ihren Höhepunkt.

EREIGNISSE IM MUTTERLAND

Johann V. und seine Zeit

König Pedro II., der sich ja infolge seiner Verwicklung in den Spanischen Erbfolgekrieg gezwungen gesehen hatte, seine engeren Bindungen an Frankreich zu lösen und sich wieder England anzuschließen, hatte am 27. Dezember 1703 den Methuen-Vertrag abgeschlossen, den der britische Gesandte in Portugal, Methuen, im Auftrage seiner Regierung erzielen konnte.

Dieser Handelsvertrag öffnete den portugiesischen Markt für englische Wolle und Wollerzeugnisse und gestattete die Ausfuhr portugiesischen Weines nach England. Er traf in erster Linie den französischen Weinexport nach England und hatte entgegen Portugals Interessen für die portugiesischen Bauern und Arbeiter die Vernichtung des portugiesischen Wollgewerbes zur Folge.

Die letzten drei Jahre seines Lebens und seiner Regierungszeit erlebte Pedro II. noch den ins Land strömenden Reichtum, ohne viel zu seinem eigenen Ruhm in die Wege leiten zu können.

Erst mit Johann V. übernahm ein Vertreter der Herrschaft des Königshauses und des monarchistischen Absolutismus die Führung, der dank des Geldstromes, der ins Land floß, seine Staatsausgaben gewissermaßen mit links abdecken und darüber hinaus große Bauten fördern und finanzieren konnte.

Daß er außerdem ein aufwendiges Leben führte und wie ein Sultan residierte und seine Vielweiberei mit Kultur und Frömmigkeit pflegte, ist jener Tatsache zuzuschreiben, daß er weder von der Steuerkraft seines Landes noch von den Sprüchen der Cortes abhängig war.

Um Rom geneigt zu machen und die Geistlichkeit über seine vielen Seitensprünge hinwegsehen zu lassen, ließ er den jeweils amtierenden Heiligen Vätern riesige Geldsummen und andere Geschenke zukommen. Dies schlug sich auch positiv für ihn nieder, denn er erhielt vom Papst den Titel „Seine allergläubigste Majestät“ zuerkannt. Dies war dem größten Liebhaber schöner Frauen auf einem Königsthron ein willkommenes Dekorationsstück. Daß er darüber hinaus auch die Genehmigung erhielt, selbst die Messe zu lesen, war ganz nach seinem Geschmack.

Von Friedrich dem Großen, seinem Zeitgenossen, ist ein für Johann V. bezeichnender Ausspruch erhalten geblieben: „Seine Vergnügungen hatten priesterlichen Charakter, seine Bauten waren Klöster, seine Heere bestanden aus Mönchen und seine Geliebten waren Nonnen.“ (Siehe Friedrich der Große: Werke, Bd. II, S. 27).

Unter diesem König gedieh die Kirche. Dies wiederum verhalf ihm gewissermaßen zur Dauerabsolution durch den Papst. Was er auch ausfressen mochte, die Absolution war ihm sicher, selbst bei Vergehen, die andere mit dauernder höllischer Verdammnis treffen würde. Er schenkte und schenkte den Klöstern Land und Privilegien. So konnte es nicht ausbleiben, daß die Kirche schließlich über halb Portugal verfügte. Es gab in diesem kleinen Land etwa 900 religiöse Häuser. Von den zwei Millionen Portugiesen waren 200.000 Geistliche. Auf zehn Menschen kam also ein „Schwarzrock“, wie die Geistlichen dort genannt wurden.

Die Jesuiten, die für Brasilien Großes geleistet hatten, nahmen auch im Mutterland eine besondere Rolle ein. Eine Reihe ihrer höchsten Repräsentanten war dauernd am Hofe, andere wurden zu den rauschenden Festen eingeladen und fürstlich, nein, königlich beschenkt.

Der König verstand es darüber hinaus, beim Volke den Eindruck größter Frömmigkeit zu erwecken. Bei den Fronleichnamsprozessionen beispielsweise trug er persönlich eine der Stangen des Baldachins, unter dem der Patriarch von Lissabon das heilige Sakrament zeigte.

Als sich die vielen in Lissabon residierenden Engländer darüber mokierten, daß der König selber an solchen Aufzügen teilnahm und daß eine gewaltige Woge von Gläubigen ihn begleitete und andere den Prozessionsweg säumten, wurde ihnen geantwortet:

„Unsere Zeremonien und das Heraustragen der heiligen Reliquien unter das Volk bilden einen der Hauptfaktoren zur Aufrechterhaltung der sozialen Ordnung unter den Armen.“

So hatten es die reichen Engländer noch nicht gesehen, aber den Vernünftigen unter ihnen leuchtete dies durchaus ein.

Johann V. liebte neben seinen Frauen auch Musik, Literatur und Kunst. Er holte französische Schauspieler und Musiker nach Lissabon und gilt als Gründer der Königlichen Akademie für Geschichte. Der große Aquädukt, der Lissabon ausreichend mit Wasser versorgte, wurde aus königlichen Mitteln finanziert. Mit einem Kostenaufwand von 50 Millionen Franken — damals mehr als nur ein großes Vermögen — ließ Johann V. das Kloster Mafra erbauen. Dazu holte er mit königlichen Angeboten einen deutschen Baumeister und seine Gehilfen nach Portugal und beauftragte diesen, das Kloster genau nach dem Muster des Escorials zu errichten.

Bereits im Jahre 1711 hatte er ein Gelübde abgelegt, dieses Kloster errichten zu lassen, aber erst im Jahre 1717 erfolgte die Grundsteinlegung, und 1730 wurde das fertige Gebäude eingeweiht. Bis 1770 waren jedoch immer noch nicht alle Räume des gewaltigen Bauwerkes fertiggestellt.

Diese Anlage ist der größte Baukomplex von Portugal. Mit Ausmessungen von 200 mal 200 Metern entspricht sie denjenigen des Escorials. Der Komplex besteht aus zwei miteinander verbundenen Rechtecken. Während das vordere Rechteck den Palast und die Kirche umfaßt, ist auf dem rückwärtigen Rechteck das Kloster errichtet.

Die aus dem Marmor dieser Region gestaltete Kirche hat eine 62 Meter hohe Kuppel und zwei Fronttürme. Ihr Bau liegt im Zentrum der Hauptfront. Er wird von den beiden Palastflügeln flankiert. Es wird vermutet, daß diese Kirchengestaltung der Dreifaltigkeitskirche Fischer von Erlachs in Salzburg nachempfunden wurde. Die Kirchenvorhalle wiederum hat mit Madernas Kirchenvorhalle von St. Peter im Rom zu tun, wie auch das untere Stockwerk der Türme an diesen erinnert.

Für die besonderen Arbeiten wurde das Baumaterial aus Rom, Venedig, Mailand, Holland und Frankreich geliefert. Johann V. gab in Rom zur Ausschmückung des Klosters eine Reihe von Statuen in Auftrag. Dadurch wurde Mafra ein Zentrum für das Studium römischer Plastiken des 18. Jahrhunderts.

Daß trotz der Entlehnung verschiedenster Stilelemente das Kloster Mafra zu einem einzigartigen Bauwerk wurde, ist der Kunst des Architekten zu verdanken, der alles zu einer völlig harmonischen Anlage miteinander verbunden hat.

Um das Klosterinnere auszuschmücken, rief Johann V. alle nach Spanien ausgewanderten portugiesischen Maler in die Heimat zurück und besoldete sie ebenso verschwenderisch, wie er den Baumeister bezahlte. Einer jener Maler der damaligen Zeit wurde durch Johann V. zum Hofmaler ernannt. Er erhielt nach der erfolgten Ausmalung von Mafra den Auftrag, die königlichen Schlösser mit seinen Bildern auszuschmücken. Sein Name ist Francisco Vieira.

Dieser Maler entstammte einer vornehmen Familie, die allerdings nach dem Tode von António Vieira am 17. Juli 1697 in São Salvador verarmte. Dennoch besaß sie genügende Mittel, um den Knaben nach Rom zu schicken, als sich dessen Begabung zeigte. Mit neun Jahren reiste er in die Ewige Stadt, wo er eine ausgezeichnete Ausbildung bei den bekanntesten Malern erhielt. Sieben Jahre später errang der junge Vieira, eben 15 Jahre alt, den ersten Preis der Academie St. Lukas und reiste 1717 in die Heimat zurück, wo er von Johann V. ausgewählt wurde, jenes Gemälde zu malen, das noch heute die Herzen der Beschauer bewegt: „Das Geheimnis des Abendmahls".

Nach Berichten von Zeitgenossen schuf er das Bild in einer sechs Tage und Nächte währenden grandiosen Dauerleistung.

Als Hofmaler von Johann V. konnte er sich danach ganz der Malerei widmen.

Die Inquisition, die auch in Portugal „über die Reinhaltung des Glaubens und des Blutes der Nation" wachte, konnte in diesem Lande nicht so wirksam werden, wie dies beispielsweise in Spanien der Fall war. Johann V. gebot ihr rasch entschiedenen Einhalt. Es gelang ihm, Papst Benedikt XIII. zu einer

Bulle zu bewegen, die den von den Jesuiten gefangengenommenen Menschen einen Verteidiger zugestand. Darüber hinaus befahl er, daß alle von der Inquisition gefällten Urteile ihm vorgelegt werden mußten und daß keines ungeprüft vollstreckt werden durfte.

Dennoch waren die Inquisitions-Tribunale der Jesuiten auch in Portugal „höchst erfolgreich". Allein in Lissabon „konnten von 1732 bis 1742 66 Schuldige auf die Scheiterhaufen geführt werden." Unter ihnen auch der berühmte portugiesische Dramatiker Antônio José da Silva. Dieser wurde „o Judeu — der Jude" genannt, also des geheimen Judentums angeklagt und fürs schuldig befunden. Am Tage seiner Hinrichtung spielte ein Lissaboner Theater eines seiner Stücke. Es war der 19. Oktober 1739.

Damit war er, der Sohn eines getauften Juden, der bereits 1726 dem Inquisitions-Tribunal mit knapper Not entkommen war und den man 1737 abermals gefangengenommen hatte, nur 34 Jahre alt geworden.

Eines seiner bekanntesten Werke ist das Singspsiel „A vida do grande D. Quixote de la Mancha."

Vom Jahre 1742 an kränkelte Johann V. Mehr und mehr zeigte sich bei ihm der Schwachsinn, der sich in den skurrilsten Dingen äußerte. Als er 1750 starb, ging eine Zeit des Aufbaues in der Kunst ihrem Höhepunkt entgegen, während die von ihm durchgeführte Steuerreform trotz aller seiner Bemühungen die finanziellen Kräfte seines Landes nicht stärkte.

Johanns V. Sohn José Manuel trat als Joseph I. die Nachfolge seines Vaters an, den er in den letzten Jahren seines Dahinsiechens bereits mehrfach vertreten hatte. Eine seiner ersten Amtshandlungen war es, den ehrenwerten Dom Sebastiao José de Carvalho e Mello, zum Minister der auswärtigen Angelegenheiten und zum Kriegsminister zu ernennen. Dieser ging dann als Marques de Pombal in die portugiesische Geschichte ein. Er wurde zum größten Politiker Portugals und zugleich zum schrecklichsten, den die portugiesische Geschichte kennt. Heute als *der* große Reformer seines Vaterlandes gefeiert, erschien er seinen Zeitgenossen und insbesondere all denen, die unter ihm leiden mußten, als Teufel in Menschengestalt. Er riß nach und nach die Regierungsgewalt an sich und wurde zum erklärten und anerkannten Kopf des gesamten Kabinetts. Er entlastete Joseph I. völlig von den Staatsgeschäften und gab ihm die Möglichkeit, seinen Liebschaften nachzugehen und anderen Interessen zu frönen.

Sebastiao José Pombal war bereits 50 Jahre alt, als Joseph I. den portugiesischen Thron bestieg. Auf der Universität von Coimbra war er von den Jesuiten erzogen und ausgebildet worden. Seinen ersten, aber recht zweifelhaften Ruhm errang er, als er Führer der Mohock-Bande war und mit dieser die Straßen von Lissabon unsicher machte.

Im Jahre 1733 überredete der am 13. Juni 1699 in Soure bei Pombal geborene Abenteurer die hochgeborene Dona Teresa de Noronha, mit ihm zu fliehen. Ihre Familie, eine der bekanntesten und reichsten des Landes, klagte Pombal öffentlich der Entführung an. Später aber, nachdem sich Dona Teresa mit allem Nachdruck vor ihren Entführer gestellt und ihre Familie erkannt hatte, daß dieser Mann nicht nur hartnäckig, sondern darüber hinaus auch tüchtig und verschlagen genug war, wurde er akzeptiert und gefördert. Damit hatte die Familie Noronha auf die richtige Karte gesetzt. Mit dem Vermögen, das seine Frau ihm in die Ehe mitbrachte, und einer kurz darauf erfolgenden überraschenden Erbschaft beim Tode seines Onkels war Pombal in die Lage versetzt, in dem Stile aufzutreten, der den Hof auf ihn aufmerksam werden ließ.

1739 wurde er von Johann V., dem Pombal mit seiner Redegewandtheit und seinen klugen Gedanken zur Erneuerung des portugiesischen Weltreiches aufgefallen war, als Bevollmächtigter nach London geschickt. Seine Frau, die nunmehr allein war, zog sich in ein Kloster zurück, in dem sie 1745 starb.

Während seines sechsjährigen Aufenthaltes in England studierte Pombal die englische Wirtschaft und vor allem das englische Regierungssystem und erstattete alljährlich Johann V. Bericht. Er erkannte die Abhängigkeit der anglikanischen Kirche vom Staat und war sicher, daß er – falls das Glück ihm hold sein würde und er die erstrebte Position erhielt – dies ebenso machen würde, um die Übermacht des Klerus in Portugal zu brechen.

Seit 1742 hatte Pombal es mehr und mehr mit Joseph zu tun, der seinen Vater vertrat; denn dessen Krankheit uferte derart aus, daß er nicht mehr öffentlich aufzutreten vermochte. Joseph sah diesen Mann, dessen Energie und Tatkraft er bewunderte, für einen hohen Posten im Kabinett vor und war bemüht, ihn mehr und mehr in die große Politik einzuspannen. Auf seine Anregung hin wurde Pombal 1744 aus London zurückberufen und offiziell von König Johann, in Wahrheit aber von Joseph als Gesandter nach Wien entsandt.

Als er hier vom Tode seiner Frau erfuhr, heiratete er wenige Monate später die Nichte des berühmten späteren Feldmarschalls Leopold Joseph Graf von Daun, der 1742 an Österreichs Seite die Franzosen in Böhmen vertrieben hatte und den Oberbefehl über die Truppen übernahm, die gegen Friedrich den Großen aufgeboten worden waren. Damit war er nun auch in österreichischen Kreisen ein hochgeachteter Mann.

Seine neue Braut und Frau blieb ihm durch alle Triumphe und Niederlagen treu ergeben und hielt auch an seiner Seite aus, als er kurz vor seinem Ende unter Königin Maria in die Schußlinie geriet und Federn lassen mußte.

Johann V. mißtraute diesem Manne später sehr. In seinem von Krankheit gezeichneten Gehirn sah er in ihm den Inbegriff des Bösen, und auf die Frage seines Sohnes, warum er denn diesen tüchtigen Diplomaten nicht möge, antwortete er: „Weil Pombal ein rauhes Herz hat und aus einer rachsüchtigen Familie stammt." (Siehe Campbell: The Jesuits).

Es entsprach den Tatsachen, daß Ehrenhändel in dieser Familie des niedrigen Landadels eine besondere Rolle spielten und daß er nicht eben gut mit seiner ersten Frau umgegangen war, doch seine staatsmännischen Fähigkeiten bewogen Joseph I. dazu, ihn nicht aus den Augen zu verlieren, um im rechten Augenblick sofort auf ihn zurückgreifen zu können.

Ungeachtet des Widerwillens von Johann V. wurde Pombal 1749 nach Portugal zurückberufen. Mit Unterstützung der Jesuiten, die von ihrem ehemaligen Zögling etwas erhofften, wenn er in einer entsprechenden Stellung stand, wurde er in ein Ministeramt berufen. Die Hilfestellung Josephs bei diesem Manöver verlief in aller Stille. Aber unmittelbar nach seinem Regierungsantritt bestätigte er die Ernennung Pombals und machte ihn außerdem noch zum Chef des Kabinetts. Sehr schnell wuchs Pombal in diese Rolle hinein. Ein französischer Diplomat, der Geschäftsträger Frankreichs am Hofe Josephs I., bestätigte dies mit den Worten:

„Carvalho kann als der erste Minister betrachtet werden. Er ist unermüdlich, aktiv und gewandt. Er hat das volle Vertrauen des Königs gewonnen. Keiner besitzt es in allen politischen Angelegenheiten mehr als er." (Siehe Cheke, Marcus: Dictator of Portugal: A life of the Marquis of Pombal, London 1938).

Das große Erdbeben

Am 1. November 1755 um 9.40 morgens, es war der Tag Allerheiligen, und der größte Teil der 170.000 Menschen der portugiesischen Hauptstadt war in den Kirchen versammelt, begann plötzlich die Erde zu beben. Der erste Erdstoß riß einige hundert Häuser ins Verderben. Die Menschen flüchteten schreiend in Richtung Tejo, um aus der Nähe der großen Gebäude fortzukommen, die mit Donnergetöse in sich zusammenstürzten. Als das erste Beben vorüber war und die Überlebenden bereits aufatmeten, erschütterte ein zweiter, noch stärkerer Stoß die Stadt. Wieder krachten die großen Prunkgebäude in sich zusammen wie Kartenhäuser; und dieses grausige Schauspiel setzte sich in einem dritten und schließlich noch einem vierten Erdstoß fort.

Ein Drittel aller Häuser von Lissabon hatten sich binnen kürzester Zeit in Trümmerhaufen verwandelt, aus denen die Hilfeschreie jener heraufgellten, die dieses Inferno überlebt hatten. Andere konnten nicht mehr rufen. Sie lagen unter Tonnenlasten von Stein verschüttet, und niemand war da, der ihnen helfen konnte.

Mindestens 30.000 Menschen fanden unter den Trümmern Lissabons den Tod. Jene aber, die zum Tejo gelaufen waren, erlebten eine zweite Katastrophe. Eine heranrasende Flutwelle von mindestens fünf Meter Höhe schwappte über die Ufer, griff nach den Menschen und riß sie in einem wilden Todeswirbel mit fort. Es müssen nach den Schilderungen Tausende gewesen sein, die von den Fluten des Flusses davongespült wurden.

Die auf den Fluß liegenden Schiffe wurden mit unerhörter Wucht auf den Strand geworfen, einige landeten auf den Hafenschuppen, andere wiederum in der Unterstadt.

Dann brachen die Brände aus. Zuerst loderten sie in den zerstörten Häusern empor, um sogleich auch auf die Nachbarhäuser überzugreifen. Auch sie forderten weitere Opfer, vor allem unter den Verletzten, die sich nicht auf den Höhen in Sicherheit bringen konnten.

Und nach dieser weiteren Katastrophe kam das Schlimmste. Der Pöbel machte sich daran, die verwüsteten Geschäfte und Lagerhäuser zu plündern. Er fledderte die Toten und schnitt ihnen die Finger ab, wenn sich die Ringe nicht mehr herunterstreifen ließen.

Wenn es eine Hölle gab, dann war sie an diesem 1. November 1755 ausgebrochen.

Der König, der mit seinem Gefolge diesem Weltenuntergang entronnen war, berief seine Minister zu sich und fragte sie, was nun zu tun sei. Einer wußte die Antwort: Pombal.

„Wir begraben die Toten und retten die Lebenden, Majestät!", lautete seine Antwort. Pombals Haus war wie durch ein Wunder nicht beschädigt worden. Ebenso waren die meisten der Lissaboner Bordelle verschont geblieben.

Joseph I. gab seinem Ministerpräsidenten Pombal alle Vollmachten, alles in seiner Kraft Stehende zu tun und sich bei dieser Arbeit *aller* vorhandenen Hilfsmittel zu bedienen, die der Staat verfügbar hatte.

Das erste, was Pombal tat, war das Heranziehen von Truppen aus den nördlichen Garnisonen in die Hauptstadt. Mit schußbereiten Waffen gingen diese durch die Stadt, und wo auch immer sie einen Plünderer trafen, dort peitschten die Schüsse aus ihren Waffen und streckten diesen „Abschaum der Menschheit", wie Pombal ihn nannte, „der sich an der wenigen Habe der schwergetroffenen Menschen bereicherte", einfach nieder.

Jene, die bei der Plünderung der Toten gefaßt wurden, und auch dies waren nicht eben wenige, wurden nach einem Standgerichtsverfahren sofort gehenkt.

Das Wichtigste war in dieser Stunde größter Not und Gefahr die Sicherstellung der Versorgung der Bevölkerung, die bereits 48 Stunden nach diesem schrecklichen Unglück zusammengebrochen war. Während die Überlebenden in den Trümmern noch nach ihren Angehörigen suchten, verfügte Pombal einen sofortigen Preisstop für alle Nahrungsmittel. Jene, die diesen Erlaß umgingen, wurden ins Gefängnis geworfen.

Alle einlaufenden Schiffe wurden durch den Ministerpräsidenten gezwungen, ihre Ladungen an Lebensmitteln – wohin sie auch deklariert waren – hier zu löschen und sie zu den von ihm festgeschriebenen Preisen zu verkaufen. Wer sich weigerte, dessen Schiff wurde kurzerhand beschlagnahmt. Not kannte kein Gebot, und Pombal handelte entsprechend.

Seine Suchtrupps und die unter Zelten eingerichteten Lazarette verhinderten noch Schlimmeres. So konnten einige tausend Verletzte versorgt und gerettet werden. So gelang es auch, Seuchen zu verhindern und die Lebenden am Leben zu erhalten.

Die binnen kürzester Zeit vom Militär errichteten Zelte für die Obdachlosen und Verwundeten, für elternlose Kinder und verängstigte Alte, deren Ernährer unter den Trümmern lagen, ließen die ganze Energie dieses Mannes deutlich werden. Daß alles dies geschehen konnte, daß der Staat alle Nahrungsmittel und die Neubauten bezahlen konnte, lag in der Tatsache begründet, daß der riesige Goldregen aus Brasilien nach wie vor anhielt. Ohne dieses brasilianische Gold wären die nun folgenden Aufbauarbeiten überhaupt nicht möglich gewesen, denn sie verschlangen Summen, die aus den Steuern und Abgaben in keiner Weise zu decken waren.

Ein rascher Aufbau begann. Mit den Architekten und Konstrukteuren, mit Straßenbauern und Ingenieuren aus aller Welt beriet das von Pombal einberufene Konsortium über den Wiederaufbau.

Lissabon wurde zur Gänze neu geplant. Nun konnte mit den engen Gassen aufgeräumt werden. Breite Straßen, gut gepflastert und beleuchtet, zogen sich nun durch die Stadt zum Tejo hinunter.

Die Cidade Baixa – die Unterstadt – wurde unter der Leitung des berühmten Architekten M. de Maia im Rechteckschema wieder aufgebaut. E. dos Santos de Carvalho machte die Entwürfe zu den modernen Geschäftshäusern. Bis 1760 hatte er diese Arbeit gelöst.

Die Praça do Comercio bildete dann die neue Meerfront der Stadt. Die Avenida di Liberdade, jene 90 Meter breite und eineinhalb Kilometer lange Prachtstraße, führte vom Tejo aus nach Norden empor. Plätze und Parkanlagen, so auch die Praça do Rio de Janeiro, der Jardim da Estrêla, die Tapada das Necessidados (in der heute das Außenministerium untergebracht ist) mit dem Palácio das Necessidades – dem königlichen Schloß – waren Bauten und Entwicklungen, wie sie Lissabon zur Ehre gereichten. Die Kirche Estrela wurde von 1778 bis 1790 von M. Vicente erbaut. Die Martireskirche, deren Bau bereits 1769 begonnen worden war, konnte 1784 eingeweiht werden.

Lissabon erstrahlte in neuem Glanz, und Ministerpräsident Pombal hatte entscheidenden Anteil daran, daß diese Arbeit so rasch vorangeschritten war. Dennoch blieb noch sehr viel zu tun, Teile der Stadt waren immer noch nicht von den Trümmern freigeräumt, vom Wiederaufbau einmal abgesehen. Die Macht Pombals aber hatte sich nach dieser Katastrophe und seinem Wiederaufbauwillen noch mehr gefestigt.

Gegen Kirche und Klerus

Nachdem Pombal sich tatkräftig für den Wiederaufbau Lissabons eingesetzt hatte, richtete sich seine Aufmerksamkeit erneut gegen die Kirche. Seine antikirchliche Haltung galt vor allem jenen, die ihn erzogen hatten, den Jesuiten. Er verdächtigte sie, den Widerstand gegen die Inbesitznahme jenes von ihnen in Paraguay gehaltenen Territoriums durch Portugal zu führen.

Er bezichtigte sie darüber hinaus, ein eigenes Königreich errichten zu wollen oder bereits errichtet zu haben, in dem die 31 Indianer-Reduktionen mit über 100.000 Menschen zusamengeschlossen waren.

Bereits 1750 hatte Pombal jenen Vertrag ausgearbeitet, nach welchem Portugal die von ihm in Besitz genommene reiche Kolonie San Sacramento abgab und dafür sieben große Jesuiten-Siedlungen erhalten sollte. Diese stießen direkt an die brasilianische Grenze und hätten das brasilianische Territorium günstig abgerundet.

Der Vertrag bestimmte weiter, daß die in diesen sieben Siedlungen wohnenden 30.000 Indianer in andere Regionen auswandern sollten und das solcherart freigewordene Land portugiesischen Siedlern zur Verfügung gestellt werden müsse.

Ferdinand VI. von Spanien war damit einverstanden gewesen. Er befahl den Portugiesen von Paraguay, die Siedlungen zu verlassen und ihre Untertanen anzuweisen, in Frieden umzusiedeln.

Die Jesuiten behaupteten zwar, diesem Befehl gehorsam gewesen zu sein. Aber die Indianer leisteten hartnäckigen Widerstand und wollten das Land nicht verlassen. Portugal mußte Truppen dorthin entsenden.

Drei Jahre hatten diese Verbände in einem gnadenlosen Dschungelkrieg zu kämpfen, ehe das Gebiet zur Gänze befriedet war.

Pombal wiederum beschuldigte die Jesuiten, diesen Indianeraufstand nicht nur angezettelt, sondern ihn auch heimlich ununterbrochen geschürt zu haben.

Dies diente ihm als Aufhänger, mehr und mehr der Beteiligung der Jesuiten an der Industrie, dem Handel und vor allem an der Regierung Portugals und der überseeischen Besitzungen ein Ende zu bereiten.

Als die Jesuiten diese Absicht erkannten, vereinigten sie sich und beschlossen in mehreren Geheimsitzungen, den Sturz des Diktators Pombal einzuleiten.

Der Führer dieses Unternehmens war Gabriel Malagrida, ein 1689 in Menaggio am Comer See geborener Italiener, der sehr früh in die Gesellschaft Jesu eingetreten und zunächst als Missionar nach Brasilien gegangen war. Von 1724 bis zum Jahre 1735 predigte er den Indianern im Dschungel das Evangelium, ehe er sich zu etwas ganz Großem berufen fühlte.

Zwar war er ein kämpferisch veranlagter und mutiger Mann, der in Brasilien mehrfach dem Tode durch Kannibalen, Krokodile, Schiffbrüche und verheerende Tropenkrankheiten entgangen war, aber er war zugleich auch der persönliche Beichtvater der Königinmutter, die sich für ihn verwandte, als er 1747 nach Lissabon gekommen war.

König Johann V. ließ sich daher mit sanfter Nachhilfe seiner Mutter dazu bringen, ihm eine größere Summe Geldes auszuhändigen, mit der Malagrida nach Brasilien zurückkehrte. Dort arbeitete er weiter mit großem Erfolg in der Heidenmission.

Dieser Jesuit war beredt wie kaum ein zweiter der Missionare, *und* er war energisch genug, Zögernde und Zaudernde mitzureißen: Ein Mann schneller Entschlüsse.

Als ihm durch einen Schnellsegler die Nachricht zuging, daß die Königinmutter seiner bedürfe, reiste er abermals nach Portugal und bereitete die alte Dame, der der Lebenswandel ihres Sohnes schwer zu schaffen machte, auf den Tod vor.

Doch nicht nur gebetet wurde in seinem Exerzitienhaus, sondern *dort* war die Brutstätte des Komplotts, das Zentrum der Intrigen gegen Pombal, der als ärgster Feind der Jesuiten galt.

Einige reiche Adelsfamilien beteiligten sich an diesem Komplott, darunter auch Dom José de Mascarenhas, der Herzog von Aveiro. Führer einer zweiten nicht weniger einflußreichen Gruppe war der Schwager des Herzogs, Dom Francisco de Assiz, Marquis von Tavora.

Dom Franciscos Gattin, die Marquise Dona Leonor, aber war in der Lissaboner Damenwelt tonangebend und zudem die eifrigste Schülerin und häufigste Besucherin von Pater Malagrida. Ihrer beider Sohn, Dom Luis Bernardo, der Älteste und damit Nachfolger in der Herzogswürde und jüngerer Marquis von Tavora, war mit seiner eigenen Tante verheiratet, was zu damaliger Zeit nicht unüblich war und sogar im Hause Bragança vorkam, wie der nächste Abschnitt berichten kann.

Sowie Luis als Offizier nach Indien ging, um dort weitere Meriten zu erwerben, war seine schöne und lebenslustige Frau oftmals allein, und König Joseph I. nahm sich ihrer mit geradezu rührender Freundschaft an, die allerdings sehr bald in eine heiße Liebesaffäre mündete. Die jüngere Marquise wurde die Mätresse Josephs I.

Dies vergaßen die Aveiros und Tavoras dem König nie. Und sehr bald wußte auch Luis, daß er „das Beilager mit seiner Frau mit dem König teilen" mußte. Sein Zorn war grenzenlos. Er verschrieb sich der Sache der Jesuiten, weil er wie alle anderen Verschwörer der Überzeugung war, daß die Lage sich ändern würde, sobald erst einmal Pombal aus dem Weg geräumt war.

Aber Pombal war kein Jüngling mehr und in allen Dingen verräterischer Umtriebe wohlunterrichtet. Seine Späher und Detektive waren überall, und einer gehörte auch zur Klientel des Paters Malagrida. So erfuhr Pombal sehr zeitig alles über dieses Komplott, und er schlug zurück, noch ehe seine Gegner zugeschlagen hatten; gewissermaßen in einem Präventivschlag, der alles zermalmte, was sich ihm in den Weg stellte.

Sein erster Weg war der zum König. Er berichtete Joseph I., daß die Gesellschaft Jesu nach wie vor heimlich die Revolutionäre in Paraguay unterstützte *und* daß sie nun einen Anschlag gegen den König und damit auch gegen Portugal vorbereitete.

Er wies dabei dezent auf die Tatsache hin, daß die Familie der schönen Marquise von Tavora sich wegen der Schmach an ihm, dem König, rächen werde und daß der junge Marquis Dom Luis bereits fürchterliche Racheschwüre geäußert habe.

Am 19. September 1757 erließ Joseph I. ein Dekret, mit dem die jesuitischen Beichtväter der königlichen Familie vom Hofe verbannt wurden.

Pombal ließ durch Sonderkurier seinen Vetter, Francisco de Almada e Mendoça, verständigen, der als Gesandter Portugals beim Vatikan diente. Dieser wurde reichlich mit Gold ausgestattet und erhielt Spezialweisungen, die Anti-Jesuitenpartei am Heiligen Stuhl auf Pombals Seite zu ziehen und sie mit Geld zu unterstützen. Er sollte dabei nicht etwa „kleckern", sondern „klotzen". Die dafür zu Verfügung gestellte Summe Goldes hätte ausgereicht, eine ganze Stadt zu kaufen.

Im Oktober 1757 legte dann Francisco de Almada e Mendoça Papst Benedikt XIV. eine Liste von Anschuldigungen gegen die Jesuiten vor. Darin hießt es in der pointierten Sprache des portugiesischen Diktators:

„Sie haben alle religiösen, natürlichen und politischen Verpflichtungen gegenüber dem blinden Wunsch geopfert, sich zu Herren der Regierung zu machen.

Diese Gesellschaft ist beherrscht von einem unersättlichen Verlangen, fremde Reichtümer an sich zu reißen, sie zu sammeln und für ihre Zwecke zu verwenden. Darüber hinaus maßen sie sich sogar Herrschaftsrechte an." (Siehe Cheke Marcus: a.a.O.).

Am 1. April 1758 beauftragte der Papst den Kardinal de Saldanha als Patriarchen von Lissabon, diese Anschuldigungen zu untersuchen.

Der Patriarch machte sich sogleich an die Arbeit, und am 15. Mai veröffentlichte er das Ergebnis der angestellten Recherchen in einem Dekret, in dem er erklärte:

„Die Jesuiten treiben Handel entgegen allen göttlichen und menschlichen Gesetzen. Ich befehle ihnen, sofort davon Abstand zu nehmen."

Damit waren Pombals Beschuldigungen praktisch „erwiesen". Aber dies genügte dem Diktator noch nicht, denn nach wie vor konnten die Jesuiten in ihrer Amtsausübung Menschen um sich versammeln und sie möglicherweise unheilvoll beeinflussen. Der Ministerpräsident zwang den zögernden Patriarchen dazu, den Jesuiten auch die Abnahme der Beichte und das Predigen vor dem Volks zu verbieten.

Im Juli fiel dann der entscheidende Schlag gegen die Jesuiten. Der Superior der Lissaboner Jesuiten, der sich nicht an diese Weisungen gehalten hatte, wurde 60 Meilen weit vom königlichen Hof verbannt und sogleich dorthin abgeschoben.

Noch während dieser Entscheidungen war Papst Benedikt XIV. am 3. Mai 1758 gestorben. Sein Nachfolger auf dem Stuhl Petri wurde Clemens XIII. Dieser ernannte eine zweite Untersuchungskommission. Sie berichtete ihm nach Abschluß ihrer Ermittlungen folgendes:

„Die Jesuiten haben sich dieser ihnen von Minister Pombal vorgeworfenen Beschuldigungen *nicht* schuldig gemacht." (Siehe McCabe, Joseph: A candid History of the Jesuits, New York 1913)

Nunmehr bestanden doch in den Adelskreisen am Hofe Zweifel darüber, ob Joseph I. seinen Minister und engsten Ratgeber würde halten können. Minister Pombal würde möglicherweise den Hut nehmen müssen. Joseph I. war also in der Tat schon halb entschlossen, Pombal zu opfern, um mit der Kirche in Frieden zu leben, als ein Ereignis eintrat, das alles wieder auf den Kopf stellte: Das Attentat auf König Joseph I. während seiner Rückkehr von einem Stelldichein im Liebesnest der Marquise von Tavora.

Der Angriff auf den König, der hierbei verwundet wurde, gab dann unter geschickter Nachhilfe durch Pombal, der in allem – auch in diesem Überfall – einen Anschlag der Jesuiten zur Machtergreifung und zur Beseitigung des Königs sah und dies Joseph gegenüber offen aussprach, den Ausschlag. Dieser wußte nun, daß er nur *mit* Pombal überleben und an der Regierung bleiben konnte.

Das Attentat auf den König – Blutige Rache

In der Nacht des 3. September 1758 kehrte Joseph I. von seinem heimlichen Rendezvous mit der jungen Marquise von Tavora in seinen Palast bei Belém zurück. Kurz vor Mitternacht tauchten plötzlich unter dem Bogen des aus dem Gebirge nach Lissabon führenden Aquäduktes, den der König auf dem Rückweg passieren mußte, drei maskierte Männer auf.

Aus dem Schatten des mächtigen Pfeilers sprangen sie auf die Kutsche zu und schossen hinein. Infolge der raschen Fahrt verfehlten sie ihr Ziel. Es gab keine Verletzten.

Mit der Peitsche trieb der Kutscher das Gespann zu wildem Galopp an. Einige hundert Meter weiter, als die Pferde gerade wieder in den Schritt gefallen waren, krachten aus einem zweiten Hinterhalt dicht an der Straße weitere Schüsse. Von rechts bei nur wenigen Metern Distanz aus dem Gebüsch abgefeuert, traf eine der Kugeln den König, der sich gerade etwas vorgebeugt hatte, in die rechte Schulter, durchschlug diese und blieb im Oberarm stecken. Die zweite Kugel verletzte den Kutscher schwer. Nur mit Mühe konnte sich dieser festklammern.

„Verlaß die Hauptstraße!“ rief der König seinem Kutscher zu. „Schnell, schnell! Zu meinem Leibarzt!“

Der Kutscher trieb die Pferde, die beim Hall der Schüsse in den Galopp gefallen waren, zu noch schnellerer Gangart an. Sie rasten bis zur nächsten Fahrspur weiter, drehten darin ein und rollten auf einem kaum befahrenen Weg zum Leibarzt des Königs.

Der Kutscher schaffte es. Sie hielten vor dem Haus, und der König selber klopfte den Arzt heraus, weil der Kutscher bewußtlos geworden war.

Nachdem der Arzt seinen hochgestellten Patienten behandelt hatte, nahm er sich auch des Kutschers an. Beide Männer wurden vom Leibarzt persönlich ins königliche Schloß gefahren.

Der Umweg zu seinem Leibarzt rettete dem König das Leben, denn der später eingesetzte Untersuchungsausschuß fand heraus, daß die Attentäer – gewissermaßen für alle Fälle – noch einen dritten Hinterhalt gelegt hatten, und zwar weit draußen an der Landstraße nach Belém. Dort hatten sie eine Straßensperre angelegt, vor der der Wagen hätte anhalten müssen. Hier wären mit Sicherheit die tödlichen Schüsse gefallen, denn alle Verschwärer wußten, was auf sie wartete, wenn der König mit heiler Haut davonkam. Es ging schließlich nicht nur um Rache für die angekratzte Ehre des jungen Tavora, sondern um den Sturz des Königs. Und Joseph würde dies genau wissen. Falls er es aber noch nicht wissen sollte, dann würde sein Minister Pombal es ihm genau erklären.

Die Attentate, das kam sehr schnell heraus, waren von der Familie Tavora angezettelt. Sie wollte den König auf alle Fälle tot sehen. Aber der König lebte, und nun folgten jene Ereignisse, die das Aufsehen von ganz Europa erregten und Portugal in aller Munde brachten.

Initiator der Rache war des Königs Minister Pombal, der sicher war, daß dieser Anschlag auch ihm gegolten hatte. Joseph I., der mit dem Gedanken gespielt hatte, diesen Minister fallenzulassen, besann sich eines anderen. Nun konnte er es sich nicht mehr leisten, einen solchen Mann, der bereits mehrfach bewiesen hatte, wie er mit solchen Zuständen fertig zu werden wußte, gehen zu lassen. Er erteilte Pombal den Auftrag, das Attentat aufzuklären und die Schuldigen ihrer Strafe zuzuführen. Dieses Attentat war für Pombal zum genau richtigen Zeitpunkt verübt worden. Nun saß er fester denn je im Sattel. Er handelte blitzschnell und völlig im Verborgenen.

Zunächst ließ er durch ein Bulletin die Nachricht verbreiten, daß der König einen Jagdunfall erlitten habe, was ja im weitesten Sinne auch zutraf. Gerüchte, die von einem Attentat auf den König wissen wollten, wurden lautstark dementiert.

Zunächst sah es so aus, als geschehe überhaupt nichts, doch weit gefehlt! Pombal war aktiv wie niemals vorher. Drei Monate lang sammelten seine Geheimagenten und Zuträger unter strengster Geheimhaltung Beweise gegen die Attentäter. Sehr rasch konnten sie einen Mann ausfindig machen, der bezeugte, daß ein gewisser Antonio Ferreira am 3. August von ihm eine Muskete geliehen habe, die er am 8. September zurückbrachte.

Ein anderer Mann sagte aus, daß sich Ferreira am 3. September vormittags von ihm eine Pistole geborgt habe und daß er sie wenige Tage später benutzt wieder zurückgebracht hatte. Daß sie benutzt worden war, sah er daran, daß man sie nicht gereinigt hatte und Pulverspuren zu sehen waren.

Auch darüber befragt, was für ein Mann dieser Ferreira sei, erklärten die beiden Hauptzeugen, daß er im Dienste des Herzogs von Aveiro stehe.

Salvador Durao, ein Diener in des Herzogs Haus zu Belém, bezeugte, daß er in der Nacht des Überfalles, als er außerhalb des Hauses der Aveiro einen Auftrag auszuführen hatte, einige Familienmitglieder von einem nächtlichen Unternehmen zurückkommen gehört habe. Wegen der Dunkelheit und weil er sich nicht verdächtig machen wollte, habe er nicht nahe genug herankommen können, um alle Männer zu identifizieren, zumal er ja nichts Böses geahnt habe.

Mit Vorsicht und Verschlagenheit und gleichzeitig mit tödlicher Wucht eines überraschenden Schlages wurde der Prozeß gegen die Attentäter durch Pombal vorbereitet. Der Minister umging konsequent alle jene Gesetze und Verfahren, die bei einem solchen Kriminalprozeß vorgeschrieben waren. Die Tatsache, daß verdächtige Adelige vor einen Gerichtshof ihrer Standesgenossen zu stellen seien, war für ihn nicht vorhanden. Ein solches Gericht, das wußte er nur zu gut, hätte die Angeklagten aufgrund der unzureichenden Beweise *nicht* verurteilt.

Der König ließ den Prozeß am 9. Dezember bekanntgeben und erließ am selben Tage dazu zwei Dekrete. Im ersten ernannte er Dr. Pedro Gonçalves Pereira zum Vorsitzenden eines Sondertribunals für Hochverrat, das ausschließlich für diesen Fall zusammengestellt worden war. Im zweiten Dekret befahl der König, daß der Gerichtspräsident die für den Mordanschlag auf ihn verantwortlichen Männer zu entdecken, zu verhaften und zu richten habe.

Richter Gonçalves Pereira wurde ermächtigt, alle üblichen Formen eines gültigen Rechtsverfahrens beiseitezuschieben. Das Gericht wurde angewiesen, alle Urteile noch am Tage ihrer Verkündigung zu vollstrecken.

Diese entscheidenden Dekrete wurden von Minister Pombal entworfen und vom König unterzeichnet. Ein ebenfalls von Pombal verfaßtes und in ganz Lissabon angeschlagenes Manifest schilderte die Ereignisse des 3. September – ohne Nennung der Liebesstunde, versteht sich – und setzte hohe Belohnungen für jedermann aus, dessen Aussage zur Ergreifung der Mordgesellen und ihrer Handlanger führe.

Am 13. Dezember verhafteten Regierungsbeamte den Herzog von Aveiro, seinen 16 Jahre alten Sohn – den Marquis von Gouveia –, seinen Diener Antonio Ferreira, den alten und den jungen Marquis von Tavora, die alte Marquise von Tavora, alle Dienstboten dieser beiden Häuser und fünf weitere Adelige, die mit im Komplott zu sein schienen.

Alle Jesuiten-Kollegien wurden an diesem denkwürdigen Tag vom Militär streng abgeriegelt. Am selben Tage wurde auch Pater Malagrida verhaftet. Mit ihm wurden zwölf weitere Jesuiten ins Gefängnis geworfen.

In einem weiteren königlichen Dekret wurde „zur Beschleunigung des Prozesses und der Wahrheitsfindung“ am 20. Dezember verkündet, daß in diesem Verfahren (entgegen dem portugiesischen Recht) die Folter zur Erzielung von Geständnissen angewandt werden würde.

Fünfzig Gefangene wurden solcherart „peinlich“ – wie man dies nannte – verhört. Mehrere Geständnisse wurden erzielt. Sie belasteten den Herzog von

Aveiro schwer. Er selbst wurde ebenfalls gefoltert und gab seine Schuld unter der Tortur zu.

Antonio Ferreira gestand, daß er auf die Kutsche geschossen habe. Er schwor jedoch, er habe nicht gewußt, daß der König in dieser Kutsche gesessen hatte. Unter der Folter beschuldigten mehrere Dienstboten der Tavoras ihre Herrschaft, und zwar die ganze Familie. Der junge Marquis gestand seine Mitschuld. Der alte Marquis wurde bis zum Tode gefoltert, ohne daß ihm sein „schuldig" über die Lippen gekommen wäre.

Pombal selbst wohnte diesen Verhören öfter bei. Er notierte sowohl die Zeugen- als auch die Gefangenenaussagen, verfolgte völlig ungerührt die Torturen und war jedesmal erfreut, wenn sich die Geschundenen zum Sprechen bequemten.

Er hatte die Post der Verhafteten überwachen und jedes Schreiben prüfen lassen. Nun behauptete er vor dem Gericht, ohne Beweise für diese Behauptungen anzutreten, 24 Briefe des Herzogs von Aveiro, mehrere Briefe der Tavoras und auch Briefe des Paters Malagrida gefunden zu haben, in denen sie ihre Freunde, Verwandten und Ordensbrüder im Mutterland und in Brasilien über den mißlungenen Mordanschlag unterrichtet hätten. Sie hätten in diesen Briefen versprochen, ihre Bemühungen zum Sturz der Regierung und zur Wiederholung des Attentats fortzusetzen, bis Portugal befreit sei.

Am 4. Januar 1759 beauftragte der König Dr. Eusebio Taveros de Sequeira mit der Verteidigung der Angeklagten. Sequeira argumentierte bei seiner Verteidigung, die er ernst nahm, daß die durch Folter erpreßten Geständnisse als Beweise der Schuld wertlos seien. Alle angeklagten Adeligen, führte er aus, könnten für die fragliche Nacht des Attentats ein Alibi vorweisen.

Die Verteidigung wurde nun als nicht qualifiziert genug abgelöst und durch einen willfährigeren Mann ersetzt. Die abgefangenen Briefe wurden als echt erkannt, und am 12. Januar 1759 erklärte das Gericht alle angeklagten Personen für schuldig.

Neun von ihnen wurden am Morgen des 13. Januar 1759 auf dem öffentlichen Platz von Belém hingerichtet. Als erste sollte die alte Marquise von Tavora sterben. Als sich der auf dem Schafott stehende Scharfrichter bückte, um ihre Füße zu binden, stieß sie ihn mit den Worten zurück: „Berühre mich nicht! – Außer um mich zu töten!" (Siehe Lanfrey Pierre: L'Eglise et les philosophes au dix huitième siècle, Paris 1857.)

Nachdem man die alte Dame gezwungen hatte, alle Instrumente des Tötens, Rad, Hammer und Reisigbündel, mit denen ihr Gatte und ihre Söhne umgebracht werden sollten, anzusehen, wurde sie enthauptet.

Danach wurden ihre beiden Söhne gerädert und anschließend stranguliert. Die Schreie der Gemarterten brandeten gegen die dichte Mauer der Zuschauer, die sich dieses Schauspiel nicht entgehen ließ. Ihre Leichen wurden auf das vorbereitete Schafott gelegt, als der Herzog von Aveiro an die Reihe kam und mit ihm auch der alte Marquis von Tavora auf das Blutgerüst stieg.

Sie mußten die gleichen Foltern erdulden, und der Todeskampf des Herzogs dauerte so lange, bis die letzten Exekutionen – das Verbrennen von Antonio Ferreira bei lebendigem Leibe – beendet war. Alle Leichen wurden anschließend zu Asche verbrannt, die in den Tejo geworfen wurde.

Bis heute ist nicht sicher geklärt, ob diese Verurteilten und Hingerichteten wirklich schuldig waren und ihrem König tatsächlich nach dem Leben getrachtet hatten.

Ob die Jesuiten in den Attentatsplan eingeweiht oder gar in diesen verwickelt und an ihm beteiligt waren, ist ebenfalls nie geklärt worden. Es besteht allerdings kein Zweifel daran, daß Pater Malagrida in seinen leidenschaftlichen Reden und Angriffen den Sturz des Ministers Pombal *und* den Tod des Königs vorausgesagte hatte. (Siehe Cheke, Marcus: a.a.O.)

Darüber hinaus steht fest, daß Pater Malagrida auch mit adeligen Widersachern Pombals Geheimbesprechungen geführt hatte. Er hatte darüber hinaus sein Wissen von einem Komplott preisgegeben, als er einen Brief schrieb, der an eine der Hofdamen gerichtet war. Darin bat er diese Hofdame, den König vor einer drohenden Gefahr zu warnen. Im Gefängnis befragt, wie er von dieser Gefahr erfahren habe, antwortete er: „Ich habe es aus dem Beichtstuhl".

Außer diesen Indizien gibt es *keinen* hieb- und stichfesten Beweis für die Verbindung der Jesuiten mit den Akteuren dieses Gewaltstreiches. Pombal beschuldigte sie pauschal, durch ihre Predigten und Lehren die ihnen Verbündeten zur Aufruhr und Mord angestachelt zu haben. Er verstand es, den König davon zu überzeugen, daß die Lage nun der Monarchie einen Hebel in die Hand gegeben habe, mit dem ihre Macht gegenüber der Kirche gestärkt werde und die Jesuiten ausgehoben werden könnten.

Am 19. Januar 1759 erließ Joseph I. einige Verordnungen, aufgrund derer das gesamte Eigentum der Jesuiten im Königreich Portugal beschlagnahmt wurde. Alle Jesuiten waren gehalten, bis zur endgültigen Klärung der gegen sie erhobenen Anschuldigungen durch den Papst in ihren Kollegien-Häusern zu bleiben.

Pombal benutzte in der Zwischenzeit die Regierungsdruckerei dazu, Flugschriften zu drucken, die er durch ein Heer von Agenten im In- und Ausland verbreiten ließ. In diesen Schriften wurde der Prozeß gegen die Adeligen und die Jesuiten in *seiner* Version dargelegt. Dies war das erstemal, daß eine Regierung von der Druckerpresse Gebrauch machte, um anderen Nationen ihre Handlungsweise zu erklären. Diese Veröffentlichungen haben – das ist nicht zu leugnen – ihren Teil zur Vertreibung der Jesuiten aus Frankreich und Spanien beigetragen.

Im Sommer 1759 erbat Pombal von Papst Clemens XIII. die Erlaubnis, die verhafteten Jesuiten vor das Tribunal für Hochverratsfälle stellen zu können. Darüber hinaus schlug er vor, daß in Zukunft alle Geistlichen, die eines Verbrechens gegen den Staat beschuldigt wurden, von weltlichen und nicht von kirchlichen Gerichten abgeurteilt werden konnten.

In einem persönlichen Brief an den Heiligen Vater kündigte Joseph I. seinen Entschluß an, die Jesuiten aus Portugal auszuweisen. Darüber hinaus drückte er in diesem Schreiben die Hoffnung aus, daß der Papst diese entscheidende Maßnahme als durch deren verbrecherische Handlungsweise gerechtfertigt ansehen möge, und daß er sie für den Schutz der Monarchie als notwendig ansah.

Clemens XIII. war empört. Dennoch konnte er sich nicht widersetzen, weil er dann selber Pombal den Vorwand lieferte, alle Beziehungen zwischen der portugiesischen Kirche und dem Vatikan abzubrechen. Damit würde ein weiteres Glied in der Kette der christlichen Staaten Europas verlorengehen, was natürlich auch mit dem Versiegen der portugiesischen Gelder für den Heiligen Stuhl gleichzusetzen war. Als warnendes Beispiel stand Clemens XIII. das Vorgehen Heinrichs VIII. von England ebenso vor Augen wie die zunehmend feindseliger werdende Haltung Frankreichs.

Am 11. August 1759 sandte Clemens XIII. sein Antwortschreiben an Joseph I. Darin erteilte er dem portugiesischen Herrscher die Erlaubnis, die Jesuiten vor ein weltliches Gericht zu stellen. Diese Einwilligung beschränkte er jedoch ausdrücklich auf *diesen einen* vorliegenden Fall. In einem persönlichen Appell an Joseph I. bat der Papst um Gnade für die angeklagten Priester. Er erinnerte den König an die bisherigen Leistungen der Jesuiten nicht nur im Mutterland, sondern auch in den Kolonien, vor allem in Brasilien, und sprach die Hoffnung aus, daß nicht alle portugiesischen Jesuiten für die Sünden einiger weniger bestraft werden würden.

Dieser Brief des Papstes hatte keinerlei Einfluß auf die portugiesische Rechtsprechung gegenüber den Jesuiten. Am 3. September 1759 – dem ersten Jahrestag des Attentats auf den König – erließ Joseph I. ein Edikt, in welchem eine Reihe von Vergehen der Jesuiten aufgeführt war. Am Schluß dieses Schreibens stand folgende Bestimmung:

„Diese Ordensbrüder, da sie verderbt, vor ihrem heiligen Gesetz abgefallen und durch solche abscheulichen und hartnäckigen Laster offenkundig unfähig geworden sind, zu einer Innehaltung zurückzukehren, werden ordentlich und wirksam verbannt.

Sie sind geächtet und sollen als notorische Rebellen, Verräter, Widersacher und Angreifer gegen Seiner Majestät Person und Reich aus allen Ländern Seiner Majestät vertrieben werden.

Bei Todesstrafe wird befohlen, daß niemand – welches Standes oder Berufes er auch sei – sie in einem seiner Besitztümer zulassen oder durch Wort und Schrift mit ihnen Verbindung halten darf." (Siehe: Campbell, Thomas J.: The Jesuits, New York 1921.)

Von dieser Verordnung durften nicht einmal jene Menschen ausgenommen werden, die ihre Gelübde noch nicht abgelegt hatten. Ebenso traf es all jene, die angesichts dieser ihnen drohenden Gefahr darum baten, von den vorbereiteten Gelübden zurücktreten zu dürfen. Das gesamte Eigentum der Jesuiten sollte dem Staat überantwortet werden. Den aus Portugal Verbannten wurde verboten, mehr als das mitzunehmen, was sie auf dem Körper trugen.

Zu Fuß oder in Fuhrwerken aller Art wurden die Jesuiten nun aus allen Teilen Portugals zur Küste und zu den in den Häfen wartenden Schiffen geführt, die sie nach Italien bringen würden. Deportationen gleicher Art erfolgten auch in Brasilien und in den übrigen portugiesischen Übersee-Besitzungen.

Die erste Schiffsladung dieser Verbannten erreichte Civitavecchia am 24. Oktober 1759. Selbst der dort anwesende Vertreter Pombals war erschüttert, als er diesen Zug der Geschlagenen, darunter so viele Alte und Kranke, sah. Eine ganze Reihe der Unglücklichen war auf dem Transport gestorben und den Wellen des Meeres übergeben worden.

Der General der Gesellschaft Jesu, Lorenzo Ricci, sorgte für die Aufnahme der Deportierten in den italienischen Jesuitenhäusern. Auch die Dominikanerpatres gewährten den heimatlos gewordenen Brüdern in Christo ihre Gastfreundschaft.

Am 17. Juni 1760 brach schließlich die portugiesische Regierung alle diplomatischen Beziehungen zum Vatikan ab. Nach diesem erzwungenen Auszug seiner Todfeinde aus Portugal schien Minister Pombal den Gipfelpunkt seiner Macht erreicht zu haben. Aber er fühlte sich immer noch unsicher und gefährdet und ließ sich vom König seine Machtbefugnisse erweitern. Dieser sah in Pombal den Retter des Königreiches und gewährte ihm alles, was er für notwendig hielt. Pombals Herrschaft des Absolutismus und des Terrors entartete zu einer völligen Diktatur. Diese sollte bis zum Jahre 1777 dauern.

Ein Heer von Spionen schwärmte aus und mischte sich unter das Volks. Sie trugen ihrem Herrn jede Äußerung der Opposition gegen seine Politik, die von ihm ergriffenen Maßnahmen und seine Herrscherallüren zu. Bald waren die Lissaboner Gefängnisse mit politischen Gefangenen überfüllt. Viele Adelige und Priester wurden unter der Anschuldigung, neue Anschläge gegen den König vorbereitet zu haben, verhaftet und ins Gefängnis geworfen.

Das Fort Junqueira, auf halben Wege zwischen Lissabon und Belém gelegen, wurde zum Gewahrsam für Adelige und Aristokraten. Viele von ihnen wurden jahrelang ohne Prozeß – oftmals bis zu ihrem Tode – festgehalten.

Andere Gefängnisse beherbergten bis zur Dauer von 19 Jahren Jesuiten, die aus den Kolonien ins Mutterland geschafft worden waren. Sie waren des Widerstandes gegen die Regierung oder der Aufwiegelung der Indianer für schuldig befunden worden.

Malagrida selber saß 32 Monate im Gefängnis, ehe er vor ein Gericht gestellt wurde. Seine körperliche und geistige Verfassung war erbarmungswürdig geworden. Während dieser Haft schrieb er über „das heldenhafte Leben der heiligen Anna, der Mutter Marias, diktiert dem ehrwürdigen Pater Malagrida von der heiligen Anna selbst."

Pombal ließ das fertige Manuskript beschlagnahmen, um damit dem Pater einen Strick zu drehen. Pater Gabriel Malagrida hatte in diesem Werk geschrieben, daß die heilige Anna ebenso wie ihre Tochter Maria ohne die Befleckung der Erbsünde empfangen worden sei und daß sie im Leibe ihrer Mutter gesprochen und geweint habe." (Siehe Voltaire: Works, 44 Bd. in 22 New York 1927.)

Nachdem Pombal seinen Bruder Paul de Carvalho zum Oberhaupt der Inquisition gemacht hatte, ließ dieser den Pater Malagrida vor Gericht schleifen und dessen Ketzereien und Absurditäten aus dem genannten Buchmanuskript vorlesen. Pombal faßte eigenhändig die Anklageschrift zusammen, in der Malagrida der Heuchelei, des Betruges, der Gotteslästerung und mehrmaliger Bedrohung des Königs durch Prophezeigungen seines Todes angeklagt wurde.

Durch seine Leiden halb von Sinnen, sagte der zweiundsiebzigjährige Malagrida vor dem Gericht aus, er habe mit Ignatius von Loyola und auch mit der heiligen Theresa persönlich gesprochen.

Einer der Richter, der erkannte, daß dieser Mann nicht mehr straffähig war, sondern in ein Heim gehörte, wo er betreut werden konnte, plädierte dafür, dieses Verfahren „gegen einen bedauernswerten Menschen, der nicht mehr Herr seiner Sinne" sei, einzustellen.

Der Richter wurde am selben Tage abgesetzt und durch einen linientreuen Gefolgsmann Pombals ersetzt.

Am 12. Januar 1760 erklärte das Heilige Officium Pater Malagrida der Ketzerei, der Gotteslästerung, der Gottlosigkeit und der Täuschung des Volkes durch vorgebliche göttliche Offenbarungen für schuldig.

Malagrida wurde weitere acht Monate in Haft gehalten, ehe er am 20. September 1760 auf der Praia Rossio aufs Schafott geführt, dort erdrosselt und dann am Pfahl verbrannt wurde.

Als Ludwig XV. von der Hinrichtung dieses würdigen alten Mannes erfuhr, bemerkte er: „Es ist, als ob ich den alten Irren in der Heilanstalt Petites Maisons, der behauptet, Gottvater zu sein, verbrennen ließe." (Siehe Cheke, Marcus: a.a.O.)

Voltaire bezeichnete diese Tat als „Wahnsinn und Sinnlosigkeit, verbunden mit der entsetzlichsten Bosheit!" (Siehe Voltaire, Works Bd. XVIa, Seite 243.)

Die französischen Philosophen, die bis dahin Pombal einen aufgeklärten Despoten genannt hatten, waren über die Behandlung der Jesuiten während ihrer Deportation und die Ausrottung aller als „Staatsfeinde“ erkannten adeligen Familien entrüstet und empfanden die unmenschliche Behandlung eines alten Mannes, als Höhepunkt der Grausamkeit. Zwar begrüßten sie grundsätzlich den Sturz der Jesuiten in Portugal, mißbilligten aber entschieden die sich daraus entwickelnden Willkürakte des Diktators Pombal.

Aber sie schwiegen, als der Bischof von Coimbra seine Mißbilligung gegenüber der Zensur Pombals zum Ausdruck brachte und dafür acht Jahre in den Kerker wanderte, obgleich diese Zensur sich gegen solche Werke richtete, die die Franzosen als wichtigste Veröffentlichungen des Jahrhunderts bezeichneten: Voltaires „Dictionaire philosophique“ und Rousseaus „Contract social“.

Dieser Tatbestand hätte ihnen doch noch näher liegen müssen als die Jesuitenfrage.

Pombal selbst ging regelmäßig zur Messe. Sein Ziel war nicht die Zerstörung der Kirche, sondern ihre Unterwerfung unter die Gewalt des Staates.

Als Clemens XIV. sich im Jahre 1770 damit einverstanden erklärte, daß die portugiesische Regierung die Bischöfe des Landes ernannte, schloß Pombal seinen Frieden mit dem Vatikan.

Der Papst schickte Pombals Bruder Paul einen Kardinalshut. Pombal selbst erhielt vom Heiligen Vater einen Ring mit seines Bruders Bildnis, eine mit Diamanten eingerahmte Miniatur und die vollständigen Überreste von vier Heiligen.

Dies war eine überreiche Belohnung für die Deportierungen und die Entmachtung der Jesuiten in Portugal und in seinen überseeischen Besitzungen. Andere, weniger einflußreiche Persönlichkeiten waren für weitaus geringere Verstöße gegen die Kirche mit ewiger Verdammnis belegt worden.

Pombals Wirken für das Königreich

Der Diktator Portugals, der mit Wissen und Genehmigung von Joseph I. souverän regierte, hatte inzwischen in langjähriger Arbeit der Wirtschaft, der Verwaltung und der Kultur seines Landes einen unverwechselbaren Stempel aufgedrückt.

Mit Hilfe englischer und deutscher Offiziere gelang ihm die Reorganisation der portugiesischen Armee, die im Siebenjährigen Krieg ein spanisches Heer zurückschlagen konnte.

Die zersetzende Macht der Aristokratie beschränkte er auf ein Mindestmaß. Er zentralisierte die Regierung in der Monarchie, die der Nation politische

Einheit, Fortschritte in der Bildung und Schutz gegen jede Art kirchlicher Bevormundung bot.

Nach der Hinrichtung der Familie Tavora hörte die Konspiration der Adeligen gegen den König auf. Einige unbesonnene Aufrührer und Aufwiegler wurden in blitzartigen Nachtaktionen von ihren Besitzungen und Schlössern heruntergeholt und verschwanden, größtenteils auf Nimmerwiedersehen, in unbekannten Verliesen.

Nach der völligen Vertreibung der Jesuiten unterwarf sich schließlich auch der Klerus — ein ähnliches Schicksal vor Augen — dem Staat und damit Pombal.

Während der Zeit des diplomatenlosen Zustandes mit dem Vatikan ernannte Pombal persönlich die Bischöfe des Landes. Seine Bischöfe weihten Priester, ohne erst dazu die Erlaubnis von Rom einzuholen. Ein königliches Dekret beschränkte den Landerwerb durch die Kirchen und hinderte vor allem portugiesische Untertanen daran, ihre Besitztümer durch Vermächtnisse für Messen zu belasten.

Viele Klöster wurden geschlossen, allen übrigen war durch Gesetz verboten, Novizen unter 25 Jahren aufzunehmen. Die Inquisition wurde der Kontrolle der Regierung unterstellt, ihr Tribunal in ein öffentliches Gericht umgewandelt und dieses den gleichen Satzungen unterworfen, wie sie für alle Gerichte des Landes galten. Die Zensurgewalt wurde ihm entzogen. Die vom Tribunal gemachten Unterscheidungen zwischen Christen und „neuen Christen“ (lies: Juden), wurde abgeschafft.

Ein Dekret vom 25. Mai 1773 erklärte sämtliche Portugiesen als wählbar in zivile, militärische und kirchliche Ämter. (Siehe dazu: Stephens, H. Morse: The Story of Portugal, New York 1893).

Die Hinrichtung von Pater Malagrida war die letzte Verbrennung eines Menschen, die es in Portugal gab. Danach fand die portugiesische Inquisition den Weg zu feineren Methoden, einen Gegner oder gar Feind vom Leben zum Tode zu befördern.

Im Jahre 1761 bereits hatte Pombal das Schatzamt reorganisiert und von diesem den wöchentlichen Abschluß der Bücher verlangt. Darüber hinaus befahl er eine jährliche Kontrolle der öffentlichen Einnahmen und Ausgaben und ging daran, das schwierigste Problem am Hofe und in der Verwaltung zu lösen: den Abbau des überflüssigen Personals. Beispielsweise waren in der königlichen Küche am Hofe 80 (!) Köche beschäftigt, die den Hofstaat zu „bekochen“ hatten. Joseph I. mußte sich von diesem Zeitpunkt der Reorganisatin des Hofstaates an mit „nur noch“ 20 Köchen begnügen. Alles andere Personal wurde ebenso drastisch eingeschränkt, wobei noch immer genug für den Hof übrigblieb.

Durch königliches Edikt vom 25. Mai 1773 schaffte Portugal für das Mutterland die Sklaverei ab, ließ sie jedoch in Übersee weiter bestehen.

Pombal, der ein eisernes Regiment führte, ließ jedoch auch andere Dinge durchführen, die ihn auf der Höhe seines Amtes zeigten und seine Arbeit zum Wohle des Staates und seines Volkes unter Beweis stellten. Landwirtschaft und Fischerei erhielten von der Regierung Zuschüsse. In den nördlichen Provinzen des Landes wurde die Seidenraupenzucht eingeführt, Töpfereien, Glasfabriken, Baumwollspinnereien und Wollfabriken wurden ebenso wie Papiermühlen auf Pombals Anregungen hin gebaut, um Portugal so weit wie möglich von fremden Einfuhren dieser Art Waren unabhängig zu machen und den Menschen Arbeit zu verschaffen. Die Zölle wurden im Güterverkehr des Inlandes abgeschafft. Zwischen Mutterland und Kolonien wurde der Freihandel eingeführt. Ein von Pombal gegründetes Handelskollegium sollte nach seinen Ideen Männern zur Führung von großen Unternehmen ausbilden. Er organsierte und unterstützte Gesellschaften, die den portugiesischen Handel von ausländischen Kaufleuten und Transportfirmen übernehmen sollten. Daß es damit nicht so leicht ging wie in allen anderen nationalen Fragen, zeigte sich rasch. Noch im Jahre 1780 befand sich der portugiesische Handel überwiegend in englischen Händen.

Kultur, Literatur und Kunst unter Pombal

Die Vertreibung der Jesuiten, die vorher überwiegend für die Erziehung der portugiesischen Jugend verantwortlich waren, machte eine völlige Reorganisation des Erziehungswesens notwendig. Neue Schulen und Hochschulen mußten gebaut werden. Die Lehrer galt es zu finden. Dies war das Werk weniger intensiver Jahre, und vier Jahre nach der Vertreibung der Jesuiten gab es in Portugal 837 neue Schulen, die unter Pombals Regie errichtet wurden.

Das Jesuitenkollegium zu Lissabon, eine weltweit anerkannte Lehranstalt, wurde in ein Kollegium für Adelige unter weltlicher Verwaltung umgewandelt. Der Lehrplan in Coimbra wurde durch zusätzliche wissenschaftliche Vorlesungen erweitert. Pombal überredete Joseph I. dazu, ein Opernhaus erbauen zu lassen und italienische Sänger zu längeren Gastspielen für die tragenden Rollen des gängigen Opernrepertoires zu engagieren.

Bereits im Jahre 1757 hatte Pombal die Arcàdia von Lissabon zur Förderung der portugiesischen Literatur gegründet. Für die Dauer von 50 Jahren erfreute sich die Literatur des Landes einer relativen Freiheit der Ideen und Formen. Bereits 1772 schuf Antonio Diniz da Cruz mit der Satire „O Hissope“ einen durchschlagenden Erfolg. João Anastásio de Cunha übersetzte Pope und Voltaire. Dafür wurde er allerdings kurz nach Pombals Tod vor das Inquisitionsgericht befohlen und verurteilt.

Francisco Manuel do Nascimento, Sohn eines Hafenarbeiters, wurde zum Mittelpunkt einer Gruppe, die gegen die Arcadische Akademie revoltierte und diese als „Hemmschuh der Entwicklung einer nationalen Dichtkunst" bezeichnete und ablehnte.

Nach Pombals Sturz befahl die Inquisition im Jahre 1778 die Verhaftung dieses Dichters. Der Verhaftungsgrund lautete: „Beschäftigung mit modernen Philosophen, die der natürlichen Vernunft folgen."

Nascimento gelang die Flucht nach Frankreich. Dort verbrachte er den Rest seines Lebens: volle 41 Jahre! Im Exil schrieb er seine großen Freiheitsgedichte. Seine Anhänger wiesen ihm einen der höchsten Ränge in der portugiesischen Literatur zu und reihten ihn unmittelbar hinter Camões ein.

Tomaz Antonio Gonzaga ging als Autor von Liebesgedichten in die portugiesische Literaturgeschichte ein. Ein von ihm hinterlassener Gedichtband mit dem Titel „A Marilia" wurde als bester seiner Art bekannt. Auch für ihn hatte Portugal keinen Platz. Wegen politischer Konspiration saß er von 1785 bis 1788 im Gefängnis. Nach seiner Entlassung ging auch er nach Frankreich ins Exil, wo er bald darauf starb.

José Agostinho de Macedo wiederum, ein wegen seines ausschweifenden Lebens aller geistlichen Ämter enthobener Augustinermönch, wählte für sein großes Opus „A Oriente" die Reise von Vasco da Gama nach Indien, die bereits Camões zu einem gleichen Werk angeregt hatte. Seine Satire „Os Burros" war wegen ihrer spitzen Gespräche über Lebende und Tote eine ganz pikante Sache.

Sein Hauptgegner war Manuel Maria Barbosa de Bocago, der 1797 von der Inquisition ins Gefängnis geworfen wurde, weil er in seinen Gedichten und Theaterstücken die Ideen Voltaires verbreitet hatte.

Die am meisten beachtete Glanzleistung Pombals auf dem Gebiete der Kunst, die auch als solche in die Kunstgeschichte einging, war die Errichtung der Statue Josephs I. auf der Praça do Comercio, dem schönsten Platz von Lissabon. Diese Statue wurde von Joaquim Machado de Castro entworfen und von Bartolomeo da Costa in Bronze gegossen. Sie stellt den König dar, wie er, auf seinem Schlachtroß sitzend, siegreich über Schlangen hinwegreitet. Diese Schlangen sollten die während seiner Regierungszeit überwundenen bösen Kräfte symbolisieren.

Am 6. Juni 1775 wurde das Monument mit allem Pomp eingeweiht, und Pombal machte diese Zeremonie zu einer Verherrlichung seiner eigenen Ministertätigkeit. Truppen umsäumten den Platz, das diplomatische Korps, die Richterschaft des Landes, der Senat und andere hohe Würdenträger waren in vollem Amtsornat erschienen.

Dann kam der Hof. Es folgten der König und die Königin. Zuletzt aber trat Pombal vor und enthüllte die Statue und den mächtigen Podest, auf dem ein

Medaillon den Minister selbst als Träger des Kreuzes Christi darstellte. Alle — außer dem König — begriffen, daß jene Persönlichkeit, der diese Feier gewidmet war, niemand anderer als Pombal sein konnte.

Wenige Tage nach der Enthüllung dieses Denkmals unterbreitete Pombal seinem König einen Rechenschaftsbericht darüber, welche Fortschritte Portugal seit 1750 gemacht hatte. Er nannte: „Die Verbreitung von Bildung und Gelehrsamkeit. Das Wachstum von Industrie und Handel. Die Entwicklung von Kunst und Literatur. Das allgemeine Ansteigen des Lebensstandards der gesamten Bevölkerung" und einige Errungenschaften mehr.

Was Pombal außer diesen echten Verdiensten *nicht* dem Rechenschaftsbericht anvertraut hatte, waren seine Willkürakte, die Portugal in aller Welt Feinde gemachten hatten. Daß er sich und seine gesamte Verwandtschaft mit allen zur Verfügung stehenden Mitteln bereichert hatte, fand ebenfalls keinen Niederschlag in diesem Papier. Der Palast, den er für sich selber hatte errichten lassen und der von ihm mit verschwenderischer Pracht ausgeschmückt wurde, hatte Unsummen an Staatsgeldern verschlungen.

Es gab kaum eine adelige Familie des Landes, die nicht wenigstens ein Familienmitglied durch Pombals Politik hatte ins Gefängnis verschwinden sehen.

In ganz Portugal betete man in den Häusern der gutgestellten Familien darum, daß der Tyrann endlich gestürzt werden möge. Sie sahen seine Macht und den Mißbrauch, den er damit trieb. Sie sahen das blutige Schwert des Henkers, der auf Pombals Befehl in Aktion trat.

Als Joseph I. 1775 60 Jahre alt wurde, war er bereits ein Wrack. Durch Krankheiten und eine Reihe von Mätressen gezeichnet, verbrachte er zu dieser Zeit bereits ganze Tage in Meditationen über Sünde und Tod. Seine bange Frage, die er an seine wenigen Vertrauten stellte, zielte dahin, ob er richtig daran getan hatte, Pombal frei schalten und walten zu lassen und der eisernen Politik seines Minsters widerspruchslos gefolgt zu sein. Waren die drakonischen Strafen Pombals gegen die Jesuiten gerecht gewesen? Hatten die Adeligen und Priester, die in den Jahrzehnten seiner Regierung durch Pombal ins Gefängnis geworfen oder dem Scheiterhaufen überantwortet worden waren, dieses Schicksal wirklich verdient?

Am 12. November 1776 starb Joseph I. fast an einem Schlaganfall. Der Hof frohlockte bereits offenkundig in der Erwartung seines Hinscheidens und der Tatsache, daß dann in neues Kabinett gewählt werden mußte und damit die Stunde gekommen sein würde, Pombal abzuservieren.

Aber noch war das Leben des Königs nicht beendet. Erst am 18. November empfing Joseph I. die Sterbesakramente, und am 29. November wurde Maria Francisca als Regentin eingesetzt.

Diese war Josephs I. Tochter, die seinen Bruder Pedro, ihren Onkel, geheiratet hatte, um Thronauseinandersetzungen aus dem Wege zu gehen.

Maria Francisca war wohltätig und freundlich und eine eifrige Katholikin. Ihr Groll über Pombals feindliche Handlungen gegen die Kirche war bekannt. Oftmals hatte sie ihren Vater gebeten, dem Treiben seines obersten Ministers Einhalt zu gebieten. Wenn sie ans Ruder kam, so hofften die Kirchenmänner, dann würde Pombal gestürzt werden. Diese Meinung und Hoffnung teilten fast alle Menschen am Hofe mit Ausnahme jener, die von Pombals Haltung abhängig waren.

Maria Francisca hatte seit geraumer Zeit den Hof verlassen, weil sie Pombal nicht mehr sehen konnte, und war mit ihrem Gatten nach Schloß Queluz gezogen, das einige Kilometer außerhalb von Lissabon auf dem Lande lag.

Ihre erste Amtshandlung als Regentin bestand darin, den seit acht Jahren in Haft befindlichen Bischof von Coimbra freizulassen. Der 74 Jahre alte Prälat wurde wieder in sein altes Amt eingesetzt.

Pombal sah seine Autorität dahinschwinden und konnte sich vorstellen, was alles geschehen würde, wenn Maria Francisca erst einmal als Königin an der Macht sein würde. Jene Höflinge, die ihn bisher immer umschmeichelt hatten, wandten sich nun bereits offen gegen ihn. Sie betrachteten ihn schon jetzt als politischen Leichnam. Aber noch lebte Joseph I., und der Regentin waren die Hände in bezug auf Pombal weiterhin gebunden.

In einem letzten fürchterlichen Racheakt verabschiedete sich Pombal aus der Geschichte seines Landes. Er ließ das Dorf Trefaria, dessen Fischer sich der zwangsweisen Rekrutierung ihrer Söhne wiedersetzt hatten, durch eine Abteilung Soldaten in der Nacht des 23. Januar 1777 niederbrennen. Die Soldaten schleuderten brennende Fackeln in die Holzhütten, und der größte Teil der Bewohner verbrannte bei lebendigem Leibe.

Maria I. von Portugal

Am 24. Februar 1777 starb Joseph I. von Portugal. Maria Francisca wurde nunmehr als Königin Maria I. gekrönt. Sie sollte von 1777 bis zum Jahre 1816 das Ruder des Staatsschiffes führen. Ihr Gatte wurde nunmehr König Peter III. Er starb bereits im Jahre 1786, ohne mehr als eine Marionette gewesen zu sein.

Da Königin Maria I. sehr religiös war und der Gatte ihr in jeder Beziehung freie Hand ließ, gewann die Kirche sehr schnell wieder an Macht.

Die Inquisition nahm ihre Tätigkeit in der Zensur und in der Unterdrückung der Ketzerei unter kirchlicher Führung wieder auf. Königin Maria

I. schickte dem Papst 40.000 Pfund in Gold, um ihn wenigstens teilweise für die Unkosten zu entschädigen, die infolge der Deportation der Jesuiten und deren Aufnahme in Italien entstanden waren.

Am Tage nach der Beisetzung von Joseph I. ließ Maria I. in einer Generalamnestie 800 Gefangene frei. Die meisten von ihnen waren von Pombal wegen ihrer politischen Opposition eingekerkert worden. Viele schmachteten bereits seit 20 Jahren im Gefängnis. Als sie herauskamen, konnten ihre Augen das Sonnenlicht nicht mehr ertragen. Fast alle waren in Lumpen gehüllt. Viele sahen wie Greise aus. Hunderte waren bereits in den Gefängnissen elendig krepiert. Von jenen 124 Menschen, die 18 Jahre zuvor eingekerkert worden waren, lebten noch 45. (Siehe Cheke Marcus: a.a.O.).

Fünf Adelige, die wegen angeblicher Teilnahme am Komplott zur Tötung des Königs verurteilt worden waren, weigerten sich, das Gefängnis zu verlassen, bevor nicht ihre Unschuld offiziell erklärt worden war.

Der Anblick der freigelassenen Opfer Pombals und die Nachricht vom Niederbrennen des Fischerdorfes Trefaria steigerte die Wut der Menschen gegen diesen Despoten, der nun keiner mehr sein konnte und durfte, derart, daß sich der Minister nicht mehr im Freien sehen lassen konnte.

Am 1. März 1777 schickte er einen Brief an seine Königin, in dem er auf alle seine Ämter verzichtete und um die Erlaubnis bat, sich auf seine Besitzungen in der Stadt Pombal zurückziehen zu dürfen. Die Adeligen aus der Umgebung der Königin forderten seine unverzügliche Verhaftung und die baldige Bestrafung für alle Verbrechen und Frevel, die er begangen hatte.

Königin Maria I. studierte die Unterlagen sehr genau und mußte die bittere Feststellung treffen, daß alle von Pombal getroffenen Maßnahmen von ihrem Vater genehmigt und unterzeichnet worden waren.

Ihr Vater hatte — das bewiesen die Befehle, Dekrete und Erlasse — immer die letzte Entscheidung getroffen, denn ihm hätte es freigestanden, eine Verurteilung in einen Gnadenakt umzuwandeln oder das Urteil zu annullieren. Aber unter jedem Schuldspruch stand sein Name, und in seinem Namen geschahen alle Maßnahmen, die Pombal getroffen hatte.

Wenn Maria I. nun Pombal anklagte und dieser vor Gericht gestellt würde, konnte Pombal ihren Vater all jener Dinge bezichtigen, die er verübt hatte, sobald der König sein „Ja“ dazu gegeben hatte; sie klagte also dann ihren eigenen Vater all dieser Scheußlichkeiten an.

Maria I. erkannte, daß sie Pombal nicht anklagen konnte und daß er damit auch der irdischen Strafe entkommen würde.

Sie nahm die Demission des Ministers an und erlaubte ihm, sich nach Pombal zurückzuziehen. Die einzige Bedingungen, die sie daran knüpfte, war, daß er für immer dort zu bleiben hatte und nie wieder nach Lissabon zurückkehren konnte.

Am 5. März 1777 brach Minister Pombal aus Lissabon auf. In einer unauffälligen Kutsche wollte er die Stadt seiner größten Triumphe verlassen. Einige Menschen erkannten ihn aber und bewarfen seinen Wagen mit Steinen. In der Stadt Queiras stieß seine Frau zu ihm, die noch immer an ihn glaubte. Pombal war zu diesem Zeitpunkt bereits 77 Jahre alt.

Von nun an kam der Exminister nicht mehr zur Ruhe. Jetzt meldeten sich die Gläubiger in Legion. Wie oft hatte er seine persönlichen Schulden nicht bezahlt, ohne daß sich seine Gläubiger gemeldet hatten, weil sie dann aus der Lieferantenliste für den Hof gestrichen worden wären! Gerichtsdiener umlagerten sein Haus und wiesen Vollstreckungsbefehle vor. Pombal notierte diese Geschäftigkeit mit der ihm eigenen Schärfe, die er trotz aller Rückschläge nicht verloren hatte:

„Es gibt keine Hornisse oder Schnake im ganzen Lande, die nicht zu diesem abgelegenen Ort geflogen kommt und in meinen Ohren summt." (Siehe Cheke Marcus: a.a.O.).

Maria I. bewilligte Pombal sein Ministergehalt für die Dauer seines Lebens und fügte von sich aus eine bescheidene Pension hinzu. Dennoch drängten zahlreiche Gegner Pombals die Königin, den Exminister wegen gesetzwidriger Handlungen und Verrats vor Gericht zu stellen. Dazu konnte sich Maria I. nicht überwinden. Aber sie wurde gezwungen, einen Kompromiß anzubieten. Sie erlaubte den Richtern, den Minister außer Diensten aufzusuchen und ihn korrekt zu verhören.

Dreieinhalb Monate hindurch wurde Pombal befragt. Nicht „peinlich", wie er seine Gefangenen hatte befragen lassen, sondern korrekt, aber scharf. Bis schließlich der alte Despot seine Königin um Gnade bat.

Die Königin erhielt nun den Untersuchungsbericht der Richter; darin wurde Pombal schuldig gesprochen. Sie verzögerte die Weisungen zur Festnahme Pombals und zur Prozeßeröffnung in der Hoffnung, daß Pombals Tod sie dieser Verpflichtung, die sich zum Drama ausweiten würde, weil Pombal bereits hatte durchblicken lassen, daß er dann sprechen werde, entheben werde.

Um ihre ärgsten Dränger zu beschwichtigen, ordnete sie an, daß jener Hauptprozeß, den Pombal gegen die Attentäter auf den König angestrengt hatte, in einem Wiederaufnahmeverfahren neu aufgerollt wurde.

Das dazu eingesetzte Gericht bestätigte dabei die Schuld des Herzogs von Aveiro und dreier seiner Diener, sprach aber alle übrigen Angeklagten frei. Die Tavora-Familie wurde für unschuldig erklärt. Die noch lebenden Verwandten erhielten alle eingezogenen Güter zurück. Auch die von ihren Verwandten bekleideten Ämter wurden ihnen zugestanden. Der Spruch dazu erging am 3. April 1781.

Am 16. August dieses Jahres erließ die Königin ein Dekret, in welchem Pombal zum „ehrlosen Verbrecher" erklärt wurde. Sie fügte jedoch hinzu,

Blick von der Hochfläche auf Torralta.

Und auf das Meer. Gegenüber die Küste bei Lagos.

Auf dem Wege nach Praia da Rocha.

Blick auf Praia da Rocha.

Der Hafen von Sagres.

Die Wasserleitung von Elvas ist 7 km lang und 32 m hoch. Sie wurde zwischen 1436 und 1620 errichtet.

Die kleine Stadt Abrantes mit ihrem Kastell und der mittelalterlichen Kirche.

Castelo de Vide, ein mittelalterliches Bergstädtchen im Oberen Alentejo.

Batalha, Mosteiro Santa Maria da Vitoria – das Siegeskloster.

Die Hauptfassade desselben. Rechts die unvollendete Capelas Imperfeitas.

Vor dem Eingang zum festungsartig ausgebauten Kloster.

Der Innenhof desselben.

Vila do Conde – Kloster Santa Clara.

Das prächtige Portal.

Der Doppelsarkophag in der Gründerkapelle für Joao I. und seine Frau Filipa aus dem Hause Lancaster.

Guimaraes war die erste Hauptstadt von Portugal. Hier wurde 1109 (oder 1110) Afonso Henriques, der erste portugiesische König, geboren.

Die Wallfahrtskirche Bom Jesu do Monte, bei Braga.

Bom Jesu do Monte, 410 m hoch über der Via Sacre gelegen. Mit der Treppe der fünf Sinne.

daß er um Gnade gebeten und daß sie „der Bitte dieses Greises stattgegeben" habe. Er sollte in seinem Exil in Frieden gelassen werden und auch im Besitz seines Eigentums verbleiben.

Pombals Körper war inzwischen — wahrscheinlich durch eine Lepra verursacht — mit eiternden Wunden bedeckt. Er konnte nicht länger als zwei Stunden schlafen. Ständiger Durchfall quälte ihn, und seine Ärzte überredeten ihn zu allem Überfluß noch dazu, eine aus dem Fleisch von Schlangen gekochte Brühe zu trinken. Dies vermehrte auf völlig sinnlose Weise seine Qualen ins Unerträgliche. Er selber soll dazu bemerkt haben: „Ihr gebt mir meine Strafe, indem ihr mich leben laßt, damit ich bei lebendigem Leibe verfaule."

Pombal betete nun um seinen Tod. Er erhielt als reuiger Sünder die Sakramente und starb am 8. Mai 1782.

45 Jahre später machte eine aus Jesuiten bestehende Reisegesellschaft in Pombal an seinem Grabe halt. Alle sprachen sie hier, bewegt von Triumph und Mitleid zugleich, ein Requiem für die Ruhe seiner Seele.

Unter der Herrschaft von Maria I. von Portugal wurde 1779 die Königliche Akademie der Wissenschaften gegründet und im Jahre 1780 die Casa Pia, ein später zu großer Berühmtheit gelangendes Waisenhaus gegründet.

Als sich 1792 auch bei ihr die ersten Anzeichen geistiger Umnachtung zeigten, übernahm ihr zweiter Sohn, Johann VI., die Regierungsgeschäfte. Seit 1799 war er Regent, und 1807 wurde Maria I. beim Einrücken der französischen Truppen nach Portugal von ihrem engen Hofstaat nach Brasilien gebracht.

Der letzte Abschnitt portugiesischer Weltgeschichte konnte beginnen.

DAS ENDE EINES WELTREICHES

Königin Maria I. und ihre Kinder

In den überseeischen Besitzungen Portugals hatte Maria I., von der bereits in der Darstellung der Aera Pombal die Rede war, verschiedene Maßnahmen befohlen, die der Abwehr französischer, niederländischer und spanischer Angriffe dienten.

Königin Maria I. hatte ihren väterlichen Onkel Peter geheiratet. Dieser wurde durch seine Heirat Prinz von Brasilien und nannte sich später Peter III.

Was die Regierungsangelegenheiten anlangte, so ließ sich die Königin nicht ins Handwerk pfuschen, wenn auch bereits während ihrer frühen Regierungsjahre an Maria I. Wesenszüge geistiger Verwirrung von jenen erkannt wurden, die in ihrer engsten Umgebung weilten.

Als Peter III. 1786 starb, wurde Marias Geisteskrankheit ständig augenfälliger, was im Jahre 1791 dazu führte, daß die Königin praktisch unzurechnungsfähig war; dies führte im Jahre darauf zu ihrer Amtsenthebung.

Ihr Sohn Johann übernahm die Regentschaft und amtierte bis zum Tode seiner Mutter im Jahre 1816 als Regent der Krone.

In die Zeit seiner Herrschaft fiel die europäische Kontinentalsperre, der sich Portugal entzog und somit Napoleon einen ersehnten Grund bot, in dieses Land einzufallen. Die königliche Familie floh 1807 zu Schiff nach Brasilien.

Königin Maria I. schenkte sechs Kindern das Leben. Joseph, der 1761 als Erstgeborener zur Welt kam, heiratete seine Tante mütterlicherseits, Maria Francesca Benedita, die 15 Jahre älter war als er.

Joseph, ein Mann von außerordentlicher Intelligenz, erhielt eine einmalige Erziehung, die Minister Pombal bis zu seiner Amtsenthebung im Jahre 1777 entscheidend prägte. Die besten Pädagogen wurden zu seiner Erziehung und Bildung aus dem Ausland verpflichtet. Der Prinz sollte den Platz in der Thronfolge nach seiner Mutter einnehmen. Der frühe Tod seines Großvaters machte diese langfristigen Pläne zunichte. Maria mußte den Thron übernehmen, und der Prinz starb im Jahre 1788 an den Pocken.

Der dritte Sohn Marias I., Johann VI., der schließlich wegen des Geisteszustandes seiner Mutter im Jahre 1792 die Regentschaft übernahm, wurde nach dem Tode seiner Mutter im brasilianischen Exil zum König ausgerufen. Auch er befand sich wie alle Mitglieder der königlichen Familie in Brasilien. Erst 1821 sollte er nach Portugal zurückkehren.

Während in Frankreich die Revolution tobte, versuchte Portugal auch noch nach den gegenteiligen Versuchen des Marques de Pombal auf diesem Gebiet zur ruhigen Ordnung des Mittelalters zurückzufinden. Es sperrte sich gegen Spanien ab, das den Versuch, sich das Nachbarland anzueignen, noch immer nicht aufgegeben hatte. Gegenüber Frankreich bildeten die Pyrenäen einen natürlichen Abschirmungswall.

Sowohl in Spanien als auch in Portugal herrschte noch die Inquisition. Ihre Häscher lauerten auf Worte und Taten, die sie zum Einschreiten bringen mußten. Nichts durfte gesagt oder getan werden, was den alten Glauben auch nur vage in Frage stellte.

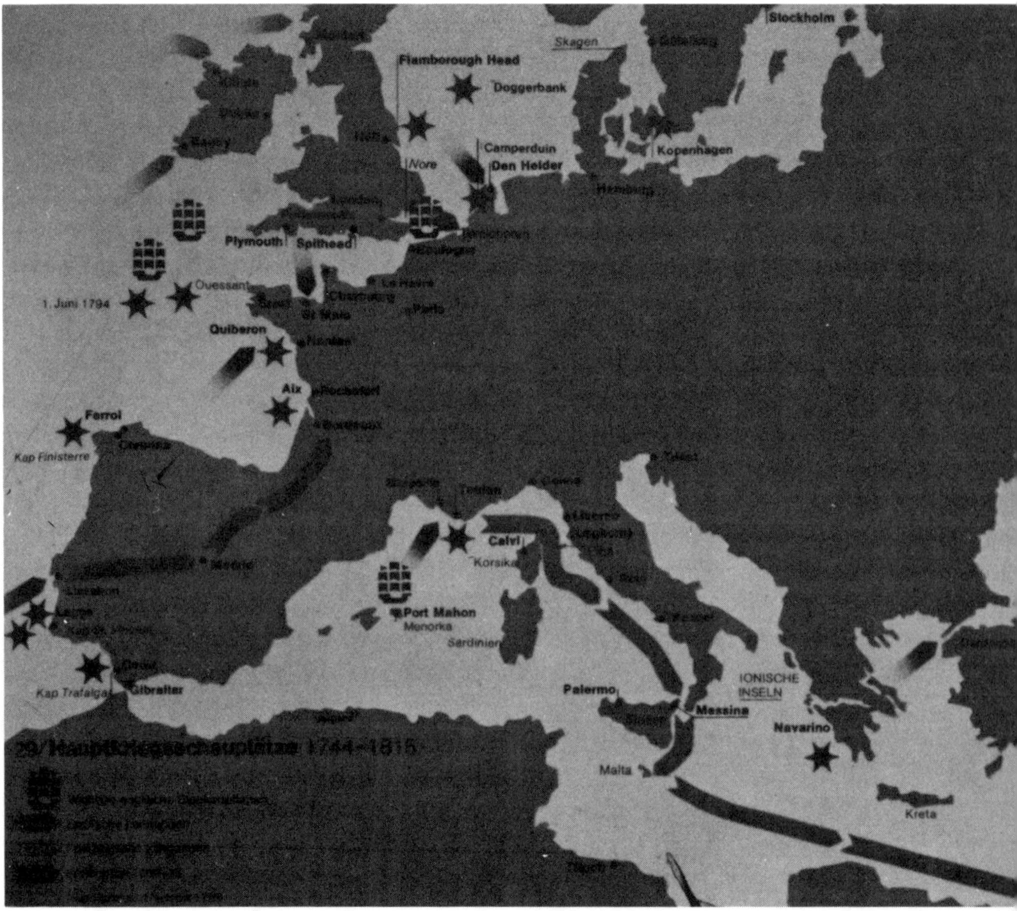

Napoleons Hauptkriegsschauplätze unter Einbeziehung Portugals.

Die in Portugal lebenden Handwerker, die Bauern, Händler und Soldaten, von denen ein großer Teil des Lesens und Schreibens unkundig war, hingen daher fest am Glauben. Das „Gift der Neuerungen, durch Literatur und Kunst in die Seelen geträufelt“, konnte sich gegen die altüberlieferte Frömmigkeit, gegen Legenden und Geschichten, Wunder und Segnungen der alten Religion nicht durchsetzen. Diese brauchte kein Medium, über das sie die Mehrzahl der Portugiesen erreichen konnte.

Lediglich bei den wenigen an der Spitze stehenden Adeligen, den Latifundienbesitzern und Feudalherren, den großen Künstlern und jenen Männern, die sich fremder Kultur geöffnet haten, hielten die neuen Ideen Einzug.

Die ängstliche und geistesschwache Königin Maria I. und ihr seit 1799 als Regent im Vordergrund stehender Sohn Johann VI., der schließlich im Todesjahr seiner Mutter (1816) König wurde, waren Bewahrer der Kirche, die für sie und vor allem für ihr Volk ein verläßlicher Schutz und Hort und zugleich Hüterin der gesellschaftlichen Moral war. Die Kirche wachte ebenso über die soziale Ordnung wie über die absolute Monarchie, die nicht von Menschen, sondern von Gott kam.

Die Minderheiten kleiner und kleinster Gruppen, so der Studenten, der Freimaurer, der Dichter und Bildhauer, aller Künstler allgemein, der Wissenschaftler und Geschäftsleute, einige Beamte und selbst ein paar Adelige, die mit der Despotie der Vergangenheit zu brechen versuchten, ohne bei sich anzufangen und ihre eigene Despotenrolle gegenüber ihren Landarbeitern zu bedenken, sie alle träumten von einer anderen Zeit.

Wie diese Zeit beschaffen sein sollte, das wagte niemand zu sagen. Aber sie alle dachten an eine parlamentarische Regierung, an freien Handel, Pressefreiheit und die persönliche Freiheit, also daran, aussprechen zu dürfen, was man dachte. Lauter Dinge, die sie nicht hatten und nicht haben durften.

Sie erfuhren aus Frankreich, daß eine Revolution größten Ausmaßes mit der Herrschaft der wenigen aufräumte und alle diese Freiheiten eingeführt hatte, von denen sie in Portugal nur träumten.

Einige Portugiesen bezeigten ihre Freude über diesen Durchbruch zur Freiheit offen, die vorsichtigen insgeheim. Die Freimaurerlogen in Portugal feierten dieses Ereignis. Der in Paris akkreditierte portugiesische Botschafter spendete der französischen Nationalversammlung seinen besonderen Beifall. Der Außenminister Portugals erlaubte der Regierungszeitung, die Eroberung der Bastille zu begrüßen. Die Buchhändler in Lissabon und Porto druckten die neue französische Verfassung ab oder übernahmen sie von den Pariser Verlagen. (Siehe Stephens, H. M. The Story of Portugal.)

Als Maria von Portugal nach dem Sturz Ludwigs XVI. 1792 in Frankreich auch ihren Thron in Gefahr sah, übergab sie die Regierung – gezwungenermaßen – ihrem Sohn, dem späteren König Johann VI. Dieser wandte sich mit allen ihm zu Verfügung stehenden Machtmitteln des Staates gegen die portugiesischen Liberalen. Er wies seinen Polizeichef an, sämtliche Freimaurer, alle Ausländer von Bedeutung und jene Schriftsteller, die für politische Reformen eintraten, zu verhaften, auszuweisen oder unter ständiger Beobachtung zu halten.

Francisco da Silva, der Führer der Liberalen des Landes, wurde ins Gefängnis geworfen. Liberale Adelige wurden vom Hofe verbannt. Der führende portugiesische Dichter dieser Zeit, Manuel du Bocage (1756–1805), der ein großartiges Sonett gegen Despotismus und Despoten verfaßt hatte, wurde im Morgengrauen des 4. Februar 1797 von der Staatspolizei aus seiner Wohnung geholt und eingekerkert. Im Gefängnis verdiente er sich seinen Lebensunterhalt, indem er Vergil und Ovid übersetzte (siehe Stephens H. M. a.a.O.).

Im Jahre 1793 schloß sich Portugal Spanien an, um mit diesem Land gemeinsam zu einem heiligen Krieg gegen Frankreich anzutreten, wo soeben Ludwig XVI. hingerichtet worden war. Portugal schickte zur Verstärkung der britischen Flotte ein Geschwader ins Mittelmeer.

Während Spanien jedoch bereits 1795 mit Frankreich einen Separatfrieden schloß und sich Portugal um eine ebensolche Regelung bemühte, lehnte Frankreich im Falle Portugals einen solchen mit der Erklärung ab, daß Portugal faktisch eine Kolonie und ein Verbündeter Englands sei. Dieser Streit schwelte bis zur Zeit Napoleons weiter und eskalierte, als dieser dann nach Portugal griff, weil sich das Land weigerte, der napoleonischen Kontinentalsperre gegen England beizutreten.

Portugal mußte sich mit England gut stellen. Nicht nur aus den traditionellen Verbindungen beider Herrscherhäuser heraus, sondern auch eingedenk der Tatsache, daß Britanniens Flotte die Meere beherrschte und sein eigenes Wohl oder Wehe von der britischen Flotte abhing, die Portugal von seinem Nachschub aus Übersee abschneiden oder dies unterlassen konnte.

Portugal war, das ist bereits an mehreren Stellen zum Ausdruck gebracht worden, völlig von seinen Importen aus Übersee abhängig. Der Goldnachschub und jener an edlen Steinen, Silber und anderen Edelmetallen mußte gesichert bleiben, wenn der Staat nicht gefährdet werden sollte. Während Spanien sich mit Frankreich verbündete, um England in seiner eigenen Domäne im Seekrieg zu vernichten, schloß sich Portugal eng an England an.

Als sich dann die vereinigte spanisch-französische Flotte bei Kap Trafalgar an der spanischen Atlantikküste am 21. Oktober 1805 zum Kampf stellte, gelang es der englischen Flotte unter Admiral Horatio Nelson, die französisch-spaniche Flotte trotz deren zahlenmäßiger Überlegenheit vernichtend zu schlagen. Von den 33 Linienschiffen, über die der spanisch-französische Oberbefehlshaber, Admiral P. Villeneuve, verfügte, entkamen nur elf. Mit diesem Sieg war die britische Seeherrschaft für mehr als ein Jahrhundert gesichert.

Portugal hatte auf die richtige Seite gesetzt, mußte sich aber, um nicht von Frankreich oder Spanien geschluckt zu werden, noch enger an England anschließen, wodurch das Land mehr und mehr von England abhängig wurde.

Englische Geschäftsleute und Bankiers nahmen von den Schlüsselindustrien in Portugal Besitz. Sie errichteten oder leiteten zumindest alle portugiesischen Fabriken. Die portugiesische Einfuhr bestand zum Hauptteil aus Gütern, die aus England herüberkamen. Die Briten tranken mehr denn je den aus Oporto stammenden Portwein.

Daß diese Lage Napoleon irritierte und herausforderte, war klar. Portugal widerstand mit seinem Verhalten dem Plan Napoleons, England durch die Kontinentalsperre zum Frieden zu zwingen. Mit dieser Sperre war die Absicht verbunden, ganz England von den Erzeugnissen der Märkte Europas auszuschließen. Dieser Plan gelang nicht voll und ganz.

Und doch gab dies Napoleon, der politisch ja nicht zimperlich war, die Möglichkeit, Portugal mit Krieg zu überziehen.

Zunächst veranlaßte er Spanien, sich auf französischer Seite an der Eroberung Portugals zu beteiligen. Immerhin galt Portugal als wichtiger Stützpunkt des englischen Handels und auch der englischen Flotte, die in den portugiesischen Atlantikhäfen ein- und auslaufen konnte, wie sie wollte.

Mit der Vorbereitung zur Eroberung Portugals wurde unverzüglich begonnen, nachdem die diversen diplomatischen Manöver, Portugal in die Kontinentalsperre gegen England einzubeziehen, gescheitert waren. Napoleons Absicht war es, das Land zu zerstückeln, es botmäßigen Freunden und Verwandten zu überlassen und sich bis zum Kriegsschluß und der endgültigen Niederwerfung Englands der portugiesischen Häfen Lissabon und Porto zu versichern, um beide später als Tauschobjekte zur Hand zu haben und weiteren Gewinn daraus zu schöpfen.

Flucht nach Brasilien

Noch bevor er zum Losschlagen kam, floh die portugiesische Königsfamilie 1807 mit ihren engsten Vertrauten nach Brasilien. Die portugiesische Flotte, immerhin von beachtlicher Größe und eine ersehnte Beute, konnte in englische Häfen fliehen.

Unter General Junot marschierten die französischen Expeditionstruppen nach Portugal ein und erreichten am 30. November 1807 Lissabon. Von hier aus begann schließlich der Vormarsch nach Spanien, das schrittweise besetzt wurde. März 1808 war auch dieses Ziel erreicht, und französische Truppen marschierten in Madrid ein.

Bereits im Juli 1808 konnte Napoleons Bruder Joseph als spanischer König in Madrid einziehen, da König Karl IV. von Spanien auf den Thron Verzicht geleistet hatte. Nach elf Tagen seiner Herrschaft begann der große spanische Aufstand, der als spanische Erhebung in die Geschichte einging. Doch zurück zu Portugal!

Gleichzeitig mit den Spaniern erhoben sich auch die Portugiesen gegen den fremden Eindringling, obgleich unmittelbar nach dem französisch-spanischen Einmarsch in Lissabon sich viele liberale Geister der neuen Regierung anschlossen, weil sie hofften, daß Napoleon Portugal annektieren und dem Lande eine demokratische Regierung geben würde. Marschall Junot ließ diese Liberalen gewähren. Er lachte insgeheim über die nützlichen Idioten und verkündete am 1. Februar 1808: „Das Haus Bragança hat aufgehört zu regieren!"

Junot hieß der neue „König" von Portugal. Der Guerillakrieg begann. Dann aber trat England auf den Plan, um Portugal zu befreien.

General Wellington kommt!

Sir John Moore, der am 16. Januar 1809 im britisch-französischen Seegefecht vor La Coruña fiel, hatte lange vorher bereits seiner Regierung empfohlen, keine neuen Anstrengungen zu unternehmen, um Portugal weiter an sich zu fesseln. Denn er war davon überzeugt, daß Napoleon früher oder später Portugal zu einem Vasallenstaat Frankreichs machen würde. Es war seiner Meinung nach unmöglich, Napoleons Soldaten, von denen 100.000 Mann in Spanien und Portugal stehen sollten, zu schlagen.

Sir Arthur Wellesley, britischer Staatssekretär für Irland, erklärte dem Kriegsministerium, daß er in der Lage sei, Portugal gegen jede französische Armee, die bis zu 100.000 Mann stark sein dürfe, zu halten, wenn man ihm 20.000 bis 30.000 Soldaten unterstelle.

Die Regierung stellte ihm ein kleines Expeditionskorps in Stärke von 13.000 Mann zur Verfügung, dem sich sofort einige tausend Portugiesen anschlossen, als diese Truppen am 1. August 1808 an der Mündung des Mondego-Flusses im Norden Portugals landeten.

General Wellesley marschierte nun durch das Land in Richtung Lissabon. Immer mehr Männer schlossen sich ihm an. Auch aus England kam Verstärkung nach. Als dieser Heerhaufen vor Lissabon eintraf, war er auf 25.000 Mann angewachsen.

In Verhandlungen mit dem nunmehrigen Marschall Junot gelang es Wellesley, diesen zur Aufgabe von Lisaabon und zum Verlassen des Landes zu bringen, indem er ihm und seinen Truppen freien Abzug gewährte. Am 22. April 1809 zogen die Befreier in Lissabon ein.

Von diesen seinen Soldaten sagte der spätere Lord Wellington: „Sie waren der Abschaum der Erde, eine Bande von Schurken, ein Haufen, der sich nur anwerben läßt, um zu saufen, und der nur mit der Peitsche regiert werden kann." (Siehe: Brett, James A: Life in Wellingtons army, London 1972.)

Frankreich war indessen nicht untätig geblieben. Unter der Führung von Marschall Soult waren 23.000 Franzosen entlang der Küste nach Oporto marschiert. Ein zweiter französischer Truppenverband unter Marschall Claude Victor marschierte entlang des Tejo voran.

General Wellesley, der sich mit der napoleonischen Kriegstaktik vertraut gemacht hatte, beschloß, die Truppen des Marschalls Soult anzugreifen, bevor sich diese mit den Verbänden des Marschalls Victor vereinigten, um zum Angriff auf Lissabon anzutreten.

Inzwischen hatten sich unter der Führung des Generals William Carr Beresford 15.000 portugiesische Freiwillige zur portugiesischen Befreiungsarmee zusammengeschlossen. Diese marschierten zur Truppe Wellesleys, womit dem General insgesamt 40.000 Mann zur Verfügung standen.

Gegenüber Oporto am Douro-Fluß kam es am 2. Mai 1809 zur Schlacht. In den frühen Morgenstunden hatten die portugiesischen Truppen über den Strom gesetzt und waren den Soultschen Verbänden in den Rücken gefallen. Die Franzosen konnten sich nur unter schweren Opfern zurückziehen. Der Rückzug entartete zur regellosen Flucht. 6000 Mann und die gesamte Artillerie dieser Armee gingen verloren.

General Wellesley, der durch seine Spähtrupps erfahren hatte, daß sich Marschall Victor aus Süden näherte, konnte den fliehenden Feind nicht verfolgen, sondern mußte sich dem neuen Gegner stellen, Victor, der von durchgekommenen Meldern erfahren hatte, daß Marschall Soult schwer geschlagen worden war, zog sich nach Talavera zurück. Dort erhielt er von Joseph Verstärkungen, die seine Truppen auf 46.000 Mann brachten.

General Wellesley konnte gegen ihn 23.000 Briten und 36.000 Spanier einsetzen. Die portugiesischen Truppen blieben zur Sicherung Lissabons und Oportos zurück.

Am 28. Juli 1809 kam es bei Talavera zur Schlacht. Die spanischen Truppen zogen sich sehr früh aus dem Kampf zurück. Dennoch gelang es Wellesley, mehrere französische Angriffe abzuweisen und Marschall Victor 7000 Mann Verluste beizubringen, was diesen zum Rückzug veranlaßte.

Die Engländer hatten 5000 Mann an Toten und Verwundeten verloren, aber sie hatten das Schlachtfeld behauptet. Wellesley wurde zum Viscount Wellington und gleichzeitig damit zum Feldmarschall ernannt.

Napoleon sann auf Rache. Diese schien gekommen, als 1810 138.000 Mann französischer Truppen in Spanien standen, von denen 65.000 unter Marschall André Masséna zur endgültigen Eroberung von Portugal aus Spanien abgezogen werden sollten.

Die britische Regierung ermächtigte angesichts der drohenden Gefahr den Viscount Wellington, seine Armee nach England zurückzuziehen, falls er dies bei einer neuen französischen Offensive für notwendig halten sollte.

Doch Wellington dachte nicht daran, hier zum Rückzug zu blasen. Seine Pioniere errichteten mit der Hilfe freiwilliger und auch zwangsrekrutierter portugiesischer Arbeiter vom Tejo aus über Torres Vedras bis an die See eine durchlaufende Linie von Forts und Befestigungen, die 40 Kilometer nördlich seiner Basis Lissabon verlief.

Marschall Masséna eröffnete seinen neuen Feldzug mit der Eroberung der spanischen Festung Ciudad Rodrigo. Von dort aus drang er unter Zurücklassung einer starken Besatzung mit immer noch 60.000 Mann in Portugal ein.

Unter dem Oberbefehl Wellingtons standen 52.000 Briten, Spanier und Portugiesen abwehrbereit.

Am 27. September 1810 kam es ein weiteres Mal, diesmal bei Bussaco nördlich Coimbra, der einstigen Hauptstadt des Landes, zur Schlacht. 1250 Briten fielen. Die Franzosen verloren 4600 Mann. Trotz leichten Übergewichtes in der Schlacht zog sich Wellington hinter seine befestigte Torres-Vedras-Linie zurück, weil der wußte, daß Masséna mit weiteren Truppenzuführungen rechnen konnte.

Während des Rückzuges der Truppe befahl er, alles, was dem Feind nutzen konnte, zu verbrennen oder niederzureißen. Dies war der erste Fall eines Befehls der „verbrannten Erde“ in der Neuzeit.

Alle Lebensmittel wurden mitgenommen oder vernichtet. Die Truppen Marschall Massénas, dazu gezwungen, sich aus dem Land zu ernähren, fanden nichts und mußten schließlich – dem Verhungern nahe – den Rückzug antreten. Am 5. März 1811 führte Marschall Masséna seine Truppen nach Spanien zurück. Dort übergab er den Oberbefehl an seinen Nachfolger Marschall Auguste Marmont.

Im Winter gelang es Wellington, seine Truppen wieder auf volle Einsatzbereitschaft zu bringen und einige tausend Freiwillige in seine gelichteten Verbände einzureihen. Dies genügte dem schwungvoll führenden britischen Marschall, im Frühling 1812 nach Spanien einzumarschieren. Mit 50.000 Mann stieß er am 22. Juli 1812 auf die 48.000 Mann starken Truppen Marmonts. Bei Salamanca kam es zu einer Schlacht, in der beide Seiten schwere Verluste erlitten. Die Franzosen verloren 14.000 Mann, während Wellingtons Verluste sich auf 4.700 Mann beliefen. Marmont mußte den Rückzug antreten.

König Joseph, der am 21. Juli dieses Jahres mit 15.000 Mann Paris verlassen hatte, um Marmont zur Hilfe zu eilen, erhielt unterwegs die Nachricht von dessen Niederlage. Er wagte es nicht mehr, nach Madrid zurückzukehren, sondern ließ nach Valencia marschieren, um sich mit der starken französischen Streitmacht unter Marschall Suchet zu vereinigen. Josephs Hof und etwas über 10.000 „afrancescados" folgten diesem kleinen Heer nach, um sich der Wut des Volkes zu entziehen, das diese Franzosenfreunde sicherlich nicht ungeschoren lassen würde.

Am 12. August 1812 marschierte Feldmarschall Wellington in Madrid ein. Er wurde von der spanischen Bevölkerung ebenso enthusiastisch empfangen wie von den Portugiesen vorher. Doch dies war nicht das Ende der Kämpfe, denn die Franzosen zogen noch einmal in Madrid ein.

Diese Kämpfe auf der iberischen Halbinsel waren Anlaß dafür, daß sich die südamerikanischen Besitzungen sowohl Spaniens als auch Portugals vom Mutterland lösten und sich für selbständig erklärten.

Die Entscheidung *gegen* Napoleon war nicht auf der iberischen Halbinsel oder anderswo in Europa oder zur See gefallen, sondern in Rußland, wo Napoleons Große Armee vernichtend geschlagen wurde und auf dem Rückzug verblutete und erfror.

Rückkehr nach Portugal

Johann VI. kehrte im Jahre 1821 nach Portugal zurück. Er fand das Land in einem Zustand völliger politischer Verwirrung vor. Durch die Feldzüge der vergangenen Jahre war es ausgeplündert und, wenn überhaupt, nur sehr schwer regierbar.

Johann VI. vermählte sich mit der spanischen Infantin Carlota Joaquina, der Tochter Karls IV. Ihr politischer Ehrgeiz und ihre unstillbaren Machtgelüste standen einer kontinuierlichen Arbeit des Königs mehr als nur einmal entgegen. Sie verbündete sich sogar mit ihrem jüngsten Sohn Michael (Dom Miguel) und organisierte eine richtiggehende Verschwörung gegen den König, ihren Gemahl.

In Brasilien war Johanns' VI. ältester Sohn Peter als Regent zurückgeblieben. Nach der Abreise des Königs wurde in Brasilien eine verfassunggebende Versammlung gewählt. Doch am 15. September 1822 beschloß Peter, selber die Macht zu übernehmen, er erklärte am 15. September 1822 die Unabhängigkeit Brasiliens vom Mutterland Portugal. Einen Monat später ließ er sich zum „Kaiser und ewigen Verteidiger von Brasilien" ausrufen.

Daraus resultierte, daß Johann VI., der bis zu diesem Zeitpunkt noch König von Portugal *und* Brasilien gewesen war, nur noch das Königreich Portugal sein Eigen nennen konnte. Sein Tod löste einen Nachfolgestreit in Portugal aus, der schließlich zum Bürgerkrieg eskalierte.

Als Johann VI. am 10. März 1826 starb, erkannte der Staatsrat unter dem Vorsitz seiner Tochter, der Infantin Isabel Maria (sie war das sechste Kind des Königs), Peter IV. als Nachfolger seines Vaters an. Peter dankte jedoch am 2. Mai 1826 zu Gunsten seiner Tochter Maria da Glória ab.

Im Lande bildeten sich in der Frage der Thronrechte zwei Gruppen, die einander heftig befehdeten. Während die eine jene Entscheidung des Staatsrates stützte und Peter IV. als rechtmäßigen Nachfolger Johanns VI. anerkannt wissen wollte, kämpfte die zweite Gruppe dagegen an. Sie sprach Peter alle Rechte am portugiesischen Thron ab, weil dieser sich mit Gewalt der Krone Brasiliens bemächtigt habe. Diese Gruppe wollte den Infanten Michael (das siebte Kind Johanns VI.) auf den Thron heben, der zu dieser Zeit in Österreich im Exil lebte.

Aus dieser Zwietracht wollte Peter das Land herausbringen, als er kurzerhand seine Tochter Maria da Glória mit seinem Bruder Michael verheiratete.

Diese Hochzeit unter Blutsverwandten – damals keine Seltenheit – fand am 29. Oktober in Wien statt, nachdem Michael auf jene portugiesische Verfassung schwur, die Peter IV. Portugal gegeben hatte. Die Prinzessin war zur Zeit ihrer Eheschließung sieben Jahre alt. Michael zählte 24 Lenze.

Auf diese Art und Weise kehrte Michael nach Portugal zurück. Er traf am 22. Februar 1828 in Lissabon ein und wollte nun jene Mission erfüllen, die ihm sein Bruder am 3. Juli 1827 mit seiner Ernennung zum Statthalter Portugals aufgetragen hatte.

Michael I., der von 1828 bis 1834 regierte, hielt den geschworenen Treueid nicht, den er seinem Bruder geleistet hatte. Er trennte sich bald von seiner Frau und hörte mehr auf seine Mutter, als es ihm und dem Staat guttat.

Der Ehrgeiz dieses Mannes kannte keine Grenzen. Michael I. war, nachdem er zunächst auf das Volk eingegangen war und sich auch von ihm zum König hatte ausrufen lassen, inzwischen zum Adel übergeschwenkt.

Als sich die liberalen Kräfte in Portugal zu sehr eingeengt und schließlich verfolgt fühlten, setzten sie sich nach England und zur Azoreninsel Terceira ab. Auf dieser Insel rief der ebenfalls dorthin geflohene Graf von Vila Flôr eine Widerstandsbewegung gegen Michael und die Vertreter des Absolutismus in Portugal ins Leben.

Diese Bewegungen im Mutterlande ließen den in Brasilien amtierenden Herrscher, Peter IV. nicht ruhen. Seine Beliebtheit in Brasilien war in den ersten dreißiger Jahren immer mehr geschwunden. Am 7. April 1832 hatte er zugunsten seines Sohnes Peter abgedankt. Er ließ 1832 seinen Sohn Peter und seine drei Töchter Janúaria, Paula und Francisca Carolina unter dem Schutz von José Bonifácio de Andrade e Silve in Brasilien zurück. Peter oder Pedro wurde zum Kaiser proklamiert. Peter IV. aber reiste mit der Kaiserin und seinen beiden Töchtern Maria da Glória und Maria Amélia, die wieder zu ihm gekommen war, nach Europa.

Als Herzog von Bragança führte er die emigrierten Liberalen in England und Frankreich an und charterte einige Schiffe, um nach Terceira zu segeln und sich dort dem Grafen von Vila Flôr anzuschließen.

Auf dieser Azoreninsel rüstete er eine Expedition aus, in der 50 Schiffe mit 7500 Mann zusammengefaßt waren. Damit landete er am 8. Juli 1832 in Mindelo in der Nähe von Oporto. Er besetzte die Stadt, verschanzte sich darin und leistete hier den Truppen seines Bruders entscheidenden Widerstand.

Schließlich unternahm er selber einen Angriff, der erst am 18. Mai 1834 mit der Niederlage von Michaels Heer und der Unterzeichnung des Friedensschlusses von Evora-Monte endete.

Michael wurde aus Portugal verbannt und ging ins Exil. Am 19. September 1834 wurde Prinzessin Maria da Glória für volljährig erklärt und unter dem Namen Maria II. zur Königin von Portugal gekrönt. Peter IV. starb im darauf folgenden Monat.

Maria II. war am 4. April 1819 in Rio de Janeiro zur Welt gekommen. Wegen der Abdankung ihres Vaters war sie praktisch seit ihrem achten Lebensjahr Königin. Sie starb am 15. November 1853 in Lissabon.

Ihre erste Ehe wurde – wie bereits erwähnt – am 5. November 1826 in Wien geschlossen, als sie im Alter von sieben Jahren „per procuram" mit ihrem Onkel Michael von Bragança vermählt wurde. Dieser brach schließlich sein Wort und erkannte die Ehe nicht an. Sie wurde daher am 1. Dezember 1834 vom Kardinal-Patriarchen von Lissabon nach kanonischem Recht aufgelöst.

Marias zweiter Gemahl war Prinz August Napoleon von Beauhernais, Sohn des Vizekönigs von Italien. Diese Ehe wurde ebenfalls per procuram am 5. November 1834 in München geschlossen; schließlich in persona am 28. Januar 1835 in Lissabon. Zwei Monate später erkrankte der Prinz plötzlich und starb. Sein Tod löste große Unruhe in Lissabon aus. Nur unter Aufbietung starker Mittel konnte die Ordnung aufrechterhalten werden.

Die Königin mußte die Staatsraison über ihre eigenen Gefühle stellen und als soeben verwitwete Frau eine neue Ehe aushandeln. Ihr dritter Mann war Prinz Ferdinand August von Sachsen-Coburg und Gotha. Diese Ehe wurde ebenfalls zunächst per procuram am 1. Januar 1836 geschlossen, aber noch am 9. April dieses Jahres in Persona in Lissabon bestätigt.

Nach der Hochzeit wurde der Prinz offiziell zum Mitregenten ernannt. Am 16. September 1837 erhielt er den Titel „Seine allerergebenste Majestät Prinzgemahl Ferdinand II. von Portugal".

Nach dem Tode der Königin und während der Minderjährigkeit von Prinz Peter fungierte Prinzgemahl Ferdinand II. als Regent. 1862 wurde ihm der Thron von Griechenland und 1868 jener von Spanien angeboten. Prinz Ferdinand schlug beide aus. Am 10. Juni 1869 ging er eine morganatische Ehe mit der Sängerin Elisa Henzler ein.

Peter V. folgte seiner Mutter Maria II. im Jahre 1855 auf den Thron. Vor seiner Volljährigkeit regierte sein Vater das Land. Erst am 16. September 1855 wurde Peter V. zum König gekrönt. Ihn nannten die Portugiesen, die für jeden König einen ihn kennzeichnenden Beinamen erfanden, den „Hoffnungsvollen".

Peter V. war ein sehr gebildeter Mann, der vor allem auch beim Volk beliebt war. Die beiden großen Probleme, mit denen auch er zu kämpfen hatte, waren einmal der Antiklerikalismus und zum anderen die große Cholera-Epidemie.

Nach nur sechsjähriger Regierungszeit folgte ihm sein Bruder, der Infant Ludwig, 1861 auf den Thron. Dieser heiratete Maria Pia, Tochter des italienischen Königs Victor Emanuel II. von Savoyen. Maria Pia war eine jener wenigen portugiesischen Königinnen, die vom Volk hoch verehrt wurden.

Nach dem Tode Ludwigs I. im Jahre 1889 wurde sein Sohn Karl I. zum neuen König gewählt. Dieser befaßte sich in hervorragender Weise mit Ozeanographie und Ichthyologie. Als Maler stand er über dem Durchschnitt der Künstler seiner Zeit. Er mußte die am 31. Januar 1891 in Portugal losbrechende Revolution mit harter Hand bekämpfen. Am 1. Februar des Jahres 1908 wurde er zusammen mit seinem Sohn, Kronprinz Ludwig Philipp, ermordet.

Emanuel II. wurde nach diesem Doppelmord neuer König von Portugal. Seine Regierungszeit war auf knapp zwei Jahre angelegt. Er war kein Herrscher, sondern Literatur- und Bücherfreund. Mit der Ausrufung der Republik in Portugal am 5. Oktober 1910 ging seine Herrschaft, ging zugleich auch die Monarchie in Portugal zu Ende. Achthundert Jahre hatten portugiesische Könige die Geschicke dieses meernahen Landes bestimmt und es zu ungeahnter Größe aufsteigen lassen. In der Blütezeit dieser Monarchie im 15. bis zur Mitte des 18. Jahrhunderts hatte Portugal ein Weltreich dargestellt, dessen Ausdehnung über die ganze Erde hinwegging. Die große Epoche der Entdeckungen, die von diesem kleinen Land am Rande Europas ausging, war mit dem Ende des Königreiches ebenfalls zu Ende gegangen.

Das Königreich Brasilien

Als der portugiesische Hof im Jahre 1807 vor den Truppen des französischen Generals A. Junot nach Brasilien floh, wurde Rio de Janeiro vorübergehend die Hauptstadt des portugiesischen Weltreiches. Die Häfen Brasiliens wurden für den Außenhandel geöffnet.

Die portugiesische Revolution von 1820 nötigte Johann VI. zur Rückkehr nach Lissabon. Als Regenten ließ er seinen Sohn Pedro in Brasilien zurück.

In dem Augenblick, in dem die konstituierenden Cortes Brasilien in eine Kolonie Portugals zurückverwandeln wollten, war eine Trennung dieses Überseegebietes vom Mutterland unvermeidlich geworden.

Pedro stellte sich unter dem Einfluß von Andrada e Silva und der unter seinem Namen laufenden Bewegung der Andradas selbst an die Spitze der brasilianischen Unabhängigkeitsbewegung.

Auf der Höhe von Ipiranga bei São Paulo rief Pedro am 7. September 1822 die Unabhängigkeit Brasiliens von Portugal aus. Am 1. Dezember dieses Jahres wurde er als Pedro I. zum Kaiser von Brasilien gekrönt. Antonio Carlos Ribeiro de Andrada e Silva entwarf die Verfassung des Jungen Staates, die allerdings in der verfassunggebenden Versammlung des Jahres 1823 vom Kaiser verworfen wurde. Andrada e Silva wurde verbannt, später aber wieder in Gnaden aufgenommen und von Pedro I. in die Deputiertenkammer aufgenommen. Doch zurück zu Pedro I.

Am 25. März 1824 erließ Pedro I. eigenmächtig eine liberale Verfassung. Er hielt sich jedoch nicht in den Schranken für einen konstitutionellen Herrscher. Im folgenden Jahr anerkannte Portugal die Unabhängigkeit Brasiliens. Insbesondere Pedros I. rein portugiesische Umgebung und sein Lebenswandel machten ihn in Brasilien immer unbeliebter. Daß der Streit um Uruguay zu Ungunsten Brasiliens im Jahre 1828 ausging und dieses unter britischem Druck die Selbständigkeit von Uruguay anerkennen mußte, wurde ebenso Kaiser Pedro I. angelastet.

Als schließlich der Aufstand losbrach, dankte Pedro I. am 7. April 1831 zu Gunsten seines fünfjährigen Sohnes Pedro II. ab und ging nach Europa zurück.

Ein Regentschaftsrat übernahm zunächst die Staatsführung. Dieser wurde schließlich der immer wieder an allen Ecken und Enden des weiten Landes ausbrechenden Aufstände nicht mehr Herr. Um sich achtbar aus der Affäre zu ziehen und den Schwarzen Peter wieder den Portugiesen zuschieben zu können, wurde Pedro II. vorzeitig für volljährig erklärt. Dieser trat 1840 die Regierung an. Mit seiner Krönung am 18. Juli 1841 wurde er trotz seines jugendlichen Alters von 15 Jahren sehr bald der wirkliche Leiter der brasilianischen Politik.

Mit Hilfe des ihm ergebenen Generals Luis Alves de Lima e Silva – der später zum Herzog von Caxias ernannt wurde – gelang die Wiederherstellung der Ordnung im Lande.

Während seiner Regierungszeit wurde Brasilien von zahlreichen Aufständen erschüttert, bis es General de Lima e Silva, dem Herzog von Caixas, im Jahre 1849 gelang, die öffentliche Ordnung wiederherzustellen.

Der Krieg gegen Paraguay, der von 1864 bis 1870 dauerte und Brasilien als Sieger sah, brachte weitere Unruhe ins Land.

Die Sklaveneinfuhr nach Brasilien, die bis zum Jahre 1830 völlig legal verlief, wurde bereits im Vertrag des Jahres 1831 mit Großbritannien verboten. Dennoch lebten auf den riesigen Latifundien nach wie vor die Arbeiter als Sklaven weiter. Erst 1850 wurde ein Gesetz erlassen, das die Sklaverei im Lande selber verbot. Doch auch dieses Gesetz kam nicht voll zur Wirkung. Erst das Gesetz vom 28. September 1871 (!) erklärte die Kinder von Sklaven für frei und gestattete den Sklaven, sich von ihren Herren loszukaufen.

Kronprinzessin Isabel, die für ihren in Europa weilenden Vater die Regentschaft führte, ließ sich zur entschädigungslosen Aufhebung der Sklaverei durch die „Lei aurea" vom 13. Mai 1888 bestimmen.

Dadurch wurden die Pflanzer im Lande ruiniert. Sie, die bis dahin als Hauptstützen der brasilianischen Monarchie gegolten hatten, wurden ins republikanische Lager getrieben.

Als dann auch noch zusätzlich zu diesem gravierenden Umschwung die Auflockerung der militärischen Disziplin, die Ausbreitung republikanischer Propaganda in der Armee des Landes ausuferte, mußte die Regierung dagegen eingreifen. Doch da war es bereits zu spät. Die Garnison von Rio de Janeiro erhob sich gegen die Regierung. Dieser äußere Anlaß ließ sich geschickt von den radikalen Führern zum Sturz des Monarchen nutzen. Am 15. November 1889 wurde der Kaiser gestürzt. Er mußte mit seiner Familie nach Europa ins Exil gehen. Er traf mit den Seinen am 7. Dezember 1889 auf der „Alagoas" in Lissabon ein.

Damit war Brasilien für immer aus dem portugiesischen Staatsverband ausgeschieden.

Auch jener Teil des portugiesischen Großreiches, der dem Mutterland über Jahrhunderte hinweg Gold, Edelsteine und ein gesichertes Überleben geschenkt hatte, war für alle Zeit vom Mutterland getrennt.

Zurück blieben von diesem Großreich zwei Republiken, deren Bedeutungslosigkeit im krassen Gegensatz zu ihrer früheren Wertschätzung stand. Das große Zeitalter der portugiesischen Weltentdeckung und Welteroberung war zu Ende. Was nun folgte, war nur noch der schleichende Ausverkauf aller übrigen Kolonien, über die Portugal größtenteils bereits seit dem 15. Jahrhundert verfügte und in denen dieses Land über 300 Jahre geherrscht hatte.

PORTUGAL HEUTE

Streifzüge durch ein geschichtsträchtiges Land

Wenn über die iberische Halbinsel gesprochen wird, dann denken wir zunächst an Spanien, das etwa fünf Sechstel dieses Landgebietes am südwestlichen Rand Europas beherrscht und sich im Verlauf seiner Geschichte zeitweise auch Portugal einverleibt hatte.

Portugal aber, das wird im Studium der Vergangenheit dieses Landes an der westlichen Flanke Iberiens deutlich, unterscheidet sich nicht nur durch seine Sprache von Spanien, sondern auch durch seine Kultur und jene Leistungen, die es auf dem Gebiete der Weltentdeckung und -erforschung fast zwei Jahrhunderte *vor* seinem östlichen Nachbarn erbrachte: Als Eineinhalb-Millionen-Volk erweiterte Portugal die Kenntnisse über die Erde binnen 150 Jahren um über das Vierfache.

Daß Portugal auch heute und als Reiseland von besonderem Reiz ist und es in seinen Hauptreisegebieten, der Costa del Sol an der Westküste beiderseits von Lissabon, mit den bekannten Badeorten wie beispielsweise Escoril und Cascais zur Weltgeltung brachte, ist bekannt. Daß die Algarve in jedem Jahr mehr besucht wird und daß darüber hinaus die gesamte portugiesische Atlantikküste viele reizvolle Badeorte *und* das Landesinnere eine Reihe hervorragender Thermalbäder aufzuweisen hat, ist weniger ans Licht der Öffentlichkeit gedrungen.

Was aber das Land auch und besonders für Bildungsreisende so wertvoll macht, das ist seine reizvolle Kombination von Badeorten *und* Städten, Baudenkmälern und Kunststätten, die zu den größten der Kulturwelt zählen.

Die Klöster Alcobaca und Mafra sowie Belém gehören ebenso dazu wie die Christusritterburg von Tomar und viele andere Sehenswürdigkeiten, denen wir uns im Folgenden in einigen Exkursionen nähern wollen.

Als der portugiesische Diktator Antonio Oliveira Salazar, Herrscher in Portugal über einen Zeitraum von 36 Jahren, nach langem Bestürmen die Genehmigung zum Bau des Flugplatzes von Faro, der Hauptstadt der Algarve, genehmigte, ahnte er nicht, daß dieser Flughafen binnen kurzer Zeit das Einfallstor wahrer Touristenströme nach Portugal werden würde.

Von diesem Zeitpunkt an entdeckte auch das übrige Europa das neue Paradies der Ferienreisenden, Südportugal. Aus aller Herren Länder wurden in den folgenden Jahren Erholungssuchende in die Algarve geschleust. Faro empfing sie und wurde zum Ausgangspunkt nicht nur der Weiterreise nach Westen entlang der Küste, sondern auch zu Exkursionen ins Landesinnere.

Die Stadt selber, Hauptstadt der Algarve und zugleich auch südlichste Stadt Portugals, wurde durch das große Erdbeben des Jahres 1755 völlig zerstört. Das einzige, was von ihren Sehenswürdigkeiten aus alter Zeit übrigblieb, ist das Altstadttor, der Arco da Vila. Die Kathedrale aus dem 18. Jahrhundert vervollständigt die Sehenswürdigkeiten, und das Museu Maritimo, in dem Fischerboote im Modell zu sehen sind, bietet interessierten Meeresfreunden Neues und Wesentliches.

Die Praia liegt etwa 10 Kilometer westlich der Stadt auf einer schmalen Landzunge.

Von Faro aus führen eine Reihe Buslinien in alle Badeorte der Küste ebenso wie zu vielen Orten ins Landesinnere. Wer von hier aus eine Exkursion ins Baixo Alentejo und in das nach Norden anschließende Alto Alentejo, nach Beira Baixa und das Küstengebiet von Beira Litoral antritt, der fährt zunächst nach Evora mit seiner großen Kathedrale, der alten Universität, dem Dianatempel und dem berühmten Beinhaus von Sao Francisco. Bereits in lusitanischer und römischer Zeit bestand an gleicher Stelle die Ansiedlung Ebora. Hier herrschten die Mauren von 715 bis zum Jahre 1165 und gaben dieser Stadt ihr eigenes Gepräge. Im 15. Jahrhundert wurde Evora zum Zentrum des portugiesischen Humanismus, und zur gleichen Zeit ließen sich hier bedeutende Künstler des Landes nieder.

Die Stadtmauer aus dem 14. Jahrhundert umschließt auch heute noch einen Teil der Altstadt im Westen und Norden, während sich im Süden Befestigungsanlagen aus dem 17. Jahrhundert befinden und auch Reste einer römischen Stadtmauer zu erkennen sind. Die Kathedrale aus dem 12. und 13. Jahrhundert beherbergt die ebenfalls aus dem 13. Jahrhundert stammende berühmte Elfenbein-Madonna.

Ein makaber-packendes Bild bietet die Casa dos Ossos der Kirche São Francisco, deren Wände mit den Gebeinen mehrerer tausend Menschen bedeckt sind. Sie stammt aus dem 15. Jahrhundert.

Das mittelalterliche Bergstädtchen Castelo de Vide wird am nächsten Tage auf der Weiterreise als erstes erreicht, vorausgesetzt, man hat den Übernachtungsort Elvas bereits am Vortage besichtigt. Denn diese Stadt mit ihrem Aquädukt und ihren Befestigungsanlagen bietet ebenfalls eine Reihe sehenswerter Ziele, von denen der Polourinho und die Kirche Nossa Senhora da Consolacao sowie die Praça Dom Sancho II. mit ihrem schönen Mosaikpflaster besonders reizvoll sind.

Castelo de Vide also, die letzte größere Ansiedlung vor der spanischen Grenze an den Hängen der Serra de S. Mamede gelegen, ist für Fotofreunde eine Aufforderung, den Auslöser zu betätigen, und für alle übrigen Besucher eine Augenweide. Mit Recht verdient sich diese Ortschaft das Attribut, „schönstes Dorf Portugals“ zu sein. Von der Praça Dom Pedro V. aus gelangt man durch eine sehenswerte Gasse zur Burg, die vom 12. bis zum 14. Jahrhundert erbaut und erweitert wurde. Zurück zur Praça, dort ist ein Besuch der Kirche von Santa Maria angezeigt. Der „Torre“, ein Barockpalast, steht ebenfalls hier.

Die Fahrt durch das reizvolle Tejotal nach Tomar stimmt bereits auf Tomar ein. Als erstes Bild dieser Stadt grüßt die gewaltige Klosterburg der Christusritter. Sie ist eines der bedeutendsten Bauwerke Portugals und wurde 1160 von den Tempelrittern begonnen. Nach deren Auflösung und der Gründung des Christusritterordens durch König Dinis I. im Jahre 1318 ging diese Burg in dessen Besitz über. Da Prinz Heinrich Großmeister der Christusritter wurde, nahm es nicht wunder, daß diese sich mehr und mehr den Entdeckungsreisen anschlossen und Prinz Heinrich große Summen Geldes zur Ausrüstung seiner Expeditionen zur Verfügung stellten.

Die Doppelkirche in der Burg, von den Tempelrittern und den Christusrittern errichtet, wurde durch einen auf Veranlassung Manuels I. in die Verbindungswand gebrochenen Spitzbogen zu einer Gesamtkirche verwandelt. Das Portal der Westfassade, von João de Castilho 1515 geschaffen, ist im manuelinischen Stil gehalten.

Die Templerkirche wurde 1162 in Angriff genommen. Vorbild dafür war die Grabeskirche zu Jerusalem mit dem achteckigen Raum und in der Mitte mit dem Hochaltar. Von hier aus gelangt man in den Claustro do Cemitério, den 1450 geschaffenen Kreuzgang. Der große Kreuzgang der Christusritterkirche wiederum ist ein Werk der Spätrenaissance. Er wird Claustro dos Felipes und Claustro de João II. genannt.

Einer der schönsten Blicke ist jener von der Terrasse des kleinen Kreuzganges de Santa Bárbara auf das vielgerühmte manuelinische Fenster der Nordwest-Fassade der Christusritterkirche.

Nach einer Übernachtung in Tomar, beispielsweise im Hotel dos Templários, führt der Weg des anderen Tages direkt nach Fátima, also zu einem Mittelpunkt aller Pilgerreisen, einem Gnadenort von besonderer Wirkung und Anziehungskraft. Fátima erreichte nach dem 13. Mai 1917 Weltberühmtheit, als hier drei Hirtenkindern die Muttergottes erschien und 1919 an diesem Ort die erste Kapelle errichtet wurde. Der Grundstein für eine Basilika wurde im Jahre 1928 gelegt sie ist heute an jedem 13. der Monate Mai bis Oktober Ziel eines unübersehbaren Pilgerzuges.

In der Basilika befinden sich die Gräber von zwei der drei Hirtenkinder: von Francisco und Jacinta. Der Platz vor der Basilika ist doppelt so groß wie der Petersplatz in Rom. In der Nacht zum 13. Mai findet hier eine große Lichterprozession statt, ebenso in der Nacht zum 13. Oktober.

Der Fischerort Nazaré wiederum bietet nach diesem gewaltigen Eindruck das Bild eines zum Badeort verwandelten Fischerdorfes. Wenn man davon spricht, daß sich hier bereits eine phönikische Siedlung befunden habe, so ist dies nicht unbedingt historisch richtig; dennoch bietet diese Stadt viele einprägsame Bilder, und das 110 Meter hohe Vorgebirge ist die höchste Erhebung der portugiesischen Küste. Die drei Ortsteile Sitio, Praia und das wiederum höhergelegene Pederneira bieten jeder für sich interessante Sehenswürdigkeiten, von denen die Wallfahrtskirche in Sitio, die bereits 1182 gestiftet wurde, an jedem 15. August Ziel vieler Wallfahrer ist.

In Praia erlebt der interessierte Reisende am Fischerstrand das Anlandziehen der Boote und die Versteigerung des Fangs, die mit alten Gebräuchen lautstark getätigt wird.

Von Nazaré nach Alcobaca sind es nur wenige Kilometer. Die Kleinstadt verdankt dem Mosteiro de Santa Maria, einem um das Jahr 1152 gegründeten Marienkloster, seine Bekanntheit. Dieses Kloster und vor allem seine Kirche, die mit ihren Ausmessungen von 106 Metern Länge, 23 Metern Breite und einer Höhe von 20 Metern als größte Kirche Portugals gilt, sind vielbesuchte Ziele. In den beiden Seitenarmen des Querhauses stehen die einmaligen Sarkophage König Pedros I. und der Ines de Castro, von derem Schicksal im allgemeinen Text ausführlich berichtet wird. Der Claustro do Silencio schließt sich an das linke Seitenschiff der Kirche an. Vom Kreuzgang aus hat man Zutritt zur 18 m hohen Klosterküche.

Wer nun immer noch nicht für diesen Tag gesättigt ist, der reist die wenigen Kilometer nach Batalha weiter. Hier erhält er einen Eindruck von dem großen Mosteiro da Santa Maria da Vitória – dem Siegeskloster – und erfährt auch den Grund seines Entstehens.

Batalha ist das größte Nationaldenkmal Portugals. König Joao I. ließ es zum Dank dafür errichten, daß er am 14. August 1433 bei Aljúbarrota jene Schlacht gegen eine große kastilische Übermacht gewann, die Portugals Unabhängigkeit bedroht hatte.

Der Claustro Real – der königliche Kreuzgang, von König Manuel I. initiiert, ist ein besonderes Meisterwerk portugiesischer Bildhauerkunst. Das Herzstück aber ist das Lavatorium.

Der Kapitelsaal mit seinem kühnen Deckengewölbe, das beim Bau zweimal einstürzte, ist heute Standort des Grabmals des Unbekannten Soldaten, vor dem ständig zwei Soldaten der portugiesischen Streitkräfte Ehrenwache halten. Ein zweiter, sich anschließender Kreuzgang wurde in der Regierungszeit König Alfons V. errichtet.

Der Ortsname Batalha bedeutet übrigens „Schlacht". Zur Zeit König Duartes I. wurde das Pantheon begonnen, das aber unvollendet blieb und den Namen Capelas Imperfeitas erhielt. Das Dach des Oktagons mit seinen sieben Kapellen fehlt immer noch.

In der Mitte der Gründerkapelle befindet sich das Grabmal Joaos I. und seiner Gattin Philippa von Lancaster. Dort sind auch Heinrich der Seefahrer und sein Bruder Prinz Ferdinand beigesetzt. Letzter starb in marokkanischer Gefangenschaft. Gegen die Aufgabe Ceutas hätte er die Freiheit wiedererlangt. Doch dazu rang sich Portugal nicht durch.

Der Abend in Leiria, dem Tagesziel, zeigt dem Bildungsreisenden beim Bummel die 1135 erbaute Burg, die auf einem 113 Meter hochgelegenen Hügel das Tal überragt. Bereits 1135 war sie Grenzbefestigung gegen die Maureneinfälle.

Sie wurde im 14. Jahrhundert restauriert. Eine Zeitlang wohnte hier auch König Dinis I.
Auf dem Wege von der Stadt zur Burg hinauf erreicht man die Kapelle Sao Pedro. Die Sé-Kirche mit dem Namen Miseriacórdia stammt aus dem Jahre 1544; der Fonte das Carrancas ist ein Barockbrunnen, und über eine riesige Treppe erreicht man die Wallfahrtskirche Nossa Senhora da Encarnacao.

Von Leiria aus empfiehlt sich ein Tagesausflug nach Conimbriga und Coimbra. Die alte römische Ruinenstadt Conimbriga, im ersten Jahrhundert nach Christus gegründet und 486 von den Sueben zerstört, bietet dem Beschauer die großartige Villa der Mosaiken und die Villa der Thermen. Zur letzteren gehörten eine Reihe von Privatthermen, die darauf hindeuten, daß dieser Ort zu römischer Zeit ein Prominentenbad war. In den Museum auf dem Ausgrabungsgelände sind Keramiken, Mosaiken, Skulpturen und Büsen aus römischer Zeit zu sehen.

Von hier aus nach Coimbra sind es nur wenige Kilometer. Die am rechten Ufer des Rio Mondego gelegene Stadt geht auf das römische Aeminium zurück. Ihr Name hingegen wurde von dem römischen Conimbriga entlehnt.

Coimbra war im 12. und 13. Jahrhundert die Hauptstadt des jungen Könireiches Portugal. 1307 wurde die bereits 1290 in Lissabon gegründete Universität – die erste des Landes – nach Coimbra verlegt. Sie prägte in entscheidender Weise das Gesicht der Stadt. Die auf einem Hügel gelegene Altstadt wird über die Rua Ferreira erreicht. Über eine Treppenstraße gelangt man zur Praça do Comercio, an derem Nordende die Kirche Sao Tiago steht, deren Bau im 12. Jahrhundert begonnen wurde.

Durch das alte Stadttor Arco do Almendina und über eine weitere Treppenstraße erreicht man erst den Palacio de Sobre-Pipas, dann die Casa do Arco.

Die alte Kathedrale, Sé Velha, die ab 1160 binnen eines Jahrzehnts von französischen Architekten und Baumeistern errichtet wurde, weist mit dem 1520 errichteten Nordportal eines der frühesten Werke portugiesischer Renaissance auf. Der Largo da Feira bildet den Mittelpunkt jenes Gebäudekomplexes, der die neue Universität beherbergt. Die Westseite wird von dem ehemaligen Palais des Bischofs von Coimbra eingenommen.

Die alte Universität befindet sich auf der Rua Dr. José Falçao. Es ist dies der ehemals königliche Palast, der 1540 zur Universität umgestaltet wurde.

Zurück durch eine liebliche Landschaft nach Leiria gibt es hier noch einmal Gelegenheit zur Vertiefung der Eindrücke des ersten Tages.

Die Weiterfahrt geht von hier aus dam nächsten Morgen zunächst zu dem Thermalbad Calda da Reinha, das 1484 von Königin Leonor gegründet wurde. Im Museu Malhoa – dessen Gebäude sich im großen Kurpark befindet – kann der Besucher Werke einiger berühmter portugiesischer Maler bewundern. Die Kirche der Stadt wurde ebenfalls von Königin Elonor gestiftet. Wer ein besonderes Gefühl für Azulejos hat, der kommt in Caldas da Reinha auf alle Fälle zu seinem Recht.

Von hier aus zum Rothenburg ob der Tauber Portugals, gemeint ist das malerische Städtchen Obidos, führt eine gute Straße nach Süden. Die Burg wurde während der Zeit der Reconquista in den Maurenkämpfen als Festung benutzt und erlangte eine besondere Bedeutung. Eine weitere Burg aus dem 16. Jahrhundert ist in eine der Pousadas umgewandelt, die heute als Hotels dienen und zu den besten Adressen zählen. Diese Pousada do Castelo ist eine der schönsten Portugals.

Die nahegelegene Stadt Santarém, direkt auf einem Hügel über dem Tejo errichtet, geht auf das römische Scalabis zurück. Diese beherrschende Stellung über der Tejo-Niederung war nicht nur für die Römer strategisch wichtig. Die Franziskaner sahen in diesem Hügel den richtigen Platz für eines ihrer Klöster. Auch die Jesuiten waren dieser Meinung und errichteten um 1676 an der Praça Sá da Bandeiras ihre Kirche. Von dem höhergelegenen Aussichtspunkt Sao Bento im gleichnamigen neuen Stadtteil genießt der Beschauer einen weiten Blick nicht nur auf die Stadt, sondern auch auf das Tejo-Tal.

Auf dem Wege nach Süden wird schließlich Sintra erreicht. Am Nordfuß der Serra de Sintra gelegen, ist diese Stadt ein Gartenjuwel. Diese berühmte portugiesische Sommerfrische, die auch leicht von Lissabon aus erreichbar ist, war die Sommerresidenz vieler portugiesischer Könige und Fürsten. Daraus resultiert auch die Fülle der prächtigen Adelssitze und Schlösser.

Der Königspalast, Paco Real de Sintra, gehörte der Dynastie Aviz. Er wurde unter João I. zum Ende des 14. Jahrhunderts errichtet und ist der Erweiterungsbau einer Burg aus dem 13. Jahrhundert. Diese bildet den Mittelteil der heutigen Gesamtanlage. Die gewaltige Küche des Palastes mit seinen konischen Schornsteinen deutet die Zahl der Bewohner, Gäste und Bediensteten an.

Der übrige Teil des Schlosses wurde unter der Regie Manuels I. errichtet, so daß zu den maurischen und spätgotischen Stilelementen auch jene Kunstrichtung hinzukam, die als „manuelinischer Stil“ bekannt wurde. Im Palast sieht man eine Fülle von prächtigen Azulejo-Platten.

Man ist gut beraten, in Sintra von der Nationalstraße 247.3 abzubiegen und über eine schmale Piste zu den Resten des Castello dos Mouros — der Maurenburg — zu fahren, die aus der Zeit um 800 stammt, als sich Portugal bereits fest in maurischer Hand befand. Von dort aus hat man einen unbeschreiblichen Ausblick über das Land. Auf diesem Plateau liegt der Palacio da Pena, ein Lustschloß, welches der deutsche Architekt Baron von Eschwege für Prinzgemahl Ferdinand, dem Gatten von Maria II. da Glória, errichtete. Der Hauptturm des in zehn Jahren errichteten Gebäudes bietet einen großartigen Überblick. Der Penapark hat eine Ausdehnung von 200 Hektar und zählt zu den schönsten Parkanlagen Europas. Nach Lösung eines Billetts kann man ihn langsam mit dem Wagen durchfahren.

Die alte Fischerstadt Cascais, die wie das nahegelegene Lissabon 1755 völlig zerstört wurde, entwickelte sich erst in den siebziger Jahren des vorigen Jahrhunderts zu einem Seebad der mondänen Welt, nachdem der königliche Hof 1870 dort seinen ersten Sommerurlaub verbrachte.

Hier finden alljährlich große Segelregatten statt, zu denen sich die internationale Aristokratie Europas trifft. So nimmt es nicht wunder, daß ganz in der Nähe, in Estoril, sich ein Spielkasino etabliert hat, in dem die mondäne, große Welt sich dem Spieltrieb hingibt.

Dieser „eleganteste und mondänste Platz Portugals" hat übrigens das mildeste Klima Europas. Die Durchschnittstemperaturen betragen im Winter 12 Grad plus. Besonderer Höhepunkt jeder Saison in Escoril ist das alljährlich im Juli stattfindende Meeresfest.

Bliebe noch Mafra zu nennen, das in einer Tagesexkursion von Lissabon aus besucht werden sollte. Die Stadt selber wäre keinen Abstecher aus Lissabon wert, wenn nicht dort das 1717 von König Joao V. gegründete Kloster Mafra stünde. Dessen Bau wurde zum Dank für die Geburt eines Thronerben (des späteren Königs José) von dem deutschen Baumeister J. Friedrich Ludwig in Angriff genommen. Dieser benötigte 13 Jahre, um das größte Kloster Portugals fertigzustellen.

Der Gesamtkomplex umfaßt eine Basilika, ein Kloster und den königlichen Palast. Die Hauptfassade des Klosters hat eine Ausdehnung von 220 Metern. Zwei Eckpavillons flankieren sie. Die Gesamtfläche, die dazu bebaut werden mußte, umfaßt 40.000 Quadratmeter.

Die Kirche verfügt über insgesamt 114 Glocken. Im Sommer finden hier vielbeachtete Glockenspielkonzerte statt.

Die Bildhauerarbeiten in der Kirche stammen von Künstlern aus der Schule von Mafra, die von Alessandro Giusti geleitet wurde. Der portugiesische Künstler Machado de Castro vollendete Giustis Werke nach dessen Tod.

In der Palastbibliothek, die zur Besichtigung frei ist, befinden sich 35.000 Bände.

Bliebe nun noch Lissabon, jene Stadt im Abschnitt des Boca do Inferno vor dem großen Mündungstrichter des Tejo gelegen.

Lissabon — Osilipo

Um die Gründung dieser Stadt bildeten sich sehr früh bereits eine Anzahl Legenden. Ob sie auf eine phönizische oder auf eine lusitanische Ansiedlung zurückgeht, ist nicht feststellbar. Auf jeden Fall nannten die Lusitanier sie Olisipo. Auf diesen alten geht der neue Name Lissabon jedenfalls zurück. In römischer Zeit war ihr Name Felicitas Julia.

Diese Stadt liegt zu einem Teil am seenhaft erweiterten Tejo, zum anderen an der 15 Kilometer langen Tejomündung. Dieser exponierten, beinahe „meerumschlossenen" Lage verdankt Lissabon den Ruf, eine der schönsten Städte Europas zu sein.

Die Goten eroberten Lissabon und befestigten die Stadt. Die Mauren machten sie nach der Eroberung und Inbesitznahme dieses westlichen Teiles der iberischen Halbinsel zur Hauptstadt eines ihrer kleineren Staaten, die sie auf der gesamten Halbinsel gründeten.

Es war König Alfons III., der sie nach der Reconquista auch Südportugals um 1260 zur Hauptstadt seines Königreiches machte.

Zur Zeit der Entdeckungen und vor allem der ihr folgenden Welteroberung wurde Lissabon zu einer Weltstadt. König Manuel I. schmückte sie in ihren Bauwerken in dem nach ihm benannten manuelinischen Stil.

Während der sechzigjährigen Unterjochung Portugals durch Spanien von 1580 bis 1640 erlitt auch Lissabon wie das gesamte Portugal eine Reihe von Rückschlägen. Das große Erdbeben de Jahres 1755 verwandelte diese schöne Stadt in einen Trümmerhaufen und ließ viele Prachtbauten und Sehenswürdigkeiten untergehen, aber auch andere entstehen. Der Minister Pombal, die graue Eminenz portugiesischer Könige, ließ die Stadt wiedererstehen. Gold und Diamanten aus Portugiesisch-Amerika — wie Brasilien genannt wurde — verhalfen ihm dazu, das Werk zu vollenden. Ihm ist auch jene Prachtstraße zu verdanken, die als Avenida da Liberdade bekannt ist und in einer Länge von 1.200 Metern in einer Breite von 90 Metern von der Praça dos Restauradores bis zur Praça Marques de Pombal führt. Der Pombal-Platz, im Volksmund Rotunde genannt, wird von dem auf seiner Mitte stehenden Denkmal dieses portugiesischen Ministers gekrönt, dessen Arbeit und Wirken in einem ausführlichen Abschnitt dieses Buches gewürdigt wird. Er hatte für 21 Jahre das Schicksal Portugals im wahrsten Sinne des Wortes bestimmt. Sein Name leitet sich aus der kleinen Stadt Pombal ab. Nach dieser Stadt nannte er sich S. J. de Carvalho e Melo, Marquis de Pombal. Hier besaß er Güter, und hier endete sein Leben 1782 nach seinem Sturz bei Hofe in der Verbannung. Oberhalb dieser Stadt — dies sei hier eingeflochten, steht eine Burg der Tempelritter. Doch zurück zu Lissabon:

Entlang dieser einmaligen Straße befinden sich die großen Hotels, Handelshäuser von Weltruf und die Büros aller großen Luftfahrtgesellschaften.

Der Rossio, ein großer Platz mit einem schwarz-weißen Mosaikplaster, wird von zwei Brunnen geziert. Die dort stehende Säule mit dem Standbild König Pedros IV. (als erster Kaiser von Brasilien nannte er sich Pedro I.), ist der Mittelpunkt.

Hier brannte im Jahre 1966 das Nationaltheater Dona Maria II. aus. Es wurde 1978 wiedererrichtet. Die Cidade Baixa — die Unterstadt —, die zwischen den Hügeln der Alfama im Osten und dem Barrio Alto, der Oberstadt, im Westen liegt, erstreckt sich in Nord-Süd-Richtung vom Tejoufer bis zum Rossio.

Auf der Praça do Comércio, von den Stadtbewohnern nur Terreiro do Paco — Palastterrasse genannt, stand der auf Weisung Manuels I. errichtete königliche Palast. Auch er wurde ein Opfer des großen Erdbebens von 1755. Dieser am Tejoufer gelegene Platz ist auf beiden Flanken von Regierungsgebäuden des 18. Jahrhunderts mit ihren Arkaden umgeben. In der Mitte befindet sich das Reiterstandbild König João's I. In der Mitte der Nordseite erhebt sich der Triumphbogen, der den Zugang zur Rua Augusta bildet, eine der vier großen Hauptstraßen, die von Süden nach Norden führen.

Aus der Fülle der weiteren beeindruckenden Plätze der Landeshauptstadt hebt sich in geschichtlicher Hinsicht vor allem die Praça dos Restauradores hervor. In der Platzmitte ragt ein Obelisk auf, der an jene Männer erinnert, die 1640 die Unabhängigkeit Portugals von Spanien erkämpften.

Über den breiten Mittelstreifen der Avenida do Liberdade aufwärtsgehend, vorbei an Teichen mit Schwänen und anderen Schwimmvögeln, findet man an der Nordseite der Praça Marquis de Pombal einen der Eingänge zum Parque Eduardo VII. mit der Estufa fria, einem Treibhaus, in welchem tropische Pflanzen und Blumen zu sehen sind. Aber auch der Jardim Botánico ist sehenswert. Er bietet eine Fülle seltener Pflanzen und Bäume, Teiche mit Skulpturen, lauschige Plätze zum Verweilen und zur Besinnung.

Von der Aussichtsterrasse des Miradouro de Sao Pedro de Alcantara kann man einen Teil der Innenstadt und die gesamte Oststadt überblicken. Von hier aus führt ein Weg zum Largo do Rato und von dort weiter zur Praça das Amoreiras. Auf diesem befindet sich die „Mae d'Agua — die Mutter des Wassers“ — jenes Wasserbecken, an dem der Aqueduto das Aguas Livres endet. Dieser Aquädukt wurde zwischen 1728 und 1748 gebaut und ist wesentlicher Teil der Lissaboner Wasserleitung, die von Belas aus das Wasser ins acht Kilometer entfernte Lissabon leitet. Ihr besonders beeindruckender Teil ist der nordwestlich der Mae d'Agua im Alcantaratal gelegene Abschnitt, der auf einer Strecke von 950 Metern das Tal in 35 Bogen überspannt. Der höchste dieser Bogen ragt 65 Meter empor.

Auf der Praça Luis de Camões mit dem Denkmal dieses größten portugiesischen Dichters und dem Largo do Chiado, wo sich das Denkmal des zweiten großen Dichters dieses Landes, António Ribeiro, erhebt, findet man auch elegante Geschäfte.

Die Igreja do Carmo, um 1400 errichtet und 1755 teilzerstört, beherbergt heute das Archäologische Museum.

Noch ein dritter großer Schriftsteller des Landes wird in Lissabon mit einem Denkmal geehrt, das am Largo do Barão Quintala steht: José Maria Eca de Queiros.

Die Alfama, das Altstadtviertel, ist von der Nordostseite der Praça do Comércio aus zu erreichen. Hier liegt die Igreja da Conceicao Velha, von der allerdings nur noch ein kleiner Teil aus der Zeit vor 1755 stammt: das manuelinische Portal, in dessen Bogenfeld eine Schutzmantelmadonna dargestellt ist; unter ihrem Mantel knien Manuel I. und seine Schwester Leonor.

Die einmalige Altstadt ist auch Standort der Kathedrale Sé, was soviel wie „sedes episcopalis“ bedeutet und zeigt, daß die Kirche eine Bischofskirche ist. Sie ist übrigens die Kirche des Patriarchen von Lissabon. Diese Position bekleidet der Erzbischof von Lissabon, der ja einer der vier Titularpatriarchen der katholischen Kirche ist.

Der erste, romanische Bau der Sé wurde unmittelbar nach der Eroberung Lissabons durch Afonso Henriques 1147 begonnen. Nach dem Erdbeben von 1344 wurde er im gotischen Stil restauriert. Gegen Ende des 18. Jahrhunderts erfolgte die weitgehende Barockisierung des Kircheninneren.

Die über der Alfama gelegene Aussichtsterrasse, der Miradouro de Santa Luzia, bietet einen einmaligen Ausblick. Die Mauern der Terrasse *und* jene der Kirche Santa Luzia sind mit Azelujos geschmückt.

Santa Luzia diagonal gegenüber steht der Palast Azurara mit dem Museum der dekorativen Künste. Genau gegenüber der Kirche führt die Travessa de Santa Luzia zum Largo Contador-Mor. Von dort geht es durch schmale Gassen zur Burg hinauf. Ihre Grundmauern datieren aus westgotischer und maurischer Zeit. Vom 12. Jahrhunderts an wurde die Burg erneuert und weiter ausgebaut. Sie diente ab 1300 bis zum Beginn des 16. Jahrhunderts als königliche Residenz. Die Renovierungen im mittelalterlichen Stil stammen aus den Jahren 1938—40.

Ein weiterer bekannter Aussichtspunkt Lissabons ist die Graça mit der Kirche Nossa Senhora da Graça — Maria der Gnaden — einem nach dem großen Erdbeben errichteten Kirchenbau.

Nördlich davon, vom 100 Meter hoch gelegenen Miradouro da Senhora do Monte kann man die Burg, aber auch weite Teile Lisabons überblicken.

Die nahe gelegene Kirche Sao Vicente de Fora wurde zwischen 1582 und 1627 nach den Plänen des Architekten Filippo Terzi erbaut. Auch sie wurde durch das Erdbeben von 1755 beschädigt und später teilweise restauriert. Der Baldachin des Hochaltars ist nach dem Vorbild des Baldachins in St. Peter zu Rom gestaltet. Rechts der Kirche liegt das Augustinerkloster mit seiner einmaligen Eingangshalle. Sein Kreuzgang ist mit Azulejos geschmückt, auf denen Fabeln von La Fontaine zu sehen sind.

Sicherlich eines der berühmtesten Bauwerke Portugals aber ist das Hieronymuskloster. Es wurde von Manuel I. gestiftet. Der König wollte damit das Gelingen der Ostindienfahrt von Vasco da Gama feiern. João de Castilho, der 15 Jahre nach Baubeginn im Jahre 1517 die Leitung übernahm, arbeitete 33 Jahre an diesem Kloster. Nach seinem Tode wurde noch 22 Jahre bis 1572 weitergearbeitet, ehe dieses Bauwerk vollendet war.

In dieser Kirche mit den prächtigen Schmuckelementen des manuelinischen Stils und einem Chor aus der Hochrenaissance befinden sich die Grabmale der meisten Angehörigen des Hauses Aviz, mit Manuel I. und dem Sarkophag von Vasco da Gama, der damit einer königlichen Grablege gewürdigt wurde.

In einem weiteren Sarg sollen sich die sterblichen Überreste von Luis de Camões befinden. Doch der größte Dichter fand seine letzte Ruhestätte in einem Massengrab.

In den ehemaligen Klostengebäuden sind zwei Museen eingerichtet worden. Das Museu Etnologico und das Museu de Marinha. Beide sind unbedingtes „Muß“ in Lissabon.

Daß nicht nur in den größeren Lokalen der portugiesischen Metropole, sondern vor allem auch in den typischen kleinen Restaurants ab 22.00 Uhr die Fadozeit beginnt, sollte erwähnt werden. Der Fado — in der deutschen Übersetzung bedeutet dieses Wort Schicksal — ist ein in den zwanziger Jahren des 19. Jahrhunderts in Portugal aufgekommenes Volkslied, das möglicherweise afrobrasilianischer Herkunft ist. Die beiden bekanntesten Fadolokale der Hauptstadt sind „A Severa“ in der Rua das Gáveas, und das „Arcadas do Faia“ in der Rua da Barroca. Viele weitere gute Fadolokale sind meistens den Rezeptionschefs der Hotels bekannt. In einem Fadolokal zu speisen und anschließend den getragenen schwermütigen, aber auch trutzigen Liedern zu lauschen, gehört zum Portugal-Urlaub wie der Flug nach Faro, Lissabon oder Porto.

Über die Praça do Império erreicht man die Avenida Marginal, die breite Uferstraße, und sieht dort den Padrão dos Decobrimentos — das Denkmal der Entdeckungen. Es ist dem Bug einer klassischen alten Karavelle nachgebildet und wurde 1960 zum 500. Todestag Heinrichs des Seefahrers errichtet. Beiderseits der Segel sind jene Persönlichkeiten dargestellt, die sich als Kapitäne, Entdecker, Piloten, Eroberer, Gouverneure und Kartographen um Portugal verdient gemacht haben. An ihrer Spitze Heinrich der Seefahrer.

Der Torre de Belém in Sichtweite des Denkmals der Seefahrer stand zu seiner Bauzeit *im* Wasser des Tejo, heute ist er trockenen Fußes zu erreichen. Er wurde auf Veranlassung Manuels I. von 1515 bis 1521 als Festung und Leuchtturm errichtet. Francisco de Arruda, der lange Zeit in Marokko gearbeitet hatte, schuf dieses Bauwerk in einer Mischung von manuelinischem und maurischem Stil. Heute ist der Torre de Belém eine der meistbesuchten Sehenswürdigkeiten. Auf der Terrasse der Bastion steht vor der Hauptfassade des Turmes die Nossa Senhora de Bom Sucesso — Unsere Liebe Frau vom guten Gelingen.

Es bleibt noch viel zu schildern und in Lissabon zu besuchen, wie einige zusätzliche Fotos zeigen werden.

Zwischen Porto und Bragança

Die Stadt Porto, mit ihren 450.000 Einwohnern die zweitgrößte Stadt Portugals, liegt am rechten Douro-Ufer. Sie baut sich terrassenförmig zu den Gipfeln zweier Hügel auf. Der Name „O Porto" geht auf das römische Portus Cale zurück, und von der mittelalterlichen Burg Portucale erhielt Portugal seinen Namen.

Wer als Reisender auf dem Flugplatz von Porto landet, der etwa 15 Kilometer nördlich des Stadtzentrums liegt, der erfährt auf dem Wege zum Zentrum bereits, was es heißt, in Porto mit dem Auto zu fahren. Dichte Kaskaden Motorfahrzeuge brausen durch die Straßen, von keinerlei Ampelschaltungen gebremst oder gesteuert. Der dichteste Verkehrsstrom bewegt sich zweifelsohne über die Praça de Dom Joao I. und von dort zur Avenida dos Aliados, der Prachtstraße der Stadt.

Seit dem 12. Jahrhundert entwickelte sich Porto zu einer bedeutenden Handelsstadt und zu einem großen Hafen für die Europafahrt. Drei Brücken, die den Douro überspannen, darunter die doppelstöckige, 172 Meter lange „Dom Luis I.", von denen die untere in die Unterstadt und die darüber verlaufende in die Oberstadt führt, verbinden die Stadt mit dem Vorort Vila Nova de

Gaia. Die ostwärts davon gelegene „Dona Maria Pia“ wurde 1877 von dem französischen Ingenieur Eiffel erbaut. Die westliche Brücke von Arrábida ist neueren Datums.

Auch Porto kann auf seine Sé-Kathedrale verweisen, deren Kern eine romanische Wehrkirche aus dem 12. — 13. Jahrhundert ist. Der aus dem 14. Jahrhundert stammende Kreuzgang ist mit prächtigen Azulejos geschmückt.

Im Westen der Altstadt, auf der Praça do Infante Dom Henrique, befindet sich ein weiteres Denkmal von Heinrich dem Seefahrer. Am Platzrand erhebt sich die Kirche Sao Francisco aus dem 13. Jahrhundert, die mehrfach umgebaut wurde.

Im Viertel von Vila Nova de Gaia befinden sich jene 80 Portweinkeller, die zu einer kostenlosen Weinprobe besucht werden können.

Im Viertel Foz do Douro liegt der schönste Badestrand von Porto.

Porto als Ausgangspunkt einer Reihe interessanter Exkursionen in den Norden des Landes ist dank seiner Bahn, Autobus- und anderer Verbindungen ideal. Entlang dem Nordufer des Douro geht es in Richtung Lamego. Vorbei an den auf dem Fluß schwimmenden, „Rabelos“ genannten, Weinbarken, wird nach 38 Kilometern Fahrt das Thermalbad Entre-os-Rios erreicht. Von hier aus gelangt man über ein weiteres Thermalbad, Caldas de Moledo, nach Régua. Die dortige Brücke überquerend und auf dem Südufer des Douro nach Osten eindrehend, taucht sehr bald die Silhouette von Lamego auf. In dem dortigen Nationalmuseum gibt es prächtige Azulejos, Wandteppiche und Gemälde zu sehen. Der Weg zurück führt über Cinfaes — Zentrum des weltberühmten Vinho Verde — Tarluquela und Souselo wieder nach Porto.

Eine zweite längere Exkursion ist zweifellos Bragança im Nordosten des Landes wert. Zunächst führt die Nationalstraße 15 nach Paco de Spusa. Hier steigt man das erstemal aus, obgleich erst vier Kilometer gefahren sind, um die im 12. Jahrhundert errichtete romanische Kirche zu besuchen, in welcher sich der prächtige Sarg des Egas-Moniz mit seinem Basrelief befindet.

Über Penafil erreicht man nach genau 44 Kilometern eine nach rechts führende Abzweigung, die man nicht verpassen soll, denn diese Nebenstraße führt nach Travança, deren Kirche aus dem 12. Jahrhundert eines der schönsten portugiesischen Bauwerke ist. Zur Hauptstraße zurück und nach Amarante weiterfahrend, ist die dortige ehemalige Klosterkirche Sao Gonçalo mit ihrem großartigen Orgelprospekt das nächste Ziel. Wer am ersten Samstag des Juni dort eintrifft, sollte sich nicht wundern, keinen Parkplatz zu finden, denn an diesem Tage findet hier alljährlich die große Wallfahrt zum heiligen Gonçalo statt. Gonçalo ist der Schutzpatron der Ehen. In der Pousada de Sao Gonçalo besteht die Möglichkeit der Rast und Übernachtung.

Vorbei am 1.415 Meter hohen Serajão wird Vila Real das nächste Ziel sein. Auf der Avenida Carvalho Araújo Nr. 11 befindet sich das Geburtshaus von

Diogo Cão, dem Entdecker der Kongomündung und des Kreuzkaps bei Swakopmund, wo er einen Besitzpfeiler aufstellen ließ.

Nur wenige Kilometer entfernt liegt Mateus mit dem Palast der Condes de Vila Real, in dem täglich am Vor- und Nachmittag Führungen stattfinden. Der Park dieses Palastes ist in seiner Art unübertroffen. Die Sternwarte Solar de Mateus liegt auf einem Hügel an einer Abzweigung nach Pinhao.

Über Murça und Miransela mit seiner mittelalterlichen Brücke über den Rio Tua und dem Távora-Palast führt die Reise auf den letzten 67 Kilometern durch die Serra do Nogueira nach Bragança. Nach dieser Stadt nannte sich das Herzoghaus derer von Bragança, das später Königshaus wurde und Portugal solche Herzöge und Herrscher wie Alfons I., den Begründer der Dynastie, Herzog Johann und schließlich Johann II. schenkte, der 1640 als Johann IV. portugiesischer König wurde.

Die Altstadt liegt in 684 Metern Höhe und ist heute noch von einer mittelalterlichen Mauer umgeben. Sie wird von der aus dem 12. Jahrhundert stammenden Burg überragt. Der Bergfried ist 33 Meter hoch.

Das ebenfalls aus dem 12. Jahrhundert stammende Rathaus, Domus Municipalis, ist einer der wenigen erhalten gebliebenen romanischen Profanbauten des Landes.

Wer in Bragança übernachten möchte — eigentlich muß das jeder Autoreisende, der diese insgesamt 502 Kilometer Hin- und Rückfahrt von Porto aus auf sich nimmt — der findet nicht nur im Hotel Santa Isabel auf der Rua A. Herculano, sondern auch in der Pousada de Sao Bartolomeo gute Unterkunft.

Von Bragança aus sollte die Rundreise in Richtung Chaves fortgesetzt werden. Hier hatten bereits die Römer unter dem Namen Aqua Flaviae ein vielbesuchtes Thermalbad errichtet. Seine Quellen dienen auch den heutigen Besuchern.

Die Brücke über den Rio Tamega wurde während der Regierungszeit Kaiser Trajans (98 — 117 nach Christus) gebaut. Hier stehen noch zwei römische Meilensteine aus dieser Zeit.

In Caldelas kann man ein weiteres großes Thermalbad besuchen. Von dort bis nach Braga sind es nur noch wenige Kilometer. Diese Stadt mit ihren 100.000 Einwohnern ist heute Sitz des Erzbischof-Primas von Portugal. Sie verdankt ihrem früheren Erzbischof, Diogo de Sousa, der von 1508 bis 1522 amtierte, die bedeutendsten Bauwerke.

Die Sé-Kathedrale stammt allerdings bereits aus dem 12. Jahrhundert; Bischof de Sousa ließ deren Chor erneuern. An seiner Außenseite steht die Statue der Nossa Senhora do Leite. Der Hochaltar zeigt gotischen Skulpturenschmuck, darunter die Statue der Santa Maria de Braga aus dem 14. Jahrhundert.

In der Kapelle da Glória befindet sich der Sarkophag ihres im Jahre 1348 verstorbenen Stifters, Erzbischof Gonçalo Perreira.

Nur wenige Kilometer nordwestlich von Braga liegt die Pfarrkirche Sao Jeronimo Real mit der aus dem 7. Jahrhundert, also aus westgotischer Zeit, stammenden Kirche Sao Frutuoso.

Südostwärts der Stadt wiederum, in Briteiros, finden wir die Kirche Bom Jesus de Monte, ein Wallfahrtsheiligtum, das in 410 Meter Höhe errichtet wurde. Zu ihm führen drei Wege hinaus. Erstens die Zahnradbahn, zweitens die Treppe der fünf Sinne und drittens die Via Sacra, ein Kreuzweg mit Kreuzwegkapellen. An die Treppe der fünf Sinne schließt sich übrigens noch die Treppe der drei göttlichen Tugenden an.

In westlicher Richtung ist Barcelos das nächste Ziel der Exkursion. *Hier* stand die Wiege der Dynastie Bragança. In den Überresten des einstigen herzoglichen Palastes wurde ein Keramik-Museum und ein Archäologisches Museum eingerichtet. Der Barcelos-Hahn und seine Geschichte ist es wert, sie am Ort von einem Einheimischen zu erfahren. Die Pfarrkirche stammt in ihrem Kern aus dem 13. Jahrhundert, ihr Portal ist romanisch. Das wichtigste Denkmal in Barcelos aber ist der gotische Pelourinho, eine Säule, die nicht nur als Schandpfahl, sondern auch als äußeres Zeichen für den Besitz der Stadtrechte aufgestellt wurde.

Von Braga aus in südlicher Richtung liegt Guimaraes. Diese Stadt war die *erste* Hauptstadt Portugals. In ihrer großen Burg wurde 1109 (andere Quellen nennen 1110) Afonso Henriques, der erste portugiesische König, geboren.

Die alte Burg ist seit dem 15. und 20. Jahrhundert restauriert. Sie steht auf dem höchsten Plateau der Stadt. Daneben die romanische Kapelle und südlich davon der Paco dos Duques — der Herzogspalast. Er wurde von den Herzögen von Bragança im 15. Jahrhundert in Auftrag gegeben und diente ihnen bis zum Beginn des 16. Jahrhunderts als Residenz. Gegenüber diesem Herzogspalast befindet sich das 1887 errichtete Denkmal für Afonso Henriques.

Daß Vila do Conde als Badeort nördlich von Porto vielbesucht ist und neben dem schönen Strand noch weitere Besonderheiten aufweist, sei hier vermerkt. Von Porto aus ist diese Stadt leicht mit dem Bus zu einem Ausflug zu erreichen. Nahe der Brücke über den Ave-Fluß liegt das Kloster Santa Clara, das 1318 gestiftet wurde. Die großartigen Renaissancegräber der Klostergründer Dom Afonso Sanches und Dona Teresa Martins und ihrer Kinder befinden sich in dieser Klosterkirche, die aus dem gleichen Zeitraum stammt.

Die Spitzenklöpplerinnen von Vila Conde veranstalten als Mittelpunkt des vom 21. bis zum 24. Juni dauernden Johannesfestes ihren eigenen Umzug.

Noch weiter nördlich, auf der gleichen Exkursion zu besuchen, liegt Viana do Castelo mit seinem romantischen Fischerhafen. Von hier stammen die besten portugiesischen Folkloregruppen. Die Oraca da Republica im Ortszentrum wurde während der Zeit Manuels I. angelegt. Das gotisch-manuelinische Rathaus, der Palacio Távoras und nicht zuletzt die vielen Bauwerke mit ihren prächtigen Azulejo-Arbeiten sind die Fahrt dorthin wert.

Folgt noch eine weitere Sehenswürdigkeit auf gleichem Wege: die Reste einer wenige Kilometer weiter nördlich gelegenen keltischen Höhensiedlung *und* das auf dem Monte Santa Luzia gelegene Hotel gleichen Namens.

Von Porto nach Süden ist Aveiro ein Ziel, dessen Besuch sich lohnt. Am nördlichen Arm des großen Aveiro-Haffs an der Mündung des Rio Vogua gelegen, wird diese Stadt wegen ihrer Lagunen auch das portugiesische Venedig genannt.

Die Salzgewinnung in den Lagunen bildet die Existenzsgrundlage der Stadt seit ihren Anfängen. Hinzu kommt der Fischfang. Die Kathedrale und das Kloster de Jesus, in welchem heute ein Museum portugiesischer Gemälde und Bildhauerei eingerichtet ist, sind ganz besonders sehenswert.

In der aus dem 15. Jahrhundert stammenden Kirche befinden sich vergoldete Holzschnitzereien und das Grabmal der 1490 gestorbenen Prinzessin Joana. An der Praça Marques de Pombal liegt die ehemalige Karmeliterkirche.

Eine Fahrt rund um das Haff von Aveiro, das eine Ausdehnung von 50 Quadratkilometern hat, an dessen Ufern die schimmernden Salzpyramiden aufgeschichtet sind und auf den Abtransport warten, ist etwas Besonderes. In den Lagunen auf der Ria de Aveiro im Norden und jenseits der Barra Costa Nova im Süden verkehren die sicheren Boote mit geringem Tiefgang, die Miliceiros genannt werden. Ihre schwanenhalsförmigen Bugpartien sind bunt bemalt. Es fehlen auch nicht die aufgemalten „Augen“ zur Abwehr alles Bösen. Diese Bootsfahrten dauern etwa vier Stunden.

Bliebe noch Viseu, das von Aveiro aus auf einer guten, teilweise am Rio Vouga entlangführenden Straße leicht zu erreichen ist. Diese Stadt geht wahrscheinlich auf eine lusitanisch-römische Ansiedlung zurück. Die Cova de Viriato — eine achteckige Grabenanlage in der Nähe des Bahnhofs — deutet dies ebenfalls an.

Hier befand sich im 16. Jahrhundert die Malerschule der Meister Gaspar Vaz und Vasco Fernandes, über die mehr im Textteil zu lesen ist. An und vor allem *in* den Bauwerken der Altstadt sind ihre Werke heute noch zu sehen.

Auch hier befindet sich eine Sé-Kathedrale in romanischem Stil aus dem 12. Jahrhundert. Linkerhand davon liegt das Museum Graço Vasco, in welchem auch die bedeutenden Werke der beiden genannten Maler zu sehen sind.

Die Algarve – ein Urlaubsparadies

Die südlichste Provinz Portugals ist mit ihren 4.960 Quadratkilometern Ausdehnung und den dort wohnenden 300.000 Portugiesen eine der mildesten Landschaften Europas. Von den Hängen der Serra de Monchique, die man vom Meer aus beim Schwimmen mit einem Blick landeinwärts sehen kann, fließen jene Wasserläufe ins Land, die es bewässern und zu einer grünen Oase machen. Hier wachsen und reifen Mandeln, Pfirsiche, Orangen und Blumen aller Arten, Größen und Farben.

Das „Größte" aber sind die Strände mit ihren weiten Sandflächen, den runden Buchten und den immer wieder bizarren Felsformationen, unter denen sich weitere verwunschene Strände bergen.

Bei Ebbe ist es möglich, von Badebucht zu Badebucht durch vom Wasser unterminierte Felsen her zu gelangen. Von der Hochfläche wiederum, die auf bequemen Wegen, aber auch über zerklüftete Schluchten erreichbar ist, geht der Blick über die große Bucht von Alvor beispielsweise bis nach Lagos und Sagres. Das „Feuer" von Sao Vicente ist gut zu erkennen.

In Faro landend, ist es bis zu dem Fischerstädtchen Albufeira nur ein „Sprung". Dort besteht die Möglichkeit, an der Praia de Oura und der Praia da Maria Luisa die Ferien zu genießen. Von hier aus bis zum westlichsten Punkt der Südküste liegen in einer Reihe geschützter Buchten weitere Strände von Format mit Badeorten, die nicht erst seit letzter Zeit von sich reden machen. Und dazwischen jene Städte und Häfen, die für Portugals Seegeltung, Weltentdeckung und Weltherrschaft von entscheidender Bedeutung waren. Lagos als Auslaufhafen für Entdecker-Karavellen und Sagres als *der* Ort, an dem Prinz Heinrich seine berühmte Seefahrerschule einrichtete.

Portimao, etwa 62 Kilometer westlich Faro gelegen, gilt als Ausgangspunkt für Abstecher in die Serra do Monchique. Von hier aus nach Praia da Rocha und Alvor kann man hoch über dem Strand mit immer wieder neuen Ausblicken und Einblicken in Badebuchten und Schluchten zu Fuß gehen und sich den besonderen Reiz dieser Landschaft erwandern.

In Portimao selbst kann man am Morgen das Anlanden der Sardinen aus den Fischerbooten beobachten und zusehen, wie die mit silbern blitzenden Fischen gefüllten Körbe aus den Booten zu den „Fängern" auf den Transportwagen emporgeworfen werden. Günstige Gelegenheiten zu einer Reihe von Schnappschüssen besonderer Art.

Die Verkaufsstraße von Portimao ist durchaus von europoäischem Schnitt. Im kleinen Park mit den vielen Nischen und Sitzgelegenheiten sind an den Mauern Azulejobilder mit Szenen aus der portugiesischen Geschichte zu bewundern.

Der Felsenstrand Praia da Rocha liegt nur etwa zwei Kilometer weiter südsüdwestlich von Portimao. Hier befindet sich auch das Hotel der ersten Stunde neben einer Reihe weiterer moderner guter Hotels. Aus der Stadt geht man über eine Treppenanlage zum weiten Strand hinunter. Am Ende der Stadt liegt noch das, was von der alten Zitadelle übriggeblieben ist. Das berühmte Hotel „Algarve" bietet absolute Spitzenleistungen an Wohnkomfort ebenso wie aus Küche und Weinkeller.

Der weitläufige Strand setzt sich noch nach Westen in einer Reihe halbrunder Badebuchten fort, von deren einer man zu anderen gelangen kann.

Oberhalb des Strandes über der zwischen 50 und 100 Meter hohen Steilküste führen eine Reihe Pfade und Wege nach dem nächsten kleinen Badeort Praia de Vò und von dort weiter bis nach Alvor. Nahe dem Dorf Alvor liegt der weite Strand dieser Küstenregion, der sich mit einigen exklusiven Badeorten bis nach dem 18 Kilometer weiter westlich gelegenen Lagos erstreckt. Die Praia de Alvor und die nahe gelegene Praia dos Tres Irmaos bieten mit einer Reihe guter und sehr guter Hotels unbeschwerte Badefreuden bei sonnigem Wetter und zugleich Ausflugsmöglichkeiten nach Westen über Lagos und Ponta de Sagres bis nach Cabo Sao Vicente mit seinem Leuchtturm auf der Hochfläche 100 Meter über dem Meer.

Im Ferienclub Torralta — Hoher Turm — mit den zwölfgeschossigen Appartementtürmen und der nahegelegenen auf dem Plateau angesiedelten Ferienanlage Prahina Vilas mit ihren hübschen Häusern in Weiß und Blau mit ihren schönen Schornsteinen besteht die Möglichkeit zu einem angenehmen Aufenthalt. Das Dom Joao II. am Rande der Anlage von Torralta, direkt am Meer gelegen, ist ein fünfstöckiges Hotel mit einem sehr hübschen großen Garten und Swimmingpool. Schattige Plätze laden zum Verweilen ein. Gepflegte Gastronomie und geschultes Personal verwöhnen den Gast.

Auf der Burg von Alvor starb der portugiesische König Joao II. Die drei Luxushotels „Alvor Praia", „Do Golf de Penina" und „Montes de Alvor" bieten ebenfalls sehr gute Aufenthaltsmöglichkeiten.

Daß jeder Besuch der Algarve mit einem Ausflug nach Lagos, der Stadt der Seefahrer und ihrem Hafen, gekrönt wird, ist den Insidern klar. Dieser Hafen war Startplatz zu Fahrten ins Ungewisse. Die Ansiedlung geht auf das römische Lacobriga zurück. Zur Erinnerung an die Entdeckungsreisen der Seefahrer des 15. und 16. Jahrhudnerts wurde im Jahre 1960 auf der Praça da República aus Anlaß des 500. Todestages von Prinz Heinrich das Denkmal des Seefahrers errichtet. In der Stadt ist nahe dem Hafen noch jener Arkadengang zu sehen, in dessen Schatten die ersten aus Westafrika ins Land verschleppten Sklaven versteigert wurden.

Vor der Festung steht das Denkmal von Gil Eannes, einem Schildknappen Prinz Heinrichs.

Die malerische, oftmals bizarre Felsküste der Ponta da Piedade mit den beiden nahe Lagos gelegenen Badestränden, der von den Felsen förmlich eingeschlossenen Praia de Dona Ana und der Meia Praia sind Ziele, die aufzusuchen sich nicht nur für den Badenden lohnt. Nicht erst zu reden von einer einstündigen Bootsfahrt entlang den zerrissenen Felsenküsten, durch Grotten und Höhlen, die wie eine versteinerte Märchenwelt wirken.

Von Lagos aus bis nach Sagres sind es weitere 35 Kilometer. In Sagres lag das Hauptquartier Heinrichs des Seefahrers. Hier versammelte er alle bekannten Geographen, Astronomen und Astrologen, die Kapitäne und Piloten, Kartenzeichner und Forscher, um mit ihnen die große Aufgabe der Welteroberung zu besprechen und zur Ausführung zu bringen.

Heute noch ist die große, in Stein ausgelegte Kompaßrose im weiten Hof der „Seefahrerschule" zu sehen. Hier steht auch eines der steinernen Kreuze, mit denen Entdecker und Eroberer der portugiesischen Epoche der Weltschifffahrt die neuentdeckten Strände Afrikas und Indiens markierten und sie damit zum portugiesischen Besitztum ernannten.
Heute wohnen hier junge Menschen in der eingerichteten Jugendherberge. Ihnen begegnet man immer wieder auf der Fahrt zum nur noch sechs Kilometer entfernten Punkt der Steilküste, dem Cabo Sao Vicente, dem letzten Ort des südwestlichen Europa.

Beiderseits dieser südwestlichsten Landspitze des Kontinents der Alten Welt weht es auf dem Kliff tüchtig, während tief unten das Meer gegen die Felsen brandet. In den geschützten Buchten beiderseits des Kaps liegen einige Badestrände, von denen vor allem jene der Ostseite, die geschützter ist als die dem Atlantik zugewandte Westseite, zu den schönsten Europas zählen. Vom Leuchtturm aus, den man ersteigen kann, geht der Blick ins Grenzenlose des Atlantiks hinaus. Dorthin schleudert auch dieser „Faro" sein Licht durch die Nacht, das bis nach Afrika gesehen werden kann.

Hier saßen die Mauren in Al-Gharb am längsten, ehe sie aus ihren Felsennestern hinaus in die See geworfen wurden, über die sie 500 Jahre vorher gekommen waren. Die letzte Entscheidung fiel im Jahre 1249. Danach war ganz Portugal frei.

Von Alvor aus bestehen einige reizvolle Ausflugsmöglichkeiten, privat und in organisierten Bustouren, beispielsweise nach Silves und Monchique. Der Weg nach Silves, einer Stadt, in der auch die Mauren eine Festung unterhalten hatten und die während dieser Besetzungszeit den Namen Xelb trug, führt über Portimao. Silves war einmal die Hauptstadt der Algarve. An diese Zeit erinnert noch das mächtige Kastell mit seiner riesigen Zisterne, die auch in langer Belagerungszeit nicht versiegte. Die Kathedrale aus dem 12. Jahrhundert birgt die Gräber jener Kreuzfahrer, die 1242 bei der Eroberung von Silves durch die Hände der Mauren ums Leben kamen.

Einer der idyllischsten Ferienorte an der Algarveküste ist Praia da Carvoeiro mit seinem alten Fischerdorf. Hier sind das „Dom Sanche“ und das „Aparthotel Solférias“ besonders zu empfehlen. In den Restaurants nahe der Praia kann man sehr gut speisen.

Monchique und die gleichnamige Serra zählen zu den reizvollsten Landschaften des südlichen Portugal. Da das Gebirge vulkanischen Ursprungs ist, befinden sich in diesem Gebiet eine Reihe guter Thermalquellen. Eine der schönstgelegenen, gewissermaßen das „Spa Portugals“ ist Caldas de Monchique, in ein schmales Tal gebettet, mit einer Reihe Sehenswürdigkeiten. Im Gebiet von Monchique wächst auch der „Erdbeerbaum“, dessen Früchte zwar wie Erdbeeren aussehen, aber grüngelb und nicht zum Verzehr bestimmt sind. Aber als Grundstoff für die Zubereitung eines ausgezeichneten Branntweins und einiger leckerer Liköre ist diese Frucht gut geeignet, wie man sich bei einer Probe in Monchique überzeugen kann.

Dieser Hauptort, Monchique mit dem nahegelegenen 902 Meter hohen Fóia, der höchsten Erhebung dieser Serra, ist malerisch gelegen, und von der Höhe des genannten Berges hat man einen Ausblick bis zur Küste; bei klarem Wetter besteht die Chance, die Torres von Torralta zu sehen.

Eine Fußwanderung von Torralta vorbei am Hotel „Delfino“ zur Hochfläche mit der Feriensiedlung und einer Überfülle von „Mittagsblumen“ in mehreren Farben gehört unbedingt zum Programm jedes Algarvebesuchers. Der Aufstieg zur Hochfläche und der Steilküste ist nicht beschwerlich. Auf diesem permanenten Aussichtspunkt, der nach überallhin phantastische Blicke gewährt, kann man über Praia de Vó bis nach Praia do Rocha gehen. Tief unter dem Wanderer sind immer wieder gelbe Sandbuchten zu sehen und dazwischen bizarre Felsengebilde, die gerade dem Wasser entstiegen scheinen.

Dies ist einer der schönsten Spazierwege, und es gibt nicht sehr viele Touristen, die ihn gehen, obgleich jeder seine Schönheiten gesehen haben sollte.

Abgesang auf Portugal

Portugal ist nach wie vor eines der reizvollsten Reiseziele Europas. Ein Land, in dem es immer wieder Neues zu entdecken gibt. Ob im gebirgigen Norden oder im verwunschenen „armen“ Alentejo, der größten Provinz des Landes mit seinen Korkeichenwäldern und Olivenbaum-Plantagen. Hier wird die Hälfte der Welt-Korkproduktion in Höhe von 100.000 Tonnen erzeugt. Überall ist das Neue, das bisher Ungesehene und Urwüchsige noch zu finden. Selbst im vielbesuchten Süden, in der bizarren Algarve mit ihren zerrissenen Küsten, den stillen Buchten und weiten Hochflächen, lebt Portugal immer noch in seiner einzigartigen Weise, gelassen, stolz und trotz aller Probleme zufrieden. Auch wenn die Sehnsucht nach einer besseren Zeit alle trägt und hält.

Daß diese neue Zeit nie wieder so werden wird wie jene der wenigen Jahrhunderte vor rund 500 Jahren, als Portugal *die* führende Weltmacht und auch danach immer noch Großmacht des Geldes war, *etwas* besser könnte und sollte es schon werden, als es heute ist, da das Land die rote Laterne des Schlußlichtes der Europäischen Wirtschaftsgemeinschaft trägt.

Portugal ist aus seiner Abgeschiedenheit erwacht. Seine Menschen haben sich vom Atlantik und dem Weltmeer abgewandt und damit eine große Vergangenheit hinter sich zurückgelassen, ohne sie ganz zu verlieren, weil sie im Lande selber immer noch deutlich ist und bleiben wird. Europa zugewandt, um das Heute Einzug halten zu lassen, wollen die Menschen dieses Landes ihre Zukunft angehen.

Ihre Vorfahren hatten den Aufbruch ins Unbekannte gewagt, die unbekannten Weltmeere erkundet und die Kontinente erobert. Vom Rande der damals bekannten Alten Welt mit einem Blick hinaus auf die unendlich erscheinende See wollten sie erkunden, was jenseits des großen Wassers lag. Sie schafften es dank Prinz Heinrich und seinen Kapitänen und allen jenen Entdeckern und Seeleuten, die danach kamen. Warum sollte dieses Land es nicht auch heute wieder schaffen?

Alles das, was dieses Land ausmacht, seine Vergangenheit und Gegenwart in einer begnadeten Landschaft kann auch der Reisende wiederentdecken. Alles, was hier nur in Andeutungen zu lesen ist, kann er nachvollziehen und in wenigen Wochen einer intensiven und imposanten Geschichtsschau über 150 Jahre Entdeckungsfahrten und viele hundert Jahre Kulturarbeit finden. Wer zu ermessen vermag, welch ein Maß an Enthusiasmus, Opfer und Entbehrungen dazu gehörten, diese weitgesteckten Ziele der Dias und da Gama, der Cabral und Albuquerque und all der anderen, die ihnen folgten, zu erreichen, der versteht auch jene wenigen Zeilen des großen portugiesischen Nationalepos, der Lusiaden, in dem Luis Vaz de Camões bei seinem Lied auf Vasco da Gama erkennen läßt, daß bereits damals diese heroischen Leistungen mit unendlichen Opfern erkauft werden mußten:

„O Fluch dem Ersten, der einst auf dem Meere“
das Segel über trocknem Holz gespannt,
wert, daß ihn ewig Höllenqual verzehre,
so wahr die Satzung ist, die ich erkannt.“

Das junge Königreich Portugal, das sich nach der Reconquista — der Vertreibung der Mauren aus dem Lande — festigte, wurde durch seine Ideen und Gedanken groß, die von den Entdeckern gedacht und ausgeführt wurden.

Neue „Träumer“ und „Seher“ haben im Heute einen anderen Weg erkannt, der hinausführen soll aus Stagnation und Isolation. Portugal, der verlorene Sohn Europas, ist heimgekehrt. Wird man ihn aufnehmen, ihm ein Lamm schlachten? So lange Jahrhunderte abgewandt: Wird er sich heimisch fühlen und zurechtfinden?

Alle Menschen, die dieses Volk und sein Land lieben, seine großen, Wirklichkeit gewordenen Träume bewundern und aus seiner Geschichte *das* herauslesen, was den Menschen in seinem unbändigen Forscher- und Entdeckerdrang ausmacht, werden es wünschen, daß Portugal im Schoße der Europäischen Gemeinschaft seine Heimstatt findet.

ZEITTAFEL — KURZDATEN

1095/96:	Heinrich, Bruder des Herzogs von Burgund, wird Graf von „Portucale" — Portugal zwischen den Flüssen Minho und Tajo; das ist seine Entschädigung für seine militärischen Dienste in der Reconquista.
1109	Heinrich lehnt die Lehnsoberhoheit des Königs von León über „Portucale" ab.
1104	Gründung des Erzbistums Braga; dies macht Portugal in kirchlicher Hinsicht unabhängig und leitet die Unabhängigkeit des Landes ein. Heinrich stirbt 1112.
1112 — 1185	Alfons I., Sohn Heinrichs, wird 1112 König. Die Regentschaft der Mutter für den erst vierjährigen König dauert bis 1128.
1139	Alfons I. wird nach dem Sieg über die Mauren bei Qurique (südwestl. von Beja) von seinen Rittern zum König ausgerufen. Damit ist Portugal Königreich.
1143	Nach Vermittlung eines päpstlichen Legaten anerkennt León die Unabhängigkeit des neuen Staates de iure.
1179	Dies wird durch Papst Alexander III. sanktioniert.
1147	Alfons I. erobert Lissabon.
1185 — 1211	Sancho I., Nachfolger Alfons I., erhält durch die Fortsetzung der Reconquista und die Einrichtung bäuerlicher Siedlungen den Beinamen „O Povoador" — der Siedlungsunternehmer. Er stirbt im Jahre 1211.
1211 — 1223	Sein Nachfolger Alfons II. beteiligt sich 1212 an der Schlacht bei Navas de Tolosa. Er stirbt 1223.
1223 — 1248	Seinem Nachfolger Sancho II. wird durch diesen Sieg die Möglichkeit eröffnet, bis um die Mitte des 13. Jhdts. Südportugal bis zum portugiesisch-kastilischen Grenzfluß Guadiana zu erobern. König Sancho II. wurde 1245 abgesetzt und starb 1248.
1248 — 1279	Alfons III. setzte den Kriegszug fort und festigte die Lage des Landes.
1279 — 1325	Dinis (Dionysos) mit dem Beinamen „der Landwirt" widmet sich als erster portugiesischer König dem Ausbau im Landesinnern. Er beginnt darüber hinaus mit dem ersten Aufbau einer Kriegsmarine und legt Verteidigungswerke an. Seine größte Tat ist die Erhebung des Dialektes von Porto zur Nationalsprache und damit zur Verdrängung des Lateinischen und des ihm folgenden Romanischen sehr verschiedener Artung.
1288	Dinis gründet die Universität von Lissabon, die später nach Coimbra verlegt wird.
1294	Abschluß eines Handelsvertrages mit England.
1308	Zum Handelsvertrag tritt ein Freundschafts- und Militärbündnis. Letzteres richtet sich vor allem gegen Kastilien.
1312	Papst Clemens V. hebt den Templerorden auf.
1317/19	König Dinis versteht es, das Vermögen des aufgehobenen Ordens für den Christusorden zu reservieren. 1325 Tod von König Dinis.

1325 — 1357 Alfons IV. neuer König von Potugal. Er leistet seinem Schwiegersohn, dem König von Kastilien, in der Schlacht am Salado gegen die Marokkaner und Granadier entscheidende Hilfe. Er stirbt 1357.

1341 Während seiner Regierungszeit fand die erste Ozeanfahrt der Portugiesen nach den Kanarischen Inseln (möglicherweise auch schon zu den Azoren) statt. Allerdings werden die Kanarischen Inseln dem kastilischen Grafen Luis de la Cerda verliehen.

1357 —1367 Die zehnjährige Regierungszeit Peter I. war auf die Stärkung des Gemeinwohls bedacht.

1367 — 1383 Der 1345 geborene Ferdinand I. verwickelte Portugal zwar in mehrere Kriege gegen Kastilien, bei denen er vom Großgrundbesitz-Adel unterstützt wurde, brachte damit aber die Unabhängigkeit des Landes in Gefahr. Dank englischer Unterstützung blieb Portugal erhalten. Er rief aber, und das war für sein Land entscheidend wichtig, eine Schiffahrts-

1377 gesellschaft ins Leben, erließ Verordnungen zur Erleichterung des Schiffsbaus und führte eine erste genaue Schiffsliste ein. Er starb 1383.

1373 Zehn Jahre vor seinem Tode erneuerte er den Freundschaftsvertrag mit England. Mit seinem Tode endete die Herrschaft des Hauses Burgund in Portugal.

1383 — 1385 Nach zweijährigen Nachfolgekämpfen gelang es

1385 — 1433 Johann I. einem unehelichen Halbbruder Ferdinands I., den Thron zu besteigen. Er ist Großmeister des Avisordens und wird damit Begründer der neuen Dynastie Avis. Um an die Macht zu gelangen, bediente er sich der Unterstützung durch den niederen Adel und das Stadtbürgertum.

1385 bereitete er mit englischer Hilfe bei Aljubarote (im Distrikt Leiria) den Kastiliern, die sich in die Auseinandersetzungen um die Thronfolge eingeschaltet hatten, eine vernichtende Niederlage.

1386 Erneuerung des Militärbündnisses mit England im Palast zu Windsor.

1387 Heirat mit Philippa, der Tochter des Herzogs von Lancaster.

1411 In einem weiteren Friedens- und Bündnisvertrag erkennt Kastilien die Unabhängigkeit von Portugal an.

1415 Mit der Eroberung des gegenüber Gibraltar gelegenen nordafrikanischen Handelsplatzes Ceuta, dem Hauptumschlagplatz für Gold, Gewürze und Sklaven, wird der Weg für den Afrikahandel frei. Prinz Heinrich, später der Seefahrer genannt, eröffnet damit die portugiesische Expansion.

1415 Die erste wissenschaftliche Expedition wird nach den Kanarischen Inseln geschickt.

1418 Porto Santo und Madeira werden durch die Portugiesen Zarco und Teixeira kolonisiert.

1419 Prinz Heinrich zieht sich vom Hof zurück und widmet sich den Vorbereitungen zu weiteren Expeditionen. Seine Ziele: Guinea finden und den Seeweg nach Indien erkunden.

1425 Der Versuch, Gran Canaria zu erobern, mißlingt.

1431 Bestätigung des Bündnisvertrages von 1411 in Medina del Campo: Damit ist Portugal vor Kastilien sicher.

Johann I. König des am frühesten abgeschlossenen Nationalstaates, leitet die überseeische Expansion ein. Aus ihr geht die kleine Macht als erste Kolonialmacht Europas hervor.

Heinrich der Seefahrer (geb. 1394; gest. 1460) ist der wichtigste organisatorische und finanzielle Förderer dieser Expansion und Initiator der großen Entdeckungsfahrten. Ihm stehen als Großmeister die Finanzen des Christusorden zur Verfügung.

1433 — 1438 König Duarte (Eduard) erlebt im Jahr seines Regierungsantritts die Ausfahrt von Gil Eannes, der das bis dahin für unpassierbar gehaltene Kap Bojador umsegelt. Im selben Jahr erreicht die Expedition von Baldaya über Bojador und Rio do Ouro hinaus Porto do Galé.

1437 Ein portugiesisches Expeditionsheer, das Tanger erobern sollte, wird bei der Belagerung der Stadt vernichtend geschlagen. Dabei gerät Ferdinand, ein Bruder des Königs und Heinrichs des Seefahrers, in moslemische Gefangenschaft, in der er stirbt.

1431 — 1439 sah die Entdeckung der Azoren-Inseln. Prinz Heinrich wird das Recht eingeräumt, diese Inseln zu besiedeln.

1438 — 1481 Alfons V., auch der „Afrikaner" genannt, war zur Zeit der Thronbesteigung erst sechs Jahre alt.

1446 wurde er volljährig. Unter ihm gingen die Entdeckungsfahrten weiter. Er unterstützte Heinrich sehr. Die Eroberung westafrikanischer Küstenplätze und Inseln wird ihm zugeschrieben. In seiner Regierungszeit expandierten vor allem der Gold-, Pfeffer- und Sklavenhandel

1440 Antao Gonçalves erreicht den Rio do Ouro und knüpft hier die ersten Handelsbeziehungen zu den Mauren und den Schwarzen an.

1440 — 1453 Andauernde Kämpfe zwischen Spanien und Portugal um den Besitz der Kanarischen Inseln.

1443 Nuño Tristão erreicht die Bucht von Arguim.

1444 Lancarote erreicht Arguium und die Tider-Inseln; er kauft hier Sklaven ein, die in Lagos verkauft werden.

1445 Kolonisation der Azoren durch Gonçalo Velho Cabral.

1446 Nuño Tristão entdeckt den Rio Grande und fährt über diesen Fluß landeinwärts. Er stirbt durch Giftpfeile der Neger.

1446 — 1447 Vier portugiesische Expeditionen haben Guinea zum Ziel.

1447 Eine dänische Expedition mit portugiesischen Piloten erreicht Neufundland.

1448 In der Bai von Arguim wird die erste portugiesische Niederlassung errichtet. Der Bau eines Forts und fester Faktoreien sichert den Handelsplatz.

1452 Eine äthiopische Gesandtschaft erreicht Lissabon.

1455 — 1456 Cadamostos Expeditionen zur westafrikanischen Küste und zu den Kapverdischen Inseln. Erkundung des Mündungsgebietes des Senegal-Flusses. Entdeckung des Gambia-Flusses. Freundschaftliche Beziehungen zum Negerfürsten Nomi Mansa.

1458 Portugiesische Expeditionsstreitkräfte erobern in Nordwestafrika Alcácer Ceguer. Die Führung hatte Prinz Heinrich der Seefahrer.

1460 Prinz Heinrich der Seefahrer gestorben.

1462 Diogo Gomes fährt nach Westafrika und zu den Kapverdischen Inseln.

1463 Die Niederlage der Portugiesen bei Tanger.

1469 Alfons V. überträgt die königlichen Rechte am Guineahandel für fünf Jahre an Fernão Gomes. Dieser muß sich zur weiteren Erforschung der westafrikanischen Küste verpflichten. Gomes' Schiffe entdecken binnen weniger Jahre die Elfenbeinküste, die Goldküste, Dahome, Nigeria und Kamerun.

1471	Ein portugiesisches Expeditionsheer erobert Arzila. 20-jähriger Waffenstillstand mit dem Sultan von Fez. Dieser verbürgt Portugal den Besitz von Ceuta, Alcacer und Arzila. Tanger wird besetzt.
1474	Die Ansprüche Alfons' V. nach dem Tode Heinrichs IV. auf den kastilischen Thron bleiben erfolglos.
1474	Alfons V. überträgt seinem Sohn Johann alle Kolonialangelegenheiten. Johann erläßt die Kolonialgesetze: 1. Der Afrikahandel ist Monopol der Krone. 2. Jede koloniale Betätigung erfordert die Erlaubnis der Krone. 3. Die früheren Privilegien für die Schiffahrt werden erneuert und ausgeweitet.
1475 — 1479	Der Spanisch-portugiesische Erbfolgekrieg. Portugal wird entscheidend geschlagen und muß die Kanarischen Inseln an Spanien abtreten. Es behält aber seine Erwerbungen und Eroberungen in Nord- und Westafrika.
1481 — 1495	Johann II. (geb. 1455) wird König von Portugal nach dem Tode seines Vaters. Mit Hilfe der Städte unterwirft er die eigenständige Gerichtsbarkeit und Verwaltung des Adels und schafft die Unabhängigkeit der Kirchen ab. Die Macht des Hochadels wird durch Hinrichtung und Verbannung gebrochen. So wird Johann II. zum Schöpfer einer frühabsolutistischen Staatsordnung.
1482	Bau des Kastells in Mina an der Goldküste.
1482 — 1486	Diogo Cao's Expeditionen zum Kongo. Beginn der christlichen Mission. Beginn des Handels mit Innerafrika, Gesandtschaften Portugals zu den Herrschern von Timbuktu, Tucurol und des Mandingalandes.
1487	Covilhans Reise über Alexandria und Aden nach Indien (Calicut und Goa).
1488	Bartolomeu Diaz umsegelt das Kap der Guten Hoffnung
1490	Covilhans Reise nach Äthiopien. Anbahnung enger Beziehungen dieses Landes zu Portugal.
1492	Joao Fernandes, genannt Labrador, besucht Grönland.
1494	Vertrag von Tordesillas zwischen Portugal und Spanien. Inhalt dieses Vertrages: Die Abgrenzung und Verteilung der spanischen und portugiesischen Entdeckungen. Portugal wird der Seeweg nach Indien zugesprochen und das Anrecht auf Brasilien.
1495 — 1521	Manuel I. (Der Glückliche genannt) wird im Alter von 26 Jahren König von Portugal. Unter seiner Führung wird der königliche Hof in Lissabon als administratives und politisches Zentrum des Landes ausgebaut. Manuel I. reduziert die Macht des Hochadels weiter. Die Ständeversammlung — Cortes — wird nur noch selten einberufen. Manuel stirbt 1521.
1497 — 1498	Vasco da Gamas große Expedition. Über St. Helena, die Mosselbai, Natal, Kilimane, Mocambique und Malindi nach Indien. Landung in Calicut. Portugals Herrschaft über den Indischen Ozean ist damit erreicht, das Monopol im Gewürzhandel sichergestellt.
1498	Joao Fernandes und Giovanni Caboto suchen die nördliche Durchfahrt nach Asien und erreichen Grönland und Labrador.
1500	Entdeckung Brasiliens durch Pedro Alvarez Cabral. Von Brasilien aus Weiterfahrt um das Kap der Guten Hoffnung nach Indien.
1500 — 1501	Fahrten der Brüder Corte Real von Grönland und Labrador nach Neufundland und weiter nach Süden entlang der amerikanischen Ostküste.

1501 — 1503	Weitere Erkundung der brasilianischen Küste bis zur Mündung des Canenea-Flusses.
1502	Die zweite Fahrt da Gamas nach Indien. Strafaktion gegen maurische Schiffe im Indischen Ozean.
1503	Expedition von Afonso die Albuquerque nach Indien. Erste Bündnisse mit indischen Fürsten und Anlage von Befestigungen.
1504	Der Sultan von Ägypten, der durch die Indienfahrten Portugals große finanzielle Einbußen erleidet, droht mit der Zerstörung der christlichen Stätten, wenn Portugal weiter Indienhandel betreibt.
1505 — 1513	Weitere Eroberungen an der marokkanischen Küste.
1505	Francisco de Almeida in Ostafrika. Anlage von Festungen. Verträge mit ostafrikanischen Sultanen. Weiterreise nach Indien. Er wird Vizekönig von Indien mit Sitz seiner Regierung in Cochin. Ceylon wird den portugiesischen Besitzungen einverleibt.
1505	Albuquerque erobert Ormuz im Eingang des Persischen Golfes.
1507	Kampf vor der indischen Küste gegen die Flotte des Sultans von Ägypten. Portugiesische Niederlage. Die Seeschlacht bei Diu: Almeida vernichtet die vereinigte ägyptisch-indische Flotte und sicherte die Herrschaft Portugals im Indischen Ozean für ein Jahrhundert.
1509	Albuquerque neuer Vizekönig in Indien. Seine Flotte erobert Goa und Malakka und stellt die Verbindungen zu Java, Siam, Burma und Cochinchina her. Auf den erreichten Inseln Anlage von starken Befestigungen.
1511	Fahrten nach Java, Amboina, Banda und der berühmten Gewürzinsel Ternate.
1515	Tod von Albuquerque.
1516	Die Portugiesen in China.
1521	Magalhaes erreicht mit seiner Expedition die Molukken.
1521	Im Todesjahr von König Manuel I. werden die zahlreichen manuelinischen Reformgesetze in der „Ordenaçoes Manuelinas“ — der Manuelinischen Gesetzessammlung — zusammengefaßt. Während seiner sechsundzwanzigjährigen Regierungszeit fand die Konsoliderung und Abrundung des portugiesischen Kolonialreiches statt. Lissabon wurde für 50 Jahre der bedeutendste Exporthafen der Welt, und Afonso de Albuquerque galt als der bedeutendste Vizekönig von Indien.
1521 — 1557	König Johann III. der mit 19 Jahren an die Regierung kam, erlebte die sinkenden Einnahmen aus den Kolonien und, damit verbunden, die Zerrüttung der Staatsfinanzen. Dennoch erlebte auch er Glanzpunkte wäh-
1529	seiner langen Regierungszeit, als beispielsweise Karl V. die spanischen Ansprüche auf die Molukken an Portugal verpfändete.
1551	genehmigte er die Expedition von Cristofero da Gama mit 450 Portugiesen nach Äthiopien. Diese 450 Ritter konnten die Christen des Landes vor den Angriffen der Mohammedaner retten.
1552	meldeten ihm seine Kapitäne die Landung der ersten Portugiesen in Japan.
1557	erlebte er noch die Meldung über die Anlage einer portugiesischen Niederlassung in Macao.
1557 — 1578	Nach dem Tode Johanns III. wurde sein minderjähriger Enkel Sebastian, der 1554 geboren wurde, König,

1568 der seit 1568 selbst regierte und Portugals Größe mit einem Marokkofeldzug wieder zu altem Glanz verhelfen wollte. Diese Expedition endete mit einer vernichtenden Niederlage. Sebastian und fast alle 18.000 Mann Expeditonstruppen fielen.

1578 — 1580 Erzbischof Heinrich von Lissabon übernimmt die Staatsführung. Der 1512 geborene geistliche Führer der Kirche Portugals starb bereits 1580. Mit seinem Tode starb die Dynastie der Avis aus.

1580 Als einer der Thronprätendenten annektierte Philipp II. von Spanien Portugal und regierte als Philipp I. auch diesen Staat, gewissermaßen links, denn Portugal blieb weitgehend autonom. Es hatte mit Spanien nur eine gemeinsame Außenpolitik. Portugal war nur durch die Persönlichkeiten der Könige mit Spanien verbunden. Diese Form blieb auch unter Philipp III. (Philipp II. von Portugal) bestehen, der von 1598 — 1621 regierte. Sie setzte sich unter Philipp IV. (dem III. von Portugal) fort.

1640 — 1656 Herzog Johann von Bragança, aus der Dynastie Aviz stammend, wird als Johann IV. zum König gekrönt. Er hatte Portugal von der spanischen Herrschaft befreit und wurde zum Begründer der Dynastie Bragança in Portugal. Er ordnete die Verwaltung neu. Seine größte Leistung war die Vertreibung der Niederländer aus Brasilien, das nunmehr zum „Schatzkästlein“ für Portugal wurde, denn der Goldrausch und die großen Diamantenfunde hatten soeben eingesetzt.

1656 — 1668 Alfons VI., der am 21. August 1643 in Lissabon geborene Sohn Johanns IV., war zunächst unter der Vormundschaft seiner Mutter, Luisa de Guzman, König. Seit

1662 regierte er selbständig.

1663 — 1665 besiegte er die Spanier.

1667 wurde er durch seine Frau, Maria Franziska Elisabeth von Savoyen, und seinen Bruder Pedro (Peter) zum Thronverzicht gezwungen.

1668 wurde seine Ehe aufgelöst und sein Thronverzicht erzwungen. Er selbst wurde verbannt und starb am 12. September 1683 in Cintra.

1668 — 1683 Pedro II. übernimmt zunächst die Regierungsgeschäfte.

1683 — 1706 übernimmt er die Krone und ist König von Portugal.

1661 war der Freundschafts-, Handels- und Militärvertrag mit England erneuert. Mit den Generalstaaten wurde Friede geschlossen.

1663 Portugal gibt wichtige koloniale Positionen in Ostasien zu Gunsten von England (und der Generalstaaten) auf.

1668 Spanien anerkennt nach mehreren Niederlagen im Frieden von Lissabon endgültig Portugals Unabhängigkeit.

1701 — 1714 Portugal unterstützt während des Spanischen Erbfolgekrieges die habsburgische Partei gemeinsam mit England.

1703 Der Methuen-Vertrag mit Großbritannien wird in Lissabon unterzeichnet. Dieser verstärkt die kommerzielle Abhängigkeit des Landes von England.

1706 — 1750 Johann V. ist König von Portugal. Er modernisiert die wirtschaftlichen, sozialen und kulturellen Verhältnisse des Landes und baut eine schlagkräftige Marine auf, um die Goldschiffe aus Brasilien zu schützen.

1750 — 1777 wird Joseph I. zum Nachfolger seines Vaters. Unter seiner Herrschaft wird Sebastiao José de Carvalho de Melo, Marquis de Pombal, zunächst Außenminister und

1756	Premierminister Portugals. Pombal leitete den Wiederaufbau des durch das Erdbeben von
1755	stark zerstörten Lissabon. Pombal verbessert Handel und Gewerbe, drängt den Adel und die Kirche zurück.
1759	Auf Pombals Weisung hin werden die Jesuiten aus Portugal ausgewiesen und ihr Vermögen konfisziert.
1761	Auf Pombals Vorschlag reorganisiert Graf Wilhelm von Schaumburg-Lippe die portugiesischen Truppen.
1761	Die neuen Reformen Pombals stoßen auf traditionelle Barrieren. Sein System wird diktatorisch.
1777	Nach Josephs I. Tod wird Pombal gestürzt.
1777 — 1816	Maria I. von Portugal, seit 1760 mit ihrem Onkel Pedro III. verheiratet, folgte ihrem Vater auf den Thron. Sie erließ eine große Amnestie, die vielen Gegnern Pombals die Freiheit brachte, entließ Premierminister Pombal und verbannte ihn auf seine Güter. Die von Pombal erlassenen Gesetze wurden von ihr wieder aufgehoben, womit der Geist der Aufklärung erstickt wurde.
1779	Gründung der Königlichen Akademie der Wissenschaften.
1780	Gründung der Casa Pia (Waisenhaus).
1792	Erste Anzeichen geistiger Umnachtung bei der Königin festgestellt.
1792	Ihr zweiter Sohn, Johann (später Johann VI.) übernahm die Regierungsgeschäfte und wurde
1799	Regent.
1807	Die portugiesische Königsfamilie und ihr Hofstaat fliehen vor Napoleon nach Brasilien.
1807 — 1822	König Johann VI. übernahm von Brasilien aus für seine kranke Mutter die Staatsgeschäfte. In seiner Abwesenheit vom Mutterland beschließt die Cortes 1821 eine liberale Verfassung, die der König nach seiner Rückkehr 1826 nach Lissabon bestätigt.
1822	Erklärt Brasilien seine Unabhängigkeit. Johanns VI. jüngerer Sohn, Dom Miguel de Bragança, erzwingt
1823	mit Unterstützung der absolutistisch-klerikalen Partei die Aufhebung der Verfassung.
1822 — 1831	König Peter IV. ist Kaiser von Brasilien. Er verzichtet zugunsten seiner Tochter Maria II. de Gloria
1826	auf den Thron und ernennt seinen Bruder Dom Miguel
1827	zum Regenten.
1828	hob Miguel durch einen Staatsstreich die Verfassung auf und ließ sich zum König ausrufen. Sein Bruder Peter und dessen liberale Parteigänger brachen diese erzwungene Herrschaft und zwangen Dom Miguel
1834	zum Verlassen des Landes.
1834	Maria II. de Gloria wird Königin von Portugal. Sie heiratet Ferdinand von Sachsen-Coburg Kohary.
1836	Wird dieser damit Stammvater des Hauses Sachsen-Coburg-Bragança.
1839	Die inneren Wirren setzen ein. Revolutionäre Aufstände bringen das Ende von Maria II. de Gloria.
1846	Antonio Bernardo da Costa Cabral erlangt diktatorische Gewalt, muß aber schließlich den liberalen Führern Terceira, Saldanha und Palmela weichen.

1853 — 1861	Unter Peter V., der 16-jährig die Regierung übernahm, wurde die dringende Gesundung der Staatsfinanzen in Angriff genommen. Nach seinem Tode übernahm
1861 — 1889	sein Bruder Ludwig (Luis) I. die Regierungsgeschäfte. Er setzte Reformen in Verwaltung, Gesetzgebung, Finanzwesen und in der Landwirtschaft durch.
1889 — 1908	Unter König Karl I. erfolgte noch einmal eine Ausdehnung des portugiesischen Kolonialbesitzes. Dennoch verschlechterte sich die finanzielle Lage des Landes mehr und mehr. Bereits
1891	kam es zum Staatsbankrott.
1907	Errichtung einer Diktatur durch den Ministerpräsidenten Joao Fernando Punto Franco mit dem Ziele, die wankende Stellung der Krone zu stützen.
1908	König Karl I. und der Thronfolger fallen am 1. Februar 1908 in Lissabon dem Attentat von republikanischen Radikalen zum Opfer.
1908 — 1910	Emanuel II. wurde sein Nachfolger. Die Revolution des 4. Oktober 1910 fegte ihn vom Thron.
1910	Teófilo Braga bildet die erste Regierung der Republik Portugal.
1911	Am 5. Oktober dieses Jahres wurde von der Cortes die Abschaffung der Monarchie verkündet.
	Damit ist die Zeit der Grafschaft Portucale und jene des Königsreiches Portugal, das 815 Jahre Bestand gehabt hat, für immer beendet.

*

QUELLEN- UND LITERATUR-VERZEICHNIS

Alvares, Frei Joao:	Crónicado Infante Santo, Lissabon o. J.
Amorim, Girao A. de:	Atlas de Portugal, Porto 1958
Armando, Walter G.:	Geschichte Portugals, Stuttgart-Berlin-Köln 1960
Atkinson, W.C.:	Geschichte Spaniens und Portugals, München 1962
Azevedo, Joao Lucio:	História dos christãos novos portugueses, Lissabon 1922
Azevedo, Thales de:	Indios brancos e pretos no Brasil colonial, in: America Indigena, Rio de Janeiro 1953
Baiao, A.:	A inquisicão em Portugal e no Brasil, Lissabon 1906
Barros, Joao de:	Crónica do Imperador Clarimundo, Lissabon 1522
ders.:	Asia, Lissabon 1777—78 8 Bd. Neuausgabe.
Beasely Sir Raymond:	Prinz Heinrich von Portugal und sein politisches, kaufmännisches und kolonisatorisches Werk, Stuttgart 1956
Bell, Aubrey:	Portuguese Literature. Oxford 1922
Biermann, Benno:	Das spanisch-portugiesische Patronat als Laienhilfe für die Mission, in: Das Laienapostolat in den Missionen, Schöneck-Beckenried 1961
Boxer, C. R.:	Salvador de Sá u. the struggle for Brazil and Angola 1602—1668, London 1952
Braga, T.:	História da literatura portuguese, Porto 1897—1918 (12 Bd.)
Brett, James, A.:	Life in Wellingtons Army, London 1972
Buarque de Holanda, Sergio (Hrgb.):	História geral da Civilizacão Brasileira, Sao Paulo 1960
Cabral, A.:	Revolution in Guinea, London 1969
Cadamosto:	Navegacoes de Luiz de Cadamosto, Lissabon 1812

Camões, Luis Vaz de:	Os Lusiades, Coimbra o. J. (Die Lusiaden)
Campo Bello, Conte de:	Governadores Gerais e Vice-Reis do Brasil, Porto 1940
Canabrava, Alice B.:	O comércio portugues no Rio de Prata 1580—1640, Sao Paulo 1944
Carvalho, Martins A. de (Hrsg.):	R. D. Pina: Chrónica del Rey Dom Johan II., Coimbra 1950
Castanheda, Fernão Lopes de:	História do Descobrimento e conquista da India pelos Portuguezes, Coimbra 1551—1561
Cheke, Marcus:	Dictator of Portugal, A Life of the Marquis of Pombal, London 1938
Correa Caspar:	Lendas da India, 8 Bd. Lissabon o.J.
Costa, Emilia Viotti da:	Primeiros provoadores do Brasil. O problema dos degredados, Sao Paulo 1957
Crone, G.R.:	The voyages of Cadamosto, London 1937
Decke, Bettina:	A Terra è nossa — Geschichte der Befreiungsbewegung in Angola, Bonn 1981
Dinis (König):	Itenerario, Lissabon 1962 (Nachdruck)
Duffy, J.:	Portugal in Africa, Harmondsworth 1962
Escragnolle Taunay, Affonso de:	História Geral das Bandeiras Paulistas, São Paulo 1924—1949 (10 Bd.)
Faber, Gustav:	Portugal, München 1972
Fernandes, Valentin Hrgb.:	Anweisungen im Gebrauch des Astrolabiums und des Quadranten, Lissabon 1518
Ferreira, Antonio:	Inés de Castro, Lissabon 1577
Figueiredo, A. de:	Don Pedro e Dona Ines, Lissabon 1913
Franca, J. A.:	Da pintura portuguesa, Lissabon 1960
Freyre, Gilberto:	Casa-Grande e senzala, Rio de Janeiro 1954
ders.:	The Masters and the Slaves, New York 1946
Garcia, Rodolfo:	Ensaio sobre a História Politica e Administrativa do Brasil, 1500—1810, Rio de Janeiro 1956
Goes, Damião de:	Crónica do felicissimo Rei D. Manuel, 4 Bd. Porto 1949—1955
ders.:	Crónica do principe Dom Joao, 1567 und Lissabon 1926
Gonçalves, I.:	Peditos é eprétiamos públicos en Portugal durante a Idade Média, Lissabon 1964
Graetz, Heinrich:	Die Geschichte der Juden, 9 Bd. Leipzig 1875
Goulart, Mauricio:	Escravidão africana no Brasil, Soa Paulo 1950
Iria, A.:	Descobrimentos portugueses. O Algarve e os descobrimentos, Lissabon 1956
Jacob, Ernst Gerhart:	Grundzüge der Geschichte Portugals und seiner Überseeprovinzen, Darmstadt 1969
Kammerer, A.:	La Mer Rouge, Kairo 1929—1935
Kellenbenz, Hermann:	Fremde Kaufleute auf der iberischen Halbinsel, Köln 1970
ders.:	O projecto duma „Casa de Contratacão" em Lisboa, in: Congresso Internacional de História dos Descombrimentos, Actas Bd.5, 2-Teil, Lissabon 1961
Kiemen, Mathias, C.:	The Indian Policy of Portugal in the Amazon Region 1614—1693, Washington 1954
Kinzel, Guenter Georg:	Die rechtliche Begründung der frühen portugiesischen Landnahme an der westafrikanischen Küste zur Zeit Heinrichs des Seefahrers, in: Fischers Weltgeschichte Süd- und Mittelamerika, Bd. 22 1965
Konetzke, Richard:	Geschichte des spanischen und portugiesischen Volkes. Leipzig 1939
ders.	Süd- und Mittelamerika, Frankfurt/Main 1965
ders.	Entdecker und Eroberer Amerikas, Frankfurt/Main 1963
ders.:	Überseeische Entdeckungen und Eroberungen in: Prophyläen-Weltgeschichte, Bd. 6, Berlin 1964
Lang, H. R.:	Liederbuch des Königs Denis von Portugal
Larsen, Karl Halfdan:	Die Entdeckung Nordamerikas 20 Jahre vor Kolumbus, Kopenhagen 1925
Las Casas, Bartolomé de:	Historia de las Indias
Lavannino, E.:	Gli artisti italiani in Portogallo, Rom 1940

Leite, Serafim: História da Campanhia de Jesus no Brasil, Coimbra 1938—1950 (10 Bd.)
Lieulafoy, Marcel: Art in Spain and Portugal, New York 1913
Lautenbach, H.: Die Iberische Halbinsel, 1964
Lissaboner Akademie der Wissenschaften: Bulletin, Bd. XV, Seite 214: Die Entdeckung des nordamerikanischen Kontinents 1472—1473 durch Dänen und Portugiesen.
Livermore, H. V.: A new history of Portugal Cambridge 1966
Llorente, Juan Antonio: Geschichte der Inquisition, Madrid 1922
Lobeira, Vasco da: Amadis da Gerula, Lissabon 1400
Lopes, Fernao: Crónica de Dom Pedro, Barcelos 1932
Loth, Heinrich: Das portugiesische Kolonialreich — Aufstieg und Fall, Berlin 1982
Machado de Barbosa: Bibliotheca lusitana, Lissabon 1741—59 (4 Bd.)
ders.: Neudruck Coimbra 1965—1967
Mahan, A.T.: The Influence of Sea Power upon History 1660—1783, New York 1950
Mandeville, Prof. Jehan de: Das Buch von den Wundern der Welt, Lüttich 1480
Mattingly, Garrett: Die Armada, München 1960
Mauro, Frédéric: Le Portugal et l'Atlantique au XVII. siècle 1570—1670, Paris 1960
Mazario-Coleto, Maria del Carmen: Isabel de Portugal, Madrid 1951
Monteiro, P.: Eugenio dos Santos, Precursor do urbanismo e da arquitectura moderna, Lissabon 1950
Morais, Francisco de: Palmeirim de Inglaterra, Coimbra 1544
Moreira, Adriano: Portugals Überseepolitik, Baden-Baden 1963
Münzer, J.: Itenerarium, Coimbra 1932
ders.: Conoscimiento de todos los Reynos, Coimbra 1928
Nowell, C. E.: History of Portugal, Princeton 1952
Nuñez, Pedro: Die Roteiros, Paris 1833 und Porto 1853
Oberacker, Karl Heinrich: Der deutsche Beitrag zum Aufbau der brasilianischen Nation, São Paulo 1955
Osorio, J.: Da vida e feitos de el Rei Dom Manuel, Porto 1944
Pacheco, Duarte: Esmeraldo (Handschrift, Lissabon Museum)
Paiva-Manso, Visconte de: História do Congo, Lisboa 1877
Pattea, R.: Portugal and the portuguese world, Milwaukee 1957
Pellegrini, Antonio de: Studi su trove e trovatori della primalirica ispano-portughese, Bari 1959
Penrose, Boies jr.: Travel and Discovery in the Renaissance, Harvard 1952
Perdigao, Marques: A escravidão no Brasil, Rio de Janeiro 1948
Pimpao, A.J. da Costa: História da literatura portuguesa, Coimbra 1951
Pimpao, Alvaro: A Crónica de Guinea, Coimbra 1926
Pina, Roi de: Crónica de El Rei Dom Diniz, Lissabon 1480
Pinto, A.: La música mode na portuguesa, Lissabon 1930
Pius III. (Papst): História rerum Ubique gestarum, Venedig 1577
Prestage, Edgar: Die portugiesischen Entdecker, Leipzig 1936
Ramos, Arthur: Le Métissage au Brásil, Paris 1952
Rau, Virginia: Ses marias medievais portuguesas, Lissabon 1946
Ravenstein, Ernst, Georg: Die Reisen von Diogo Cão und Bartolomeu Diaz in: Geographical Journal, London 1900
ders.: Ein Tagebuch der ersten Reise Vasco da Gamas (der Roteiro) 1497—1499, Lissabon 1938
Reinhardstoettner, K.V.: Portugiesische Literaturgeschichte, 1904
Reparez, Gonzalo de: Mestre Jacomo de Malhorca (keine Angaben)
Resende, Garcia de: Vida e feitos de Dom João II. Lissabon 1545
Ribeiro, Bernardim: „Saudades" (oder Menina e Moca), Lissabon o.J.
Ricard, Robert: Les Jésuites au Brésil pendant la seconde moitie du XVI. siècle, Paris 1937
Rioseco, Torres: Grandes novelistas de la America hispana, Albuquerque 1950
ders.: La novela iberoamericana, Albuquerque 1952
Röwer, Basilio: Páginas de Historia Franciscana no Brasil, Rio de Janereiro 1957